O GRANDE HOUDINI

RASTRO de SANGUE

DARKSIDE

Copyright © 2018 by Kerri Maniscalco
Publicado mediante acordo com a autora, aos cuidados de Baror International, inc., Armonk, New York, U.S.A.
Todos os direitos reservados

Design da capa por Jeff Miller, Faceout Studio
Fotografia da capa © Carrie Schechter
Arte da capa © Shutterstock
Capa © 2018 Hachette Book Group, Inc.

Tradução para a língua portuguesa
© Nilsen Silva, 2020

Fotografias gentilmente cedidas por Alamy (p. 12); Etsy (p. 70, 94, 102, 128, 142, 172, 188, 254, 320); Billy Rose Theatre Division, The New York Public Library Digital Collections (p. 60, 284, 366).

Diretor Editorial
Christiano Menezes

Diretor Comercial
Chico de Assis

Gerente Comercial
Giselle Leitão

Gerente de Marketing Digital
Mike Ribera

Editora
Marcia Heloisa

Editora Assistente
Nilsen Silva

Capa e Projeto Gráfico
Retina 78

Coordenador de Arte
Arthur Moraes

Designers Assistentes
Aline Martins / Sem Serifa
Sergio Chaves

Finalização
Sandro Tagliamento

Revisão
Marcela Filizola
Retina Conteúdo

Impressão e acabamento
Coan Gráfica

DADOS INTERNACIONAIS DE CATALOGAÇÃO NA PUBLICAÇÃO (CIP)
Angélica Ilacqua CRB-8/7057

Maniscalco, Kerri
　O Grande Houdini / Kerri Maniscalco ; tradução de Nilsen Silva. — Rio de Janeiro : DarkSide Books, 2020.
　416 p. (Rastro de sangue ; 3)

　ISBN: 978-65-5598-036-3
　Título original: Escaping From Houdini

　1. Ficção norte-americana 2. Houdini, Harry, 1874-1926 — Ficção I. Título II. Silva, Nilsen

20-3721   CDD 813.6

Índices para catálogo sistemático:
1. Ficção norte-americana

[2020]
Todos os direitos desta edição reservados à
DarkSide® Entretenimento LTDA.
Rua Alcântara Machado, 36, sala 601, Centro
20081-010 — Rio de Janeiro — RJ — Brasil
www.darksidebooks.com

JAMES PATTERSON *apresenta*

KERRI MANISCALCO

O GRANDE HOUDINI
RASTRO de SANGUE
~~DARKSIDE~~

TRADUÇÃO
NILSEN SILVA

*Para aqueles que acreditam
na magia dos sonhos.*

Tudo é possível.

"O inferno está vazio
E todos os demônios estão aqui."
— *A Tempestade*, Ato 1, Cena 2 —

WILLIAM SHAKESPEARE

RMS *Etruria*.

I. FESTIVAL ENLUARADO

RMS *Etruria*
Liverpool, Inglaterra
1º de janeiro de 1889

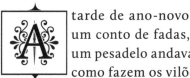 tarde de ano-novo a bordo do *Etruria* começou como um conto de fadas, o que foi o primeiro indício de que um pesadelo andava à espreita no horizonte, esperando, como fazem os vilões, por uma oportunidade de atacar.

À medida que nosso cruzeiro se preparava para deixar o porto, ignorei as pontadas de inquietação em troca do mundo fantástico e luxuoso que se estendia diante de nós. Era o começo de um novo ano, um novo capítulo, uma maravilhosa oportunidade para deixar acontecimentos sombrios do passado para trás e encarar um futuro brilhante pela frente.

Um futuro que poderia, em breve, incluir um casamento... e uma noite de núpcias.

Tentei ficar calma e olhei para o palco ao centro do grandioso salão de jantar. Pesadas cortinas de veludo — de um azul tão profundo que parecia ser preto — reluziam com minúsculas joias cintilantes nos pontos onde havia incidência de luz. Acrobatas aéreos, vestidos em corpetes ornamentados com diamantes, rodopiavam em faixas prateadas como aranhas tecendo teias às quais eu irremediavelmente ficava aprisionada.

Mesas redondas pontilhavam o chão feito constelações bem-distribuídas, com suas toalhas de linho de um branco pálido como a lua semeadas com flores em tons de violeta, creme e azul. Dentre tantas comodidades modernas, o *Etruria* ostentava uma estufa, e os perfumes de jasmim, lavanda e outros aromas da noite pairavam ao nosso redor, convidativos, porém perigosos — não muito diferentes dos artistas mascarados sobre nós. Eles oscilavam sem esforço de um trapézio para o próximo, sem medo de despencar conforme voavam pelo ar e apanhavam a próxima barra com tranquilidade.

"As caudas compridas em seus trajes fazem com que eles pareçam estrelas cadentes, não é mesmo? Eu adoraria ter um vestido feito com tantas pedras preciosas um dia." A srta. Prescott, filha do magistrado-chefe, acomodado no lado oposto da mesa, suspirou. Com seu cabelo castanho claro e astutos olhos castanhos, ela me lembrava de minha prima, Liza. Ela baixou a taça de champanhe e inclinou-se em minha direção, em um sussurro conspiratório. "Você já ouviu a lenda de Mefistófeles, srta. Wadsworth?"

Mais uma vez desviei o olhar da hipnótica apresentação nas alturas e balancei a cabeça. "Que eu me lembre, não. É nela que a apresentação desta noite se baseia?"

"Acredito que seja hora de contar uma história." O capitão Norwood, o orgulhoso comandante do *Etruria*, pigarreou, obtendo a atenção de nossa mesa, incluindo a dos Prescott, a de meu tio Jonathan, a de minha acompanhante, a sra. Harvey, e a do encantador sr. Thomas Cresswell, o rapaz que havia ganhado meu coração tão habilmente quanto um trapaceiro ganhando uma rodada atrás da outra em seu jogo predileto.

Acompanhados por meu tio, Thomas e eu havíamos passado dois dias extenuantes viajando de Bucareste até Liverpool para embarcar no *Etruria* antes que ele zarpasse para Nova York. Nós havíamos encontrado maneiras criativas de dar beijos roubados em nossa jornada, e fui tomada pela lembrança involuntária de cada um de nossos encontros clandestinos — minhas mãos em seu cabelo castanho-escuro, seus lábios ateando fogo em minha pele, nosso...

A srta. Prescott gentilmente me cutucou debaixo da mesa, fazendo com que minha atenção voltasse a se fixar na conversa.

"...se, é claro, alguém acreditar em lendas. Nomeado a partir de um personagem do folclore alemão, Mefistófeles é um demônio recrutado pelo Diabo", disse o capitão Norwood. "Conhecido por roubar as almas dos já corrompidos, ele é cheio de truques de mágica e trapaças, e vem a ser um apresentador espetacular. Veja, observem as cartas de tarô que ele fez para as mesas. Cada carta representa um de seus artistas." Ele ergueu um deslumbrante conjunto de cartas pintadas à mão. "Posso garantir que vocês estão prestes a viver uma semana de mágica e mistério sem precedentes", prosseguiu ele. "Cada noite trará uma atração inédita do festival. Este navio será o assunto de lendas, ouçam o que digo. Em breve, todos os cruzeiros sediarão espetáculos similares. Será o começo de uma nova era de viagens."

Fiquei surpresa com o seu tom quase reverencial. "O senhor está sugerindo que contratou um demônio para nos entreter e que isso será a última moda, capitão?"

Thomas engasgou em sua água, e a srta. Prescott me dardejou um sorriso malicioso. "Há uma igreja ou capela neste navio?", perguntou ela, com um olhar todo cheio de inocência. "O que devemos fazer caso sejamos persuadidos a entregar nossas almas, senhor?"

O capitão deu de ombros, desfrutando do mistério. "Vocês duas terão que esperar para ver. Não deve demorar muito." Ele voltou a prestar atenção nos mais velhos quando a srta. Prescott se levantou de seu assento em um pulo, pegando-me de surpresa e recebendo um olhar reprovador de seu pai.

"Apenas mais uma pista, por favor?"

Talvez tenha sido o diabo em mim, mas não pude deixar de acrescentar: "Eu detestaria me ver tão sobrepujada por histeria a ponto de abandonar o navio. Não estamos assim tão distantes do porto, estamos? Quem sabe eu pudesse nadar...".

A srta. Prescott piscou em aprovação. "Exato, capitão. Na verdade, sinto uma vertigem se aproximando neste exato momento! O senhor acha que é Mefistófeles?", perguntou ela, com a voz subindo um tom. "Será que suas artimanhas funcionam à distância? Eu me pergunto quantas pessoas ele é capaz de influenciar de uma só vez."

Eu a analisei de perto, me inclinando como se fosse examiná-la medicamente. "Você de fato parece um pouco pálida, srta. Prescott. Sua alma está mesmo vinculada a seu corpo?"

Thomas bufou, mas não ousou interromper o novo espetáculo que tomava forma. Com meu vestido de noite de um azul profundo, luvas pretas que se estendiam até meus cotovelos e joias resplandecentes cobrindo minha clavícula, eu me sentia praticamente tão deslumbrante quanto os acrobatas que voavam acima de nós.

A srta. Prescott envolveu a própria garganta com as mãos enluvadas, arregalando os olhos. "Sabe, *realmente* me sinto estranha. Mais leve, até." De pé, ela oscilou e apertou a barriga. "Será que vamos precisar de sais aromáticos, capitão?"

"Não creio que seja necessário", disse ele, respirando fundo, sem dúvida arrependido de ter me colocado ao lado da srta. Prescott. "Garanto a você que *este* Mefistófeles é inofensivo. É apenas um rapaz fingindo ser um lendário vilão, e nada mais."

"Acho que minha alma está ficando enfraquecida. Dá para perceber? Estou com uma aparência mais... transparente?" Os olhos dela se arregalaram à medida que ela desmoronava em seu assento e olhava ao redor. "Será que temos um fotógrafo de espíritos a bordo? Ouvi dizer que são capazes de fotografar tais coisas. Meus trajes não estão ficando indecentes, estão?"

"Ainda não." Mordi o lábio, tentando conter um sorriso, especialmente porque a sra. Prescott parecia prestes a explodir de fúria diante do comportamento de sua filha. "Talvez possamos pesá-la para ver se há alguma diferença."

Meu tio interrompeu a conversa com Thomas, balançando a cabeça discretamente, mas, antes que pudesse tecer algum comentário, um criado aproximou-se às pressas e lhe entregou um telegrama. Ele o leu, cofiando as pontas de seu pálido bigode, então dobrou o papel e disparou um olhar insondável em minha direção.

"Se me dão licença." Meu tio se levantou. "Preciso tratar disso o quanto antes."

Os olhos da srta. Prescott brilharam. "Seu tio deve ter saído para resolver assuntos forenses secretos! Andei lendo relatos nos jornais a respeito do seu envolvimento com os assassinatos do Estripador. Você e o sr. Cresswell realmente impediram um vampiro na Romênia de assassinar o rei e a rainha?"

"Eu... O quê?" Meneei a cabeça. "As pessoas estão escrevendo sobre mim e Thomas nos jornais?"

"E como!" A srta. Prescott bebeu um golinho de champanhe e seguiu meu tio com os olhos enquanto ele se retirava do salão. "Quase todos em Londres têm cochichado sobre você e seu elegante sr. Cresswell."

Eu não era capaz de me concentrar no espetáculo em que minha própria vida se transformava. "Perdoe-me. Preciso de um pouco de... ar."

Comecei a me levantar, sem saber se deveria seguir meu tio, quando a sra. Harvey deu tapinhas em minha mão. "Estou certa de que está tudo bem, querida." Ela indicou o palco com a cabeça. "Está prestes a começar."

Espirais de fumaça desenrolaram-se ao redor das cortinas retintas, com o aroma forte o bastante para provocar alguns ataques de tosse pelo salão. Meu nariz ardeu, mas o incômodo foi insignificante quando comparado com o disparo veloz de minha pulsação. Eu não sabia ao certo se a culpa era da saída abrupta de meu tio, da informação sobre Thomas e eu sermos conhecidos por nossas habilidades forenses ou da expectativa pela apresentação daquela noite. Talvez fossem todas as três alternativas.

"Senhoras e senhores." Uma voz grave entoou de todos os lugares de uma só vez, forçando os passageiros a se virarem em seus assentos. Estiquei o pescoço de um lado para o outro, buscando o homem por trás da voz incorpórea. Ele deveria ter engendrado algum mecanismo para projetar a si mesmo através do salão. "Sejam bem-vindos ao espetáculo."

Um zumbido rasgou o salão quando aquelas poucas palavras ecoaram. No silêncio que se seguiu, címbalos vibraram gentilmente, acumulando-se em um *crescendo* que colidiu com o instante em que criados ergueram campânulas de prata de nossos pratos, revelando um banquete digno da realeza. Ninguém parecia notar os filés cobertos com molho de cogumelos ou as batatas dispostas em uma grande pilha; nossa fome não era mais por comida, mas por ouvir aquela voz misteriosa outra vez.

Espiei na direção de Thomas e sorri. Ele se moveu em seu assento como se estivesse acomodado sobre carvões em brasas e precisasse se mexer para não se queimar.

"Nervoso?", sussurrei enquanto os acrobatas desciam com graciosidade, um a um.

"Por causa de um espetáculo que se vangloria de provocar arritmia, de acordo com esta programação?" Ele sacudiu o folheto em preto e branco coberto por listras. "De forma alguma. Mal posso esperar para que meu coração exploda. Isso realmente avivará uma noite de domingo um tanto monótona, Wadsworth."

Antes que eu pudesse responder, um tambor retumbou, e um rapaz mascarado surgiu de uma nuvem de fumaça ao centro do palco. Ele trajava uma casaca da cor de uma veia aberta e camisa e calças engomadas de um tom de preto infinito. Fitas vermelhas e um cordão prateado com franjas adornavam sua cartola, e uma máscara polida, com filigrana, cobria tudo do nariz para cima. Sua boca se retorcia em um esgar de júbilo malicioso enquanto a plateia no salão o fitava, de queixo caído.

Homens pularam em seus assentos; leques de mulheres se abriram em um estalo, o som semelhante a uma revoada. Era inquietante presenciar um homem se materializar, alheio à tempestade furiosa ao redor dele. Sussurros de que ele seria o filho do Diabo alcançaram meus ouvidos. Ou Satã em pessoa, como afirmou o pai da srta. Prescott. Quase revirei os olhos. Ele deveria ter mais juízo como magistrado-chefe. O homem mascarado no palco era apenas o mestre de cerimônias.

"Permitam que eu me apresente." O rapaz fez uma mesura, com malícia faiscando em seus olhos quando ele se ergueu lentamente. "Eu sou Mefistófeles, seu guia em direção ao estranho e magnífico. A cada noite, a Roda da Fortuna escolherá seu apresentador. Contudo, vocês poderão barganhar com os artistas após o espetáculo principal e participar de qualquer um de nossos números. Desde engolidores de fogo a domadores de leões, videntes e atiradores de facas, seu desejo é uma ordem. Cuidado, porém, com os tratos feitos à meia-noite, uma vez que é desaconselhável tomar as rédeas de seu próprio destino."

Os passageiros se inquietaram, na certa imaginando qual tipo de barganha fariam — e até que ponto estariam dispostos a se rebaixar na busca pelo prazer, tão longe da costa vigilante da sociedade.

"Nossos truques podem aparentar doçura, mas prometo que não são travessuras", sussurrou ele. "Seriam vocês corajosos o suficiente para sobreviver? Acaso perderão o coração e a cabeça para meu espetáculo de menestrel à meia-noite? Apenas vocês podem decidir. E até lá?"

Mefistófeles rondou o palco como um animal enjaulado que aguardava uma oportunidade de atacar. Meu coração batia descompassado. Eu tinha a nítida impressão de que éramos todos presas trajando nossas melhores roupas, e, se não tivéssemos cuidado, seríamos devorados por aquele misterioso espetáculo.

"Esta é a primeira de sete noites em que vocês ficarão maravilhados." O mestre de cerimônias ergueu os braços e pombos brancos voaram de suas mangas até as vigas do teto. Algumas pessoas soltaram gritinhos empolgados, a começar pela sra. Harvey e a srta. Prescott.

"E horrorizados", continuou ele, com uma leve rouquidão na voz. Em um mero piscar de olhos, sua gravata não era mais feita de tecido — era uma cobra se retorcendo e se enrolando em seu pescoço. Mefistófeles agarrou a própria garganta, seu rosto cor de bronze adquirindo um tom intenso de roxo debaixo da máscara ornamentada. Minha respiração parou quando ele se inclinou para a frente e engasgou, sufocando.

Quase me levantei, convencida de que estávamos todos testemunhando a morte daquele rapaz, mas me forcei a respirar. A *pensar*. A coletar fatos, como a cientista em treinamento que eu era. Era apenas um espetáculo. Nada mais. Ninguém iria morrer. Minha respiração vinha em arquejos que nada tinham a ver com o corpete de meu belo vestido. Aquilo era emocionante e terrível. Odiei aquela cena quase na mesma medida em que a amei. E eu a tinha adorado mais do que gostaria de admitir.

"Céus", murmurou a srta. Prescott quando ele caiu de joelhos, respirando com dificuldade. Os olhos dele se reviraram, revelando apenas a parte branca. Prendi a respiração, incapaz de aliviar a tensão em minha espinha. Aquilo só podia ser uma ilusão. "Alguém o ajude!", gritou a srta. Prescott. "Ele está morrendo!"

"*Sente-se*, Olivia", sussurrou a sra. Prescott, com severidade. "Você não está apenas constrangendo a si mesma, mas a mim e seu pai também."

Antes que alguém pudesse socorrer o mestre de cerimônias, ele arrancou a serpente e sugou o ar como se houvesse sido submerso nas águas do mar pelo qual viajávamos. Recuei, e Thomas deu uma risadinha, embora eu não conseguisse realmente afastar os olhos do homem mascarado no palco.

Mefistófeles se içou até ficar de pé, cambaleou um pouco, então lentamente ergueu a cobra acima da cabeça — a luz dos candelabros iluminou sua máscara, tingindo metade de seu rosto de um intenso laranja-avermelhado. Talvez ele estivesse irritado; havia nos testado e nós ficáramos indiferentes. Que monstros belamente vestidos devíamos parecer, dando continuidade a nosso elegante jantar enquanto ele lutava por sua vida, tudo apenas para nosso mero divertimento.

Ele girou em um círculo, uma, duas vezes, e o animal rastejante desapareceu. Eu me inclinei para a frente, piscando enquanto o mestre de cerimônias orgulhosamente fazia uma nova mesura para a plateia, suas mãos não mais ocupadas pela serpente. Um estrondo de aplausos ressoou.

"Como, em nome de Deus...?", balbuciei. Não havia caixas ou lugares nos quais ele poderia ter escondido a cobra. Torci para que ela não fosse parar em nossa mesa; Thomas sem dúvida desmaiaria.

"Vocês podem até...", falou ele ao dar uma cambalhota pelo palco, com a cartola permanecendo no lugar sem que ele a tocasse, "... se apaixonar."

Mefistófeles tocou a ponta da cartola, e ela rolou por seu braço feito um acrobata saltando por cima de um trapézio. Como um bom apresentador, ele a ergueu para que pudéssemos ver que não passava de uma cartola comum, ainda que meio espalhafatosa. Assim que deu uma volta completa pelo palco, ele a atirou no ar, então a agarrou de volta em um rápido movimento. Assisti, sem piscar, quando ele enfiou o braço dentro dela até o cotovelo e arrancou um buquê de rosas tingidas de azul-escuro.

A cartola era totalmente comum. Eu tinha certeza quase absoluta.

"Eu os alerto uma vez mais, não se afeiçoem muito." A voz de Mefistófeles ressoou tão alto que eu a senti ecoar dentro de meu peito. "Embora nos vangloriemos de números que desafiam a morte, ninguém escapa de suas garras para sempre. Seria esta noite o fim para alguns? Vocês perderão seus corações? Ou, quem sabe", ele sorriu por cima do ombro para o público, "as suas cabeças."

Um holofote iluminou um boneco de arlequim toscamente pintado que não estava ali até um momento antes. Dando um único e gracioso giro, o mestre de cerimônias arremessou uma adaga para o outro lado do palco. Lâmina e cabo voaram, afundando no pescoço do boneco com um *tum* que calou a plateia. Por um tenso instante, nada aconteceu. Tudo ficou imóvel. Ficamos ali sentados, mal respirando, à espera. O corpo do boneco permaneceu teimosamente pregado ao painel ao qual havia sido apoiado. Mais um momento se passou, e Mefistófeles deu um muxoxo.

"Bem. Assim não dá." Ele bateu os pés no chão. "Todo mundo... façam como eu!"

Tum. Tum. Tum.

Os passageiros obedeceram, a princípio devagar, até que transformaram o salão de jantar em um frenesi vibrante. Porcelanas tiritaram, a prataria deslocou-se pelas mesas, taças derramaram vinho tinto sobre as caras toalhas de linho, fazendo com que nossas mesas se parecessem mais com cenas do crime do que com arranjos elegantes. Decidindo deixar de lado meu recato de boas maneiras por um instante, pisei forte também. Thomas, com uma expressão estupefata no rosto, me acompanhou.

Tum. Tum. Tum.

As batidas tamborilaram em cada uma de minhas células, incitando meu sangue a pulsar naquele ritmo. Era animalesco e desvairado, e, ainda assim, tão... *empolgante*. Eu não podia acreditar que tantos lordes e damas e passageiros de berço nobre da primeira classe haviam se deixado levar por hedonismo e descomedimento.

A sra. Harvey deu com os punhos enluvados na mesa, acrescentando um novo fervor ao som cadenciado em meus ouvidos. A srta. Prescott fez o mesmo. Logo depois, a cabeça do boneco tombou no chão e rolou na direção das botas reluzentes do mestre de cerimônias.

Tum. Tum. Tum. Parecia que, uma vez começado, ninguém estava disposto a abandonar o ritmo diabólico. Mefistófeles era o maestro daquela sinfonia perversa, e sua mão socava o ar conforme o *tum, tum, tum* atingia o ápice.

"Silêncio!", gritou ele, e sua voz estrondeou acima de todo o resto. Como se fosse um titereiro manipulando fios, o ruído dos pés cessou. Alguns na plateia levantaram-se, ovacionando, e um pequeno grupo de homens com cartolas de seda assobiou alto.

A srta. Prescott levantou-se de seu assento, com o rosto ruborizado e os olhos brilhando, sem se deixar abalar pelo olhar irritado que seus pais dirigiam a ela. "Bravo!", bradou ela, aplaudindo. "Bravíssimo!"

Mefistófeles contemplou a cabeça decepada com uma expressão pensativa, como se estivesse revivendo uma memória que o assombrava, algo vil o bastante do qual ele nunca poderia escapar, não importasse para quão longe pudesse correr. Eu imaginava que, tal como suas ilusões elaboradas, nada era bem o que parecia no que dizia respeito a ele. Para meu espanto, ele pegou a cabeça do boneco e a chutou pelo ar, onde ela explodiu em fogos de artifício que chuviscaram como estrelas cadentes, apagando antes que chegassem ao piso feito de azulejos em preto e branco. Um silêncio recaiu sobre todos nós.

"Então eu pergunto mais uma vez, o que vocês vão perder antes que a semana termine? O coração? A cabeça? Talvez", falou ele, com a voz arrastada e o rosto fundido nas sombras à medida que os candelabros apagavam lentamente antes de se extinguirem em uma piscadela, "percam a vida, a própria alma, para este espetáculo mágico itinerante."

Arfei e ergui minhas mãos enluvadas, mas apenas consegui discernir um mínimo indício delas. Meu coração bateu mais rápido quando olhei ao redor da plena escuridão, extasiada, porém temerosa, com qual monstro poderia estar à espreita. Parecia que eu não era a única a estar intrigada. Murmúrios entusiasmados propagaram-se pela escuridão. A promessa da morte era tão sedutora quanto a perspectiva de se apaixonar, senão mais. Que mórbidas criaturas éramos, ansiando por perigo e mistério no lugar de um "felizes para sempre".

"Por ora", continuou ele, sua voz uma carícia suave na escuridão, "aproveitem uma noite de magia, travessuras e caos." Senti as palmas das minhas mãos ficarem úmidas, e não pude deixar de me sentar mais para a frente, desejando outra palavra, outra pista, outro bocadinho do surreal. Como se tivesse ouvido meus anseios, Mefistófeles falou novamente: "Caros passageiros do *Etruria*... por favor, satisfaçam aos seus sentidos no maior espetáculo de mar a mar", cantarolou ele. "Sejam bem-vindos ao Magnífico Espetáculo de Menestrel do Mefistófeles, ou, como é mais conhecido... o Festival Enluarado!"

Luzes cintilaram, com o brilho fazendo meus olhos arderem conforme eu piscava para fazer com que as manchas pretas sumissem. Um momento depois, a sra. Harvey afastou-se de nossa mesa, com a fronte mais pálida do que um espectro. Thomas estendeu o braço na direção dela para mantê-la firme, mas ela levantou a mão trêmula.

Acompanhei seu olhar e mordi a língua com força o bastante que senti o gosto de cobre. A srta. Prescott — a moça que aplaudia com alegria momentos atrás — jazia de bruços, inerte, em uma poça de sangue, com cerca de doze facas enfiadas profundamente em suas costas cobertas por veludo preto.

Fiquei encarando, esperando que ela ofegasse ou se contorcesse. Que jogasse a cabeça para trás e risse, tendo nos enganado com sua encenação. Mas aquela era uma ilusão de minha autoria.

A srta. Prescott estava realmente morta.

O GRANDE HOUDINI
RASTRO de SANGUE

2. DE SONHOS A PESADELOS

Salão de jantar
RMS Etruria
1º de janeiro de 1889

or um momento, nada aconteceu, exceto pelo crescente zumbido em meus ouvidos. Thomas talvez estivesse chamando pelo meu nome, mas eu não conseguia me concentrar em mais nada além de me forçar a respirar. Eu precisava ser racional e analítica, mas minhas emoções não estavam tão dispostas a obedecer. Eu estudava os mortos, mas sentar ao lado de uma pessoa que havia sido assassinada era incompreensível.

O salão rodou quando me levantei, e senti um calor intenso. Tentei me convencer de que tudo não passava de um sonho terrível, mas o grito gutural da sra. Prescott irrompeu, atraindo uma centena de olhares em nossa direção, e assim eu soube que era real.

Passageiros em outras mesas ofegaram, suas expressões repletas não de repulsa, mas... de prazer ao espiar a moça deitada em seu próprio sangue, com dez facas de cozinha cravadas na extensão de sua coluna. Pisquei devagar para as pessoas que haviam começado a aplaudir, com meu estômago se revirando, até que compreendi: eles achavam que era outro número.

Para a maioria das pessoas no salão, o "assassinato" da srta. Prescott fazia parte do espetáculo do jantar — e que espetáculo magnífico, de acordo com um homem na mesa vizinha. Thomas já estava de pé, com a atenção dividida entre sua acompanhante, que chorava e soluçava, e mim, enquanto ao mesmo tempo fazia uma varredura pelo perímetro em busca de ameaças. Eu queria auxiliá-lo, ser produtiva e útil, mas não conseguia parar o zumbido estridente em meus ouvidos ou a neblina que havia caído sobre meus pensamentos. Tudo parecia se mover devagar. Tudo com exceção de meu coração, que ribombava contra minhas costelas em explosões frenéticas. Era um ritmo de alerta que me exortava a agir, me implorava para que eu fugisse.

"Olivia!", a sra. Prescott agarrou o corpo de sua filha, lágrimas escorrendo em seu vestido de veludo. "Levante-se. *Levante-se!*"

Sangue espalhou-se pela toalha de mesa e pelo corpete da sra. Prescott, a cor tão obscura quanto minhas emoções agitadas. A srta. Prescott estava morta. Eu não conseguia elaborar aquilo, tampouco ordenar meu coração para que endurecesse e se tornasse útil. Como tal coisa podia ter acontecido?

O capitão Norwood se levantou de repente, ladrando ordens que eu não conseguia decifrar com o zunido em minha cabeça. Uma movimentação ao redor da mesa finalmente forçou meu olhar para longe das facas e do sangue; passageiros estavam sendo acompanhados para fora do recinto, embora o divertimento no salão não houvesse cessado. Com exceção de umas poucas mesas próximas, ninguém aparentava estar particularmente abalado. Encarei o horror, sem saber como alguém poderia ser capaz de confundir aquilo com uma ilusão. Havia tanto sangue.

"Wadsworth?" Thomas tocou meu cotovelo, com uma sobrancelha erguida. Olhei para ele sem realmente enxergar coisa alguma. Uma moça vivaz jazia morta a meu lado; o mundo não mais fazia sentido. "Por mais terrível que isso soe, finja que é tudo uma equação agora."

Thomas se inclinou até que meu olhar encontrasse o dele, sua expressão tão tensa como deveria estar a minha. Aquilo também não era fácil para ele. E se Thomas era capaz de manter aquela aparência calma, então eu podia fazer o mesmo. Despertando do choque, me apressei até a sra. Prescott e gentilmente tomei suas mãos nas minhas. O gesto era tanto para confortá-la como para manter a cena do crime intacta. Acalmando minhas emoções tempestuosas, eu me apeguei a um fato: havia um assassino a bordo daquele navio, e nós precisávamos reunir as pistas o quanto antes. Por mais horrenda que a situação fosse, não podíamos mexer no corpo. Ao menos não ainda.

"Venha", eu disse o mais afetuosamente que pude.

"Olivia!", guinchou a sra. Prescott. "Sente-se!"

"Olhe para mim, Ruth. *Apenas* para mim." O sr. Prescott interrompeu os gritos de sua esposa. Havia em sua voz uma firmeza que conteve a crescente histeria. Ela endireitou-se, embora seus lábios tremessem. "Vá para nossos aposentos e encarregue Farley de lhe servir uma taça de conhaque aquecido. Chamarei o dr. Arden imediatamente."

Fiz menção de acompanhá-la quando senti uma mão cálida pousar em meu ombro. Thomas o apertou em um gesto de consolo, e seus olhos dourado-acastanhados estavam sérios enquanto ele me inspecionava. "Vou acompanhar a sra. Prescott e a sra. Harvey a seus aposentos, e depois busco seu tio."

Ele não me perguntou se eu ficaria bem ao lado do corpo; ele tinha convicção de que ficaria. Eu o encarei por mais um instante, sua confiança um verdadeiro bálsamo para meus nervos à flor da pele, acalmando meus temores. Assenti uma vez e me virei para a mesa. O capitão Norwood observava uma carta de baralho presa às costas da srta. Prescott que eu não havia notado. Estava bem no centro da espinha. Meu sangue gelou. Quem quer que fosse que tivesse atirado a faca havia empalado a carta na lâmina primeiro. Um aviso em potencial, e uma pista.

"Vou precisar que esta área seja deixada precisamente como está, capitão", eu disse, fazendo jus aos meses de treinamento forense, enquanto Thomas guiava as duas mulheres para fora do local. Meu tio ficaria orgulhoso; eu havia coletado minhas emoções como espécimes anatômicos e as armazenado para dissecá-las mais tarde. "O senhor também precisará interrogar todos neste salão."

"As luzes estavam apagadas, srta. Wadsworth." Norwood engoliu em seco, sua atenção se voltando para as facas nas costas da srta. Prescott e para a carta rasgada. "Duvido que tenham visto algo útil."

Meu desejo era dar uma bofetada na lateral de sua cabeça por aquele comentário tão óbvio. As luzes haviam se apagado apenas brevemente; talvez alguém tivesse reparado em algum comportamento suspeito antes.

"Deixe-me concluir, capitão", respondi, autoritária. Ele trincou o maxilar. Uma coisa era ouvir ordens de um homem, outra era recebê-las de uma garota de dezessete anos. Para o bem da mulher assassinada diante de nós, deixei meu aborrecimento de lado. "Meu tio é perito na leitura de cenas do crime", acrescentei, detectando a decisão hesitante do capitão. "Esta seria a recomendação dele."

Ele passou a mão pelo rosto. Uma morte na primeira noite do Festival Enluarado não era um bom presságio para seus planos futuros. "Muito bem. Mandarei tripulantes para os aposentos de todos esta noite."

Ao sinal do capitão, criados adentraram o salão como um exército bem trajado, escoltando membros da primeira classe para fora o mais calmamente quanto fosse possível. Alguns poucos convidados lançaram olhares nervosos em nossa direção, mas a maioria tagarelava animadamente sobre o quão realista havia sido o espetáculo. Quão real o sangue aparentava ser. E como raios o mestre de cerimônias havia conseguido fazer com que as facas nas costas parecessem tão verdadeiras? O capitão Norwood nada disse para confirmar ou negar tais teorias. Ele ficou parado, carrancudo, e desejou aos passageiros uma boa-noite.

À medida que o salão esvaziava, um sentimento desconfortável formigou em minha espinha. Eu me virei, surpresa por encontrar Mefistófeles no palco com um olhar fixo, sua expressão indecifrável por detrás da máscara. Ao contrário dos outros, contudo, sua atenção não estava na garota assassinada. Ele estava me observando. Seu olhar era intenso, quase tangível, me levando a imaginar o que ele havia visto ou o que poderia saber. Dei um passo em sua direção, com o intuito de fazer essas e outras perguntas, mas ele desvaneceu nas sombras e depois sumiu de vez.

A câmara que nos havia sido oferecida para a autópsia da srta. Prescott me fazia pensar em uma caverna úmida.

Nós estávamos nas profundezas das entranhas do *Etruria*, e a proximidade com as caldeiras tornava a temperatura desagradavelmente quente e fazia com que as luzes piscassem com certa frequência, como se o próprio navio estivesse nervoso com os feitos sombrios que estavam por vir. Eu estava grata pela refrigeração a bordo; nós não iríamos manter o corpo ali por muito tempo, para que não inchasse com a putrefação durante a noite e atraísse vermes.

Calafrios fizeram minha pele formigar apesar do calor. A despeito do esforço árduo para afastar o pensamento, eu não conseguia escapar das memórias de um outro laboratório sinistro. Um em que os ruídos de *zunir-revirar* ainda vagavam pé ante pé em meus pesadelos em algumas noites. Os sonhos ruins andavam menos frequentes do que em semanas passadas, mas me assombravam de tempos em tempos, como lembretes doloridos de tudo que eu havia perdido durante o Outono do Terror.

Ignorando o silvo do vapor emanando de uma tubulação exposta, concentrei-me em tio Jonathan, que arregaçava as mangas da camisa e começava a se esfregar com sabão carbólico. Quando ele terminou, eu circulei a mesa de exames, espalhando serragem para que sugasse qualquer resquício de sangue ou fluidos que poderia escorrer para o chão. Rituais eram uma parte necessária de nosso ofício. Eles nos ajudavam a desanuviar nossos corações e mentes, de acordo com meu tio.

"Antes que eu remova as facas, quero que os detalhes físicos sejam anotados." O tom de meu tio era tão frio quanto os escalpelos de metal que eu havia disposto na bandeja improvisada. "Altura, peso e assim por diante. Audrey Rose, vou precisar do meu..."

Entreguei o avental para ele, então amarrei o meu na altura da cintura. Eu não havia me trocado de meu traje de noite, e a justaposição do belo vestido de seda contra o avental simples me lembrou do quão imprevisível a vida poderia ser. Eu duvidava de que, ao acordar naquela manhã, a srta. Prescott receasse acabar deitada de bruços em nossa mesa de exames, apunhalada com facas desde a base do crânio até quase o cóccix.

Thomas apanhou uma caderneta e balançou a cabeça em minha direção, com uma expressão determinada. Ele e eu éramos bem versados em nossos papéis macabros, tendo praticado muitas vezes em mais de um país. Parecia que, não importava aonde fôssemos, a morte ia atrás, e, como avarentos gananciosos, nós armazenávamos informação, obtendo lucro, de certa forma, da perda. Eu providenciaria os achados científicos e ele os registraria — um time, em todos os sentidos.

Cavouquei dentro da maleta médica de couro de meu tio até encontrar a fita métrica. Medi da cabeça ao dedão do pé, como aprendera, e minha mente se clareou com a tarefa conhecida. Não era hora de refletir sobre tudo que a srta. Prescott desejava ter feito em vida. Era hora de examinar o cadáver dela e procurar pistas. Eu não acreditava em vingança, mas era difícil não querer buscar justiça para ela.

"A vítima é uma mulher chamada srta. Olivia Prescott, tem aproximadamente um metro e sessenta e cinco centímetros de altura e dezoito anos de idade", eu disse, fazendo uma pausa para que Thomas rabiscasse a informação. Ele ergueu os olhos, me dando o sinal para prosseguir. "Eu diria que o peso dela estaria em torno de quarenta e sete quilos."

"Bom." Meu tio alinhou os escalpelos, as serras para ossos e as tesouras que eu precisaria para o exame interno a seguir. "Causa da morte."

Desviei o olhar do corpo. "Perdoe-me, senhor, mas há cerca de doze facas projetando-se das costas dela. Não seria a causa da morte um tanto óbvia? Estou certa de que uma delas ou mais perfurou o coração ou os pulmões ou lacerou sua coluna vertebral."

Ele volveu os olhos verdes afiados em minha direção e lutei contra o impulso de me encolher. Era óbvio que eu tinha me esquecido de uma importante lição. "Como examinadores forenses, não podemos descartar outras possibilidades de investigação. O que eu lhe ensinei sobre confiar apenas no que consegue ver?"

Aquela não havia sido a pior das reprimendas, mas mesmo assim meu rosto ardeu sob seu escrutínio. "É verdade... É... É possível que as facas tenham sido envenenadas. Ou que a srta. Prescott tenha sido morta através de outros meios e que as facas foram uma distração. Ela de fato morreu bem rápido, e silenciosamente."

"Muito bom." Meu tio concordou. "É fundamental que mantenhamos nossas emoções e teorias sob controle ao conduzir uma autópsia. Do contrário, corremos o risco de influenciar nossas descobertas. Ou de ficarmos tão consternados que mergulharemos em uma crise, como sua tia Amelia."

Meu tio fechou os olhos e tive a distinta impressão de que se arrependera de tê-la mencionado.

"Tia Amelia?" Franzi as sobrancelhas. "O que aconteceu para que ela ficasse perturbada? Meu pai está bem?"

Uma pausa desconfortavelmente longa sucedeu minha pergunta, e meu tio pareceu ficar sem palavras. Segurei com força a fita métrica nas mãos, sabendo que qualquer coisa que o levasse a demorar tanto tempo para elaborar uma resposta não poderia ser boa. Por fim, ele dardejou um olhar contrariado para Thomas, como se não tivesse certeza de que seu aprendiz deveria ouvir o que ele tinha a dizer, então suspirou.

"Ao que tudo indica, Liza está desaparecida."

"Desaparecida? Isso não pode ser verdade." O zumbido estridente de antes estava de volta em meus ouvidos. Dei um passo vacilante para longe do corpo, receando desmaiar sobre ele. "Recebi uma carta dela ainda na semana passada." Eu me calei, tentando calcular a data da carta de minha prima. Não conseguia lembrar. Mas não havia nada fora do normal. Ela estava feliz, secretamente se encontrando com um rapaz. Não havia mal algum em flertes inocentes. "Tia Amelia deve estar exagerando. Liza provavelmente está com..."

Eu não havia visto Thomas se levantar, mas seu olhar encontrou o meu do outro lado do pequeno aposento. Se Liza tivesse fugido com o rapaz sobre o qual havia escrito, seria um golpe devastador para nossa família e reputação. Não era à toa que meu tio havia hesitado diante de Thomas.

Tio Jonathan massageou as têmporas. "Lamento informar que as notícias vieram de seu pai. Amelia está fora de si com o pesar e não deixa seus aposentos há mais de uma semana. Liza saiu em uma tarde e não retornou mais. Seu pai receia que possa estar morta."

"Morta? Ela não pode..." Meu estômago pareceu despencar até os joelhos. Ou era a viagem pelo oceano, ou quem sabe as notícias, mas eu estava prestes a vomitar. Sem dizer mais nada, me apressei para fora da sala, não querendo testemunhar o desapontamento nos olhos de meu tio conforme as emoções emergiam da caixa na qual eu as havia armazenado e me consumiam.

Eu me encolhi em meu manto, observando do gélido convés o sol mergulhar rumo ao oceano, transformando as ondas pretas e agitadas na cor de sangue coagulado. O som constante da água atingindo o casco era como o canto de uma sereia, atraindo vítimas, prometendo que tudo ficaria bem se dessem um salto no escuro e entrassem em seus domínios subaquáticos.

"Em que você se meteu desta vez, prima?" Suspirei, e o sopro de ar morno se misturou à névoa gelada do oceano. Em resposta, ondas golpearam a lateral do navio, perturbadas e inquietas, e talvez um pouco desesperadas para nos expedir de volta para a Inglaterra. De volta para onde eu tinha uma chance — ainda que tênue — de encontrar Liza.

Quão rápido os sonhos dissolviam-se em pesadelos.

Apesar da evidente impossibilidade, me recusei a sucumbir à constatação de que estava isolada no mar, impotente para ajudar aqueles que eu amava. Não conseguia acreditar que meu pai havia me permitido deixar a Inglaterra sem me contar que minha prima estava desaparecida. Achei que tínhamos superado seus hábitos protetores depois que ele havia me dado permissão para estudar medicina forense na Romênia, mas estava enganada. Embora não fosse minha culpa, sentia como se já tivesse falhado com a srta. Prescott. E agora Liza...

"Não falharei novamente", jurei em voz alta. Havia apenas um único limite que eu jamais cruzaria: assassinato. Tirar a vida de uma pessoa me equipararia aos assassinos que eu esperava deter. Uma voz cruel em minha cabeça sussurrou que eu nunca havia, de fato, os *detido*. Eu apenas recolhia pistas feitas de sangue e ossos e tentava juntá-las antes que mais corpos fossem acrescentados à contagem interminável.

Para efetivamente deter um assassino, eu precisaria me tornar uma.

Mirei os botes salva-vidas pendurados da parede do convés, me perguntando se teria força física o bastante para descer um deles e remar de volta para a Inglaterra. Cerrei os dentes e contemplei a água. Sal e névoa do mar pinicaram meu nariz, os borrifos subindo pelo ar gélido e cobrindo meu rosto, me despertando de visões absurdas.

Atrás de mim, uma porta se abriu, revelando uma figura alta e reluzente devido ao contorno da luz; os ruídos dos criados ao fundo, fazendo uma limpeza após o terrível número de abertura, acentuaram o silêncio. Ele ficou parado, envolto demais nas sombras para que eu pudesse discernir suas feições, mas, a julgar pela palpitação involuntária de meu peito, era Thomas.

Conforme ele se aproximava da balaustrada, notei um telegrama saindo do bolso de seu sobretudo. Eu me perguntei se tinha sido enviado por meu pai e se ele havia mandado um recado para todos a bordo do navio, menos para mim. Se alguém houvesse machucado Liza, eu o mataria. Bem devagar.

Quase sorri ao constatar que o pensamento não me perturbava nem um pouco.

"Se eu não a conhecesse bem, Wadsworth, minha querida", disse Thomas, em tom de provocação, seu típico método para me distrair de minhas trevas, "diria que está prestes a realizar seu próprio número de fuga. Devo ser seu assistente, então?" Ele examinou seus trajes, franzindo suavemente a testa. "Deixei minha casaca de dragão com lantejoulas em Londres e esta é um pouco sem graça. Não é o que eu chamaria de 'festival chique'."

"Na verdade, estava cogitando um assassinato."

"Não o meu, espero." Ele se inclinou na balaustrada e me olhou de soslaio. "Embora eu esteja muito bonito neste terno. Caso seja minha hora, é melhor partir com estilo. Certifique-se de manter meu rosto intacto. Quero que você desfaleça e caia em prantos no meu funeral."

Quase grunhi. "Isso é de mau gosto, considerando os acontecimentos recentes." Eu o cutuquei com o cotovelo enquanto ele respirava fundo. "Ainda escolho você, mesmo com seus defeitos, Cresswell."

"É minha perspicácia, não é?" Thomas me encarou, esboçando um sorriso tímido. "Você não suportaria viver sem ela. A bem da verdade, estou surpreso por não ter comunicado a seu tio. Parece ser uma notícia que você iria querer compartilhar."

Ele se afastou um pouco, fingindo estar ofendido. "Você não pode ficar com *toda* a glória. Bela *e* heroína? Esta é uma daquelas ocasiões em que não há problema em mentir, Wadsworth."

"Você não tem..." Ele roçou os lábios nos meus e me esqueci de minhas preocupações, bem do jeito que ele pretendia. O beijo começou hesitante e doce, uma distração e uma promessa, mas logo se tornou mais profundo e urgente. Passei meus braços por seu pescoço, trazendo-o para mais perto, perdendo-me no ritmo tanto do mar quanto do beijo. Mesmo na noite mais fria, ele era capaz de acender uma chama dentro de mim. Receava que um dia o incêndio me consumisse.

Cedo demais, ele se afastou. Em momentos como aquele, eu achava que ele tinha razão — nós deveríamos declarar nossas intenções e casar imediatamente. Daquela forma, poderia beijá-lo sempre que quisesse.

"Será que devo dizer a coisa que não deveria dizer?", perguntou ele, em tom sério.

Respirei fundo. Se Thomas estava admitindo hesitação, eu com certeza *não* queria ouvir o que tinha para contar. "Prometemos nunca mentir um para o outro."

"Está bem. Aqui estão os fatos." Ele me avaliou novamente, com uma expressão controlada, porém gentil. "Não há nada que possamos fazer por Liza aqui. Podemos tomar providências para retornar a Londres assim que chegarmos à América, mas, por ora, temos o problema muito real de um assassino a bordo de nosso navio. Talvez seja um caso isolado, mas não acredito nisso."

Arrepios percorreram meus braços. As deduções de Thomas quase nunca estavam erradas. Se ele acreditava que pudesse haver mais assassinatos, era apenas questão de tempo antes que encontrássemos os corpos.

"O que sugere que façamos?", perguntei, esfregando as mãos em minhas mangas.

"Que bom que você perguntou. Ando pensando nisso há um certo tempo."

"E?"

"Sou a favor de nos escondermos em seus aposentos pelo resto da semana." Um sorriso se contorceu em seus lábios, e ergui uma sobrancelha. "Bebendo, trocando beijos, seduzindo um ao outro até chegarmos a Nova York." Ele suspirou, sonhando acordado. "Você precisa admitir que desta forma estaríamos a salvo do assassino. Delirantemente contentes. São opções muito melhores do que ficar debruçado sobre cadáveres."

Revirei os olhos. "Ou podemos terminar a autópsia e ver o que encontramos."

"Uma escolha como sempre menos divertida, porém mais corajosa, Wadsworth. Embora seu tio deseje retomar a autópsia amanhã, a pedido do capitão." Ele expirou, ainda que houvesse uma faísca de provocação em seus olhos. "Fui incumbido da missão de acompanhá-la até a cama, uma tarefa difícil, mas que realizarei com muita seriedade, eu garanto."

Thomas havia me trazido de volta das partes mais profundas de minhas preocupações e restaurado minha concentração... Tudo enquanto dava um jeito de roubar outro beijo. Ao fazermos o caminho ao longo do convés de braços dados, constatei que precisava admitir que o método dele era bem interessante.

3. ÁS DE PAUS

Aposentos de Audrey Rose
RMS *Etruria*
1º *de janeiro de* 1889

m completo silêncio, uma criada trançou meus cabelos e me ajudou a vestir uma camisola de algodão com mangas enfeitadas com renda. Enquanto a maioria dos passageiros ainda acreditava que o assassinato da srta. Prescott tinha sido um espetáculo elaborado, boa parte da tripulação a bordo do navio parecia em suspense, sem saber se um outro pesadelo seria desencadeado em breve.

Depois que ela se foi, soltei um suspiro exausto e olhei ao redor. Meus aposentos eram belamente equipados com uma mesa de cabeceira de mármore, uma penteadeira com entalhes, um pequeno conjunto de mesa e cadeiras, além de um guarda-roupa que teria agradado ao rei Luís com todos os detalhes em ouro. No entanto, os parafusos de tamanho industrial e o aço em torno da pequena janela não conseguiam esconder a verdade sobre onde eu me encontrava. Apesar da suntuosa fachada, uma frieza penetrava pelas frestas.

Nosso luxuoso navio não passava de uma prisão flutuante.

Calcei um par de meias grossas e deitei-me na cama, sabendo que dormir seria a última coisa que faria com tantos pensamentos rodopiando em minha mente. Peguei o ás de paus que havia encontrado preso ao corpo da srta. Prescott e o inspecionei. Que relação teria com o assassinato? Refleti sobre algumas pistas possíveis, a mais relevante associada aos truques de mágica.

Nunca prestara muita atenção em ilusionismo antes, embora já tivesse visto mágicos de rua rolando cartas pelos nós dos dedos em Londres. Eles deveriam praticar por longas horas para que o movimento aparentasse ser tão fluido, sua trapaça impecável para olhos amadores. Não muito diferente de um assassino astuto.

Cenas do crime eram repletas de um tipo próprio de ilusionismo. Assassinos tentavam fabricar cenas, manipulando-as para encobrir suas verdadeiras intenções e identidade. A excelência de Mefistófeles na arte de despistar era baseada em fatos, não em fantasia. Ele fazia uma pessoa olhar para um lado quando deveria olhar para outro. Se não tivesse estado no palco quando a srta. Prescott foi assassinada, teria sido o culpado mais provável.

Eu me sentei na cama, com meu coração batendo depressa, ao finalmente entender por que o jovem mestre de cerimônias me inquietara. Eu queria aprender suas habilidades tão especiais — utilizar aquela parte do cérebro enquanto colocava a mim mesma nas mentes de pessoas perversas e assassinas viria a calhar. Algo pairava nas beiradas de minha mente, uma ideia nebulosa e distante que seria quase impossível de executar. Se eu pudesse confundir Thomas Cresswell, levando-o a acreditar no impossível — que meus sentimentos haviam mudado —, então saberia ao certo que havia me tornado uma especialista naquela arte...

Abandonando aquele plano, voltei a me acomodar nos travesseiros e fiquei virando o ás de paus, em busca de um significado. A carta estava cortada no meio e manchada de sangue seco, mas o verso tinha um desenho bem interessante. Um corvo, preto como nanquim, abria suas asas contra uma lua prateada. Heras e espinhos estavam intricadamente trançados nas beiradas da carta, em traços espessos e pretos. Nas partes centrais tanto superior quanto inferior havia um duplo oito de lado, sobreposto a si mesmo.

Evitei tocar o ponto onde a faca havia destroçado a carta, ainda recusando-me a crer que a srta. Prescott fora assassinada bem a meu lado sem que eu reparasse. Se ao menos meu tio não tivesse...

Uma leve batida veio da porta que interligava meus aposentos aos de minha acompanhante, despertando-me de minhas reflexões. Eu me levantei, depositei a carta na mesa de cabeceira e me envolvi em um robe bordado com orquídeas. Arrepios afloraram, embora não fossem de surpresa. A seda lustrosa era gelada e macia como líquido contra as regiões de minha pele que não estavam cobertas pela camisola.

"Entre."

"Sou apenas eu, querida." A sra. Harvey abriu a porta, com um pequeno jogo de chá apoiado nos quadris. "Achei que talvez pudesse precisar de algo quente. Também trouxe meu tônico para viagens, caso prefira algo *ainda mais* quente."

Sorri, me recordando do nome engenhoso que ela dera para suas bebidas alcoólicas quando havíamos viajado para a Romênia no mês anterior. Seu frasco gravado cambaleou na bandeja. O cheiro pungente de álcool podia ser detectado de onde eu estava, e concluí que de fato me aqueceria depressa. E talvez abrisse um buraco em meu estômago.

"Chá seria ótimo agora, obrigada." Fui me juntar a ela na pequena mesa, mas a sra. Harvey me deteve com uma firme sacudida de cabeça. Ela serviu o chá, então me levou de volta para a cama, empurrando a xícara fumegante em minhas mãos. Bergamota e rosas perfumaram o ar, e relaxei no ato. "Obrigada."

"Calma, calma, criança." Ela se acomodou a meu lado e deu um gole generoso em seu tônico. "Não há motivo para me agradecer. Eu estava precisando de companhia também. Faz o tônico para viagens descer mais fácil." Seu olhar seguiu para a carta na mesa de cabeceira. "Riqueza."

"Perdão?", indaguei, imaginando se ela já andara bebendo do tônico.

"Meu marido explorava a cartomancia, consultava o futuro em cartas de baralho em sua juventude. Foi assim que nos conhecemos." Uma melancolia invadiu seu semblante. "Ele era terrível nisso. Que Deus o tenha. Embora fosse um tanto talentoso em outros departamentos."

"Como você está se sentindo?", perguntei depressa, mudando de assunto. Eu não desejava descobrir quais talentos ela recordava sonhadoramente. "Está sendo um dia e tanto."

"Não sei como você e meu Thomas fazem o que fazem e mantêm o juízo", disse ela, voltando ao presente, "mas tenho orgulho de ambos. Vocês formam um belo par, sabe. No aprendizado e em outras maneiras. Thomas já foi claro sobre as intenções dele?"

Grudei meu rosto na xícara, torcendo para que a fumaça pudesse ser a culpada pelo rubor que se infiltrava em minha pele. "Sim... bem... Acredito que ele deseje conversar com meu pai."

"Ele não é convencional. Que Deus o ajude, ele ainda tem muito o que aprender sobre bons modos, mas tem bom coração." A sra. Harvey deu mais um gole, me observando por cima de seus óculos. "Você o fará muito feliz, Audrey Rose. No entanto, mais importante, acredito que ele também fará *você* muito feliz." Ela enxugou o canto do olho. "Não é apropriado... mas... aqui."

Sem dizer mais nada, ela me entregou um bilhete dobrado. Não havia nome e nem envelope. Ergui os olhos. "O que é isto?"

A sra. Harvey recolheu seu frasco e foi em direção à porta, dando de ombros. "Não faço a menor ideia do que quer dizer, querida. Sou apenas uma velha mulher que veio lhe dar boa-noite. Durmo pesado, então você terá que gritar caso precise de mim. Eu com certeza não ouviria caso sua porta se abrisse e fechasse."

Ela deu uma piscadela e fechou a porta entre nossos aposentos, me deixando boquiaberta. Ela claramente não estivera tão alheia aos flertes de Thomas no mês passado como tinha aparentado. Sem pensar muito em como ele havia persuadido a sra. Harvey a fazer parte daquele novo plano, desdobrei o papel. Uma curta mensagem em uma grafia elegante me saudou. Eu me perguntei quem a havia escrito até lê-la.

Se for conveniente,
peço que me encontre
próximo ao lado
estibordo da proa
à meia-noite.

Sozinha.

Minha pulsação vibrou com a proposta contida em uma linha tão pequena. Aquela não era a primeira vez que Thomas havia pedido para que nos encontrássemos em algum lugar em uma hora tão inapropriada. Sem uma acompanhante. Daquela vez, contudo, não estávamos em uma academia praticamente vazia na Romênia, afastados de olhos bisbilhoteiros. Se fôssemos flagrados sozinhos aqui, em meio à alta sociedade, eu seria considerada uma mulher perdida, e minha reputação, destruída. Por outro lado, talvez Thomas houvesse deduzido uma nova teoria ou descoberto outra pista que pudesse desvendar o assassinato da srta. Prescott. Minha infeliz curiosidade fervilhava com possibilidades.

Encarei o bilhete por mais um momento, mordendo o lábio, surpresa por ele ter pedido para que uma criada anotasse uma mensagem tão íntima. Eu podia fingir que nunca a recebera. Ter a postura cortês e decente que era esperada de mim. Mas aquele caminho era tão maçante. Pensei nos lábios de Thomas nos meus, em suas mãos enroscadas no meu cabelo escuro, em nossos arquejos conforme as mãos dele lentamente percorriam meu corpo, me explorando e provocando.

Fosse aceitável ou não, eu ansiava por seu toque.

Meus olhos miraram o pequeno relógio que tiquetaqueava na mesa de cabeceira. Era quase meia-noite. Examinei meu robe de seda e minha camisola adornada por rendas, os babados nas mangas caindo por cima de meus dedos. Não havia tempo para que eu me vestisse e me apressasse até o estibordo do navio sem ser vista. Entretanto, aparecer em meu estado atual causaria embolias caso me deparasse com alguém que tivesse decidido dar um passeio à meia-noite. O que parecia bem o tipo de plano indecoroso que Thomas maquinaria.

"Patife." Sorri, então vesti meu manto de inverno, apanhei um escalpelo de minha maleta médica, apenas por precaução, e torci pelo melhor enquanto saía furtivamente pela porta.

Durante o dia, o *Etruria* inspirava sentimentos de viagens grandiosas e frivolidades, com seus enormes mastros e grandes chaminés de vapor. Pisos de madeira haviam sido lustrados até que brilhassem como diamantes sob a luz do sol, e o telhado acima do convés era um belo complemento ao corredor perolado da primeira classe.

À noite, aqueles mesmos aspectos pareciam assombrados, perigosos. A proa do navio parecia mais uma boca aberta esperando para devorar os hóspedes; o mesmo piso brilhante evocava uma língua salivando. Botes salva-vidas presos à parede na verdade eram esconderijos perfeitos em vez de miniaturas pitorescas. As imensas velas se agitavam como asas de uma enorme criatura marinha que caçava carne fresca. Chaminés baforavam e a fumaça se detinha ao redor da balaustrada, à espreita. Qualquer coisa poderia estar escondida na névoa. Ou, mais apropriadamente, *qualquer um*.

"Tolice", sussurrei, puxando o manto forrado com pele para mais perto ao sentir dedos gélidos serpenteando em minha pele. Se a srta. Prescott não houvesse sido assassinada, eu teria culpado minha imaginação fértil por transformar o navio em uma criatura colossal. Mas de fato *poderia* haver alguma coisa se escondendo nas sombras, esperando para afundar suas garras em minhas costas da próxima vez. Concluí que não gostava nem um pouco de viagens de navio.

Seria melhor Thomas escolher um lugar mais razoável para futuras reuniões clandestinas. De preferência do lado de dentro, perto do fogo da lareira, longe de corredores vazios e águas revoltas. Com os dentes batendo, me apressei pelo convés, atenta a qualquer coisa que parecesse deslocada, embora fosse difícil saber ao certo o que não pertencia àquele lugar. Nunca havia viajado em um navio como aquele.

O vento açoitava o corredor aberto com um uivo baixo e de alerta. Cordas rangiam. Cada novo som era como uma agulha espetando minhas veias. Segurei o escalpelo com força na lateral do corpo, não querendo atacar ninguém por engano. Precisava controlar minhas emoções, ou alguém poderia se ferir. Ansiava por beijar Thomas, sem eviscerá-lo por acidente.

Ao me aproximar da proa do navio, reduzi o ritmo. Não vi meu futuro noivo, mas ele já haveria de ter chegado. Eu me estiquei para olhar ao redor de bancos e cadeiras de ripas que tinham sido aparafusados ao chão. Era difícil discernir qualquer coisa além de silhuetas na noite encoberta por nuvens; as luzes fracas das lamparinas enfileiradas pelo convés ou haviam sido apagadas ou não alcançavam aquele ponto. Engoli o medo. Ninguém estava me perseguindo.

"Thomas?", sussurrei, me inclinando em direção à proa. Naquela parte do navio, o vento era impiedoso. Aproximei o queixo do peito, mas não ajudou em nada. Se Thomas não aparecesse logo, eu...

Ele caminhou em minha direção, uma silhueta na forma humana. Meu coração disparou.

"Um lugar de encontro tão dramático era realmente necessário, Cresswell?"

Ele parou a alguns metros de distância de onde eu me encontrava, trêmula. Revirei os olhos quando ele me observou e então escrutinou nossos arredores. Ele não chegou mais perto, e fiquei irritada. Aquela não era a saudação calorosa que havia imaginado enquanto me esgueirava pelo gélido navio.

"E então? Estou prestes a contrair um resfriado. O que era tão urgente que precisávamos nos encontrar aqui a uma hora dessas? Você tem notícias sobre a srta. Prescott?"

Ele inclinou a cabeça para um lado, ponderando a situação. E foi quando percebi o leve reflexo da luz em seu rosto. Como se parte de suas feições estivesse coberta por... Eu arquejei.

"Peço perdão por decepcioná-la, senhorita, mas meu nome não é Cresswell." Mefistófeles deu um passo hesitante para a frente. "Embora esteja intrigado que uma moça na sua posição tenha aceitado tal encontro sem uma acompanhante."

Ergui o escalpelo, amaldiçoando minhas mãos por tremerem. Não queria que ele pensasse que meu tremor era inteiramente relacionado ao quão assustada eu estava.

"O-O que você quer?", consegui dizer. Parecia que o vento havia cedido à vontade dele; rosnava e assobiava, encontrando cada fenda em meus trajes. Mefistófeles se aproximou, com seu manto chicoteando atrás dele. Eu não acreditava em tais coisas, mas, naquele momento, ele parecia ser o herdeiro do Diabo que o magistrado-chefe dissera que ele era. "P-Pare. Ou juro que vou cortar sua artéria. Sei p-precisamente onde infligir o maior dano, senhor."

Eu não sabia o que esperar, mas sua risada me pegou de surpresa. Ele tirou seu manto, agindo sem pressa para não me assustar e fazer com que eu o cortasse.

"Ao contrário do que você pode pensar, não faz parte do meu ofício ver moças morrerem na minha frente. Por favor." Ele estendeu o manto. Tome. É feito de angorá. Não encontrará traje mais quente ou macio quanto este, eu lhe garanto." Trinquei os dentes para evitar que batessem e encarei o manto. Eu não queria aceitar nenhuma ajuda daquele jovem de aparência traiçoeira. Ele lentamente sorriu. "Aqui. Vou colocá-lo sobre esta cadeira e poderá buscá-lo." Ele depositou o manto com cuidado, então deu um passo para trás, fazendo uma mesura de zombaria. "Seu manto a aguarda, formosa dama."

"O q-que você quer?", repeti, com minha arma a postos. Ele cruzou os braços e encarou sugestivamente o traje. Expirei com intensidade, então apanhei o manto. Resisti ao impulso de esfregar minha bochecha na suave maciez. Em questão de instantes a calidez floresceu por meu corpo, e meu tremelicar extinguiu-se. Ele sorriu com arrogância, e eu brandi minha arma uma vez mais, eliminando o ar presunçoso de seu rosto. "Responda a minha pergunta ou vou deixá-lo."

Ele abriu a cadeira mais próxima e se sentou, cruzando uma perna sobre a outra. Se estava com frio, sentado ali com sua casaca escarlate enquanto o vento uivava seus desprazeres, não demonstrou. Talvez não fosse de todo humano. Aquilo ao menos explicaria o talento aparentemente inexplicável para truques de mágica. Pela primeira vez, notei suas luvas; cada uma tinha uma lua crescente bordada no verso, com estrelas sobre os nós dos dedos. Eram belíssimas.

"Tenho uma proposta para você." Comecei a balançar a cabeça, mas ele ergueu uma das mãos. "É uma barganha que se provará muito benéfica, desconfio eu. Vi a maneira com que você observou o lamentável incidente desta noite. Mostrou-se calculista e calma quando os outros entraram em pânico. Buscou pistas e detalhes. E ambas são habilidades das quais preciso."

"Sim, é lamentável encontrar praticamente doze facas nas costas de alguém", eu disse, com frieza. "Que talento você tem, fazendo com que o assassinato de uma moça não pareça mais horrendo do que um simples infortúnio. E ainda tentando usar isso a seu favor. Você é repugnante."

Ele me olhou de seu assento. "Repreenda-me o quanto quiser, mas um fato permanece: *é* lamentável. Você se sentiria melhor se eu derramasse uma lágrima?"

Tive a impressão de que a pergunta era sincera, como se nada fosse lhe dar mais deleite do que transformar aquele momento em uma oportunidade de praticar suas habilidades de encenação. "Já basta de travessuras para uma noite. Se me der licença, eu..."

"Vim oferecer instruções em troca de sua ajuda. Com base na curiosidade que demonstrou durante o espetáculo, acredito que deseja aprender a prestidigitação. Eu quero manter algo que é muito querido a mim. Você pode me ajudar com isso."

"Não desejo aprender truques, senhor."

Ele me lançou um olhar que sugeria que eu era uma péssima mentirosa. "Não encontrará um professor melhor."

"Mas talvez encontre um menos arrogante." Eu me forcei a respirar. Não era mágica que ansiava por aprender, mas ele estava próximo de adivinhar a verdade que eu preferiria ocultar. "De todo modo, sinto dizer que não acredito em tais tolices como mágica. Sou uma cientista. Não me insulte com seu teatro barato. Se suas práticas charlatãs de cartomancia funcionassem, você saberia que nem deveria se dar o trabalho."

"'Teatro barato'?" Ele pulou da cadeira e deu alguns passos em minha direção. Mantive minha posição, observando enquanto ele esticou lentamente o braço, como se fosse alcançar algo, então puxou uma carta, ao que parecia, do ar.

"Mágica é ciência. É apenas um termo mais sofisticado para mostrar às pessoas que o impossível é possível."

Fitei a carta, sentindo meu coração bater forte conforme ele a rolava entre os nós de seus dedos. Era difícil dizer sob a luz fraca, mas aparentava ser similar à carta de baralho singular presa às costas da srta. Prescott. Ansiei por levantar o escalpelo novamente, mas não queria alardear minha mudança de humor. Ou Mefistófeles era a pessoa responsável pela morte da srta. Prescott, ou alguém com acesso a suas cartas era. Visto que ele havia estado no palco, eu sabia que a última opção haveria de ser a mais provável.

Ele me observou atentamente. Sem a distância do palco entre nós, eu podia facilmente ver a centelha de inteligência. "Você também nega o fascínio do ilusionismo? Está interessada apenas em uma forma de ciência, ou gostaria de expandir seus conhecimentos?"

"Não foi você quem nos alertou contra aceitar tratos feitos à meia-noite com gente de seu tipo? Ao contrário do que possa pensar", eu disse, cuspindo as palavras que Mefistófeles proferira mais cedo de volta para ele, "não tenho interesse em ser uma tola. Agora, se me der licença, está tarde e isto foi uma perda de nosso tempo. Boa noite, senhor."

Passei de raspão por ele, e não olhei para trás quando ele gritou: "Nossa barganha continua à sua disposição. Tenho a impressão de que em breve pensará sobre ela de maneira diferente. Afinal de contas, assassinato é apenas outra forma de ilusionismo, não é?".

Eu torcia para que ele não tivesse reparado em meus passos hesitantes conforme me apressava pelo convés obscuro, ignorando os calafrios. Assassinato *era* outra forma de ilusionismo. E, se a pessoa responsável fosse talentosa o suficiente, poderia até se safar.

4. UMA TEIA EMARANHADA

Aposentos dos Prescott
RMS *Etruria*
2 de janeiro de 1889

Toquei nervosamente nos botões de pérola nas laterais de minhas luvas quando meu tio bateu à porta dos aposentos do magistrado-chefe. Vozes murmuradas ficaram alguns tons mais altas do lado oposto, embora não tenham cessado a discussão. Meu tio aguardou alguns momentos antes de repetir o gesto. Ele havia acordado mais cedo do que eu e finalizado a autópsia da srta. Prescott por conta própria, me deixando com tempo de sobra para repassar as últimas vinte e quatro horas sem quaisquer distrações.

Encarei sem expressão os parafusos ao redor da porta. Eu mal tinha dormido na noite anterior, virando de um lado para o outro até à beira da loucura. Além da barganha à meia-noite de Mefistófeles e do assassinato da srta. Prescott, havia ainda o peso constante de preocupações em relação a Liza. Queria implorar ao capitão Norwood para que virasse o navio e navegasse direto para a Inglaterra. Em vez disso, tinha que me contentar com um dia infeliz de cada vez. A paciência era uma virtude abominável.

"Você ouviu uma palavra do que eu disse?" Thomas balançou a mão diante de meu rosto, e um dos cantos de sua boca se ergueu. "É realmente fascinante quando você faz isso."

"Faço o quê? Pensar?" Afastei sua mão. "Perdoe-me."

"Não precisa se desculpar." Ele sorriu. "Sabe que não me importo quando você fantasia sobre mim."

Meu tio olhou por cima do próprio ombro. "Será que vocês podem agir de forma apropriada por cinco minutos?"

"Eu não fiz nada!" Joguei as mãos para o alto. "A única coisa da qual tenho culpa é de refletir sobre o assassinato da noite passada. A sra. Harvey mencionou alguma coisa sobre cartomancia. Talvez seja algo que mereça ser investigado."

Meu tio murmurou algo que soou extremamente indelicado e bateu à porta mais uma vez. Thomas deu um passo para ficar em meu campo de visão e disse sem emitir som: "E culpada por pensar em mim sem roupas?".

Antes que eu pudesse responder com um gesto nem um pouco refinado, a porta se abriu. Em um instante, o sorriso provocador sumiu de seu rosto, substituído pela expressão fria e calculista que sempre dominava suas feições quando escrutinava os outros. Eu esperava ver o magistrado-chefe Prescott, mas um homem mais baixo e rechonchudo, com entradas no cabelo, nos recepcionou.

"Bom dia, senhores", cumprimentou ele, não soando de maneira alguma sincero. "E senhorita. Em que posso ajudá-los?"

"Sou o dr. Jonathan Wadsworth, de Londres, e estes são meus aprendizes, o sr. Thomas Cresswell e a srta. Audrey Rose Wadsworth. Viemos fazer uma visita ao sr. Prescott", explicou meu tio. "Há algumas perguntas que precisamos que sejam respondidas no tocante aos dias que antecederam o assassinato de sua filha. Não tomaremos mais que alguns poucos minutos de seu tempo."

O homem robusto se empertigou e tentou lançar um olhar de desprezo, empinando o nariz achatado, embora meu tio fosse um pouco mais alto. "Receio que isso não seja possível neste momento. Administrei um tônico para acalmar seus nervos." Ele esticou a mão carnuda. "Sou o dr. Philip Arden."

Thomas e eu nos entreolhamos. Em geral, cavalheiros não ingeriam elixires para os nervos; nossa tola sociedade acreditava que homens não sentiam tais emoções, mas eu estava mais preocupada com a mentira descarada. Nós havíamos acabado de ouvir os dois homens discutindo através da porta fechada.

Meu tio assentiu. "Qualquer informação que o sr. Prescott possa oferecer será útil, mesmo em seu estado atual."

"Infelizmente vou ter que insistir para que retornem em outra ocasião", disse o dr. Arden, fechando a porta devagar. "Os Prescott desejam tempo para assimilar a morte repentina de sua única filha. Vocês com certeza entendem a necessidade de tal delicadeza?"

Parte de mim queria dizer que não entendia de forma alguma, queria falar com severidade sobre a importância de decifrar quaisquer pistas antes que se perdessem na memória. Contudo, eu sabia que aquele era um ponto de vista duro diante de tais circunstâncias. A única filha deles havia morrido brutalmente bem diante dos olhos do casal. Se precisavam de tempo para sentir a perda, era o mínimo que podíamos oferecer.

Uma porta se abriu com um rangido no corredor, mas ninguém apareceu. Meu olhar se encontrou com o de Thomas, e meneei a cabeça na direção do som. Ele deu um pequeno passo para o cômodo e parou, balançando a cabeça em concordância. Alguém estava entreouvindo a conversa. Voltei minha atenção para o diálogo entre o dr. Arden e meu tio na expectativa de que eles se apressassem.

"Muito bem", meu tio acabou cedendo. "Por favor, avise-o de que estive aqui. Retornarei esta noite."

Fiz uma reverência cortês, porém, antes que o dr. Arden pudesse tocar a ponta de seu chapéu em um cumprimento, comecei a seguir rapidamente pelo corredor. Eu estava prestes a erguer meu punho e bater à porta quando notei a sra. Prescott encarando algum ponto adiante com a expressão vazia e os olhos margeados pelo tom vermelho dos enlutados.

"Sra. Prescott..." Eu me movi lentamente até alcançar seu campo de visão. "A senhora precisa que eu pegue..."

"Eu disse a ele que não deveríamos aceitar a oferta", disse ela, os olhos cravados no oceano. "Foi o orgulho dele que a condenou."

Senti meu tio e Thomas se aproximando atrás de mim e ergui uma das mãos para impedi-los. "Que oferta a deixou desconfortável? Foi uma proposta que a senhora recebeu antes de embarcar no navio?"

Ela piscou para mim, como se percebesse que não estava falando com o vazio, afinal de contas. "Uma carta. Nós recebemos um convite. Assim como os Arden." Ela riu, mas o som não se pareceu em nada com um riso alegre. "'Caro convidado', de fato. Robert gosta de achar que sabe tudo, que sua opinião é o suprassumo da sabedoria. De modo algum perderia uma oportunidade de se exibir. A vaidade é um pecado."

"O sr. Prescott sabe quem mandou a carta?", insisti. "Eu poderia vê-la?"

Uma lágrima escorreu em sua bochecha. Então outra. Ela voltou sua atenção para mim, e suas emoções me golpearam em meu âmago. "De que vai adiantar? Minha Olivia se foi."

Thomas se remexeu, e seus dedos tamborilaram nas laterais do corpo. Ele parecia um cão de caça que havia farejado uma pista promissora e queria segui-la a qualquer custo. Fiz menção de segurá-lo, mas Thomas cautelosamente desviou de meu alcance.

"Sra. Prescott, posso oferecer minha opinião?", perguntou ele. Fechei os olhos. Thomas era muitas coisas incríveis, mas sutil não era uma delas. "A senhora sofreu uma tragédia que muitos jamais podem imaginar, tampouco suportar. Ainda assim, continua aqui, respirando, vivendo. Que é a coisa mais difícil de se fazer. As pessoas normalmente admiram a força física, mas acredito que são as coisas simples que uma pessoa faz após uma tragédia que a definem. Não há demonstração maior de força interior que continuar vivendo quando a vontade maior é deitar e deixar o mundo desvanecer. Sua força e convicção são necessárias agora para nos ajudar a capturar quem quer que tenha feito isso com sua filha. A srta. Olivia pode não estar mais entre nós, mas o que a senhora fizer a seguir vai ajudá-la a buscar a justiça que ela merece."

Pisquei para amortecer a ardência em meus olhos, completa e profundamente sem palavras. A sra. Prescott pareceu igualmente atordoada, mas se recuperou depressa e desapareceu em seus aposentos. Fiquei ali parada, boquiaberta, sem saber quem era aquele Thomas Cresswell. Ele exibiu o lampejo de um sorriso. "Uma vida repleta de surpresas, lembra, Wadsworth?"

"Sem dúvida." Eu não conseguia imaginar um futuro que não incluísse desvendar cada um de seus segredos. A sra. Prescott enfim voltou para a porta, onde estávamos aguardando.

"Aqui", disse ela, fungando. "Por Olivia."

Thomas aceitou a carta com desvelo, segurando-a próxima ao peito. "Nós vamos descobrir quem fez isso, sra. Prescott. E essa pessoa terá que pagar."

Lancei um olhar significativo para Thomas. O tom que ele usou fez um arrepio percorrer minha pele. Não duvidava de que ele lutaria com tudo que estivesse a seu alcance para solucionar aquele caso.

A sra. Prescott engoliu em seco. "Se me derem licença, preciso me deitar novamente."

Nós nos despedimos e continuamos andando pelo convés. Meu tio olhou de esguelha em nossa direção conforme avançávamos, com uma expressão anuviada. Eu me perguntei se ele estava pensando sobre tia Amelia, preocupado por ela estar em uma condição igualmente horrenda, enlouquecendo de pânico com o desaparecimento de Liza. Amiúde nossa única incumbência era abrir os mortos em busca de pistas. Falar com os vivos durante o período de luto era muito mais difícil. Era quase impossível se desfazer das emoções e se desvincular do trabalho medonho que precisava ser feito.

Já havíamos avançado o suficiente pelo convés quando Thomas parou e me entregou o convite. Era um envelope dos mais exagerados. O papel era de um azul-escuro brilhante, e as letras, cheias de curvas prateadas e douradas. Pequenas estrelas estavam espalhadas pela margem, como se alguém tivesse soprado purpurina na página. Lembrei-me do Festival Enluarado.

Deslizei o dedo pelo acabamento envernizado e abri a carta.

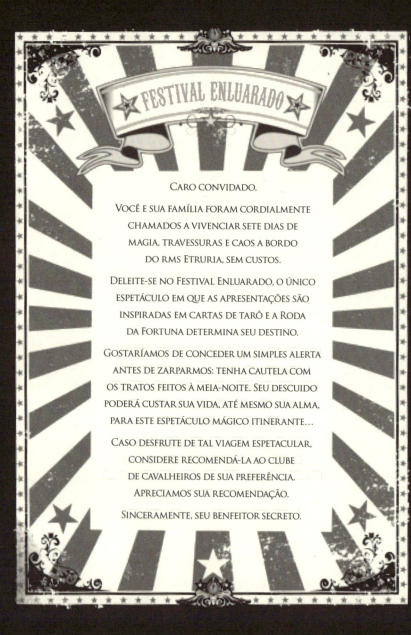

"O que vocês acham disso?", perguntou meu tio. "Primeiras impressões."

"É difícil dizer." Procurei as palavras adequadas. "Por um lado, entendo a desconfiança da sra. Prescott. Por que buscar a aprovação de um juiz? Com certeza há membros mais influentes da aristocracia para se ter como alvo desse tipo de coisa." Examinei a carta novamente, então a entreguei para Thomas. "Diria que é bem improvável que essa carta tenha sido enviada por qualquer pessoa vinculada ao festival. Qual delas poderia dar-se ao luxo de adquirir passagens para quatro passageiros da primeira classe?"

"Mas?", insistiu Thomas, erguendo uma sobrancelha. Tive a impressão de que ele havia chegado à mesma conclusão que eu e estava me dando a chance de brilhar.

"Remete bastante ao discurso de abertura feito por Mefistófeles." Indiquei a frase que era praticamente idêntica. "'Seu descuido poderá custar sua vida, até mesmo sua alma, para este espetáculo mágico itinerante.' Quem mais poderia ter conhecimento de tal discurso se não alguém envolvido no festival?"

Meu tio alisou o bigode, pensativo. "Talvez alguém que já tenha participado do festival antes. Esta não é a primeira vez que o Festival Enluarado se apresenta."

"É verdade", eu disse, pouco convencida. "Ainda assim, não explica por que essa pessoa gostaria de incriminar o circo. Até o momento não identificamos nenhuma testemunha, nenhum motivo que explique por que a srta. Prescott foi o alvo e nenhuma justificativa decente para uma teia tão emaranhada ter sido orquestrada, e um único assassinato, cometido. Por que não apenas esperar que as luzes fossem apagadas, atacar e então voltar a se esconder de onde quer que tal indivíduo tenha surgido?"

Agitado, Thomas caminhou pelo deque, seus movimentos rápidos e precisos, bem como imaginei que estivessem seus pensamentos. Ele parou abruptamente e foi até a balaustrada para encarar o mar infinito. Meu tio e eu nos entreolhamos, mas não ousamos interrompê-lo em sua viagem até aquela parte sombria e deturpada de si mesmo. Alguns instantes depois, Thomas se virou um pouco, com os ombros rijos.

"O assassino muito provavelmente é alguém que aprecia o espetáculo. Ele não está interessado em cometer seus feitos obscuros discretamente. Ele quer algo dramático, a adrenalina de ver as pessoas recuarem. Eu..." O vento soprou uma mecha de cabelo, cobrindo uma de suas sobrancelhas. Thomas se voltou para nós com uma expressão dura. "Da próxima vez, a vítima será revelada de maneira ainda mais grandiosa, uma que não possa ser confundida com um espetáculo. Onde quer que esteja agora, ele está em ebulição. Enfurecido que mais pessoas não sentiram medo de sua apresentação de abertura. Quando atacar de novo, cada passageiro deste navio será aprisionado em seus medos. Garanto que ele deseja transformar este cruzeiro em um pesadelo fantástico."

Após uma pausa prolongada, meu tio gesticulou para que seguíssemos nosso caminho. "Permaneçam vigilantes, vocês dois. A última coisa de que precisamos é de mais problema para esta família."

Enquanto me vestia para o espetáculo noturno, repassei a declaração calamitosa de Thomas em minha mente. Quando a criada terminou de adornar meu cabelo com o último botão de rosa, meu estômago já estava completamente embrulhado. Se Thomas estivesse certo, e eu não tinha dúvida de que estava, então outra pessoa estava prestes a morrer.

Meu tio havia nos alertado para que ficássemos vigilantes, e decidi seguir seu conselho a sério. Em meu vestido tomara-que-caia, tingido de preto-arroxeado, me senti como uma figura que poderia se misturar às sombras com facilidade para observar o salão de jantar, se necessário.

Retirei o medalhão em forma de coração da caixinha de joias e o entreguei para a criada, me sentindo reconfortada assim que seu peso se assentou em meu esterno.

Assim que a criada foi embora, me empoleirei com cuidado na beirada de uma cadeira, remoendo os fatos. De acordo com a sra. Prescott, tanto o magistrado-chefe Prescott como o dr. Arden haviam recebido convites para participar do Festival Enluarado, com todas as despesas anonimamente pagas. Ambos se conheciam fora do *Etruria*, mas eu precisava investigar a relação deles mais a fundo. Uma tarefa que poderia se provar dificultosa, uma vez que o dr. Arden tinha uma personalidade tão acolhedora quanto uma lesma. Ele se aboletara nos aposentos do sr. Prescott e se recusava a falar com alguém por pelo menos mais um dia ou dois.

Deixando que aquela pista se fosse por ora, me concentrei no que já sabia. A srta. Prescott havia sido assassinada no instante em que as luzes foram apagadas, uma coincidência, talvez, mas eu não acreditava em tal coisa. Alguém que sabia exatamente quando estaria escuro no salão de jantar havia esperado para atacar. Mais um indício de que quem quer que fosse que havia cometido aquele ato hediondo estava, de algum modo, envolvido no festival. Ou alguém que podia ter assistido aos treinos. Fiz uma anotação mental para falar com o capitão novamente. Ele teria os nomes dos membros da tripulação em serviço.

Então havia a questão do ás de paus; sua relação ainda era incerta. Mas talvez aquele fosse o cerne da questão. Quem sabe a carta não passasse de uma distração. Embora a cartomancia fosse outro caminho que talvez pudesse se provar vantajoso...

Alguém bateu à porta que interligava os aposentos, despertando-me de meus devaneios. Eu me levantei, alisando a parte frontal do vestido. "Sim?"

Imaginei que fosse a sra. Harvey, vindo me buscar para o jantar. Em vez disso, Thomas entrou veloz e confiante, como se estar sozinho comigo em meu dormitório não fosse algo completamente escandaloso. Eu o analisei da cabeça aos pés, admirando seu terno completo; tinha que ser considerado um delito grave estar tão charmoso assim.

"Onde está a sra. Harvey?" Eu tanto esperava quanto temia que ela se juntasse a nós.

Thomas reduziu o passo, me inspecionando como se quisesse medir minhas emoções. O que quer que tenha enxergado em minha expressão fez com que contorcesse os lábios. "No salão de jantar com seu tio, esperando por nós."

"Como você conseguiu...?"

Fiquei sem palavras quando ele atravessou o cômodo e me tomou em seus braços. Seus olhos, embora ligeiramente repletos de júbilo, se encontravam escuros e profundos o suficiente para que eu me afogasse neles. Nosso último beijo roubado parecia ter acontecido há séculos, e cada nervo em meu corpo formigava com a expectativa.

Meu Deus, como eu o queria.

Uma de suas mãos lentamente trilhou o contorno de minhas costas, e minha respiração falhou, inflamando algo em seu olhar que me desconcertou. Sempre dedicado a não me decepcionar, Thomas inclinou o rosto para o meu, e um sorriso curvou seus lábios maravilhosos quando ele ergueu meu queixo.

"Já consegui arrebatar seu coração, Wadsworth?"

Sem formular uma resposta, minha boca já estava sobre a dele. Eu ainda não havia colocado as luvas, de modo que as pontas de meus dedos vagavam por sua pele, e ele reagia com a mesma intensidade. Cada carícia entorpecia meus sentidos até que tudo em que eu conseguia pensar era o próximo lugar que suas mãos explorariam, bem como a esperança crescente de que seus lábios pudessem seguir aquela trajetória cuidadosa. Seu amor era puro, ainda que intoxicante, doce e poderoso. Eu nunca me cansaria daquilo — de tocá-lo e de ser tocada por ele.

Como se soubesse exatamente como me fazia sentir, Thomas deslizou as mãos por meus ombros e guiou-as até meu cabelo, movendo-se até que nossos corpos estivessem pressionados um contra o outro. Eu podia jurar que havia uma corrente elétrica percorrendo cada lugar em que nos tocávamos. Ele sussurrou meu nome enquanto deu beijos em meu pescoço e ao longo da clavícula à mostra, parando bem onde meu medalhão se encontrava. Um desejo maior que qualquer decoro me dominou. Agarrei e tirei seu paletó e nos conduzi até a cama.

Thomas gentilmente me deitou, com seu corpo pairando sobre o meu. Talvez não fosse medicamente possível, mas sentia que se ele não me tocasse mais uma vez logo, eu entraria em combustão. Ele roçou o polegar em meu lábio com um olhar pensativo. "Eu amo quando você me olha desta maneira."

Busquei seu olhar. "Como?"

"Como se pudesse me amar da mesma forma extraordinária que eu amo você."

Qualquer autocontrole ao qual eu me agarrava se estilhaçou. Eu o puxei até que seu corpo se assentasse sobre mim, maravilhada com o quão extraordinário era estar na cama com ele. Tracei o contorno acentuado de sua mandíbula, perdendo-me nos salpicos dourados em seus olhos antes de lentamente levar a boca ao encontro da dele mais uma vez. Quando sua língua tocou a minha, quase perdi o juízo.

Beijar Thomas era minha indulgência favorita, e ele sem dúvida gostava de me mimar.

"Talvez você esteja certo. Quem sabe devêssemos nos casar no navio", arquejei. Talvez eu estivesse pronta para fazer mais do que apenas beijá-lo, ainda mais se ele continuasse traçando aqueles círculos por meu corpete. Com um sorriso astuto, ele me beijou de novo, então tornou a se concentrar em meu pescoço. Seus dentes passaram de raspão pela pele sensível de minha garganta, as mãos resvalaram para meus quadris. Que os santos me ajudassem. "Acha que há um padre aqui? Meu pai provavelmente não ficaria *tão* consternado assim caso nos casássemos sem seu consentimento. Talvez meu tio concorde em ser nossa testemunha... ou quem sabe a sra. Harvey."

Thomas se afastou o suficiente para me encarar, seu sorriso despudorado reaparecendo. "Srta. Audrey Rose Wadsworth, conquistadora da minha alma, você é completamente perversa. Está pensando em desafiar os bons costumes apenas porque deseja meu corpo." Ele colocou a mão sobre o coração. "Juro que nunca a amei tanto quanto agora."

Senti meu rosto esquentar. "Você é impossível."

"Impossível de não adorar." Com o que pareceu uma quantidade considerável de esforço, ele se levantou e me ajudou a fazer o mesmo. Ainda havia uma avidez em seu olhar que se igualava à minha, e me perguntei qual de nós iria se desajuizar com o desejo primeiro. Afastei meu olhar de Thomas e o fixei de volta à cama, tentando elaborar alguma forma de voltar alguns instantes no tempo. "Já contei a você sobre nossa casa de campo?"

Pisquei diante da brusca mudança de assunto. "Acho que não."

Thomas moveu suas mãos de meus pulsos para meus braços, então as deslizou para minha cintura. Ele trouxe meu corpo para perto do dele, seus lábios pairando acima dos meus, e eu lutei para manter o controle. Tinha a impressão de que, se o beijasse novamente, nenhum de nós recobraria a compostura. Naquele momento, eu não tinha certeza se queria fazer o que era apropriado.

"Quando estivermos casados, eu gostaria de levá-la até lá", sussurrou ele. "Pedirei para que a maior parte da criadagem se ausente. Teremos toda a privacidade do mundo, sem mais sair às escondidas. Quando você me olha da maneira que está olhando agora, minha virtude fica perigosamente perto da corrupção. E nunca fui um homem muito devoto, Wadsworth."

O calor tomou meu âmago diante de tal declaração escandalosa. Percebi que mal podia esperar para o dia em que não precisaríamos mais nos conter. "Você realmente é um patife, Thomas Cresswell."

Ele deu uma risada. "Ah, sim, mas o brilho no seu olhar indica que você adora isso. E não tem nada que eu ame mais do que agradar você, então farei tudo que puder para ser o pior."

"Muito romântico da sua parte."

"Pois pensei o mesmo." Ele relanceou para o relógio na mesa de cabeceira. "Acho que seu tio pode assassinar a sra. Harvey se não nos apressarmos. Ele estava observando as facas quando parti, e não acredito que estivesse decidindo qual delas era a mais apropriada para cortar o filé."

Afastei com esforço meu olhar de sua boca. Pensamentos sobre um assassinato de verdade apagaram qualquer chama remanescente que sentia entre nós. Suspirei. "Vamos salvar nossos acompanhantes, então."

Thomas encolheu os ombros para vestir a casaca, então saiu pelos aposentos da sra. Harvey. Examinei meu reflexo no espelho, ajustando os cachos escuros que haviam se soltado. Toquei meus lábios, torcendo para que não parecessem inchados dos beijos aos olhos de mais ninguém. Eu mal podia esperar para escrever a Liza, pois ela adorava aquele tipo de detalhe romântico. Ela ficaria espantada e radiante, e...

Arfei como se tivesse sido atingida por um golpe duro. Havia momentaneamente me esquecido de que minha prima estava desaparecida.

Eu me curvei, pressionando as mãos no ventre e respirando fundo, tentando acalmar os nervos. Eu era uma criatura terrível, deixando-me distrair pelos lábios de Thomas. Prometi a mim mesma que me comportaria melhor durante o restante da viagem.

58

Um instante depois, ele bateu à porta de meus aposentos como um verdadeiro cavalheiro. Deixei as preocupações de lado, abri a porta e aceitei seu braço. Ele estava certo — não havia nada que pudéssemos fazer por Liza enquanto estivéssemos presos naquele navio. Assim que chegássemos aos Estados Unidos, eu orquestraria um plano melhor.

"Pronta?", perguntou Thomas. Eu concordei. Nós andamos o mais depressa que meus sapatos acetinados permitiam pelo corredor interno que levava ao salão.

Deixamos nossos sobretudos — e o cachecol de seda branca de Thomas — com um criado e nos apressamos pelo saguão, com Thomas andando a passos largos, cheio de confiança em seu terno completo. Fiz uma pausa, olhando, estupefata, para a rosa em sua lapela. Eu não a tinha notado antes de remover sua casaca. A bem da verdade, não tinha pensado em nada além de sentir nossos corpos juntos.

Ele percebeu meu olhar e deu uma piscadela. "Eles têm rosas na estufa a bordo por um preço absurdo. É claro que pensei em você enquanto me vestia. Sinta-se à vontade para retribuir quanto achar conveniente. Mas quem sabe não deva fazê-lo do modo inverso."

Minha réplica astuta murchou quando as portas foram abertas para nós por dois criados uniformizados. A paleta de cores era do mesmo preto e branco do piso e azul-escuro das cortinas do dia anterior, mas naquela noite havia detalhes prateados e dourados. Flores, candelabros e cordões de contas resultavam em centros de mesa, uma cachoeira de riquezas em excesso.

O que chamou minha atenção — e a atenção da maior parte das pessoas, a julgar por seus olhares arregalados — foram os artistas mascarados apresentando-se no salão, rodopiando espadas de prata como se fossem bastões. A luz refletia nas lâminas, emanando palpitações para meu coração.

Era um exército de artistas vestidos para a batalha. Qualquer um deles poderia virar suas armas para algum dos convidados do jantar. Para tornar tudo ainda pior, todos tinham em suas mãos o poder para transformar aquele banquete em um banho de sangue.

Meus passos vacilaram. Eu não era capaz de imaginar um espetáculo que conseguiria satisfazer mais um assassino voraz, e torci para que estivesse errada.

5. CAVALEIRO DE ESPADAS

Salão de jantar
RMS *Etruria*
2 de janeiro de 1889

"stá tudo bem. Respire." Thomas me guiou até nossa mesa e puxou minha cadeira, embora diversos garçons estivessem de prontidão. Alguns empalideceram, mas não ousaram dar um passo adiante e afastá-lo da tarefa à qual havia se designado.

Diante da exibição de cavalheirismo de Thomas, tio Jonathan desviou a atenção de seu garfo e faca. Ele ficou olhando fixamente, com uma expressão inescrutável, e apenas Deus poderia saber o que ele pensou da atenção cuidadosa de Thomas em relação a mim. Duvidava que pudesse ouvir meu coração retumbando, mas, irracionalmente, receei que as palavras EU BEIJEI THOMAS CRESSWELL DESENFREADAMENTE de repente estivessem pintadas na minha testa.

Um sorriso começou a despontar nos cantos de seus lábios, como se ele houvesse dissecado aquele exato pensamento de minha mente. "Audrey Rose." Meu tio fez um aceno com a cabeça enquanto meu acompanhante acomodou-se no assento a seu lado, defronte a mim. "Thomas. Vocês chegaram bem na hora."

A sra. Harvey sentou-se a minha direita — no lado oposto de meu tio — e balançou a cabeça em um gesto de aprovação. "Você está linda, querida. Essa cor cai bem em você. O roxo é uma cor maravilhosa para noites sombrias de janeiro. Esconde uma infinidade de pecados também."

Diante de minhas sobrancelhas franzidas, ela fez um gesto para uma mancha suave em seu vestido pálido. Parecia ser de natureza líquida, embora eu não tivesse como afirmar ao certo.

"Obrigada, sra. Harvey." Antes que eu pudesse tecer comentários sobre o vestido elegante e moderno e as joias deslumbrantes que ela usava, as luzes diminuíram. Estar a bordo de um navio equipado com eletricidade era encantador, ainda mais quando tal luxo era utilizado para criar palpitações de empolgação.

Contemplei o salão, observando qualquer pessoa que pudesse parecer nervosa, mas ninguém se sobressaiu. O capitão Norwood não havia comunicado a verdade em relação à morte da srta. Prescott, em grande parte para poupar a si mesmo, mas também porque os Prescott haviam pedido discrição. Os passageiros conversavam discreta e animadamente em suas respectivas mesas, e os espadachins, tanto homens quanto mulheres, continuavam girando suas lâminas, e tudo corria estranhamente bem. Talvez Thomas estivesse errado. Talvez o espetáculo daquela noite não fosse terminar em morte. Peguei minha taça e tomei um gole, liberando o último bocado de tensão de minha espinha.

Fumaça pairava na bainha das cortinas, instigando mas também prometendo um incêndio fora do alcance da visão. Minhas palmas umedeceram as luvas translúcidas. Estava quase na hora. Olhei de relance para meu tio, mas ele estava ocupado com o jantar. Ele partiu o filé com a concentração ímpar que reservava para os mortos que estudávamos. Ao que parecia, não acreditava que um assassinato constava novamente no menu daquela noite. Ao menos não na sala em que nos encontrávamos.

"Estimados passageiros do *Etruria*", declarou o mestre de cerimônias, em uma voz baixa e musical, fazendo mais uma aparição do bloco de fumaça espessa. Estremeci com a lembrança dele surgindo tão inesperadamente também na noite passada. "Sejam bem-vindos à segunda noite do Festival Enluarado! A Roda da Fortuna selecionou uma apresentação extraordinária. Para seu prazer, permitam-me apresentar uma noite mais ousada. Abrilhantada. E, quem sabe, muito mais... *ensanguentada*!"

Sem aviso, as cortinas foram afastadas como um pedaço de carne que se espalha, revelando uma jovem mascarada em um corpete de veludo vermelho amassado e meias-calças do tom da meia-noite. E quase nada mais.

Os cachos de seu cabelo estavam presos para cima, acrescentando alguns centímetros a sua estatura. A armação da saia tinha camadas de crinolina preta decorada nas bordas por lindos laços vermelhos.

Um recorte no formato de um coração entre seu pescoço e colo revelava seu decote. Laços de fita preta imitavam o verso do corpete, subindo para segurar a gola. Apliques pretos semelhantes adornavam os quadris. Ela usava uma máscara com filigrana de um tom metálico tão escuro que parecia petróleo congelado. Vestida em tonalidades de vermelho e preto, ela trajava o equivalente feminino ao terno do mestre de cerimônias.

O público ofegou ao absorver a figura da mulher mascarada e então a enorme espada reluzente em suas mãos. Assim como seus trajes, o cabo da espada era belíssimo — trabalhado em um metal quase preto, lembrava um buquê feito de flores silvestres e asas de pássaros. Era como uma lâmina do reino das fadas forjada em um fogo selvagem e celestial.

Por detrás da máscara, os olhos da jovem mulher encontraram os meus e se arregalaram. Por que raios...

Cobri a boca, tentando conter um arquejo quando o reconhecimento me atravessou como uma flecha. Não importava como ou o porquê, de uma coisa eu estava certa.

A moça no palco era Liza, minha prima desaparecida.

Engoli em seco, minha atenção jamais se desviando dela. Mesmo com a máscara cobrindo metade de seu rosto, eu sabia que era ela. O mestre de cerimônias entrou em meu campo de visão, interrompendo nosso contato visual, e pousei minha taça com uma pancada. O líquido respingou na toalha de mesa, e um criado, muito atento, prontamente limpou a bagunça. *Liza*. Eu mal piscava, preocupada com a possibilidade de ela ser um espectro que eu havia conjurado e que desapareceria na mesma velocidade.

"Tentem não perder seus corações ou suas cabeças", os olhos de Mefistófeles cintilaram, "enquanto a adorável Liza tentará manter a sanidade ao ser serrada ao meio por Jian Yu — o Invencível, o Incrível, o superior Cavaleiro de Espadas!"

O público rugiu em deleite, e eu engoli um gemido de horror.

"Bem, esta é uma revelação interessante", sussurrou Thomas. Eu o encarei, nem um pouco surpresa ao vê-lo praticamente pulando em seu assento. Ele adorava desvendar charadas e enigmas inesperados, e aquela noite havia acabado de se tornar o maior mistério de todos.

"Se por 'interessante' você quer dizer 'terrível', então, sim, concordo."

Meu tio respirou profundamente, e eu sabia que ele também havia reconhecido o membro rebelde de nossa família. Eu me recusei a olhar para ele, sabendo que deveria estar furioso. O que Liza havia feito era muito pior do que apenas fugir. Talvez não para mim ou meu tio, mas, aos olhos da sociedade, ela poderia muito bem se autointitular uma meretriz.

Mefistófeles pigarreou, incitando minha prima à ação. Liza sorriu sedutoramente para a plateia e ergueu a espada acima da cabeça, pavoneando-se pelo palco como se tivesse nascido para aquilo. Meus batimentos se intensificaram. Eu estava sem palavras e ao mesmo tempo orgulhosa.

"Sua tia teria um derrame se estivesse aqui para ver Liza em tal estado", disse Thomas, e meu tio o olhou com irritação. Ele franziu as sobrancelhas. "Ora, não é verdade?"

"Thomas", alertou meu tio. "Já basta."

Apesar de todas as horríveis circunstâncias, eu sorri. Minha prima estava vivendo seu sonho romântico sem se importar com o que o mundo pensaria dela. Eu a admirava, embora uma fagulha de preocupação começasse a me atingir conforme eu me recordava das fatídicas palavras de Mefistófeles. Ao que parecia, Liza havia perdido tanto o coração quanto a mente para aquele festival. Eu me lembrei de repente do conteúdo de sua última carta. Ela havia mencionado seu envolvimento com um escapista.

Arquejos cresceram ao nosso redor, e eu me remexi para ver o que havia causado tamanho rebuliço. O som agourento de cascos preencheu o salão quando Jian Yu, o Invencível, o Incrível, o Cavaleiro de

Espadas, vestido em uma cota de malha, cavalgou um cavalo preto e atravessou o recinto. Os olhos do animal, que pareciam liquefeitos, ofereceram um vislumbre de sua área esbranquiçada, e ele se empinou; os cascos golpearam o piso com força o bastante para fazer as taças chocalharem. A sra. Harvey agarrou meu braço, e algumas mulheres sentadas ali perto soltaram gritos agudos.

Jian parecia tão rígido quanto a armadura que usava. Sua máscara prateada cobria por inteiro um dos olhos e terminava em uma série de extremidades, pontiagudas o suficiente para perfurar a pele do outro lado. Parecia que uma coroa de espadas fora derretida e forjada ao redor da cabeça dele. Ele era a personificação da carta de tarô do Cavaleiro de Espadas, e o traje refletia aquilo à perfeição.

Na sequência, os outros artistas que também empunhavam espadas embainharam suas armas, com um som que fez gelo correr em minhas veias, e caíram de joelhos como se estivessem fazendo uma súplica. Meus braços se arrepiaram. A cena como um todo era aterrorizante e ficava ainda mais arrepiante com o silêncio que envolvia Jian.

Ele guiou o cavalo pelas escadas em uma marcha lenta, pois queria que o admirássemos conforme passava. Seu longo cabelo escuro estava amarrado na altura da nuca, permitindo que o público observasse seus traços sombrios e angulares — salientes o bastante para partir alguns corações, a julgar pelos leques que se abriam com um estalo e pelo falatório entusiasmado das mulheres. A sra. Harvey tomou um grande gole de sua água gelada, e Thomas revirou os olhos.

"Seria a compleição muscular realmente tão inspiradora, ou a perigosa cicatriz acima de um dos olhos?", perguntou ele, embora a sra. Harvey não tivesse se dado o trabalho de responder. Muito menos de desviar o olhar do rapaz que subira no palco. Jian desmontou de seu corcel e entregou as rédeas para Liza, indicando com o queixo na direção das cortinas.

"Você tem estudado aqueles diários que lhe dei, Audrey Rose?", interrompeu meu tio, atraindo minha atenção para si. "Vou precisar que tanto você quanto Thomas estejam bem versados nas marcas feitas com um..."

Ele fixou o olhar em alguma coisa através do salão, aguçando minha curiosidade. Uma segunda assistente trazia para o palco uma geringonça que parecia um caixão. Buracos foram cinzelados perto da extremidade superior, inferior e também nas laterais daquela estranha caixa. Uma grande quantidade de corda fora laçada em volta de cada ponta e também enrolada sobre os ombros das assistentes.

"Que bom", disse Thomas, com suavidade. "Eu estava na torcida para que levassem os mortos embora antes da sobremesa. Tripas combinam mais com o prato principal, não concorda, Wadsworth?" Ele enrugou o nariz. "E nem um pouco com doces."

"Fale sério." Meu coração palpitava apesar de minha advertência. "Ninguém vai espalhar tripas por aí."

Ele tombou a cabeça para um lado. "Estou falando sério. Aquela caixa é utilizada para serrar pessoas ao meio. Um movimento em falso e quem estiver na primeira fileira vai receber esguichos de sangue e órgãos decepados na mesa. Pobre da mousse com frutas vermelhas. Por outro lado, se realmente tivermos um assassino a bordo, esta talvez seja a morte espetaculosa que temíamos."

Jian embainhou as espadas que estava balançando de um lado para o outro e fez uma encenação para inspecionar cada centímetro da caixa de madeira. Liza e a segunda assistente ficaram paradas uma de cada lado, sorrindo como se uma delas não estivesse prestes a ser cortada pela metade bem diante de nossos olhos. Enxuguei discretamente as mãos na saia. Parte de mim estava morbidamente fascinada. E a outra parte enojada por aquele mesmo fascínio. Alguns dias eu desprezava as contradições de minha mente e as sombras que habitavam meu coração.

"Você não acha que Liza vai ser a pessoa que..." Parei de falar, com meus olhos atados a Jian conforme ele avançou até a beirada do palco e levou uma das mãos ao rosto como se estivesse protegendo os olhos do sol. O salão de jantar se aquietou um pouco, mas o barulho persistiu mesmo assim.

"Um voluntário", resmungou ele, revelando um leve sotaque. "Agora."

Ninguém parecia disposto a se oferecer para um possível sacrifício. E eu não podia culpá-los. Quem em posse de seu perfeito juízo faria tal coisa? A máscara de Jian brilhou quando ele avançou para a outra ponta do palco. Ele mirou uma mesa cheia de jovens cavalheiros. "Vocês são todos covardes, indignos de conhecerem minhas lâminas." Ele se voltou para as assistentes no palco. "Liza!"

O sorriso de minha prima estava congelado, embora ela engolisse em seco e seus joelhos estivessem travados, denunciando seu temor. Ela respirou fundo e deu um passo para a frente. Antes que eu soubesse o que estava fazendo, havia pulado de meu assento, atirando meu guardanapo sobre minha refeição pela metade.

"Espere!"

"Ah." Jian sorriu, um sorriso largo e cheio de dentes. "Temos uma voluntária, afinal de contas."

Por mais que eu estivesse de pé, meio pronta para correr ao palco e me atirar dentro daquela caixa da morte, o olhar do cavaleiro não estava fixo em mim. Ele estava olhando para além de onde eu, de joelhos bambos, me encontrava, para Thomas, que já estava subindo os degraus e indo ao palco, seus passos seguros e calmos. O exato oposto dos batimentos de meu coração. Tudo em meu corpo se anestesiou e formigou de uma só vez.

"Thomas, por favor, não." Encarei quando ele parou diante do caixão e, depois de piscar para mim sobre o ombro, entrou ali.

"Sente-se, querida", sussurrou a sra. Harvey, tocando meu braço. "Você parece meio pálida, beba um pouco de vinho. Ajuda a acalmar os nervos." Ela fez sinal para um garçom, que serviu um líquido vermelho-escuro do jarro que segurava. Tentei não pensar no sangue da srta. Prescott quando a bebida foi despejada na taça. "Pronto, seja uma boa garota e tome alguns golinhos."

Sem argumentos, desmoronei na cadeira novamente e aceitei a taça, trazendo-a até meus lábios, mal registrando o sabor azedo de uva conforme a bebida deslizava em goles rápidos por minha garganta. Eu não gostava muito de vinho, mas aquilo me distraiu. Brevemente. Dei batidinhas nos cantos da boca com um guardanapo de linho e minha atenção se desviou para o lugar onde a cabeça, os braços e os pés de Thomas escapavam da caixa em formato de caixão, ficando totalmente imóveis.

Fui invadida por imagens do cadáver de Thomas em uma mesa mortuária, e precisei de todo o resquício de autocontrole para não correr até o palco e puxá-lo para meus braços. A parte racional de meu cérebro sabia, com toda certeza, que nada de ruim aconteceria com ele. Festivais queriam vender ingressos e criar espetáculos. Não assassinar a plateia.

Por mais que fosse aquilo que tivesse acontecido na noite anterior.

Eu não conseguia abandonar a tensão de meus membros à medida que Liza e a segunda assistente cobriam a caixa de madeira com uma tampa e acenavam com a cabeça para Jian. Sentei-me mais empertigada, apaziguando a sensação de retesamento dentro de mim. O recinto subitamente pareceu mais quente, e desejei estar do lado de fora, no deque, com o ar gélido do inverno valsando a meu redor ao flutuar pela parte coberta do convés.

Meu tio bufou diante da visão de Thomas enfiado na caixa, mas reparei no vinco de preocupação que surgiu entre suas sobrancelhas. Aquilo não ajudou a aplacar meus receios. "Rapaz tolo."

Agarrei o medalhão em meu pescoço, ignorando o frio do metal em minha palma. Thomas afastou um dos braços do campo de visão, então brandiu uma carta quando colocou a mão para fora novamente. Tive a sensação de que o gigantesco navio havia sofrido uma turbulência conforme eu oscilava em meu assento.

O público ria diante do absurdo do braço separado do corpo de Thomas agitando a carta, mas eu não conseguia desviar o olhar da enorme serra que as assistentes entregavam ao cavaleiro. Os dentes de metal da lâmina faiscaram, prontos para serem cravados na caixa de madeira — e na pele de Thomas, caso algo não saísse conforme planejado. Ou talvez o assassinato dele *fosse* o plano.

Um filete de suor escorreu em minha espinha. Bastaria um movimento em falso para que seu sangue fosse derramado e...

"Acalme-se, querida." A sra. Harvey deu um tapinha em minha mão. Expirei e ela sorriu. "É apenas um truque. O que aconteceu ontem foi terrível, mas a chance de um segundo assassinato acontecer, bem, apenas não é provável. Nosso Thomas sabe o que está fazendo. Certo?"

Engoli em seco e concordei. Eu sabia que ela estava certa, mas meu coração não queria dar ouvidos à sensatez. Ele batia descompassado diante do mero pensamento de todas as coisas medonhas que *poderiam* acontecer. Thomas sabia o que estava fazendo, mesmo que o que estivesse fazendo fosse uma ideia *desastrosa*.

68

Liza me lançou um olhar indecifrável sobre os ombros. Voltei a me enrijecer quando Jian ergueu a serra acima de sua cabeça. Quase corri na direção de um dos artistas ajoelhados, pronta para apoderar-me de uma de suas espadas caso Thomas fosse ferido.

"Podem ver que a lâmina é verdadeira. Isabella, por gentileza. Uma demonstração." Ele meneou a cabeça na direção da segunda assistente. Isabella deu um passo adiante e golpeou a serra com uma espada que havia pegado da mesa, os metais ressoando para que todos pudessem ouvir. Eu rilhei os dentes com o clangor. Um rapaz na mesa vizinha tampou os ouvidos. "Ela também é bem afiada. Liza?"

Minha prima apresentou uma máscara bordada que guardava escondida e a posicionou em cima da caixa. Jian cuidadosamente a serrou para a frente e para trás, até que ela se dividiu em duas. Tentei não me apegar ao fato de que apenas três movimentos da lâmina foram necessários para partir o metal ao meio — ele era cortante demais para estar tão perto de meu estimado Cresswell.

Respirei fundo para me acalmar enquanto Jian rondava a caixa com a serra levantada acima de sua cabeça. Ele parou perto de onde a cintura de Thomas se encontrava, então fez um gesto para Isabella. Com um sorriso largo, ela traçou seu caminho pelo palco com as mãos firmemente apoiadas nos quadris, como uma bailarina. Ela parou no lado oposto ao do cavaleiro — ao que parecia, o ato de serrar necessitava de duas pessoas para ser executado. Torci o guardanapo em meu colo conforme Jian espetava a lâmina em um lado da caixa e a empurrava na direção de Isabella.

"No três", ordenou ele. "Um. Dois. Três!"

O ruído de madeira no metal soou em um padrão de *scritch, scratch, scritch, scratch* à medida que a lâmina afundava mais e mais fundo na caixa.

6. SERRADO AO MEIO

Salão de jantar
RMS *Etruria*
2 de janeiro de 1889

u quis cobrir meus olhos, correr do salão e me atirar no oceano, mas forcei meu corpo a permanecer sentado e imóvel. Enquanto isso, no palco, as mãos e pés de Thomas agitavam-se freneticamente conforme a serra se aproximava mais dele.

Algumas pessoas viraram as costas para o espetáculo, abrindo seus leques com um estalido e requisitando sais aromáticos. Caso aquele ato falhasse, as consequências provavelmente seriam a visão mais repulsiva que qualquer membro da plateia já teria testemunhado, incluindo eu mesma. O rescaldo da morte e do assassinato era um fardo difícil, mas assistir àquilo acontecer? Fechei os olhos por um momento. Não queria imaginar a escuridão que desceria sobre mim caso Thomas viesse a morrer naquele palco.

"Ah, céus." A sra. Harvey tomou um gole generoso de vinho. "É muito realista, não? Parece que aquela lâmina o está cortando."

Trinquei meu maxilar com tanta força que doeu. Apenas alguns centímetros restavam antes que a serra atravessasse a parte central da caixa. E atravessasse Thomas.

Scritch, scratch, scritch, scratch.

Registrei mentalmente onde minha maleta médica estava, quanto tempo demoraria para correr até minha cabine em meu vestido de noite para pegá-la e se eu teria o conhecimento necessário para costurá-lo. Esperava que um cirurgião estivesse a bordo. Alguém mais competente do que o dr. Arden, que ainda estava afastado com o magistrado-chefe Prescott.

Scritch, scratch, scritch, scratch.

Prendi a respiração quando a serra tocou o fundo da madeira, esperando que sangue e vísceras jorrassem pela fenda. Thomas parou de se mover. Meu coração deve ter parado também. Murmúrios brotavam ao meu redor, mas as vozes eram sons indistinguíveis conforme eu observava, esperando para ver Thomas sangrar.

Nada aconteceu.

As mãos e os pés de Thomas de repente se moveram como se nenhuma lâmina o tivesse serrado ao meio. Eu me levantei um pouco, pronta para aplaudir e dar aquele assunto por encerrado, mas o pesadelo parecia ainda não ter chegado ao fim. Jian e Isabella repetiram a encenação com outra lâmina. Uma vez que o gume havia serrado até alcançar a mesa, cada um deles pegou e puxou uma extremidade da caixa.

Não me recordo de ter tomado aquela decisão, mas gritei. Foi alto e dramático o suficiente para fazer com que meu tio largasse o garfo e a sra. Harvey se atrapalhasse com sua taça de vinho. O Cavaleiro de Espadas riu, o som sombrio e ameaçador como uma tempestade pairando acima do mar.

"Um homem serrado ao meio!"

Mais algumas pessoas na plateia se esganiçaram. Cobri a boca com a mão, tentando conter qualquer outro grito agudo que pudesse escapar. As duas grandes lâminas iam de uma extremidade à outra da caixa, ocultando quaisquer entranhas dos olhos da plateia, embora eu logicamente soubesse que não havia nada para ser acobertado. Minhas emoções triunfaram sobre minha lógica, e o pânico se assentou entre minhas costelas. As mãos de Thomas. Prestei atenção nelas e na carta que ele ainda agitava. Elas estavam se movendo. Ele estava se movendo. Aquilo era uma ilusão. Um truque terrível.

Pisquei para afastar as lágrimas, odiando Thomas por ter feito aquilo. Jian empurrou as duas metades de meu coração pelo palco, ostentando sua habilidade com a lâmina. Depois que eles deram uma volta completa, juntaram a caixa e removeram as duas serras. Agarrei as beiradas de minha cadeira, atando-me a ela para me impedir de voar até o palco e abrir o caixão e deslizar as mãos por Thomas.

Liza ergueu um pano preto, grande o bastante para ocultar a caixa. Elas a cobriram, andaram ao redor dela mais uma vez e arrancaram o tecido em um só puxão. As assistentes ergueram a tampa e... nada. Thomas não emergiu, e seus braços e pernas haviam sumido. Meu coração pulsou pesadamente, e os sons no salão foram se tornando altos e silenciosos ao mesmo tempo. Parte de mim desejava ter pensado em solicitar sais aromáticos. Liza e Isabella trocaram olhares preocupados que não pareciam ser parte do espetáculo. Fiquei parada, sentindo as marteladas de meu coração.

Jian embainhou as espadas que estava girando e caminhou até a caixa com os punhos cerrados. Algo estava errado. À medida que se aproximava, Thomas surgiu como um coelho retirado da cartola, segurando uma segunda carta, e Jian, surpreso, deu um passo para trás.

A plateia riu ao contemplar a expressão no rosto do cavaleiro — azeda como se ele tivesse abocanhado uma torta de limão. Sem aviso, ele puxou uma fina espada da bainha em suas costas e a fincou bem no centro da carta, colocando um ponto final nas gargalhadas.

Thomas saltou da caixa, fazendo uma rápida mesura antes de descer as escadas aos pulinhos. Suas bochechas estavam agradavelmente coradas.

"Ele pareceu bem incomodado com a minha encenação", disse ele, com a respiração um pouco pesada. "Achei que foi um toque genial. Um pouco de riso para contrabalançar o medo."

Jian e suas assistentes deixaram o palco, mas eu não consegui me concentrar em mais nada além do pedaço desgastado de tecido no colete de Thomas. Meu sangue pareceu tão gélido quanto as águas do oceano. "Você foi cortado."

Thomas afastou uma mecha úmida de cabelo e não disse nada.

Mefistófeles ressurgiu da fumaça como o demônio que era. Deu um sorriso torto para os passageiros, então fez um gesto para detrás da cortina de veludo. Com o comando, elas se abriram, e Jian, Liza e Isabella surgiram para receber uma chuva de mesuras e cortesias. A plateia assobiou e aplaudiu, e alguns até retomaram o forte pisar dos pés, enquanto outros removiam as flores da estufa e as atiravam ao palco. Eu não tive a menor vontade de me juntar a eles.

Em vez disso, observei o fogo lampejando nos olhos do cavaleiro. Thomas o havia aborrecido, e ele não parecia ser o tipo de pessoa que tolerava ser feito de tolo. Um dos músculos em sua mandíbula se retesou quando voltou a atenção para Thomas. Tive a impressão de que uma promessa silenciosa havia sido feita entre os dois quando meu parceiro percebeu o escrutínio de Jian.

"Senhores e senhores", disse Mefistófeles. "Ao que parece, ninguém perdeu a cabeça esta noite. Mas será que terão a mesma sorte amanhã? Nós consultaremos a Roda da Fortuna para descobrir. Boa noite!"

Cada um dos artistas se afastou bem no instante em que as cortinas foram fechadas, desaparecendo de vista.

Com as mãos entrelaçadas ao redor de minha taça para evitar um estrangulamento, eu me virei para Thomas. "Perdeu o juízo? Você poderia ter se ferido!"

O olhar dele mirou o aperto na taça e a tensão em minha mandíbula. Ele ergueu as mãos, rendendo-se a minha raiva. "Acalme-se, Wadsworth. Vamos nos afastar dos talheres e vidro. Posso garantir que estava em perfeita segurança."

Eu bufei. "É claro que estava. Quem não estaria em *perfeita segurança* ao ser serrado ao meio? Depois de alguém ser assassinado no dia anterior?! Quão tolo da minha parte foi me preocupar."

"Audrey Rose", alertou meu tio. "Por favor, controle-se até depois do jantar. Já tenho muito com que lidar depois da apresentação de Liza." Ele se levantou, baixando o guardanapo. "Vou inclusive buscá-la agora. Ela vai se juntar a você em seus aposentos."

Com aquilo, ele marchou para fora do salão. A sra. Harvey prontamente pegou sua taça vazia, encarando-a como se pudesse transportá-la para longe da mesa. "Veja só isso", disse ela, convocando um criado para puxar sua cadeira. "Fui repentinamente vencida pelo cansaço. Se me derem licença."

Observei enquanto ela se afastava, amuada demais para me incomodar com o fato de que mais uma vez eu ficaria sem acompanhante.

"E então?", perguntei. "Que tipo de deduções lhe ocorreram para que julgasse aquela caixa segura antes de subir nela?"

Ele buscou minha mão, então se refreou. Embora estivéssemos sozinhos em nossa mesa, não estávamos às escondidas em meus aposentos. Thomas me tocar em público seria mais do que inadequado.

"A caixa tinha um fundo falso. Reparei na ligeira emenda na madeira, alguns centímetros a mais que não eram necessários. Assim que consegui dar uma boa olhada, vi que eu na verdade estaria me deitando bem abaixo da caixa, em uma segunda caixa embutida na mesa." Ele deu um sorriso cauteloso. "É um tanto engenhoso. O modelo permite que a caixa seja cortada pela metade enquanto minhas mãos e meus pés projetam-se dos buracos. Quem quer que tenha engendrado o objeto é um gênio. Nunca vi nada parecido."

"Você deduziu isso tudo antes de entrar na caixa?"

"Basicamente." Thomas olhou de relance para as mesas que lentamente esvaziavam-se. Não demoraria muito para que fôssemos os únicos passageiros restantes. "É adorável quando suas narinas se inflam de forma tão dramática. Isso", sorriu ele, esquivando-se de meu rápido chute sob a mesa, "bem assim. Um dia pedirei para que um retratista capture essa cena em uma de suas obras e a pendurarei acima da cornija da lareira em minha sala de estudos."

"Realmente desgosto de você às vezes, Thomas James Dorin Cresswell."

"Mesmo quando estou sendo corajosamente heroico ao me sacrificar?" Ele retirou as duas cartas do bolso do paletó e as balançou diante de mim. "Aposto que você me detesta menos agora."

"Só um pouco." Arranquei as cartas dele com um puxão. Uma era um Ás de Espadas, e a outra uma carta de tarô desenhada à mão, a Justiça. Suspirei e baixei as cartas. "O que você deduz disso tudo?"

"Bem, pelo visto as balanças da justiça estão extremamente alteradas. Parece uma coincidência muito grande que bem a filha do magistrado-chefe Prescott tenha sido assassinada. Creio que seja interessante rever o histórico dele como juiz. Claramente alguém não acha as sentenças dele muito justas. Pode ser um bom motivo." Ele tamborilou os dedos na carta. "E o Ás de Espadas talvez seja uma distração."

"E quanto ao Ás de Paus deixado no corpo da srta. Prescott?", contestei. "Talvez a carta de tarô seja a distração."

Thomas deu de ombros. "Talvez ambas sejam chamarizes. Ou talvez estas apenas tenham sido colocadas no lugar errado. Penso que devemos procurar..."

Um tumulto descomunal nos interrompeu. Soou como se uma manada de elefantes estivesse à solta, em debandada pelos corredores. Tal ideia, tendo em vista a presença do festival, não estava totalmente fora de cogitação. Atarantada, me virei em meu assento, observando um pequeno grupo de pessoas correr pela porta aberta enquanto os garçons colocavam as cabeças para fora.

Um pavor percorreu meu corpo. Pessoas correndo com lágrimas escorrendo pelo rosto nunca era um bom sinal. Do que quer que estivessem com medo, deveria ser algo verdadeiramente terrível. Haviam acabado de assistir a um rapaz ser serrado ao meio e mal tinham parado de comer as entradas.

"Depressa", disse Thomas, gentilmente tomando meu braço e nos apressando pela porta. "Se for o que temo que seja... talvez ainda dê tempo de salvar a pessoa."

"Espere!" Torci o braço para afrouxar seu aperto e corri até a mesa mais próxima, agarrando uma faca. "É melhor nos precavermos."

Thomas me deu a mão e atravessamos o mais depressa que conseguimos a maré de passageiros que rumava para a direção oposta. Mantive a faca apontada para baixo, com o braço colado na lateral do corpo. Nunca tinha visto o convés tão lotado, e o deque, que propiciava uma caminhada agradável, naquele momento estava tão apinhado que me deu claustrofobia.

Homens de cartola andavam para cima e para baixo, alguns afastando suas respectivas famílias do caos, outros mergulhando na desordem. Mais de uma vez minha mão quase se separou da de Thomas, mas ele logo estava ali de novo, posicionando seu corpo na frente do meu como uma barreira. Pessoas o empurravam, mas ele nos conduziu para onde a multidão se concentrava.

"Por favor!", gritou alguém de um lugar que eu não consegui localizar. "Retornem a suas cabines. Não corram e não entrem em pânico. Eu lhes garanto que manterei todos a salvo."

"Como você a manteve a salvo?", berrou um passageiro de volta, angariando gritos de aprovação dos mais próximos a ele. "Nenhum de nós está em segurança aqui no meio do oceano. Estamos presos!"

"Fiquem calmos", disse o primeiro homem, "tudo vai ficar bem. Permaneçam tranquilos e retornem a suas cabines!"

Thomas, fazendo uso de sua altura avantajada, nos manobrou para mais perto. O capitão Norwood havia subido em um caixote e gesticulava para que os membros da tripulação dispersassem os passageiros. Meu olhar varreu seus arredores, buscando a origem do alarde.

Então eu vi.

Uma mulher, suspendida pelos tornozelos, estava pendurada das vigas do convés. Sua saia estava caída sobre a cabeça, ocultando sua identidade e expondo as roupas de baixo para que o mundo pudesse vê-las. Aquilo por si só já era medonho o bastante, mas ela também havia sido ferida múltiplas vezes por espadas enfiadas em uma miríade de ângulos absurdos por todo o corpo. Sangue de cada ferimento gotejava lentamente no deque, o som semelhante ao de água pingando de uma torneira. Mesmo com o barulho dos passageiros assustados, tudo que eu conseguia ouvir era aquele gotejar sinistro. Era a coisa mais horrível que já tinha visto, e eu tinha estado presente em muitas descobertas das repugnantes matanças do Estripador.

Eu me forcei a respirar em intervalos regulares. A corda rangia à medida que o corpo girava como um peixe capturado em uma linha de pesca. Eu achava que a morte da srta. Prescott fora terrível, mas aquele era um novo grau de monstruosidade. O vento corria pelo corredor aberto, fazendo com que o cadáver oscilasse serenamente acima de nossas cabeças. Tentei prestar atenção em qualquer coisa que não fossem as lâminas à medida que o sangue formava uma poça no piso.

"Oh. Meu Deus, olhe", falei, apontando para um pedaço puído da corda. "Se não a tirarmos de lá logo, as cordas vão arrebentar." E as espadas seriam empaladas ainda mais profundamente, talvez até decapitando-a diante de nossos olhos. Meu estômago se revirou com tal imagem. Aquela pobre vítima não merecia ser acometida por mais uma parcela de indignidade ou trauma.

Thomas escrutinou a multidão. "Seu tio está lá adiante, deveríamos ir até ele."

Nós nos mantivemos próximos da balaustrada, o vento nos açoitando com fúria. Esfreguei as mãos nos braços, só então percebendo que não só havia me esquecido de levar meu manto, como também havia perdido a faca. Sem afastar o olhar da cena do crime, Thomas depositou seu paletó em meus ombros. Uma vez que a tripulação conseguiu afastar a maior parte dos passageiros, meu tio fez um gesto para que fôssemos até ele.

"Por favor, retornem a seus aposentos." Um taifeiro bloqueou nosso caminho. "Ordens do capitão."

Thomas fitou o jovem. "Estamos aqui para prestar auxílio com o corpo."

O taifeiro fixou a atenção em mim. "Os dois?"

"Deixe-os passar, Henry!", trovejou Norwood. "E alguém vá buscar a porcaria daquele mestre de cerimônias! Se um de seus artistas malditos fez isso, *ele* será pendurado por mim!" O capitão se virou para meu tio, com as mãos fechadas em punhos nas laterais do corpo. "Não podemos deixá-la aqui, indecente, a noite toda. O senhor tem vinte minutos, então poderá continuar seu trabalho lá dentro." Ele começou a se movimentar diante da fileira de tripulantes. "Vão até as cabines e verifiquem se o membro da família de alguém desapareceu. Esta moça não estava viajando sozinha. A essa altura, alguém deve estar preocupado. Ah, e certifiquem-se de mandar conhaque para os passageiros mais transtornados. Não queremos um ataque de pânico coletivo. Vão!"

O olhar de meu tio capturou o meu antes que ele começasse a circular o corpo. Por um momento terrível, imaginei que fosse Liza pendurada ali, atravessada pelas mesmas lâminas que ela havia ajudado a manejar anteriormente. Então meu raciocínio lógico assumiu o controle, e olhei para os fatos diante de mim. A mulher não vestia os trajes do festival. Eu não conseguia ver seu rosto, mas ela parecia ter medidas maiores que minha prima em termos de peso e altura.

Respirei fundo, mas aquilo nada fez para acalmar as batidas de meu coração quando me aproximei da vítima. De perto, a corda rangia conforme o corpo rodopiava na brisa. O cheiro pungente de cobre misturado com a salinidade do oceano era um odor que eu não seria capaz de esquecer tão cedo.

Thomas caminhou ao redor do corpo, seu rosto refletindo a frieza do ar invernal em volta. Era difícil imaginar que era a mesma pessoa que havia emanado tanto calor apenas algumas horas antes. Ele apontou para um bote salva-vidas que estava parcialmente apoiado no chão. "Alguém cortou a corda de uma das extremidades e a usou para içá-la. Está vendo?"

Dei um passo adiante e me agachei. "Isso pode indicar que o crime não foi planejado. Se tivesse sido, o assassino teria trazido corda consigo."

"Respeitosamente discordo, Wadsworth. Isso era o que ele esperava retratar. Mas olhe aqui... Ele usou outra extensão de corda e a amarrou ao pedaço que já tinha cortado, e então a enrolou duas vezes nos botes. Teria tido corda o suficiente para cortar a quantidade necessária." Thomas apontou para onde a corda estava enrolada no chão. "Por que se dar o trabalho de soltar o bote salva-vidas e arriscar chamar atenção?"

Aquela era uma pergunta para a qual eu não tinha resposta. Eu me voltei para o detalhe aterrador das espadas. Uma coisa era certa: quem quer que a tivesse perfurado tinha uma grande força. Uma peculiaridade em toda a cena me ocorreu.

"Por que ninguém a ouviu gritar? Ela com certeza deve ter gritado por ajuda. Não consigo imaginar alguém parado em completo silêncio enquanto é empalado por uma espada, muito menos..." Eu as contei, com uma acidez se formando em meu estômago. "Muito menos sete espadas. Deve haver alguma testemunha."

Meu tio tirou os óculos e os limpou na manga da camisa. Imaginei que estivesse ansioso para levar o corpo para nosso laboratório improvisado. "Tenho certeza de que nossa inspeção vai responder a algumas perguntas. Gostaria que vocês dois se trocassem e me encontrassem no laboratório." Ele se virou, hesitante. "Thomas, por favor, certifique-se de que Audrey Rose esteja acompanhada. E certifique-se de deixar Liza sob o olhar vigilante da sra. Harvey. Eu tomaria medidas para saber o paradeiro de todos esta noite."

"Sim, tio." Dei uma última olhada na cena do crime.

"Sete de Espadas", disse uma voz calma e grave que me sobressaltou. Tanto eu quanto Thomas fixamos nossa atenção ao recém-chegado. Mefistófeles enfiou as mãos nos bolsos e assobiou. "Invertido. Nunca um bom sinal. Mas, até aí, isso é bem evidente, não é?"

"Do que está falando?", perguntei, já perturbada pela presença dele. Ele não tinha nem se dado o trabalho de remover a máscara; parecia empenhado em não permitir que vissem suas verdadeiras feições. "O que isso significa?"

"Nenhum de vocês notou que ela foi disposta para parecer exatamente como a carta Sete de Espadas do tarô?" Diante de nossos olhares inexpressivos, Mefistófeles vasculhou os bolsos de sua casaca e retirou um baralho de cartas. Ele as revirou e apanhou uma delas com um floreio que não combinava com uma cena de crime. "Parece familiar para alguém? Esperem. Tem alguma coisa errada... Ah. Aqui está." Ele virou a carta. "Quando invertido, o Sete de Espadas é uma coisinha traiçoeira. Traição. Vergonha. Também pode significar que alguém acha que se safou de algo." Ele apontou para o corpo. "Alguém manipulou essa cena com muito cuidado."

Thomas estreitou os olhos. "Você é muito petulante para alguém que se vangloria de usar as cartas de tarô para seus espetáculos."

Mefistófeles guardou as cartas de volta na casaca, então deu uma série de tapinhas no bolso. Seu olhar se desviou para o lugar que eu vinha encarando, tentando encontrar a saliência no tecido. Ele puxou a casaca para mais perto de si e sorriu. "Gostaria de procurar as cartas? Garanto que não vai encontrá-las, mas a busca pode ser divertida."

"Talvez o capitão devesse atirá-lo na cela."

"Isso seria um tanto lamentável", respondeu o mestre de cerimônias. "Veja bem, eu comuniquei o furto de alguns objetos antes do início da apresentação desta noite. Corda. Cartas de tarô. E... o que eram as outras coisas..." Ele coçou o queixo, fingindo contemplação. "Ah, é mesmo. Espadas. Uma porção delas. Na verdade, não parecem mais estar sumidas. Embora duvide que Jian vai querê-las de volta agora. A morte prejudica os negócios."

"Você é desprezível", retruquei, incapaz de me conter. "Uma mulher está morta, assassinada da maneira mais hedionda bem na sua frente, e você foi capaz de reduzi-la a uma chacota."

Mefistófeles me encarou, como se estivesse me notando de verdade, além das aparências, pela primeira vez. "Minhas mais sinceras desculpas, senhorita. Não tenho mais nenhuma informação para repassar além do que já forneci. É lamentável que outra mulher tenha sido assassinada, mas meu festival não tem nada a ver com isso. Não posso me dar ao luxo de ver as pessoas começarem a acreditar nisso, que tenham medo e parem de frequentar os espetáculos. Muitas pessoas que emprego dependem de nossas apresentações para viverem. Sugiro que conduza sua investigação por outras bandas."

Ele deu uma última olhada no corpo, então saiu a passos largos pelo deque. Agarrei com mais força a casaca de Thomas. Quando alguém declarava inocência com tanta firmeza, aquilo fazia com que eu deliberasse sobre sua culpa.

"Vamos", Thomas ofereceu um braço. "Vou levá-la até seus aposentos."

Conforme seguíamos para meu dormitório, olhei de relance para a água, me arrependendo logo de ter feito aquilo. À noite, o oceano era uma criatura sombria e ondulante. Luz reluzia do pequeno pedaço de lua, como mil olhos pequenos observando nossa procissão, piscando e pestanejando à medida que avançávamos. Eu me perguntei o que mais as águas silenciosas teriam testemunhado naquela noite e quais outros segredos poderiam guardar. Quantos outros crimes teriam auxiliado ao engolir corpos inteiros?

7. UM ASSASSINATO BRUTAL

Aposentos de Audrey Rose
RMS *Etruria*
2 de janeiro de 1889

homas me deixou em meus aposentos com a promessa de que em breve retornaria para que realizássemos a autópsia. Quando entrei no dormitório, encontrei Liza esparramada na cama, seu nariz franzido enquanto ela contemplava um de meus diários forenses.

"Não me leve a mal, querida prima, mas como consegue dormir à noite?", perguntou ela, apontando para uma dissecação particularmente explícita. "Isso tudo é bem macabro para ler antes de deitar."

"Liza... que diabos...?"

"Francamente", disse ela, atordoada. "'Um Estudo de Caso Sobre Armas Cegas e Lacerações'?" Ela folheou o livro, parando nas páginas que continham ilustrações. "É macabro, prima. Mesmo para você. Estes são os intestinos de alguém?" Ela enfiou um dedo na própria garganta, fazendo sua melhor imitação de alguém com ânsia de vômito.

"Sua mãe está arrasada", eu disse, não tecendo comentários sobre minha habitual leitura noturna, por mais impressionada que estivesse diante de seus conhecimentos de anatomia. Liza depositou o livro na mesa de cabeceira, então se levantou. "Ela e meu pai espalharam rumores sobre você não estar se sentindo bem. Acredito que todos estejam com a impressão de que está se recuperando em Thornbriar. Embora meu pai acredite que você possa estar *morta*."

"Eles não poderiam ao menos ter inventado algo mais romântico?" Liza fez uma careta. "A propriedade de seu pai é magnífica, mas não rende boas histórias. Eu deveria escrever para minha mãe e oferecer algumas sugestões." Ela pegou o Ás de Paus sobre a mesa de cabeceira. "Você sabia que os quatro naipes estão associados aos elementos?"

"Não."

Ela sorriu — um sorriso raro e meio tolo que me fez pensar que um comentário particularmente açucarado estava prestes a ser servido. "Harry tem um dom excepcional para criar fábulas grandiosas. Ele é capaz de fazer as coisas mais mundanas parecerem extraordinárias. Ele afirma que há poder no modo como você vende alguma coisa. Por que se referir a algo como um perfume quando ele pode ser uma bruma de amor?"

"Harry?" Sentei-me na cama ao lado de Liza, remexendo nas pregas em minha saia. "Sobre isso... Em nome da rainha, o que possuiu você para que fugisse com um homem que mal conhece? Espero que ele não tenha inventado uma história boa demais para ser verdade."

"Quase todas as histórias são boas demais para serem verdade. E é isso que as torna encantadoras."

"E perigosas", murmurei.

Liza baixou a carta e se recostou em mim, sua cabeça descansando em meu ombro da mesma forma que ela fazia quando éramos crianças e brincávamos nos jardins de Thornbriar.

"Tenho tanto para ser grata, tantas oportunidades que outros jamais sonharão em ter. Ainda assim, toda vez que provava um novo vestido para meu baile de debutante, sentia como se estivesse sendo estrangulada. Vivendo a vida, mas sem aproveitá-la. Estava vestida em sedas, mas poderia muito bem estar coberta por espinhos."

Era um sentimento que eu conhecia muito bem.

Liza se aninhou mais perto de mim, sua voz falhando. "Você nunca desejou ser outra pessoa? Apenas por um tempinho. Ou talvez não outra pessoa, talvez quisesse ser sua *verdadeira* versão. E viver exatamente como você gostaria, sem consequência ou julgamento. Sei que tudo isso pode ser um erro terrível, uma ilusão mais elaborada que as do festival, mas, pela primeira vez, sou a senhora de meu destino. Sinto como se tivesse me libertado de uma jaula e finalmente pudesse respirar outra vez. Como posso renunciar a tal liberdade?"

A culpa se apossou de mim. Eu sabia como era a sensação de me sentir presa pelas expectativas impostas por outra pessoa. Todos merecíamos viver livremente e honrar a nós mesmos. Um direito básico não deveria ser um luxo. Coloquei um braço ao redor de minha prima e recostei a cabeça na dela. "Então... me conte sobre o Rei das Cartas. Quero ouvir todos os detalhes enquanto me apronto para a autópsia."

"Bem, então acho que devo começar pelo início."

Eu conseguia ouvir o sorriso na voz de Liza à medida que ela recitava todas as maneiras que o sr. Harry Houdini a fazia ir até as nuvens. Eu estava empolgada por ela, embora a preocupação me corroesse de forma desagradável conforme ela continuava seu relato. Não compartilhava dos sentimentos dela em relação a um homem que poderia arruiná-la por causa de um capricho, especialmente porque nenhum tipo de promessa sobre casamento havia sido feita. Parecia que Houdini não tinha nada a perder, ao contrário de minha prima. Tentei afastar minha inquietação, procurando apoiá-la tanto quanto ela havia me apoiado. Ela falou e falou até a chegada de Thomas e prometeu que terminaria a história assim que eu retornasse.

Fiz menção de me retirar, então me virei. "É bom tê-la de volta."

"É claro que é, tolinha. Aposto que sua vida estava extremamente entediante sem mim. Agora vá." Ela sorriu, erguendo meu diário de anatomia como se pretendesse examiná-lo. "Não vou a lugar algum."

Avancei para a porta e fiz uma pausa. "Liza? Você reparou em alguém na trupe do festival agindo de maneira peculiar?"

"Não está insinuando que algum dos meus novos amigos é o culpado de tais atrocidades, está?" Ela se empertigou, estreitando os olhos. "Não. Não ouvi, tampouco testemunhei, qualquer coisa além do pavor deles."

"Eu não quis..."

"Vá solucionar este terrível mistério pelo bem de todos nós. Prometo que estarei aqui quando retornar."

Ela esticou o dedo mindinho em um juramento silencioso, e torci para que mantivesse sua palavra.

Eu não conseguia deixar de pensar que a luz que pairava sobre nossa mesa de exames improvisada soava como uma abelha à beira da morte. O leve zumbido e a tremulação pouco faziam para elevar meus ânimos enquanto meu tio dobrava a mortalha para revelar a vítima.

Encarei seu cabelo cor de trigo, o olhar pacífico no rosto. Era difícil imaginar que ela havia morrido de maneira tão violenta — isso é, até que minha atenção se concentrou mais abaixo. Havia um total de catorze ferimentos em seu corpo, dois em cada braço, dois em cada perna e dez na extensão do tronco. Ferimentos de saída e entrada das espadas. Quis fechar os olhos, mas me esconder não adiantaria nada. Ela ainda estaria morta e eu ainda precisaria encontrar qualquer pista que pudesse trazer alguma explicação. Estremeci levemente, recordando-me de como sua morte tinha sido encenada a partir de uma carta de tarô.

"Comece o exame agora, Audrey Rose." Meu tio já havia terminado de lavar as mãos, entregando em seguida a Thomas o caderno e a caneta. "Comece com os ferimentos desta vez, por favor."

"Sim, senhor." Pigarreei e caminhei ao redor do corpo, observando. "A pele em volta de ambos os tornozelos possui uma leve irritação, embora não haja indícios de abrasão por corda. Se fosse o caso, indicaria que ela estava viva e tentando se desamarrar. Como não é, provavelmente ela não estava resistindo e, portanto, já estava morta."

"Bom. O que mais?"

Mirei seu rosto novamente, mordendo o lábio. Estava por demais sereno. Os olhos estavam contornados com kajal, mas sem borrão algum. Era estranho que alguém que tivesse sido assassinada de forma tão abominável não tivesse derramado lágrimas. Apontei para a pista.

"O kajal da vítima está perfeitamente intacto", declarei. "Ou o agressor o aplicou após a morte, o que não acredito, ou vamos encontrar alguma substância em seu organismo. Duvido que esta mulher estivesse consciente quando foi atacada."

"Excelente." Thomas afastou os olhos das notas que tomava e me encarou. "As unhas dela também estão inteiras. Não há sinais de nenhuma lesão de defesa."

"O que também explica por que ela não gritou", eu disse, desenvolvendo nosso exame. "Ou já estava morta ou estava incapacitada ao ser pendurada de cabeça para baixo."

Meu tio observou um dos ferimentos. "Acredito que os fatos estejam se alinhando com tal teoria. Olhe para os cortes. Que história eles contam?"

Juntei-me a ele, curvando-me para ver mais de perto. De início, eu não tinha certeza... Eram cortes terríveis, até que me ocorreu. Havia sangue, mas nenhum hematoma. "As espadas provavelmente foram introduzidas *após* a morte."

"Muito bom. Causa da morte?"

Parei de ver uma jovem mulher morta. Diante de mim jazia um quebra-cabeça esperando para ser resolvido. Afastei suas pálpebras. "Não há hemorragia petequial. Sem escoriações no pescoço." Movimentei-me ao redor da mesa. "Ela não foi estrangulada. Até abrirmos seu corpo, lamento informar que não poderemos ter certeza da causa da morte. Embora, com base na falta de outros sinais, podemos estar diante de um envenenamento."

Thomas levantou-se abruptamente, derrubando a caderneta ao erguer o braço da vítima. Ele se aproximou, então o recostou novamente, com seu rosto exibindo uma expressão soturna. "Parece que ela recebeu uma injeção. Ou realizou uma sangria. Olhe ali. Uma pequena seringa pode ter feito essa marca."

Meu coração começou a bater mais depressa. "Sabemos que há ao menos um médico neste navio."

"Um que estava vinculado à primeira vítima", acrescentou Thomas. "E que não parecia nada disposto a nos ter próximos de seu paciente seguinte."

"O dr. Arden confessou ter administrado um tônico para o magistrado-chefe Prescott." Um temor começou a crescer em mim. "E ambos os Prescott estavam ausentes do salão de jantar." Imaginei que eles tinham preferido permanecer em seus aposentos para viver o luto após a perda da filha. Mas e se não tivessem conseguido sair? "Sei que ele disse que não compareceria, mas algum de vocês viu o dr. Arden durante o espetáculo desta noite?"

Meu tio balançou a cabeça. "Não o vi. E o magistrado-chefe Prescott não atendeu à porta quando fui visitá-lo novamente antes do jantar. Na verdade, o dormitório parecia vazio. Não ouvi um ruído sequer. O que seria estranho caso ambos estivessem no dormitório como afirmaram que estariam."

"Bem, então", Thomas pegou nossos mantos, "vamos dar uma olhada neles agora mesmo. Buscaremos o capitão no caminho."

"Isso não será preciso." O capitão Norwood se recostou no batente da porta, com o rosto parecendo ainda mais cansado do que na última vez em que eu o havia visto. "Vim trazer-lhes a notícia pessoalmente."

Cobri o corpo com a mortalha, desejando dar o máximo de respeito para ela quanto fosse possível. O capitão desviou sua atenção do cadáver, sua pele parecendo um pouco mais pálida na altura do colarinho. "Minha tripulação visitou cada cabine da primeira classe na esperança de encontrar uma testemunha. Mas..."

"Acreditamos ter descoberto a identidade do responsável, senhor", eu disse, não querendo desperdiçar tempo. Precisávamos visitar os Prescott; com sorte, não seria tarde demais. "O senhor precisa localizar e deter o dr. Arden neste instante. Ele foi visto por últi..."

"Perdoe-me, srta. Wadsworth", interrompeu ele, "mas receio que possam estar enganados." Ele relanceou mais uma vez o olhar para o corpo, engolindo em seco. "Vejam bem... conversamos com todos... e a srta. Arden, a filha do doutor, está desaparecida." Ele retirou uma fotografia do bolso de sua casaca e a segurou para que pudéssemos vê-la. Eu recuei, sentindo meu estômago afundar. "Esta é a jovem em sua mesa de exames, não é?"

Olhei em silêncio para a fotografia, minha mente lentamente absorvendo as novas informações e o que aquilo significava para nosso caso. Se a filha do dr. Arden era nossa vítima, e se não havia conflito entre ambos, então aquilo o eliminaria da lista de suspeitos. Precisávamos recomeçar — e tal tarefa parecia desanimadora.

"Mas isso não foi tudo que o senhor descobriu, foi?" Meu tio indicou outro pedaço de papel que despontava do bolso da casaca do capitão.

"Gostaria que fosse." Norwood suspirou e retirou o bilhete. "Outra família está exigindo que investiguemos o desaparecimento de sua filha. Peço que me acompanhem imediatamente."

Meus joelhos fraquejaram. Tão logo... a possibilidade de um novo corpo. O olhar de Thomas encontrou o meu. Ele não precisou dizer uma palavra sequer — dois cadáveres e um possível terceiro em apenas dois dias. O que tínhamos diante de nós, mais uma vez, era o início da carreira de um assassino. Um que tinha acabado de começar seus feitos sombrios.

O tecido escarlate derramava-se como sangue fresco no chão da cabine da primeira classe da srta. Crenshaw, um talho feio em uma câmara que, em outra circunstância, seria muito bem equipada. Fiquei parada sobre a bagunça, com as mãos nos quadris, examinando as sedas da mesma maneira que imaginava que Thomas estava fazendo a meu lado, tentando discernir a ordem do caos. Era uma tarefa descomunal, especialmente porque eu estava ciente demais da necessidade de discrição, uma vez que os olhares atentos de seus pais perfuravam minhas costas. Eu não precisava possuir as habilidades dedutivas excepcionais de Thomas para saber que não ficariam satisfeitos com minha conclusão.

Mas, para ser franca, o destino dela era muito melhor do que o que eu havia originalmente conjecturado. Fixei meu olhar no vestido amarrotado até quase ficar vesga, na esperança de encontrar alguma pista de para onde sua dona poderia ter desaparecido. Uma que não causasse desmaios ou um escarcéu. Lorde Crenshaw era um indivíduo conhecido, e eu sabia que a reputação de sua família, bem como o nome, era de vital importância.

Eu me voltei para o vestido. O tecido era belíssimo — alguns dos melhores fios em toda a Europa, pelo que eu podia ver. A única conclusão à qual cheguei foi que era lamentável que ele tivesse sido largado no chão de maneira tão descuidada.

A srta. Crenshaw podia ser a imprudência em pessoa, mas aquilo não queria dizer que fora assassinada. Como a violência não era o problema ali, isso significava que ela havia fugido... e mulheres jovens e solteiras não faziam tal coisa sozinhas. Uma olhadela para os pais fez com que eu me perguntasse qual das duas alternativas eles preferiram que fosse verdade. Um escândalo de tamanha natureza era uma espécie de morte por si só.

Duas taças de champanhe estavam apoiadas em uma mesa de cabeceira junto a um bolo de chocolate comido pela metade, aprofundando minhas suspeitas de que ela não tinha estado sozinha.

Voltei minha atenção para meu tio, mas ele estava ocupado com os membros da tripulação que vasculhavam o dormitório, certificando-se de que não comprometeriam possíveis pistas forenses. Depois da revelação anterior envolvendo a filha do dr. Arden, o destino de todos poderia jazer na ponta de um escalpelo.

Olhei para a escotilha, lembrando-me do constante fluxo de pessoas que trabalhava nas docas antes que saíssemos do porto no dia anterior. Seria um lugar ideal para desaparecer na multidão.

"Os senhores alegam que sua filha está desaparecida desde ontem? Desde antes que o navio zarpasse?" Eles assentiram. "Vocês chegaram a questionar a criada?" Toquei o vestido com meus sapatos acetinados e cheios de bordados. "Alguém deve tê-la ajudado a tirar este vestido. O corpete é um tanto complicado. Veja as amarras nas costas. É impossível que ela as tenha desenlaçado sozinha."

Thomas ergueu as sobrancelhas escuras, mas não fez nenhum comentário. Eu o observei pelo canto do olho, reparando no sorriso que ele continha, e me perguntei o que eu havia perdido que o tinha entretido tanto.

"Isso não indica um crime", disse lorde Crenshaw. Notei que ele não respondeu à pergunta. Afastei minha atenção de seu bigode branco. "Nossa filha pode estar fazendo uma visita a outro passageiro. Ou talvez tenha mudado de ideia e retornado a Londres antes que zarpássemos."

Pronto para agarrar-se a qualquer boia salva-vidas e proteger a reputação de seu navio, o capitão Norwood rapidamente concordou. "Posso dizer com toda a autoridade que não seria a primeira vez que um passageiro decidiu desembarcar do navio. Cruzar os mares pode ser bem desafiador para algumas pessoas."

"Sim", afirmou o lorde Crenshaw, parecendo esperançoso. "Provavelmente é isso. Elizabeth possui um medo mortal da água. Quem sabe ela não queria causar alarde e foi para casa. Ontem mesmo pela manhã ela havia mencionado quão nervosa estava. Foi a última vez em que a vimos."

"Ela teria levado alguém com ela? Uma acompanhante?", perguntei, reparando na hesitação no rosto de lady Crenshaw. Era uma bela história, mas a maioria dos contos de fada possuía um lado sombrio, especialmente quando dizia respeito ao destino de uma princesa. "Um lacaio ou criada?"

"Eu... eu não acredito que mais ninguém esteja faltando", disse lady Crenshaw. "Mas Elizabeth não iria... É uma menina tão boa. Provavelmente não queria atrapalhar nossa viagem. Não é como se ela fosse uma meretriz de quinta categoria."

Engoli minha resposta imediata, sentindo o rosto corar. Se *ela* fosse *ele*, duvido que utilizariam tais nomes para se referirem a ela. E sua posição social de forma alguma se relacionava com o assunto. Muitas famílias menos afortunadas tinham mais classe do que lady Crenshaw havia acabado de demonstrar.

"A senhora deu falta de algum objeto de valor?", perguntei. "Joias, miudezas..."

Lady Crenshaw balançou a cabeça. "Apenas um anel de esmeralda. Mas Elizabeth nunca o tirava."

"A senhora tem certeza de que é só isso?", insisti.

"Não ordenei que ninguém vasculhasse os pertences dela." Lady Crenshaw abriu a caixa de joias, passou um breve tempo remexendo seu conteúdo e franziu as sobrancelhas. "Um colar de pérolas também não está aqui. Mas r-realmente não tenho como dizer se tal fato está relacionado ao desaparecimento dela."

Thomas mordeu o lábio, um indício de que estava debatendo alguma ideia. "Ela estava sozinha? Vejo duas taças de champanhe, sendo que uma delas está com uma mancha de batom, e a outra, não", observou ele. "Outra dedução óbvia é que ela foi despida por seu amante depois que ambos se deixaram levar pelo efeito do álcool."

Todos na sala prenderam o ar. Revirei os olhos para os céus, perguntando-me o que eu havia feito para aborrecer qualquer tipo de poder superior que pudesse existir. Aquilo era a única coisa que todos deveríamos *pensar*, mas não *falar* em voz alta. Até mesmo meu tio se enrijeceu.

"Isso explicaria a pilha de roupas", continuou Thomas, sem se abalar com o silêncio repentino, "a roupa de cama desarrumada e a subsequente ausência da srta. Crenshaw. É possível que ela tenha fugido com alguém e não quis contar para seus pais. Se eu tivesse que adivinhar, diria que é alguém abaixo de sua posição social. O que torna tudo ainda mais plausível uma vez que notamos a mancha de tinta na fronha. Ao que parece, alguém que realiza algum tipo de trabalho manual as tocou. Também está no cristal da taça."

"Como ousa?!", exclamou o lorde Crenshaw, seu rosto ficando mais vermelho a cada segundo. Não sabia o que o havia perturbado mais — a ideia da srta. Crenshaw fugindo ou partindo com alguém de uma classe inferior. "Nossa filha jamais faria tal coisa... *Sugerir* esse comportamento condenável é..."

"Não se zangue, querido." Lady Crenshaw colocou a mão no braço do marido. "Vamos deixá-los cuidando disso e nos deitar. Elizabeth está em casa, em Londres. Escreveremos a ela quando estivermos em Nova York daqui a uma semana. Isto tudo foi um simples mal-entendido."

Lorde Crenshaw balançou a cabeça rigidamente para o capitão e olhou com severidade para Thomas antes de se retirar. Quando eles se foram, me voltei para a cabine mais uma vez. Não havia sinal algum de confronto, e nenhum respingo de sangue. A julgar pelo vestido deixado no chão, duvidava que um assassino teria desperdiçado tempo limpando o sangue das paredes apenas para deixar a cama e o vestido amarrotados. Sobretudo ao levar em conta a natureza teatral do último cadáver que havíamos encontrado. Embora a segunda taça de champanhe fosse um detalhe inquietante. Um detalhe que não parecia certo.

Era bem provável que tudo havia acontecido da maneira que Thomas sugerira — uma moça que escolhera uma trajetória diferente para si mesma. Depois de passar meia hora com os pais dela, eu diria que estava mais do que na hora de ela fugir. Se eu tivesse permanecido mais uma hora na companhia deles, teria feito o mesmo.

Meu tio espichou o pescoço para o toalete, olhou ao redor, então empurrou os óculos pela ponte do nariz. "Tudo parece em ordem, capitão. Pela inspeção preliminar, não acredito que houve intenções perversas aqui. Ao que me parece, se trata de uma jovem que talvez seja um pouco...", os olhos dele encontraram os meus, "...vivaz para o padrão de sua família."

O capitão Norwood visivelmente relaxou de alívio. Se mais um corpo aparecesse naquela noite, creio que ele voltaria a remo para a Inglaterra. "Muito bem, então. O restante desta viagem *precisa* seguir sem grandes percalços. Há muito em jogo para o navio e para mim." Ele suspirou. "Venham. Vamos levá-los de volta a seus aposentos. Já tiveram tempo para dar um passeio pelas velas auxiliares?" Ele pousou a mão sobre o ombro de meu tio, guiando-o pelo convés. "É verdadeiramente impressionante. Quando impulsionado pelas chaminés de vapor, este navio é capaz de cortar o oceano como se fatia um peru de Natal."

"Que festivo", comentou Thomas quando começamos a caminhar atrás deles. "Um cruzeiro que se assemelha a uma faca cortando carne. Se isso não significa luxo, não sei o que mais poderia fazê-lo."

Dei mais uma olhada na cabine, mas não vi nada fora do comum. Ainda assim, meu estômago se revirou. Ignorei. Uma terceira mulher não havia sido assassinada na segunda noite a bordo daquele navio. Era um feito felizmente terrível demais até mesmo para o assassino que havia atravessado um corpo com sete lâminas e o disposto como uma carta de tarô. Thomas me ofereceu o braço e eu aceitei, deixando a cabine vazia para trás, embora a inquietação tivesse se assentado como uma farpa e permanecesse logo abaixo da superfície.

Contorcionista vitoriano.

8. O QUE HÁ EM UM NOME?

Cabine de tio Jonathan
RMS *Etruria*
3 *de janeiro de* 1889

iza cruzou os braços sobre o peito, com a expressão cuidadosamente controlada. Se aquele era um jogo de xadrez, ela parecia determinada a vencer, e um simples olhar para meu tio me mostrava que ele sentia o mesmo. Os Wadsworth eram um grupo obstinado. Aquela atitude poderia se arrastar por horas a fio.

"Não posso, de maneira alguma, deixar de comparecer à apresentação esta noite", disse ela. "Treinamos a semana inteira. Seria de péssimo gosto faltar com minha palavra."

"Sua *palavra*?" Meu tio respirou fundo em uma tentativa de não explodir como uma bomba. "Se por sua 'palavra' você quer dizer concordar em ser a assistente de um rapaz depois de ter fugido, potencialmente destruído nossa reputação e partido o coração de sua mãe, então perdoe-me se falho em enxergar a honra nessa atitude. Ou você vai escrever um bilhete para esse tal Houdini, ou vou mantê-la trancada em sua cabine até chegarmos a Nova York. Nas circunstâncias atuais, teremos que voltar de imediato para que eu possa escoltá-la até Londres. Não torne esta situação pior para si mesma ao me exasperar ainda mais."

Liza me lançou um olhar suplicante, mas não havia muito a ser feito. Quando ela bateu os cílios, eu cedi. Virei-me para meu tio, na esperança de apelar para seu bom senso. "Senhor, posso fazer um comentário?"

"Audrey Rose, eu a alerto para que não abuse de minha paciência. Do contrário, terá o mesmo destino de sua prima e ficará trancada em seus aposentos."

Bufei, me sentindo como um equilibrista em uma corda bamba enquanto lidava com o mau humor de meu tio. Um passo em falso e minha tão custosa liberdade poderia ser perdida. "Entendo, senhor. Eu estava... O que quis dizer é que... os artistas usam máscaras."

"Uma observação muito astuta."

Cerrei os dentes. Por mais satisfatório que pudesse ser, retorquir ao que ele disse não beneficiaria nenhuma de nós. "Meu ponto é que, se o senhor permitir que Liza realize a apresentação esta noite, seria uma decisão bastante sábia. A identidade dela permaneceria em segredo, e a reputação de nossa família, em segurança." Ele abriu a boca para discutir, mas eu o interrompi com o que torci para que fosse minha cartada final. "Então Liza vai prometer que nunca mais pisará em um palco depois. Não é, Liza?"

Ela me lançou um olhar incrédulo, como se eu a tivesse traído depois de salvá-la. Sustentei seu olhar até que minha prima suspirou. "Prometo, tio. Depois desta noite, prometo que não farei mais nenhuma apresentação. Terminarei apenas os números com os quais já me comprometi."

Meu tio andou de um lado para o outro na pequena cabine, parando para observar a escotilha. "Devo lembrá-las de que até o momento duas moças foram assassinadas nesta viagem?" Liza e eu trocamos olhares. "E agora vocês querem que eu concorde com este comportamento imprudente. Isto parece sábio para alguma de vocês?" Ele nos encarou novamente, as mãos unidas atrás das costas. "Após o espetáculo desta noite, você vai obedecer a toda e qualquer regra que eu impuser até retornarmos a Londres. Estamos entendidos?"

Liza assentiu devagar, os olhos cravados em seus sapatos incrustados de joias. "Sim, senhor."

"Permita-me ser perfeitamente claro", continuou meu tio. "Se você sequer cogitar fazer algo que não deveria fazer, aconselharei que passe o restante de seus dias em um manicômio para garotas. Tenho a sensação de que sua mãe dará ouvidos a qualquer diagnóstico que eu fizer."

Senti a cor se esvair de meu rosto. Aquele era um dos piores castigos que eu já ouvira, ainda mais vindo de meu tio. Olhei de soslaio para minha prima, mas ela pareceu mais aliviada do que perturbada. Pelo visto, o sermão ainda não tinha terminado. Meu tio dirigiu-se a mim:

"Você será a responsável por qualquer coisa que possa acontecer", disse ele. Sustentei seu olhar, embora tudo que eu quisesse fazer fosse afundar até o chão. "Sugiro que vocês duas saiam de perto de mim imediatamente, antes que eu mude de ideia."

Agarrei Liza pela mão e, sem hesitar, o obedeci. Quando já estávamos no convés, ela agarrou minha outra mão e me girou. "Aquilo foi genial! Não posso acreditar que ele deu ouvidos a você. Preciso aprender seus segredos! Eu estava quase certa de que ele trancaria nós duas na cabine naquela mesma hora."

Gentilmente removi minhas mãos do aperto de Liza e encarei o oceano. Era a primeira manhã ensolarada que tínhamos, e a luz era quase ofuscante ao atingir as ondas.

"Liza..." Deslizei uma das mãos enluvadas pelo rosto. "Talvez você deva cancelar. Nosso tio foi rude, mas ele está certo. Duas moças foram assassinadas. E eu... bem, para ser franca, desconfio que alguém do festival seja o responsável. Quem mais seria capaz de emular um crime seguindo a ilustração de uma carta de tarô?"

Liza me observou por um instante, então esticou os braços e me puxou para um abraço. "Você se preocupa demais, prima. E eu acho... bem, eu *sei* que, se você conhecesse os outros artistas, não suspeitaria deles. Eles de fato são pessoas muito doces." Ela deu um passo para trás, ainda com as mãos em meus ombros. Seu rosto se iluminou como se o sol fosse o responsável. "Tenho a solução perfeita. Você precisa conhecê-los! Venha. Vamos cumprimentá-los e então verá como eles são inofensivos."

"Não acredito que..." Vi a expressão esperançosa no rosto de minha prima e me compadeci. "Muito bem. Apresente-me a seus novos amigos."

Meus olhos varreram a câmara caótica. O capitão Norwood havia oferecido um compartimento de carga vazio para a trupe do festival, e eles praticamente faziam uso de cada centímetro dele. Mulheres se balançavam em cordas, palhaços praticavam saltos sobre barris e tambores, uma jovem que tinha quase nossa idade exibia um corpo coberto de tatuagens de animais, a maioria delas dos leões e tigres que ela incitava para que pulassem através de aros, e uma mulher engolia uma bola de fogo como se fosse um enroladinho de jantar. Eu arquejei. "Em nome da rainha, o que é..."

"Anishaa, o Ás de Paus. O número de cada artista é inspirado na carta de tarô que eles representam." Liza observou a moça engolir mais um bastão chamejante. "A garota no trapézio é Cassiopeia. Nós a chamamos de Imperatriz. Ela é uma das prediletas de Mefistófeles e bem convencida por causa disso."

À menção do nome, eu inadvertidamente o procurei, com a curiosidade atiçada para saber como se daria seu treino. Imaginei uma exibição de vaidade e peito inflado.

"Ele não está aqui", acrescentou Liza, desconfiada. "Ele passa o tempo livre trancado em sua cabine, trabalhando em suas invenções mecânicas."

"Ah." Eu me concentrei em Cassiopeia. Ela deu uma cambalhota de um trapézio para o outro, rodopiando pelo ar como se fosse um cometa. Seu cabelo caía em longas mechas platinadas, que lhe conferiam ainda mais um ar etéreo. Ela era deslumbrante. Assisti a outras acrobatas aéreas descerem por cordas, então subirem novamente. Parecia que a gravidade estava enfeitiçada por elas tanto quanto eu. "Como conseguem manipular as cordas e sedas?"

"Peso corporal e muita prática. Não deixe que as estaturas baixas enganem você", respondeu Liza. "Elas são mais fortes que a maioria dos homens."

Um homem em um collant de listras pretas e brancas passou um braço por trás da cabeça e o esticou sobre o ombro. Congelei, meu coração batendo rápido enquanto eu assimilava o funcionamento daquilo.

"Ele deslocou a articulação do ombro!", sussurrei para Liza. O contorcionista repetiu o movimento no lado oposto, então se encolheu, transformando-se em um pretzel. Retorci os lábios. "Isso não pode ser bom para a saúde dele. O desgaste dos ligamentos..."

Olhei de relance para minha prima, que parecia perplexa, balançando a cabeça. "Aquele é Sebastián Cruz. As apresentações dele são bem populares." Ela se curvou, ficando mais próxima. "Ouvi dizer que ele faz bom uso de seus talentos se escondendo em baús quando maridos inocentes retornam para casa."

Dei um leve tapa em seu braço. "Isso é horrível."

"Horrivelmente escandaloso." Liza sorriu. "Há rumores de que ele se envolveu em alguma espécie de encrenca no navio. É por isso que é chamado de Hierofante: deve ser visto com bons olhos por Deus para conseguir escapar de tantos impasses terríveis o tempo todo."

Eu o observei por mais algum tempo, impressionada com a maneira com que era capaz de dobrar o próprio corpo. Um pensamento me ocorreu. "Onde está seu Houdini?"

"Provavelmente com Mefistófeles", suspirou Liza. "Os dois estão sempre trabalhando em conjunto para pensar em novos jeitos de maravilhar o público. Vou providenciar para que você o conheça esta noite após o espetáculo."

A não ser que houvesse mais um assassinato. Nesse caso, eu iria acabar conhecendo um cadáver. O pensamento estilhaçou meu arrebatamento pelo treino do festival. Naquele momento, enquanto eu olhava ao redor, todos os artistas faziam minha pele formigar, como se vermes de cemitérios a percorressem. Mesmo sem o público, eles usavam máscaras, escondendo-se tanto do mundo quanto uns dos outros. Um grande quadro com círculos concêntricos havia sido erguido em uma extremidade, e fogos de artifício eram lançados enquanto ele girava no próprio eixo. Jian Yu atirava uma adaga atrás da outra no centro do alvo, afundando a última até o cabo. Arrepios deslizaram sob a seda que eu vestia.

"Quem é o homem com Jian?", perguntei, observando enquanto ele removia as adagas e cambaleava para trás. "Seria um assistente?"

"Por Deus, não. Aquele é Andreas, o Louco."

Bufei. "Imaginei que este fosse o nome artístico de Mefistófeles."

"Francamente, prima. Mefistófeles não é tão odioso quanto você pensa. Ele é o Mago, é claro. E um dos melhores que já vi. Harry o admira e está sempre tagarelando sobre sua genialidade. O modo como ele utiliza ciência e matemática é inovador. Se der uma chance, provavelmente vai gostar dele."

Contive um revirar de olhos. Parecia que todos estavam convencidos de que o mestre de cerimônias seria incapaz de fazer mal algum. Embora eu estivesse intrigada por sua maneira de fazer ciência, não queria deixar que tal sentimento transparecesse. Indiquei Andreas com a cabeça. "Por que ele é chamado de Louco?"

"Ele alega possuir um espelho mágico que prediz o futuro amoroso das pessoas." Ela balançou a cabeça. "O mais triste é que ele realmente acredita que funciona. Fiz uma consulta uma vez, e até agora o espelho não me informou quem será meu marido. Tudo que vejo é minha imagem distorcida e uma quantidade assombrosa de teias de aranha. No mínimo, é totalmente assombrado!"

"Por que Mefistófeles o mantém por perto se ele não é bom?"

Liza me fitou como se eu tivesse dito algo particularmente obtuso. "Ele é admirável no espetáculo de adivinhação. A tenda dele é uma das mais populares, ele queima incensos, fala com o sotaque sombrio e misterioso da Baviera. Além do mais", ela me cutucou nas costelas, "ele é um tanto interessante de se olhar. Talvez não bonito, mas fascinante, de certa forma."

"E quanto a..."

"Ela não deveria estar aqui." Liza e eu nos viramos, nos deparando com uma grande armadura. Arrastei meu olhar para cima e engoli em seco. Jian me encarou, depois olhou para Liza. "E você ainda não pertence a este lugar."

"Não seja tão rude, Jian. É deselegante." Liza apenas revirou os olhos. "Ela não é uma pessoa qualquer, é minha prima, a srta. Wadsworth. É a filha de um lorde, então talvez você deva demonstrar o mínimo de respeito."

Ele apontou uma de suas lâminas para mim, as mãos cobertas por cicatrizes de treinos que provavelmente deram errado. "Não deveria estar aqui, *senhorita*."

O rosto de Liza adquiriu um tom próximo ao escarlate, mas, antes que ela pudesse estourar, sorri educadamente. "Foi um prazer conhecê-lo, sr. Yu. Seu trabalho com as facas é impressionante, o senhor deve praticar com frequência."

Os lábios dele se curvaram em o que supus ser uma tentativa de sorriso, mas pareceu mais um esgar. "Às vezes uso alvos vivos. Isso mantém as coisas interessantes."

Estreitei os olhos. "O senhor já cometeu algum erro ao utilizar alvos vivos?"

"Uma vez."

Sem mais explicações, ele andou a passos pesados na direção do alvo fixo e atirou uma adaga atrás da outra na madeira. Andreas pulou quando farpas voaram. Era preciso uma força colossal para causar aquele tipo de dano — a mesma força necessária para atravessar sete espadas em um corpo e pendurá-lo.

"Sinto muito por isso", desculpou-se Liza quando saímos da arena de treino. "Os artistas reagem de forma sensível a pessoas de fora."

"Você não é alguém de fora", ressaltei. "E ele não foi muito cortês com você."

"Quando eu os aceitar como minha família, nosso elo se tornará inquebrável", declarou Liza, parecendo citar um trecho de algum estranho manual do festival. "Mas não um segundo antes."

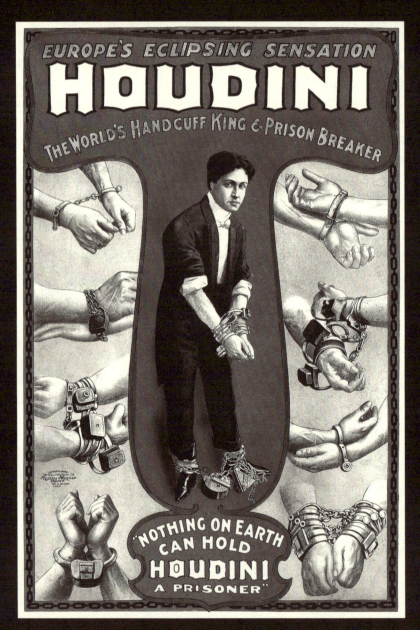

Cartaz promocional de Houdini.

O GRANDE HOUDINI
RASTRO de SANGUE

9. REI DAS ALGEMAS
Salão de jantar
RMS *Etruria*
3 de janeiro de 1889

 palco daquela noite estava enfeitado em tons de prateado e cinza — como o luar brilhando através das frestas no casco do navio, iluminando cacos de vidro ou, naquele caso, decantadores de cristal e passageiros adornados por joias. Os passageiros interromperam o jantar para observar os artistas que se apresentavam antes do espetáculo principal; eles deslizavam pelo salão em pernas de pau, seus movimentos surpreendentemente graciosos apesar das estacas nas quais eles se empoleiravam.

Cada item de seus trajes era prateado, desde as máscaras até os sapatos com lantejoulas. Faixas rasgadas de tule moviam-se etereamente sempre que eles davam um passo em seus grandes membros falsos. Na verdade, as estacas em que se equilibravam lembravam espadas. Eram objetos de uma beleza reluzente com uma extremidade, lâminas prontas para cair a qualquer momento e cortar os menos desconfiados.

Enquanto meu tio e a sra. Harvey conversavam cordialmente, eu encarava os bastões que rodopiavam, maravilhada com as faixas prateadas e brancas que fatiavam o ar. Uma quantidade extraordinária de trabalho e habilidade fora necessária para criar aqueles trajes, e eu me perguntava quem era a pessoa que havia bordado pontos tão belos. Tal pessoa poderia trabalhar para a rainha, embora eu imaginasse que ela trabalhava para um tipo diferente de realeza.

"Você está com o olhar de alguém que está pensando em suturar cadáveres." Thomas sorriu sobre sua entrada de pato assado, e desviei minha atenção para ele. Por vezes era espantoso ver o quanto ele me conhecia. Ele ergueu sua taça. "Devemos brindar a isso. Este champanhe é ótimo, as bolhas vão direto para a cabeça. Não se preocupe", acrescentou ele, com uma piscadela, "me juntarei a você quando decidir dançar sobre a mesa depois de tomar algumas taças."

"Meu parceiro no crime e na imoderação", eu disse, tilintando nossas taças. "Sou realmente uma mulher de sorte."

Thomas pareceu bem satisfeito com a declaração.

As luzes diminuíram, nosso sinal noturno de que o espetáculo estava prestes a começar. Eu me remexi, observando o mestre de cerimônias, que subiu ao palco com o retinir de címbalos e uma cortina de fumaça. Seu terno feito sob medida era de um tom de carvão tão profundo que poderia ter sido minado. Tanto sua máscara quanto seu colete eram carmesins, e o bordado vermelho ao redor da cartola imitava respingos de sangue. Uma escolha ousada, mas respeitosa, considerando tudo que havia acontecido. Eu tentava ignorar como suas botas, que iam até os joelhos, atraíam o olhar para baixo, mesmo que os olhos teimosamente quisessem permanecer encarando seu rosto maldito.

Thomas inspecionava o rapaz da mesma maneira que estudava cadáveres. Eu não sabia dizer se o que ele desejava mais era assassiná-lo ou dissecar seus segredos.

"Senhoras." Mefistófeles caminhou pelo palco, sua máscara lançando feixes de luz que atravessavam o público barulhento e encerrava a maior parte das conversas. "O espetáculo desta noite é tão assustador que vocês poderão desmaiar com a tensão. No entanto", ele sacou um pequeno frasco de cristal, "temos sais aromáticos para quaisquer acessos ou calores. Não se encabulem para solicitá-los. Nossos artistas nas pernas de pau possuem um grande estoque; os chamem em caso de necessidade."

Mefistófeles acenou para alguém atrás das cortinas. Ninguém apareceu, o que podia significar que havia algo acontecendo nos bastidores. Engoli uma pequena porção de pato assado que de repente pareceu ficar presa em minha garganta. Eu esperava que Liza estivesse bem.

"Senhoras e senhores." Mefistófeles caminhou ritmadamente na beirada do palco. "Talvez queiram desviar o olhar caso padeçam de algum tipo de enfermidade. Sobretudo, qualquer enfermidade do coração." O mestre de cerimônias fez uma pausa e contemplou o salão, seus olhos se fixando em minha mesa. "Para os valentes e destemidos", continuou ele, "esta noite será marcada para sempre como o mais majestoso evento de suas vidas."

Um burburinho percorreu a plateia diante daquela declaração tão ousada. O Festival Enluarado era espetacular como uma trupe viajante, mas até mesmo suas primorosas ilusões não seriam capazes de fazer jus à declaração digna de um cartaz promocional. Um trovão atravessando nuvens tempestuosas ressoou um instante antes que Liza, usando uma máscara, e outra assistente trouxessem um enorme baú e se afastassem em seguida.

Direcionei minha atenção do baú para as assistentes. Elas vestiam trajes prateados cobertos por paetês que eram basicamente apenas corpetes e grossas meias brancas. Levei um momento para compreender que a maior parte das cores escolhidas vinha de uma paleta emprestada da noite — lua, estrelas e nuvens contra um céu escuro. O mestre de cerimônias estendia aquele deleite enluarado até o mínimo detalhe.

"Esta noite vocês passarão por uma metamorfose como nenhuma outra. Esta noite o impossível vai acontecer. Vindo especialmente de Appleton, no Wisconsin." Mefistófeles abriu um dos braços em um gesto de boas-vindas. "O extraordinário. O magnífico. O homem que não pode ser domado ou enjaulado. Por favor, voltem sua atenção para o grande Harry Houdini, o Rei das Algemas!"

A plateia aplaudiu com educação, mas não com o mesmo entusiasmo que o mestre de cerimônias recebeu na noite de abertura. A sra. Harvey piscou para mim, então ergueu sua taça de vinho em um brinde enquanto o jovem de smoking subia ao palco. Empertiguei-me, não desejando perder detalhe algum. Aquele era o homem que havia sido perspicaz o suficiente para conquistar minha prima. Seu cabelo preto estava dividido ao meio, e quando ele sorriu, covinhas cumprimentaram o público.

Ao contrário de outros artistas, Houdini não usava máscara. Ele tinha certa presença, no entanto, algo que se assemelhava a uma eletricidade no ar antes do cair de um raio. Liza abriu um largo sorriso, e seu corpo inteiro pareceu irradiar alegria conforme Houdini levantava os braços sobre a cabeça. Em uma voz estrondosa, um tanto surpreendente por conta de sua baixa estatura, ele gritou: "Cordas!".

Minha prima retirou uma corda do baú, segurando-a no alto para que a plateia pudesse vê-la antes de estalá-la no ar como um chicote. Houdini girou, ficando de costas para o público.

"Isso é um tanto rude, não é?", sussurrou a sra. Harvey. "É falta de modos virar as costas para... ah... ah, entendi. Que *interessante*."

Houdini esticou os braços para trás do corpo, assentindo para Liza enquanto ela silenciosamente os amarrava um no outro em uma teia de corda entrecruzada. Eu estava impressionada com seus nós profissionais — tia Amelia não ficaria tão satisfeita ao ver que suas aulas de costura estavam sendo utilizadas para tais fins.

"Olhe para aqueles nós", cochichou a sra. Harvey, "ele vai demorar um bom tempo para desatá-los. Será que ele tem uma faca escondida nas calças? Parece que sim."

Thomas engasgou na água que bebia, lançando um olhar incrédulo para nossa acompanhante.

Liza apertava e puxava, quase derrubando o escapista. Um rapaz na mesa vizinha disse em alto tom: "Que entediante. Aposto que a corda nem é verdadeira".

Houdini girou até encarar as mesas novamente, os olhos lampejando. "Dois voluntários da plateia! Quem gostaria de inspecionar minhas amarras?"

O jovem que havia falado afundou em seu assento, o crápula. Ao que parecia, ele era um daqueles cães que ladrava, mas não mordia.

O público mantinha a atenção fixa no palco, na certa famintos pelo mesmo tipo de drama que havia se desenrolado na noite anterior. Dois homens aceitaram a sugestão de Houdini e, por precaução, enrolaram mais uma corda em suas mãos atadas. Aquilo pareceu satisfazer a plateia, embora fosse um tanto monótono em comparação com a tensão proporcionada pelo Cavaleiro de Espadas.

Olhei ao redor do salão, não me surpreendendo ao constatar que mais nenhum artista estava na plateia, com exceção dos artistas nas pernas de pau, que ainda caminhavam entre as mesas, silenciosos e arrepiantes como fantasmas de três metros de altura.

"E agora...", Houdini se remexeu. "Minhas algemas!"

A segunda assistente, Isabella, exibiu as algemas das quais ele havia se proclamado rei. Houdini virou as costas para nós uma segunda vez, permanecendo imóvel conforme as algemas se fechavam com um pequeno ruído de caráter definitivo, então andou até o baú e entrou nele, dobrando-se como um pedaço de tecido. Parecia que havia tido algumas aulas de contorcionismo com Sebastián.

Thomas baixou a taça quando a tampa foi fechada e trancada. Liza amarrou outra corda ao redor do baú, então colocou correntes e fechou um cadeado ao redor dele. Provavelmente ficaríamos ali a noite inteira esperando que ele conseguisse escapar de todas aquelas trancas e amarras.

Os passageiros que jantavam reduziram o burburinho. As assistentes deliberadamente foram para trás do palco, ressurgindo com um biombo que era mais alto do que uma pessoa, o tecido de suas cortinas portáteis de um tom profundo de carvão. Elas o posicionaram ao redor do baú trancado, tirando-o de vista. Para meu espanto, Liza deu um passo adiante, sua máscara cintilando conforme as luzes bruxuleavam acima dela, e, gesticulando, sumiu de vista para trás das cortinas portáteis.

"Quando eu bater as palmas três vezes, presenciem um milagre!"

Ela bateu uma vez, e os passageiros se remexeram em seus assentos. Duas vezes, e as conversas se reduziram a cochichos. Ela bateu uma terceira vez, e o salão todo prendeu a respiração, ofegante.

Então Houdini surgiu de detrás das mesmas cortinas pelas quais Liza havia desaparecido, mais livre do que qualquer outra coisa. Ele fez um aceno amplo: "Vejam! A metamorfose!". Em seguida afastou as cortinas, revelando Liza algemada dentro do baú.

Thomas e eu nos entreolhamos conforme a plateia ganhava vida. O truque havia literalmente levado três segundos — como eles realizaram tal feito era de fato mágico. Eu me perguntei se havia alguma coisa da qual Harry Houdini não conseguiria escapar.

Ou alguma armadilha que ele não conseguiria preparar para alguém. Nossa última vítima havia sido pendurada pelos tornozelos; talvez tivéssemos acabado de encontrar o rapaz que tinha realizado aquela façanha.

10. CORAÇÃO OU CABEÇA

Saleta das mulheres
RMS *Etruria*
3 de janeiro de 1889

eja, prima", sussurrou Liza, com uma expressão de admiração no rosto. Daquela curta distância, a cera de sua maquiagem pesada exibia cacos como uma boneca de porcelana cuja pintura havia desbotado com o tempo. "Lá está ele. Meu grande amor." Ela contemplou Houdini através da saleta lotada, e a intensidade de seus sentimentos me arrebatou como uma onda. Eu desejava poder sentir o mesmo entusiasmo, mas algo que não era capaz de identificar ao certo me mantinha cética sobre as intenções dele. "Ele não é o jovem mais encantador que já conheceu?"

"Ele é intrigante", admiti, desviando os olhos para Mefistófeles antes de tornar a fixá-los em Houdini. Minhas bochechas se enrubesceram quando o olhar do mestre de cerimônias recaiu sobre mim e ali ficou. Fingi não notar — parecia perigoso ter um rapaz como aquele interessado em mim.

Alheia a quem havia inicialmente chamado minha atenção, minha prima aquiesceu. "Veja como ele se movimenta pela saleta. Todos os olhares estão presos nele. Juro que ele possui a magia da fuga." Acompanhei o olhar de Liza, porém mais uma vez me vi presa na armadilha de Mefistófeles. "Estou completamente enfeitiçada e não vejo escapatória. É o maior esplendor de todos!"

Afastei meu olhar do mestre de cerimônias e observei minha prima. Dois círculos cor-de-rosa do tamanho de uma pétala brotavam em suas bochechas. Era evidente que ela se encontrava muito deslumbrada pelo artista de fuga. Embora um olhar pela saleta — repleta de mulheres que abanavam a si mesmas — tivesse me feito erguer uma sobrancelha e me calar.

Houdini parecia ter um jardim inteiro de rosas enrubescidas para cuidar. Ele voava de uma flor para outra, rindo e beijando mãos enluvadas conforme passava. Liza parecia totalmente encantada, enquanto eu sentia meu rosto se contorcendo em uma carranca desagradável. Ele parou por um momento longo demais perto de algumas mulheres, seu toque se demorando um tempo maior do que a decência permitia.

"Senhoritas."

Eu me virei bruscamente com o som daquela voz grave, meu coração batendo com força contra minhas costelas. Mefistófeles estava ali parado em toda a glória de seu traje, com a máscara ornamentada encobrindo seus olhos maliciosos. Olhos que estavam fixados nos meus. A uma distância tão próxima, eu podia ver que o cabelo que caía sobre suas sobrancelhas era preto. Era acetinado e levemente ondulado, o tipo de onda que fazia com que os dedos desejassem deslizar por elas por vontade própria.

"Parece que ainda não tive o prazer de me apresentar *propriamente*", disse ele. "Liza? Quem é esta bela criatura e por que você a manteve afastada de mim?"

"Esta é minha prima." Liza sorriu com orgulho. "Srta. Audrey Rose Wadsworth."

E lá se ia nossa apresentação "apropriada". Apenas revirei os olhos. "Criatura? Você me lisonjeia com tais elogios, senhor. Não me surpreende que tantos percam os corações para seu espetáculo de menestrel."

Ele me encarou, atônito. Aparentemente, insolência não era o que ele esperava, embora devesse depois de uma apresentação como aquela. Criatura, de fato. Como se mulheres fossem meros animais para serem admiradas quando convinha a um cavalheiro.

"Que palavras afiadas", disse ele. "Sua língua deveria vir com uma advertência."

"A verdade costuma ser comparada a uma lâmina", devolvi. "Muito me admira aqueles que se espantam quando ela corta."

Liza permaneceu ao lado dele, discretamente balançando a cabeça, mas o sorriso em seu rosto me dizia que ela aprovou meu comentário. Ela era minha parceira na defesa de todas as igualdades. Nós mulheres podíamos ser chamadas de criaturas, mas apenas se os homens que dissessem tais palavras descuidadas aceitassem que nossas garras eram temíveis quando decidíamos arranhar.

Para meu completo espanto, ele riu. "Srta. Wadsworth, eu..."

Uma jovem se espremeu para ficar mais perto de nós, com uma taça de champanhe em cada uma das mãos enquanto suas amigas empurravam para ficar ao lado dela. Com nervosismo, ela estendeu uma taça para o mestre de cerimônias. Ele a aceitou com educação, mas não bebeu, ainda parecendo um tanto entretido com minha resposta.

"Você estava magnífico na noite de abertura, sr. Mefistófeles. Absolutamente maravilhoso, eu diria", elogiou a moça, bebendo um grande gole de champanhe. Ela estremeceu, na certa por beber o espumante rápido demais, e suas bochechas ficaram de um tom vivo de cor-de-rosa. "Estávamos nos perguntando se o senhor nos apresentaria um novo truque exclusivo. Decerto não pode enganar *todas* nós."

Risadinhas irromperam do pequeno grupo ao nosso redor. Liza sorriu. Era uma proposta um tanto escandalosa, uma para a qual eu mesma não podia deixar de sorrir. Gostei daquelas garotas. Havia uma ousadia nelas que me lembrava de minhas amigas Ileana e Daciana. Senti uma pontada de tristeza — queria que elas estivessem no navio conosco, mas as duas haviam ficado na Romênia para acertar tudo depois do caso do Drácula. Elas prometeram embarcar em outro navio e nos encontrar na América no próximo mês se possível, algo pelo qual eu ansiava profundamente.

Os lábios do mestre de cerimônias se ergueram nos cantos, embora seus olhos estivessem teimosamente atados aos meus enquanto ele ponderava a proposta. Ergui uma sobrancelha, aguardando. Ele se virou para as moças e fez uma grande mesura. "É claro. Mas apenas se eu puder escolher minha próxima vítima."

Uma das jovens que dava risadinhas ficou séria. "Vítima?"

"Sim", disse Mefistófeles. "Não posso pensar em nenhum termo melhor para o crime de sedução que está prestes a ser cometido, a senhorita consegue?"

"Não, acho que não."

Ela balançou a cabeça e se aproximou das amigas. As moças belamente vestidas trocaram olhares; não era bem o que estavam esperando, mas, de todo modo, parecia um trato interessante. Duas delas assentiram, e a moça que havia conduzido a barganha mordeu o lábio, parecendo considerar aceitar ou fazer uma contraproposta, até que, por fim, ela aquiesceu.

"Muito bem, senhor. Qual de nós você escolhe?"

O mestre de cerimônias apontou para sua presa. "Ela."

Quase engasguei em meu champanhe quando percebi que ele estava apontando para mim. Aquele interesse não poderia terminar bem. Eu não sabia que jogo Mefistófeles estava jogando, mas, ao que parecia, querendo ou não, eu estava prestes a me juntar a ele.

Não havia como negar a adrenalina que percorrera meu corpo ao ser escolhida para seu próximo número, embora não fosse por causa do homem enigmático e mascarado que me guiava para o centro da saleta das mulheres. Aquela era uma oportunidade extraordinária de observar seus truques de perto — de dissecar seu espetáculo e ver as táticas usadas para distrair tanto a *vítima*, como ele havia me chamado, quanto a plateia.

"Senhoritas, me pediram para realizar um número para vocês." Mefistófeles segurou minha mão enluvada na sua, erguendo-a até a altura de seus ombros para que todos pudessem ver. "A srta. Wadsworth vai fazer o papel de vítima voluntária. Com sua licença, precisarei que todos se reúnam em um círculo ao nosso redor. Façam de conta que estamos prestes a iniciar uma sessão espírita. Tenho certeza de que já participaram de ao menos uma ou duas."

Ele estalou os dedos, e um garçom uniformizado puxou uma das mesinhas laterais para fazer dela uma cadeira, posicionando-a no centro do recém-formado círculo. Mulheres sussurraram entusiasmadas, seus olhares famintos por mais truques de mágica escandalosos. Ou talvez apenas estivessem felizes por se deleitarem com o jovem mestre de cerimônias um pouco mais. Senti a intensidade de seus olhares se afastar de Mefistófeles para se fixar em mim enquanto permaneci ali parada, sem saber para onde ir. De todas as noites em que eu poderia ter usado um vestido sem mangas... Eu me sentia exposta e vulnerável.

Girei o anel de minha mãe, então parei. Observei a saleta, desejando acalmar meu nervosismo crescente à medida que Mefistófeles endireitava sua cartola e terno. Tal escrutínio me incomodava, como se eu fosse apenas uma lâmina analisada em um microscópio. Houdini caminhava devagar até Liza, seus olhos vez ou outra se voltando para o mestre de cerimônias enquanto ele pedia licença para diversas moças.

"Agora, peço que as luzes sejam diminuídas." Um instante depois, os candelabros pulsaram com uma luz intensa antes de reduzirem-na a um brilho fraco e dourado. "Peço que todos vocês deem um grande passo para trás quando eu contar até três. Um. Dois. Três."

Minha respiração falhou. Era enervante ouvir a saleta inteira mover-se em uníssono. Mefistófeles realmente os conduzia como um titereiro. Todos eram apenas silhuetas sob a luz fraca, sombras dançando ao redor da fogueira de um diabo. Tive a impressão de sentir o cheiro de lenha queimada, embora soubesse que era impossível.

Desviei meu olhar para o mestre de cerimônias conforme ele avançava pela multidão e ia a meu encontro. O vermelho de seu colete refletiu em sua máscara quando ele meneou com a cabeça para que eu me sentasse. Hesitei, lembrando-me das duas vítimas, então forcei meus pés a me carregarem para qualquer que fosse aquele deleite pecaminoso que Mefistófeles havia planejado. Eu não perderia minha vida na frente de tantas testemunhas.

"Observem atentamente", disse ele, sua voz pouco acima de um sussurro, "ou vão perder."

Ele andou em círculos em minha volta, com as mãos traçando um caminho de meus ombros expostos até o pescoço, seu toque quase tão elétrico quanto as luzes do navio. Eu não mais sentia os olhares das mulheres ao nosso redor — só conseguia me concentrar nas pontas enluvadas dos dedos dele, nunca desviando do trajeto escolhido conforme ele se movimentava em volta de mim, mais depressa a cada passo. Era quase escandaloso, mas não tanto, a linha indistinguível demais daquela distância tão próxima da decência. Seus movimentos eram certeiros e firmes, bem o oposto de minha pulsação.

Com exceção de um deslize de sua mão ao acariciar minha nuca — um gentil pedido de desculpa, talvez —, não reparei em mudança alguma de quando ele começou a me circular para quando abruptamente se afastou. Minha pele parecia ao mesmo tempo abrasada e gélida por onde seus dedos haviam passado, uma ambivalência parecida com a que eu sentia em relação àquela situação. Mulheres abriram seus leques com um estalido, e o som me içou de volta para a saleta.

"Vocês observaram atentamente?", perguntou o mestre de cerimônias, sua voz calma e suave como seda. Como se ainda estivessem em um transe, todas concordaram, murmurando: "Sim". Eu duvidava de que teriam conseguido desviar o olhar do homem carismático mesmo se desejassem. Ele se curvou, e sua boca ficou perigosamente próxima de minha orelha. Senti um arrepio na pele, mas daquela vez soube o motivo. "Está dando falta de algum objeto de valor, srta. Wadsworth? Alguma coisa que a senhorita faria de tudo para ter de volta?"

Balancei a cabeça, desejando que o gesto realinhasse meus pensamentos. "Não, acho que não."

E eu tinha certeza. Embora os dedos do mestre de cerimônias fossem uma *grande* distração, mantive minha atenção focada neles o tempo todo; em momento algum deixaram de tocar minha pele. Ele apoiou um joelho no chão, com seus olhos dançando ao encontrarem os meus. "Estranho. Eu podia jurar que tinha roubado seu coração."

"Me descul..."

"Como a maioria das moças que encontro, sinto dizer."

Meu rosto ardeu. Porém, antes que pudesse censurá-lo, Mefistófeles exibiu o medalhão em forma de coração que havia sido uma das joias preferidas de minha mãe, observando enquanto eu piscava sem acreditar. Tateei ao redor de meu pescoço, puxando uma corrente. "Isso é impossível. Ainda estou usando..."

Em minha mão se encontrava um relógio de bolso, um que não pertencia a mim. Espinhos e uma frase em latim estavam gravados no verso: VINCERE VEL MORI. Eu olhava para o objeto sem piscar, tentando compreender como tal coisa era possível. De algum modo, diante de todas aquelas testemunhas, Mefistófeles havia trocado meu medalhão por seu relógio. Engoli minhas perguntas. Não tinha ideia de como ele havia realizado tal feito sem ser pego, mas só podia ser sorte misturada com algum truque. Eu queria saber como o mestre de cerimônias fizera aquilo e se tal ilusão poderia ser aplicada de outras maneiras, como uma atuação; no entanto, teria que esperar até que estivéssemos a sós. E me certificaria de que não tardaria. Naquela mesma noite.

"Muito impressionante, imagino", eu disse, sabendo que estava sendo desonesta. Aquele havia sido um dos números mais espetaculares que eu já tinha visto, exceto pelo truque da metamorfose de Houdini. "Agora, me devolva, por favor."

Estendi a mão e, na mesma hora, tive a sensação de estar caindo em uma armadilha. Era uma emboscada bem-estruturada, tão mascarada que eu não fazia ideia de que tinha sido o verdadeiro truque o tempo todo. Eu queria fechar meus dedos em um punho, mas resisti ao desejo. Mefistófeles rapidamente tomou minha mão nas suas, virando a palma para baixo. Ainda ajoelhado, ele fez um anel aparecer e desaparecer entre seus dedos. Meu coração diminuiu o ritmo.

"Se tivesse que escolher", perguntou ele, "você perderia seu coração ou sua mão?"

Qualquer sussurro que havia brotado se extinguiu. Todos os olhos se voltaram mais uma vez para mim, fazendo com que minhas palmas suassem. Eu mal conseguia pensar, mal podia me concentrar em qualquer outra coisa que não fossem o anel e o medalhão de minha mãe nas mãos de um estranho. Furtar meu colar era uma coisa — como ele conseguira também surrupiar meu anel ia além de minha compreensão. Eu me senti à deriva, como um bote flutuando sem âncora em uma tempestade.

"Ambos são meus." Franzi o cenho. "Não preciso escolher."

Seus olhos me perscrutaram por detrás da máscara. "Ainda não. Mas imagino que em breve a senhorita terá que fazer isso." Ele se inclinou, ficando próximo de mim até que ninguém mais pudesse entreouvir as próximas palavras. "Já ganhei o interesse da senhorita em nossa barganha?" Minha pulsação aumentou. Aquela escolha. Eu tinha a impressão de que ela traria caos para minha vida. Mas a recompensa valeria a pena. Inclinei levemente a cabeça. "Vou encontrá-la no mesmo local da última vez."

Sem dizer mais uma palavra sequer, ele me entregou as duas joias e se levantou, batendo palmas generosamente. "Por favor, uma salva de palmas para minha última vítima, a srta. Audrey Rose Wadsworth. Ela sobreviveu desta vez, mas quem sabe ainda vai perder o coração para mim."

Liza estava sorridente ao lado de Houdini, batendo palmas mais alto do que todos os outros enquanto ele se inclinava para conversar com uma das jovens que havia sugerido o espetáculo. Eu queria corresponder ao entusiasmo de Liza, mas não conseguia abandonar a sensação de encrenca que pairava como uma bruma.

Se Mefistófeles era tão talentoso com pequenos furtos, talvez fosse prendado o suficiente para adulterar os sentimentos de alguém. Ele se aproximou dos outros, beijando mãos e ganhando a admiração das mulheres na saleta, e me perguntei se eu havia cometido um erro terrível ao concordar em me encontrar com ele naquela noite.

II. REALEZA OU POBREZA

Saleta das mulheres
RMS *Etruria*
3 *de janeiro de* 1889

panhei minha estola de pele e deixei a saleta das mulheres assim que consegui me libertar das conversas sobre como havia sido sentir o toque abrasador do mestre de cerimônias em minha pele. Para integrantes da alta sociedade, elas definitivamente não se afastavam, encabuladas, de conversas tão indecorosas. Ninguém sequer me lançou um olhar acusatório ou crítico. Era como se estivessem todas sob algum tipo de feitiço.

Enrosquei-me mais na estola, tentando ignorar o ar cortante quando saí do corredor e me apressei pelo convés vazio. Pequenos flocos de neve começavam a cair, não prometendo, tampouco negando, que uma tempestade estava a caminho. Uma figura recostada na parede de barcos a remo alcançou meu campo de visão.

Mefistófeles tocou a cartola. "Estou satisfeito que a senhorita decidiu me encontrar."

"Por que me escolheu para aquele número?"

"Quer a verdade ou uma versão mais agradável aos ouvidos?", perguntou ele.

"Não desejo versões agradáveis da realidade, senhor..."

"Ah. Vamos lidar com apenas uma verdade por vez, certo?"

Ele caminhou até a balaustrada do deque, inclinando a cabeça em minha direção. Neve dançava e rodopiava ao nosso redor, embora ele não demonstrasse sentir frio. Eu, por outro lado, me aninhava na estola, desejando também ter um sobretudo.

"Eu a escolhi porque acredito que você busca a verdade oculta na mentira. Os outros deleitam-se com a magia e o espetáculo. Você é fascinada com *o como*. Não creio que esteja fascinada por mim, ou pela ilusão que ofereço... a distração." Ele me fitou, buscando algo que eu não saberia dizer o que era. Um momento se passou, sem que ele alterasse sua expressão. "O que a senhorita faz para aquele homem mais velho com quem viaja?"

Não vi mal algum em admitir o caminho que tinha escolhido. "Estudo medicina forense com meu tio. O sr. Cresswell e eu somos seus aprendizes." Abri minha boca, então a fechei, hesitante ao falar sobre os casos do Estripador ou Drácula. Ambos eram cruéis e íntimos demais para serem divididos com um estranho. "Estamos a caminho da América para trabalhar em um novo caso, na verdade."

"Você estuda os mortos?" Ele ergueu uma sobrancelha para cima da máscara enquanto eu assentia. "Isso significa que está ciente da escuridão e deseja trazer a luz à tona. Não posso deixar de ficar igualmente intrigado por isso. Eu crio o caos, e a senhorita fabrica ordem a partir dele. Não somos tão diferentes, você e eu. Ambos temos um cerne construído com base na ciência, apenas o expressamos de formas distintas."

Aquilo soou estranhamente familiar aos pensamentos que rondavam minha mente. Eu não desejava encontrar semelhança alguma com aquele crápula, mas não podia negar sua análise. Apesar dos avisos internos de que eu deveria ficar longe daquele rapaz, minha curiosidade sobre suas invenções mecânicas fora atiçada.

"Por que escolheu o caminho do ilusionismo?", eu quis saber. "Você poderia ter sido um químico grandioso. Não deseja auxiliar os outros?"

"Alguns podem argumentar que o entretenimento é uma forma de ajudá-los."

Revirei os olhos. "Produzir fumaça em espelhos não é o mesmo que criar avanços científicos ou tecnológicos que poderiam erradicar doenças e salvar vidas."

"Respeitosamente discordo, srta. Wadsworth. Há muitas formas de auxiliar os outros. O riso e a distração por vezes são coisas das quais as pessoas necessitam em conjunto com diagnósticos médicos e tratamentos." Mefistófeles me estudou com o olhar. "A senhorita pode querer explorar outras possibilidades já que é uma aluna tão talentosa da ciência. Posso *apenas* oferecer algumas horas de distração, mas para alguns isso é o suficiente para atravessar tempos sombrios. A esperança é uma força invisível e poderosa. Não desdenhe de sua potência."

Pisquei, espantada com quão certo ele estava e também com a maneira ignorante com que eu havia enxergado a situação. Uma memória antiga emergiu do túmulo em que eu a havia enterrado. Com frequência, eu lera histórias para minha mãe em seu leito de morte na esperança de afastá-la de sua dor, mesmo que apenas por alguns instantes. Parte de mim se irritou por eu ter levado uma lição de um jovem tão ardiloso, e minhas bochechas esquentaram diante do embaraço de não ter entendido seu ponto de vista antes. As pessoas de fato precisavam ser entretidas, ter suas mentes ocupadas por pensamentos em vez de um bombardeio constante de negatividade. Os ânimos de minha mãe sem dúvida pareciam mais elevados sempre que eu abria um livro e a levava por uma nova aventura.

"Estou..."

Mefistófeles subitamente envolveu uma de minhas mãos na dele e deu um beijo casto nela. Meu pedido de desculpas minguou enquanto eu assimilava o ardor em seus olhos e o modo como eles miraram um ponto acima de meus ombros. Ele estava encenando mais um espetáculo, e não era para meu bem. Puxei a mão, mas foi tarde demais. Ele sorriu.

"Foi um grande prazer, srta. Wadsworth", disse Mefistófeles. "Talvez nos encontremos novamente em nosso local favorito..." Ele se inclinou para que apenas eu pudesse ouvir a próxima parte. "Digamos, em torno da meia-noite? Parece que nosso encontro chegou a um fim abrupto e ainda tenho muito a discutir, se a senhorita estiver interessada?" O mestre de cerimônias assentiu para alguém atrás de mim, seu sorriso antagônico ainda no lugar. "Boa noite. Sr. Cresswell, eu imagino? Nós estávamos mesmo falando sobre o senhor. E quem é a adorável senhora a seu lado?"

Deixei o ar sair, ainda não querendo me virar e encarar Thomas.

"Ah? Vocês estavam falando sobre mim?" Thomas soou cético e pareceu ainda mais descrente quando girei e encontrei seu olhar fixo em mim. "Uma honra, considerando que não possuo uma cartola cheia de truques e rosas tingidas. Ou a habilidade de saltitar pelo palco. Embora de fato eu *seja* sombriamente encantador. Entendo o interesse." Ele fez uma pausa, como se ponderasse sobre suas próximas palavras. "Vejo que ainda está usando a máscara. Não incomoda?"

"De forma alguma. Ela é revestida de veludo." Mefistófeles sorriu para a sra. Harvey de forma tão radiante que temi que ela desfalecesse com tamanho ardor. "O senhor pretende me apresentar a esta bela jovem, ou devo morrer de vontade?"

"Sra. Edna Harvey, senhor..." A sra. Harvey franziu as sobrancelhas. "Hã, senhor...?"

"'Mefistófeles' é perfeitamente adequado, se não se importar." Ele inclinou a cabeça. "Se me derem licença, tenho assuntos do consórcio para tratar. Boa noite a todos."

Ficamos ali parados no deque por um momento, observando enquanto o mestre de cerimônias seguia seu caminho até a trupe e quaisquer que fossem os assuntos que os artistas do festival tinham a tratar depois do espetáculo. Uma vez que ele estava fora do alcance de sua voz, a sra. Harvey largou o braço de Thomas e começou a se abanar.

"Ele é um tanto intrigante, não é?", perguntou ela. "Tão misterioso com aquela máscara e aquele nome. Será que ele comete deslizes? Não parece ser fácil adotar uma nova identidade dessa forma. Imagino que deva retirar aquela máscara quando dorme..."

"Talvez um de nós devesse se esgueirar para os aposentos dele para descobrir", provoquei.

A sra. Harvey me olhou com atenção. "Não me importaria em me voluntariar para essa tarefa."

Thomas sorriu, então tomou o braço da sra. Harvey novamente, guiando-nos até nossos aposentos em uma impressionante demonstração de boas maneiras. "Duvido que qualquer um dos artistas sequer saiba sua verdadeira identidade. Há uma clara explicação para as máscaras, e tenho certeza de que não é apenas para criar uma aura de mistério. Aposto que ele ou está se escondendo de alguém, ou acobertando um passado sórdido."

Bufei da forma mais deselegante possível. "Esta é uma de suas infames deduções baseadas na observação?"

"Zombe de mim o quanto quiser." Thomas deu de ombros. "Mas suas maneiras tem um quê de aristocracia. Assim como suas botas."

Eu não estava surpresa por ver que Thomas mais uma vez havia adivinhado algum detalhe aparentemente impossível a partir do ar salgado do oceano. "Tudo bem. Conte-me mais sobre as botas de Mefistófeles e como elas indicam aristocracia segundo o diário de deduções de Thomas Cresswell."

"Aposto que algo terrível aconteceu a ele. Coitado." A sra. Harvey interrompeu o passo na frente de sua cabine. Ela olhou para o deque atrás de nós. "Srta. Wadsworth, já que sua cabine é a próxima, penso que não seria problema se Thomas acompanhá-la sozinho desta vez. A não ser que você ache impudente demais. De repente estou sentindo..."

"Uma necessidade de encontrar seu tônico para viagens?", sugeriu Thomas, tendo dificuldade para manter o riso afastado de sua voz quando ela o cutucou no peito. "Ai."

"Calado", disse ela, mas não de forma indelicada. "Não é cortês zombar dos mais velhos. Um dia você também vai precisar de um gole de um tônico para viagens para conseguir dormir."

Ignorei o tom de brincadeira entre eles e sorri para nossa acompanhante relaxada. Era totalmente impróprio que Thomas me levasse *a qualquer lugar* sem uma acompanhante, mas já havíamos nos encontrado em situações bem mais comprometedoras do que uma curta caminhada, para o horror de meu pai, se ele um dia descobrisse. "Está tudo bem, sra. Harvey. Como nossos quartos são interligados, tenho certeza de que ninguém ficará escandalizado demais. A maioria dos passageiros já se recolheu, de todo modo. Não vamos nos demorar."

"Que noite mágica estamos vivendo. E nenhum cadáver arruinou a diversão!" Ela plantou beijos em minhas bochechas e nas de Thomas, então abriu a porta. "Estou completamente exaurida."

Assim que a sra. Harvey fechou a porta, Thomas e eu caminhamos os poucos passos até um banco que ficava entre meus aposentos e os próximos. Com a sensação de que ele tinha algo a dizer, eu me sentei e dei tapinhas no lugar ao lado. Os flocos de neve haviam parado de cair, mas o ar cortante ainda se fazia presente. Sempre atento, Thomas retirou seu sobretudo e o envolveu sobre meus ombros.

"Obrigada", eu disse. "Você estava dizendo algo intrigante sobre botas, creio eu."

"As solas não tinham arranhões", retomou ele, olhando ao redor antes de se sentar e esfregar as mãos. "Antes que você possa dizer, não, não acredito que uma boa polida e uma camada de brilho trariam explicações. Elas são novas. Ou ao menos não foram muito usadas."

"Talvez ele apenas as use durante os espetáculos."

Thomas se recostou no banco, seu sorriso penosamente dúbio na escuridão. "Uma ótima teoria, Wadsworth, mas o modo como ele se movimenta e salta pelo palco... Mesmo se usasse aquelas botas em particular durante os números, elas estariam um pouco gastas. Já que nenhum arranhão pode ser encontrado, o que isso pode indicar?"

"Que ele comprou botas novas."

"Precisamente. E mesmo um apresentador bem-sucedido não gastaria tanto no couro fino de sua escolha", disse Thomas. "Ele com certeza não compraria pares tão caros toda vez. O que me leva a acreditar que ele é alguém que vem de uma família abastada e não pondera muito antes de fazer gastos frívolos. Se soubesse que precisaria substituir suas botas toda noite, *você* compraria os pares mais custosos?"

Ele estava certo. "Bem. Isto também explicaria a insistência dele em usar uma máscara e um nome artístico, não?" Estudei o rosto de Thomas, absorvendo os ângulos agudos e familiares de seu perfil. "Ainda assim, você acredita que ele é perigoso."

"Ele é reservado, manipulador, capaz de fazer coisas inofensivas parecerem sinistras, e coisas sinistras parecerem inofensivas. Duas jovens estão mortas. Com base somente nessas razões, eu não confio nele." Thomas ignorou as regras de etiqueta de nosso mundo e tomou uma de minhas mãos na dele, entrelaçando nossos dedos, sua expressão pensativa. "Ele deseja algo de você. Não tenho certeza do que é, mas tenho um palpite de que não será para nada bom. Quaisquer que sejam as motivações de Mefistófeles, são estritamente para o benefício *dele* ou do festival. E se ele machucar você..."

"Sou capaz de cuidar de mim mesma, como você bem sabe. Já me encontrei sozinha com ele e sobrevivi, não há motivo para se preocupar. Acredito que me aproximar dele poderá ser benéfico de diversas maneiras."

Thomas se levantou e caminhou perto da chaminé mais próxima à proa do navio, os ombros encolhidos por causa do vento ou pelo plano parcial que eu havia deixado escapar. Eu me levantei e o segui, desejando que pudesse devolver as palavras para dentro de minha boca. Sua respiração provocava uma fumaça que era deixada para trás, como fumantes descontraídos em uma sala de charutos, dando baforadas de um branco acinzentado que flutuavam preguiçosamente até as nuvens. Se ao menos ele estivesse tão tranquilo quanto aquela imagem. Thomas estava tão tensionado que eu temia que saltasse para o oceano a qualquer momento.

"Francamente", eu disse, observando enquanto ele andava em círculos, "você sabe que é o melhor método de distração, Thomas. Propicia a você uma excelente oportunidade para trabalhar sua magia Cresswell, e me dá tempo para me aproximar dos artistas. Não fique com inveja por não ter pensado nisto primeiro. O mau humor não lhe convém."

Ele parou de andar e me encarou como se uma segunda cabeça tivesse crescido de mim. "Adentrar a jaula de um leão pode ser a melhor forma de distração, mas não é o meio mais seguro, Wadsworth."

"A própria natureza de nosso trabalho é perigosa", argumentei. "Esta é apenas mais uma ferramenta na caçada de assassinos. Se a atenção de todos estiver focada no desenrolar do drama entre mim e Mefistófeles, não voltarão os olhos para você ou meu tio."

"Ah, é mesmo? Então ninguém prestará atenção em seu pobre e dolorosamente atraente amante abandonado enquanto você se aproxima do mestre de cerimônias?" Ele arqueou uma sobrancelha. "Talvez eu me faça de isca. Tenho certeza de que poderia utilizar meu charme para conquistar os corações de algumas das artistas."

"É este o problema? Você se sente excluído da aventura?", perguntei. "Seu trabalho é muito mais empolgante e importante do que flertar com o mestre de cerimônias. Você pode estudar arranhões em botas e calcular como eles foram parar lá e quem é o responsável. Viu só? Um trabalho muito importante."

"Então você deveria ter a honra de desempenhar meu papel", disse ele. "Sou totalmente a favor da igualdade em nossa parceria." Apertei os lábios e ele sorriu, vitorioso. "Foi bem o que pensei. Não há motivo para você se colocar em perigo. Mefistófeles é um possível assassino.

Passear no convés com ele é tão sensato quanto eu colocar minha cabeça dentro da boca do leão que mencionei. E embora isso possa ser uma grande diversão, com certeza é uma má ideia."

"Eu discordo."

"Então está dizendo que eu deveria colocar minha cabeça dentro da boca do leão?"

"Se você quisesse, eu o apoiaria mesmo sem gostar da ideia." Empinei o queixo. "*Se* Mefistófeles for o assassino, não será tolo o suficiente para me atacar, sabendo que seria o primeiro suspeito para você e meu tio. No entanto, ficar próxima dele, ganhar sua confiança, até mesmo flertar com ele vai permitir que eu me infiltre em sua trupe. Se ele confiar em mim, os outros também confiarão. Quem sabe o que poderei observar desta maneira?"

"Há muitas suposições envolvidas", devolveu Thomas, com a voz cuidadosamente controlada. "Se algo der errado, *você* também estará na linha de fogo. O risco não vale a recompensa neste caso, Wadsworth."

"Então sinto dizer que estamos em um impasse. Penso o exato oposto. Alguns riscos valem a pena, mesmo que pareçam impossíveis no início."

Thomas bufou, mas sua expressão se misturou com uma leve repulsa. "Você soa como ele agora. Na verdade, ouso dizer que gosta de ficar perto dele. Admita. É isto que..."

Estiquei o braço para ele e virei seu rosto para o meu. "Ele não vai me machucar, tampouco ficar entre nós, Cresswell. Não me importo com o tipo de truque que ele tente criar. Meu coração pertence a você, e nenhuma ilusão vai roubá-lo."

Antes que ele pudesse responder, eu me inclinei e pressionei a boca contra a dele. Thomas me puxou para perto, suas mãos deslizando em minha cintura, duas âncoras em um oceano de incertezas. Permanecemos daquela maneira, trocando beijos sob constelações cintilantes e na neve que esporadicamente caía, até que os sons de passageiros retardatários, retornando tarde da noite, nos separaram.

Com esforço, Thomas me acompanhou até a porta de meus aposentos e me deu boa-noite com um beijo casto. Mirei a lua, meus pensamentos tão dispersos quanto as estrelas. Se Thomas tivesse razão, e estava certa de que tinha, então quem era o mestre de cerimônias e de que ele estava fugindo, ou o que ele escondia?

Entrei em meu dormitório e olhei de esguelha para o relógio. A meia-noite rapidamente se aproximava. Depois de trocar minha estola de pele por um sobretudo de lã, escutei atrás da porta que interligava meus aposentos com os da sra. Harvey, aliviada ao ouvir seu ronco leve. Com sorte, ela dormiria a noite toda e não entraria em meu dormitório para ver se eu estava bem. Eu jamais conseguiria adormecer naquele momento, então me esgueirei pelo convés, na esperança de obter mais respostas com nosso suspeito.

"Aí está você, srta. Wadsworth, a curiosa. Estava me perguntando se iria se aventurar uma segunda vez. Mas está aqui para terminar nossa conversinha, ou existe algum motivo oculto para nosso encontro?"

Mefistófeles surgiu das sombras dos barcos a remo como um demônio ascendendo da neblina, com uma garrafa de vinho balançando em uma das mãos. Sua máscara refletia o luar, fazendo com que eu estremecesse. Como queria que ele arrancasse aquela coisa terrível.

"Ah. É isso." Ele contemplou descaradamente meus contornos. "Veio pegar sua alma de volta? Posso estar me sentindo generoso esta noite, mas não tanto assim. Ela é minha, e não vou dividi-la."

Revirei os olhos. "Você se tem em altíssima conta. Por que se importa tanto com o fato de eu gostar de você ou não quando há um navio inteiro repleto de passageiras que se deixam encantar por suas encenações? Não deveria estar incomodando uma delas? Elas apreciariam seu jeito inquietante de quem está sempre à espreita. Isso sem mencionar", eu o encarei, "que minha prima afirma que aquela trapezista, Cassie, a Imperatriz, está bem interessada."

Ele baixou a garrafa e se recostou contra a parede, um movimento que parecia casual e comum demais para ele, e me escrutinou. Thomas estava certo — agora que eu estava prestando atenção, ele realmente parecia ter um ar nobre. Um que não havia cultivado pela mera observação da aristocracia, mas pela prática, por viver aquilo desde seu nascimento. Havia muito além da faceta que ele deixava transparecer.

"A senhorita possui tantas amizades que não sente necessidade de fazer mais uma?", perguntou ele, por fim. "Que injúria posso ter causado para merecer comentários tão críticos? Estou apenas tentando conhecê-la. Não enxergo crime algum em tal desejo. E, ainda assim, aí está você, pronta para me condenar."

"Não pense que o número desta noite ou suas verdadeiras intenções me fugiram aos olhos." Caminhei até Mefistófeles, recostado contra a parede de barcos a remo. "Você está tentando criar uma ruptura entre mim e Thomas. Considero isso injúria o suficiente."

"E?", quis saber ele. "Ele ficou assim tão ofendido ao me ver beijar sua mão? Se foi o caso, talvez você deva encontrar outro pretendente. O ciúme é uma doença contagiosa. No máximo, concedi uma honra considerável a você ao erradicar tal emoção cancerosa. De nada."

"Algo muito mais imperdoável seria necessário para nos separar, e garanto que isso é impossível, então nem tente."

"Aí está", disse ele, gesticulando. "Se vocês são tão inseparáveis, então posso tentar ganhar seu afeto com o afinco que quiser. Que mal há nisso?"

"É impróprio e desnecessário, considerando que você e eu nem nos conhecemos, e outra mulher está apaixonada por você. Está jogando um jogo, e não farei parte dele." Tentei me controlar para não falar alto, mas minha voz se ergueu mesmo assim. Precisei de um instante para me recompor. "E é descortês. Se realmente quer ser meu amigo, esse com certeza não é o jeito de atingir o objetivo."

"Sou um artista. Não sou cortês. Tampouco decente." Ele ergueu um ombro como se estivesse apenas fazendo um comentário sobre algo tão insignificante como o clima. "Se espera que eu seja uma dessas duas coisas, ficará desapontada."

Eu o encarei com irritação. "Então posso saber por que desejou me encontrar novamente?"

Ele teve a *audácia* de sorrir. "Com base em sua experiência com a medicina forense, tenho uma proposta reformulada para você. E não é do tipo que envolva casamento... Ah, por favor, não pareça tão triste." Eu me limitei a rilhar os dentes, e ele ergueu as mãos para aplacar a conversa. "Estou apenas brincando, srta. Wadsworth. Necessito de sua ajuda com meu espetáculo."

Ele fez uma pausa para ver se eu tinha algum contraponto até o momento, e não era o caso.

"Vi seu rosto quando sua prima subiu ao palco naquela primeira noite. Você não aprova o festival ou o papel dela nisso tudo, não é?"

Aquilo não era verdade. "Isto não é de sua conta."

"Será que não é mesmo?" Ele sorriu mais uma vez, e pensei em todas as maneiras com as quais eu poderia arrancar o sorriso de seu rosto. "E se eu lhe dissesse que poderia auxiliá-la? Você deseja libertar sua prima do festival e de Houdini. Sei de um segredo que poderia ajudá-la nesta causa. Apenas se fizer o mesmo por mim. Nós temos um trato? Minha assistência pelo preço da sua?"

Eu estava desesperadamente curiosa para saber o segredo que ele escondia, mas havia aprendido o preço da curiosidade. Contudo, Mefistófeles deve ter visto alguma coisa em minha expressão que lhe deu esperança.

"Há uma condição. Você não pode dizer *uma palavra sequer* sobre nosso trato. Nem mesmo ao sr. Cresswell ou sua prima, ou qualquer outra pessoa a bordo deste navio. Se eles descobrirem... bem, eu serei forçado a mostrar minhas cartas e contar *seu* segredo."

"Que segredo?", respondi, irritada. "Não fiz nada com que devesse me preocupar."

"Tem certeza disso?", perguntou ele, todo cheio de inocência e falsidade de uma só vez. "Duvido que Liza fosse voltar para casa se descobrisse que você é a culpada por seu inevitável coração partido."

"Ainda nem concordei com o trato e você já está me chantageando?"

Ele deu de ombros novamente. "Você não negou de imediato, negou?"

Eu o fitei, refletindo sobre a proposta e desesperadamente tentando controlar minhas emoções. Minha inclinação inicial *era* dizer não, estapeá-lo com uma luva e me afastar. Ir embora às pressas na direção oposta e não pousar meus olhos nele novamente até chegarmos à América.

Aquela teria sido a escolha sensata.

A mais segura.

Também era a escolha egoísta e que em nada ajudaria Liza ou a mim. Eu havia sido criada para usar a passividade como uma rede de proteção, mas ela não me era útil ao explorar águas desconhecidas.

Mefistófeles se aproximou, um lobo farejando sua presa. Pude ver minha figura distorcida refletida no filigrana de sua máscara e estremeci.

"Vou lhe dar aquilo que mais deseja, srta. Wadsworth. Sua prima livre da ruína e do escândalo, tudo isso sem que você tenha que desempenhar o papel de vilã. E terei o que mais desejo em troca de seu auxílio."

"O que é que você mais deseja? Não pode ser apenas minha ajuda com o festival."

"Sua prima, se os rumores estiverem corretos, não está mais apta a me auxiliar. Preciso de outra bela moça para encantar a plateia. É só isso."

"Não posso me apresentar toda noite. É um absurdo acreditar que meu tio estaria de acordo, ainda mais depois de ter proibido Liza de fazer a mesma coisa."

"Não preciso de sua ajuda todas as noites. Apenas para um número em particular." Ele cravou os olhos em mim. "Você quer afastar sua prima de Houdini ou não?"

Minhas palmas coçaram. Eu não queria pensar na reputação manchada de Liza caso seu romance com Houdini terminasse ou se tornasse amplamente conhecido.

"Liza será ridicularizada, alvo de zombarias e desprezo", insistiu Mefistófeles, sabendo que havia encontrado o fio certo para puxar, o fio que desemaranharia minha determinação. "A família dela será arruinada. Ela nunca mais será anfitriã de festas de chá, nem cortejada por um belo cavalheiro, nem convidada para bailes luxuosos." Ele deu mais um passo adiante. "Ela adora essas coisas, não é verdade? Você conseguirá permanecer apenas assistindo enquanto ela incendeia a própria vida por um homem que certamente desaparecerá assim que a fumaça se dissipar?"

Uma nuvem flutuou e cobriu a lua, escurecendo os céus por um instante. Era meia-noite, e eu já tinha sido avisada sobre aquele tipo de barganha.

Ele se aproximou, seu olhar cravado no meu. "Nós temos um acordo?"

Artistas circenses do final do século XIX.

12. UM ACORDO COM O DIABO

Proa
RMS *Etruria*
3 de janeiro de 1889

eu dedo enluvado pairou sobre minha bochecha, nunca a tocando diretamente, mas intensificando minha pulsação mesmo assim. Eu realmente queria que Liza voltasse para casa. Queria que ela fosse feliz e livre de julgamento. Contudo, eu sabia que estava navegando em águas traiçoeiras. Só porque enxergava a devastação que resultaria de tal escolha não me dava o direito de escolher *por* ela.

O amor era uma coisa delicada e complexa — uma zona moral cinzenta. Coisas grandiosas e terríveis eram frequentemente feitas em seu nome. Mas poderia algo ser realmente feito por amor se possuía o potencial de ferir o coração de alguém? Eu estava hesitante.

"Parece um acordo justo, não?", pressionou ele. "Tudo que tem que fazer é participar do ato final, sem contar a uma alma sequer o que está fazendo, e tudo que deseja será seu. Até vou lhe dar aquelas aulas de ilusionismo que havia prometido. Já que você se tornou uma espécie de celebridade na sociedade londrina, sua presença trará credibilidade a meu trabalho científico; minha ajuda salvará sua prima. O que você tem a perder?"

As palavras de seu discurso de abertura imediatamente me ocorreram. *O que vocês vão perder antes que a semana termine? O coração? A cabeça? Talvez percam a vida, a própria alma.* As sombras a nossa volta se aproximaram. Aquela barganha parecia simples demais, fácil demais, para que eu concordasse com ela. O que significava que havia algum benefício oculto para Mefistófeles e algum prejuízo para mim. Examinei sua expressão cuidadosamente composta.

"Eu..."

"Sim?" De algum modo, ele conseguira se mover de novo sem que eu percebesse. Seu cheiro era cálido e fragrante como um incenso. Notas de gengibre e algo cítrico misturadas com baunilha e lavanda nos envolveram. Resisti ao impulso de respirar fundo. Seu olhar viajou por meus contornos, me observando abertamente.

"Tudo que tenho que fazer é subir ao palco durante o ato final?"

"Mais ou menos." Ele sorriu. "Ainda estou elaborando os detalhes."

Liza tecnicamente iria apenas descobrir a verdade, então tomaria uma decisão com base nos fatos apresentados a ela. Nada estaria escondido. Se ela ainda escolhesse continuar no festival e com Houdini, então eu não interferiria novamente, embora tivesse certeza de que meu tio teria muito a dizer. Minhas palmas formigaram. Era apenas uma troca de informação. Eu não a estava forçando ou tomando uma decisão por ela. Tudo que eu tinha que fazer era subir ao palco para aquele tolo ato final. Não parecia uma tarefa penosa. Ainda assim..."

"Temos um trato, srta. Wadsworth?"

A indecisão chegou ao fim. Eu não podia me acomodar na sensação de segurança, não quando o risco para minha prima era tão grande. Aquela obrigação moral era o suficiente. "Se eu aceitar sua oferta... vou precisar de mais detalhes do que Harry Houdini está escondendo. Sem mentiras."

Mefistófeles esticou o dedo mindinho em juramento. "Sem mentiras."

Mordi o lábio, desejando que a curiosidade não estivesse me dominando por inteiro. "Então aceito sua barganha."

Um dos lados da boca de Mefistófeles se ergueu, e meu coração bateu depressa em protesto. Seu olhar não prometia que não haveria arrependimentos. Muito pelo contrário. Mas o aviso era tardio demais, de todo modo. Eu já havia feito um acordo com o Diabo e iria até o fim.

"Que informação você possui sobre Houdini?"

"Há uma mulher na América para quem ele escreve. Frequentemente." Ele balançou a cabeça. "Não preciso ser um inspetor de polícia para saber o quanto ele a ama. Todo vilarejo ou cidade por onde passamos, ele manda uma nova carta." A expressão de Mefistófeles se transformou de presunçosa para penalizada. "Mesmo depois que ele conheceu Liza, as cartas nunca pararam de ser enviadas. Sinto dizer que, bem, para ser honesto, *sei* que ele não mencionou este assunto para ela."

O crápula! Apaixonado por outra mulher, endereçando cartas para ela de cada aventura — e tudo isso por trás das costas de minha querida prima. Fechei os olhos, na esperança de amainar a raiva. Fingir que eu não fazia ideia do tratante mentiroso que ele era seria difícil, ainda mais quando ansiava por eviscerá-lo.

"Por que se importa com a reputação de Liza?" Inspecionei o rosto do mestre de cerimônias, buscando qualquer indício de sua verdadeira motivação. Como quase tudo nele, a expressão estava cuidadosamente controlada, não me oferecendo nada além de um leve esgar. Um esgar com a medida certa de inocência para fazer com que o problema parecesse valer o risco. "O que isso importa para você?"

"Não importa. Apenas preciso promover meu espetáculo, e uma vez que os passageiros estão cientes de seu histórico forense, você, minha cara, vai entrar no jogo e dizer que meus truques são realmente mágicos. Se você, uma perita em seu ramo, está convencida, então minha reputação melhorará. E preciso disso desesperadamente, uma vez que corpos ficam aparecendo durante ou depois de meus números. Esta informação é somente uma ficha de barganha, uma que eu não usaria se não precisasse." Um sorriso se espalhou devagar por seu rosto. "Não aparente estar tão abalada. Eu já disse a você que não sou um homem decente."

Suspirei. Não, ele não era. "Você percebe quão impossível será convencer os passageiros de que mágica existe, não percebe?"

Mefistófeles ergueu a mão. "Não acredito que seu trabalho será tão dificultoso assim, srta. Wadsworth. Sua adorável presença na hora certa no ato final é tudo de que preciso."

Refleti por um instante. "Está pedindo para que eu seja um de seus artistas?"

"Apenas por uma noite. Mas a senhorita terá que treinar com os outros todas as noites para entrar no ritmo."

"Fantástico." Esfreguei minhas têmporas. "Está me forçando a aprender com os criminosos que contratou."

"Artistas", corrigiu ele.

E, era bem possível, ao menos um assassino. "Bem, eles não foram muito receptivos quando compareci ao treino desta manhã. Não tenho certeza se vão me ajudar com sua barganha."

Ele deu um passo para a frente, e seu sorriso perigoso retornou. "É por isso que eu mesmo lhe darei aulas na frente deles. Deixarei que vejam como você é minha predileta... Então farão de tudo para ganhar sua atenção."

"Mas vão acreditar que há algo mais inapropriado acontecendo entre nós." Outra constatação me ocorreu quando ele aquiesceu. "Na verdade, você está torcendo para que isso aconteça."

"De fato, minha pupila já está pegando o jeito." Ele abriu um largo sorriso. "Então agora você entende por que o... sr. Cresswell, não é? Ele não pode saber sobre nossa barganha. Precisamos que isso pareça autêntico. Deixe-os pensar que estou realmente cortejando você e conquistando sua mão. Ficarão muito mais propensos a deixar que você faça parte da trupe. E preciso que tudo corra tranquilamente no ato final, sobretudo depois dos assassinatos. Os investidores ficam inseguros de associar seus nomes e dinheiro a tais coisas."

Thomas confiava completamente em mim; no entanto, eu sabia que ele ficaria *um pouco* desconfortável com aquele acordo, ainda mais depois de nossa conversa anterior. Hesitei. "Thomas é excelente ao guardar segredos. Além disso, talvez você queira que ele também participe do ato final. Ele é muito talentoso..."

"A reação dele diante de nosso suposto envolvimento precisa ser genuína, srta. Wadsworth. Se ele falhar em sua atuação, os outros saberão que não há nada entre nós. Eles nunca se dirigirão a você ou desejarão conhecê-la se detectarem um *sinal* sequer de desonestidade. Preciso que todos estejam de acordo com a missão de trabalhar para garantir o sucesso deste festival. Nada ficará em meu caminho, muito menos um pretendente sensível. Trabalhei com muito afinco e sacrifiquei muito nesta empreitada. Não falharei agora."

Dei um passo na direção da balaustrada, permitindo que a brisa gelada organizasse meus pensamentos. Thomas talvez não ficasse contente, mas aquele estratagema duraria apenas quatro dias. Naquele meio-tempo eu poderia proteger Liza das mentiras de Houdini, aprender ilusionismo como eu queria e aplicá-lo a meus estudos forenses, além de poder conviver com a trupe misteriosa do festival.

A mesma trupe que poderia estar abrigando um assassino. Nosso trato podia ter prejuízos, mas também alguns benefícios. Eu precisava ter contato com os artistas para solucionar o caso, e devido à postura distante deles em relação a mim, aquela era uma oportunidade que não poderia recusar.

Mefistófeles foi até onde eu estava, seu braço quase roçando no meu quando ele se inclinou pela balaustrada para observar o luar oscilante sobre as águas. Aquela era uma transação comercial e nada mais. Quaisquer avisos de perder minha cabeça ou coração voaram para longe na rajada de vento seguinte.

"Muito bem." Estendi a mão, apreciando quando ele devolveu o gesto e a apertou. "Vamos jogar seu jogo de faz de conta, mas necessito de provas para Liza sobre Houdini. Penso que a notícia deve vir de mim. Quando e onde eu escolher."

Ele relanceou para nossas mãos, quase parecendo surpreso ao constatar que ainda estavam entrelaçadas, e abruptamente me soltou. "Alguma outra exigência?"

"Você não pode me beijar. Não importa o que aconteça. Este é um papel que não desejo desempenhar."

"Interessante." Seus lábios se curvaram para cima. "Muito bem. Desde que a senhorita não deseje que eu o faça, tem minha palavra."

Mantive a atenção em seus olhos, me recusando a olhar para baixo, para que ele não tivesse pensamentos sórdidos. "Bom. Então estamos combinados." Enrolei o manto em meu corpo e perscrutei o deque vazio. "Vou encontrá-lo depois do desjejum para... O quê? Por que está balançando a cabeça?"

"Nós temos quatro dias até o ato final, srta. Wadsworth." Ele estendeu o braço. "Sua primeira aula começa esta noite."

Quando Mefistófeles adentrou a arena de treino, com altivez em seu andar e um sorriso enviesado, o tagarelar se reduziu, depois prontamente cessou. Os atiradores de facas interromperam seus arremessos ao alvo; trapezistas sentaram-se em seus balanços; toda a atenção foi reservada ao mestre de cerimônias. E a mim. Na verdade, os olhares deles estavam cravados em minha mão em seu braço. A mão que movi um pouco mais para cima com sua insistência cochichada. Eu não havia esquecido o que Liza dissera sobre ele nunca comparecer aos treinos. Era mais uma cartada proposital da parte de Mefistófeles, uma que continha o maior impacto.

"Viu só?" Ele se inclinou para mim, e a calidez da respiração tocou meu pescoço. "Veja o modo como estão avaliando você, se perguntando como se tornou minha predileta e como podem tomar isso de você. Uma ameaça, minha cara. É isso que você é. Bem como uma recompensa." Como se tivesse acabado de perceber o silêncio na arena, ele afastou o olhar de mim. Eu já sabia que era apenas outro número, mas ele fazia a situação parecer autêntica. "Se quiserem a chance de se apresentar esta semana, sugiro que continuem o treino."

Todos começaram a correr para retomar os exercícios, bem, todos com exceção de Cassie, a trapezista; a Imperatriz. Ela permaneceu sentada lá no alto, observando por detrás de sua máscara à medida que Mefistófeles me guiava até uma mesa e puxava a cadeira para mim. Depois que arrumei minha saia, ele arrastou outra cadeira até que nossas pernas quase se tocaram. Bati os cílios, mas baixei o tom de voz. "Tenha cuidado, senhor. Odiaria chutá-lo por acidente."

"Você me pediu para que não a beijasse, srta. Wadsworth", disse ele, o sorriso se alargando, "mas não comentou nada sobre tocá-la em suas condições. Mais sorte na próxima vez. Pronto, então. Vamos recapitular os pontos básicos." Ele puxou um baralho de cartas do terno e o colocou em minha palma, suas mãos se demorando. "Primeiro, você deve segurar as cartas da maneira correta para poder cortá-las com uma só mão."

Ele as arrumou até que coubessem longitudinalmente na palma de minha mão.

"É assim que crupiês seguram as cartas. Para nossos planos, a senhorita começará assim e as moverá até as pontas dos dedos." Ele movimentou as cartas de minha palma até as pontas de meus dedos, mantendo-as na mesma posição. Com uma eficiência clínica, Mefistófeles deslizou meu mindinho até a base do baralho, mantendo-o firme em meu aperto. "Bom. Isso permite que tenha espaço suficiente para cortar o baralho entre seus dedos e palma, sem contar que agora você tem mais domínio sobre ele."

Movimentei o baralho, tentando pegar o jeito. "Como corto o baralho com apenas uma das mãos? Parece que vou derrubar algumas cartas se me mexer."

"Ah, uma excelente observação." Mefistófeles gentilmente deu um tapinha em meu dedo indicador, então no mindinho. "Estes dois dedos segurarão as cartas no lugar. Leva um tempo até se acostumar, mas assim que praticar o bastante, descobrirá que seu polegar ficará livre para virar as cartas, e seu anelar e dedo do meio auxiliarão ao cortar o baralho pela metade e girá-lo. Aqui, permita-me."

Esquecendo-me dos olhares incisivos que ainda nos atravessavam, eu me aproximei. Ele pressionou a metade superior do baralho com o polegar, fazendo com que se abrisse no meio, como uma boca bocejando. Em seguida, seu indicador se afastou da metade superior conforme a inferior se inclinava em um ângulo de noventa graus, formando um L com as cartas. Tanto seu dedo do meio quanto seu anelar soltavam o baralho de cima enquanto o indicador empurrava a metade de baixo para a frente, finalizando o embaralhamento. Meus olhos ficaram vesgos.

"A técnica é bastante complicada", eu disse, observando conforme ele repetia os passos com mais rapidez. "Você faz parecer tão simples."

"Uma vez que se familiarizar com os movimentos, é tudo questão de reflexo." Ele me entregou as cartas. "Você nem terá que pensar sobre o que está fazendo. Acontecerá naturalmente."

Não era muito diferente de algumas práticas forenses que se tornavam memória corporal. Examinei as cartas em minhas mãos e lentamente, dolorosamente, fiz os movimentos. Eu havia chegado à parte em que cortava o baralho ao meio, e me permiti uma exclamação pela conquista, quando as cartas fugiram de meu alcance e se espalharam pela mesa e pelo chão. Xinguei, um de meus insultos mais elaborados, e o mestre de cerimônias jogou a cabeça para trás e riu.

Eu o encarei. "Fico feliz que meu sofrimento seja uma experiência tão divertida para você."

Ainda rindo, ele pegou as cartas de volta e as entregou para mim. "Você está levando isto a sério demais. É apenas mágica, srta. Wadsworth. É para ser divertido."

Tentei mais algumas vezes, chegando aos mesmos resultados terríveis. As cartas escapavam de meu aperto enluvado, eu xingava de formas horrendas, e Mefistófeles praticamente gargalhava de deleite. Eu o detestava.

Bem quando pensei que poderia caminhar a passos pesados até Jian Yu e furtar uma de suas adagas para fatiar as cartas, uma voz carregada por um sotaque calmamente perguntou: "Posso lhe mostrar outro truque?".

Eu me virei em meu assento, observando o artista audaz o suficiente para nos interromper, e o reconheci das apresentações de Liza. Andreas, cuja carta de tarô correspondente era o Louco. Seu cabelo e pele eram quase do mesmo tom pálido — um loiro próximo do branco. Constelações pontilhavam seu paletó de veludo, mais uma ode não tão sutil ao Festival Enluarado.

Mefistófeles ergueu uma sobrancelha. "Andreas. Esta é a srta. Wadsworth, minha mais nova pupila. Estamos descobrindo de que maneira os talentos dela podem ser aplicados no ato final. Srta. Wadsworth, esta criatura intrometida é Andreas." Disfarcei minha surpresa quando o mestre de cerimônias se afastou da mesa e ofereceu seu assento. Com um olhar demorado em minha direção, que poderia ter chamuscado alguém com sua intensidade, ele fez uma mesura. "Com licença. Vou buscar champanhe para nós."

Lembrando-me do papel que precisava desempenhar, mordi o lábio e o observei fazer seu percurso pelos artistas. Torci para que minha expressão parecesse de desejo e não constipação. Quando já havia percorrido metade da grande câmara, Mefistófeles fez uma pausa, como se tivesse se esquecido de algo. Ele girou devagar em um dos calcanhares, detendo-se ao ficar de frente para mim. Sorrindo, ele soprou um beijo, então continuou a andar.

Daquela vez, o rubor em meu rosto não era fingimento.

Andreas pigarreou, desconfortável. Eu me sentia da mesma maneira. Deixei o constrangimento de lado e prestei atenção no rapaz diante de mim. Era hora de começar a trabalhar em minha parte da barganha.

"Que mágica o senhor tem para me mostrar?", perguntei, tentando soar o mais interessada possível. "Mais truques com cartas?"

Um sorriso fez seus lábios se contorcerem. Ao contrário de Mefistófeles, não havia perigo ou intensidade por detrás do gesto. Na verdade, ele parecia ser um tanto tímido. Minha mente se agitou com desconfiança.

"Foi o primeiro truque que realizei corretamente e não é difícil de aprender." Ele segurou uma carta com uma das mãos, uma Rainha de Copas. Com a mão livre, Andreas girou a carta, e bem diante de meus olhos passei a ver um Rei de Espadas. Pisquei. "É chamado de troca relâmpago. Mefistófeles diz 'engane os olhos, convença a mente'. Você precisa de duas cartas, e as segura uma sobre a outra."

Quase grunhi. "Sempre que um de vocês alegar que algo é fácil, saberei que é mentira. Como diabos isso é simples?"

O sorriso dele se alargou, revelando uma covinha. "Minha Liesel dizia algo bem similar. Ela odiava truques com cartas, mas adorava este." Ele repetiu o gesto e ainda assim não consegui identificar o truque. "Coloque as duas cartas uma sobre a outra. Então tudo que precisa utilizar são polegar, indicador e dedo do meio. O dedo do meio empurra a carta de cima para baixo, revelando a carta inferior. O movimento é a distração. Existe algo em relação a uma distração audível que dispersa a atenção para o momento crucial."

Ele repetiu o gesto mais algumas vezes, movimentando-se devagar o suficiente para que eu pudesse acompanhar a técnica. Basicamente, a carta de cima deslizava para baixo da outra e ficava entre o polegar e o dedo do meio, escondida de vista pela segunda carta. Não havia nada de simples em relação ao truque, mas era mais fácil de tentar — mais como uma troca rápida. Andreas me entregou as cartas, observando enquanto eu me atrapalhava. Eu não sabia como dominar um truque com cartas daria autenticidade ao Festival Enluarado, mas era divertido, e como minha verdadeira meta de aprender mais sobre os artistas estava sendo realizada, continuei treinando.

"O que Liesel faz para o festival?", perguntei, minha atenção voltando-se para ele. "Foi assim que vocês se conheceram?"

Ele embaralhou as cartas, retirou mais duas e continuou a fazer uma demonstração do truque enquanto eu o imitava. "Não, ela não trabalhava para o circo. Mefistófeles havia me enviado para um vilarejo na Alemanha por um dia para buscar rosas. Bastou um olhar na direção dela e eu soube que estava perdido para sempre. Na verdade, ela que me presenteou com o espelho que uso para minhas adivinhações."

"Vocês são casados?"

Uma tristeza recaiu em seus ombros, puxando-os para baixo. "Noivos. Nós éramos noivos. Minha Liesel... Ela faleceu."

Meus pensamentos voaram para Thomas. Não conseguia imaginar seguir em frente sem ele, e enxerguei um tipo diferente de força em Andreas quando o encarei novamente. "Eu... Eu sinto muito." Quis perguntar o que havia acontecido, mas não tive coragem.

Distraído, Andreas girava as cartas, uma sobre a outra em uma rápida sucessão. "Jian me diz que fica mais fácil, mas não tenho certeza se esse tipo de perda algum dia desaparece por completo."

Baixei as cartas. "Jian também perdeu alguém que ama?"

Andreas olhou sem piscar para o amigo, que treinava seus truques com a espada. "A família inteira. Foram assassinados. As espadas?" Ele meneou com a cabeça quando Jian ergueu uma e atravessou uma pilha de lenha com ela. "Creio que imagine que as está utilizando nos homens que os mataram."

"Como... Você sabe os detalhes?"

O olhar de Andreas dardejou pela arena. "Apenas sei que soldados invadiram seu vilarejo quando ele estava longe. Mataram todos e queimaram as casas. Quando ele voltou, se deparou com corpos carbonizados e cinzas fumegantes. Há rumores de que os caçou e cortou suas gargantas enquanto acampavam, mas não acho que seja verdade. Ele começou a treinar com lâminas depois das mortes; não queria ser incapaz de defender alguém novamente."

"Minha nossa", eu disse, sentindo como se tivesse recebido um chute no estômago. "Isso é terrível. Como...?"

"...de repente ficou tão tarde?" Mefistófeles apareceu em meu campo de visão, segurando um relógio de bolso e erguendo-o até a altura de seu rosto mascarado. "Acredito que seja hora de dizermos boa-noite. A senhorita tem uma aula amanhã cedo e precisa de seu sono de beleza."

Eu estava entristecida demais pela história de Jian para me incomodar com a alfinetada. Lancei um último olhar para Jian antes de me levantar. Estava quase de saída quando Andreas deu um pulo. "Não esqueça suas cartas, senhorita. Precisará praticar com a maior frequência possível. Todos precisamos."

Sorri e aceitei as cartas de baralho. Mefistófeles nos exibiu diante de todos os artistas, sua mão nunca deixando a curva de minhas costas. Assim que alcançamos o corredor escuro, ele parou e retirou uma carta de seu paletó. "Aqui. Houdini tinha começado a escrever esta carta antes do falso acidente."

"Acidente? O que quer dizer..." Abri a carta, com as sobrancelhas erguidas. "A maior parte está coberta de tinta!"

"Eu sei." Ele sorriu. "Deveria ter visto como ele reclamou de quão desastrado eu era por ter esbarrado nele. Ele teria me eviscerado ali mesmo se pudesse." O mestre de cerimônias se curvou por cima de meu ombro, um dos dedos traçando a frase de abertura. "'Para minha querida'..."

Eu o enxotei. "Sei ler, obrigada." Examinei o restante da carta manchada de tinta, sentindo um nó no estômago.

Era como Mefistófeles dissera: Houdini amava outra pessoa. Ansiei por amassar o papel, mas, em vez disso, o guardei em meu espartilho. Na superfície, minha barganha pareceu favorecer muito mais o mestre de cerimônias, mas de repente me senti bem melhor com o fato de manter Liza protegida de Harry Houdini e suas mentiras.

Para minha q

Mal posso espe   par

Enviarei uma quantia de dinh   sim qu

nunca vi uma visão como

Estou com pressa, mas escreverei

Com amor de seu sempr
Harry

Acrobatas.

13. ÁS DE PAUS

Arena de treino do Festival Enluarado
RMS *Etruria*
4 de janeiro de 1889

"ssim?", perguntei, passando as pernas sobre a barra. Mesmo com a rede de proteção embaixo, eu não sentia um pingo de alívio. E não achava que meu traje — um corpete sem barbatanas de um azul-geada e grossas meias brancas — podia levar toda a culpa. Embora estivesse levemente preocupada que o peso adicional do excesso de contas e miçangas pudesse garantir minha morte caso eu caísse.

Cassie bufou, mas não fez piada. "Você vai apenas se balançar para a frente e para trás. Com as pernas enroscadas na barra, conseguirá se segurar com firmeza o suficiente para não cair." Ela segurou a barra no lugar, os olhos castanhos presos aos meus, não em desafio, mas com curiosidade. "Não se preocupe, este não será seu papel no ato final. É só por diversão."

Eu realmente questionava o significado de diversão para eles. Oscilar em uma barra minúscula a mais de seis metros de altura parecia a morte garantida. Como ela conseguia realizar aquilo em trajes ornamentados com contas e longos bordados era milagre, mágica, ou ambos.

Sebastián se balançou até nós, vindo de seu lado da arena de treino, com as pernas enroscadas na barra, os braços esticados e um sorriso largo no rosto. Como se já não fosse talentoso o bastante com suas contorções, agora ele as fazia no ar. "É fácil, viu só? Tudo que precisa fazer é se soltar."

"Vocês são todos loucos", murmurei em voz baixa. "Totalmente loucos."

"O normal é superestimado." Cassie me deu um empurrãozinho na direção da barra. "O extraordinário é inesquecível." Segurei a barra, mas a Imperatriz rapidamente me parou. Ela espalhou em minhas mãos uma substância branca e estranha que parecia ao mesmo tempo grudenta e calcária. "Resina. Para ajudar você a se segurar."

"Achei que fosse apenas usar minhas pernas para isso."

"Bem, sim", Cassie me girou, posicionando minhas mãos na barra, "você precisa segurar e depois passar as pernas por cima, certo?"

Eu preferiria me exibir nua pela proa e cantar uma canção indecente.

"Está tudo bem aí em cima?", gritou Mefistófeles, colocando as mãos ao redor da boca. "O treino está quase terminando. Os passageiros em breve se dirigirão para o desjejum, e precisamos entregar a srta. Wadsworth de volta a seus aposentos antes que sua ausência seja notada."

Dardejei um olhar zangado para o mestre de cerimônias, que provavelmente não viu nada, uma vez que eu me encontrava mais no alto do que um prédio. "Estorvo. Gostaria de vê-lo se balançando no trapézio."

Cassie riu. "Não o desafie. Ele vai fazê-lo, e se quebrar o pescoço, estaremos todos desempregados. E eu preciso do dinheiro."

Segurei na barra, ignorando a umidade que parecia vazar do pó de resina. "Você o está guardando para alguma coisa?"

Ela endireitou meu aperto e fez uma demonstração de como eu deveria trazer as pernas para cima e passá-las sobre a barra, ignorando minha pergunta. Meu estômago se revirou. "Não... Eu..." Ela expirou pesadamente. "Fiz escolhas insensatas e talvez esteja devendo uma pequena quantia de dinheiro para algumas pessoas."

Enrosquei uma perna sobre a barra. "Pessoas que também trabalhavam para o festival?"

Cassie gesticulou em incentivo para que eu repetisse o movimento com a outra perna. Hesitei, mas apenas por um instante, na esperança de que ela continuasse falando. Aquilo era exatamente o que eu precisava: informações que podiam ser motivo para um assassinato. Ela me ajudou a erguer a perna por cima da barra e certificou-se de que estava firmemente apoiada na parte de trás de meus joelhos. Embora me sentisse segura com a pegada, estar dependurada de cabeça para baixo apenas fazia com que eu ficasse inquieta. O chão estava muito, muito longe.

"Não", disse ela, por fim. "As pessoas para quem devo não trabalham para o festival."

Antes que eu pudesse fazer mais perguntas, ela desamarrou o trapézio dos dois mastros aos quais estava atado e me deu um leve empurrão. Não fui capaz de refrear o grito que escapou de meus lábios quando voei pela arena. Fechei os olhos, temendo ficar enjoada ou entrar em pânico e fazer algo imprudente que me fizesse cair em direção à morte.

"Abra os olhos!", gritou Mefistófeles. "Aproveite a vista! Ora, vamos. Não a tinha como uma covarde."

O crápula cacarejava como uma galinha. Abri uma fresta, cores e luzes passaram em um borrão, e vi minha vida voando para longe. Eu me balancei para um lado, então para o outro, e cada oscilação pareceu, ao mesmo tempo, durar por uma eternidade e acontecer rápido demais para que eu fincasse na memória.

"Veja só", bradou ele. "Você está voando!"

Meu coração pulsou com força e minha respiração saiu em arquejos, embora o medo estivesse se esvaindo para dar lugar à empolgação. Abri os braços devagar. Naquele momento entendi o fascínio pelo festival — o puxão magnético de fugir das restrições e apenas se libertar. Permitir que eu fosse completamente livre para voar.

Apesar do treino matutino no trapézio, o trato à meia-noite que eu havia feito com Mefistófeles me dava a sensação de que tinha, de fato, vendido minha alma para o Diabo. Eu não tinha direito algum de me intrometer nos assuntos de Liza, mas como poderia ficar de braços cruzados e permanecer parada enquanto Houdini destruía sua vida por um capricho romântico? A carta dele claramente indicava seu amor e admiração por uma mulher que não era minha prima. Ainda assim, me imaginar entregando a evidência e vendo seu coração se partir parecia igualmente terrível.

Caminhei de um lado ao outro no pequeno tapete de nossa cabine, apreensiva com os números do festival que aconteceriam na próxima hora. Eu não era melhor que aqueles que se apresentavam no palco — fingindo ser uma boa prima quando, na verdade, era uma mentirosa desprezível. Liza estava contente com sua escolha, mas apenas porque não sabia de toda a verdade. De algum modo, a intervenção de Mefistófeles parecia um gesto mais amável do que partir seu coração sem rodeios.

A verdade era uma lâmina com a qual não desejava apunhalá-la. Talvez ele devesse entregar a carta a ela. Parecia o tipo de coisa doentia que o mestre de cerimônias gostaria de fazer.

"Audrey Rose?" Liza surgiu na porta que interligava os aposentos. Estava resplandecente em um vestido de noite de um tom framboesa que possuía camadas de renda preta sobre a saia — ninguém a reconheceria vestida em toda sua elegância e sem uma daquelas máscaras ornamentadas. Eu estava grata pelo festival exigir aqueles trajes; ajudariam a manter a identidade de minha prima em segredo e facilitariam seu retorno para a Inglaterra sem que a sociedade suspeitasse de nada. Mefistófeles realmente pensara em tudo ao abandonar seu nome de família, qual fosse ele.

"Você está deslumbrante, prima."

"É um pouco estranho", comentou ela, virando o rosto de um lado para o outro diante do espelho e fazendo biquinho. "Não assisto a um espetáculo desde Londres. Mas será divertido fazer parte da plateia ao menos uma vez. Uma noite inteira livre da maquiagem do figurino será um deleite. Ela parece gesso, e resseca minha pele da maneira mais terrível!" Liza parou de arrumar o penteado e olhou para mim pelo espelho. "Está tudo bem? Você parece ansiosa. Ainda nem está vestida... Não vai assistir ao espetáculo?"

Desabei na cama, sentindo o peso dos segredos me afundar. "Não sei ainda. Acordei cedo e não dormi muito bem. Talvez eu não compareça esta noite."

Liza baixou as mãos e se aproximou de mim. "Não pode perder essa apresentação de jeito nenhum! O número da Ás de Paus será realmente memorável. Já a vi treinar e ainda não posso acreditar em sua coragem, engolindo fogo. Você iria gostar de conversar com ela também. Ela está sempre estudando novos periódicos sobre engenharia e ciência. Muitos dos artistas desenham ideias e as entregam para que Mefistófeles as crie."

"Ele desenvolve os adereços sozinho?"

"Ah, sim", assentiu Liza. "Ele constrói todos. Nenhum sonho é um exagero ou inatingível. Sempre que estamos treinando, ele se recolhe para criar o que precisamos. Mefistófeles não costuma permitir que entrem em sua cabine. Diz que isso o distrai, mas acredito que é porque não quer correr o risco de ver alguém roubando suas ideias inovadoras. Está sempre escondendo o jogo."

"Então ninguém nunca entra em seus aposentos privativos?", tentei soar o mais casual possível.

"Tenho certeza de que as mulheres com quem ele se deita são convidadas."

"Liza!" Meu rosto esquentou, mas meu sangue ficou gelado. Era um ângulo crasso que eu não havia considerado. Talvez uma amante traída *tivesse* cometido os assassinatos. Quem sabe quisesse destruir o festival assim como ele havia destruído seu coração. Eu nunca o tinha visto sem máscara, mas o contorno acentuado da mandíbula e os lábios cheios indicavam que ele era atraente. "Mefistófeles leva muitas mulheres aos aposentos dele?"

"Por que esse interesse todo no mestre de cerimônias?" Interpretando erroneamente o motivo de minha curiosidade, ela estreitou os olhos. "Você possui algo grandioso e insubstituível com o sr. Cresswell. Mefistófeles é um grande apresentador, e só. Ele não passa disso. Aconselho você a ter isso em mente. Ele é tão convidativo quanto a chama de uma vela. Possui uma atmosfera agradável, proporciona uma sensação de conforto, mas caso se aproxime demais, vai se queimar."

"Você se tornou uma poeta e tanto", eu disse em tom leve. Quis perguntar se Liza tinha aqueles mesmos receios e preocupações em relação a Houdini. Em vez disso, fiz um gesto vago na direção do baú. "O que devo usar?"

Minha prima deu um pulo, batendo palmas. "Algo de tirar o fôlego." Cuidadosamente buscando entre meus vestidos, ela ergueu um deles como se segurasse um prêmio. Com um tom sálvia, rosas cor-de-rosa e laços que haviam sido costurados em um ombro e caíam em cascata do quadril direito para o chão, era muito impressionante. "É este. Ficará mais deslumbrante do que os artistas neste vestido."

Naquela noite, o salão de jantar havia sido novamente transformado. Mesas estavam cobertas por sedas azul-escuras, as superfícies brilhantes o suficiente para refletir as luzes, enquanto taças de cristal cintilavam como purpurina. Festões de copos-de-leite e eucalipto pendiam de cada uma das mesas e tocavam o piso xadrez — exagerados e fragrantes. Apesar de ansiar por deslizar os dedos na superfície aveludada das pétalas, consegui manter um ar de dignidade. Olhei rapidamente para Liza e a sra. Harvey, que tinham expressões similares de admiração. Eu não era a única que sentia como se tivesse adentrado um sonho cheio de estrelas.

Thomas e meu tio já estavam mexendo suas bebidas, as cabeças curvadas no que parecia ser um debate acalorado, quando a sra. Harvey, Liza e eu entramos no salão. Eu tinha dado desculpas para não repassar os detalhes do caso com eles naquela tarde, me trancando em meus aposentos para praticar o ilusionismo com as cartas. Foi um desastre. Pelo menos, me exercitei ao recolher as cartas depois que as derrubei no chão. Embora eu estivesse me aperfeiçoando no truque de troca relâmpago de cartas que Andreas me ensinara.

Sempre atento a minha presença, Thomas direcionou a atenção para mim, e senti uma onda de calor me invadir quando nossos olhos se encontraram através do salão. Ele disse algo para meu tio, afastou a cadeira e, um momento depois, estava a meu lado, oferecendo um braço. Meus batimentos se intensificaram quando nos tocamos.

"Senhoritas. Vocês estão todas belíssimas esta noite." Ele colocou uma das mãos ao redor da orelha, inclinando a cabeça para um lado. "Ouviram isso? Acredito que seja o som dos corações se estilhaçando pelo salão. Por favor, tenham cuidado ao pisarem sobre os cacos ensanguentados."

Balancei a cabeça. "Francamente? 'Cacos ensanguentados'?"

"Você os culpa por sentirem inveja? Eu também estaria com uma inveja brutal de mim. Na verdade, talvez eu me desafie para um duelo depois do jantar."

Thomas sorriu, acompanhando-nos até a mesa sem mais provocações. Eu jurava que às vezes seus modos eram tão corteses, tão delicadamente régios, que eu tinha dificuldade de lembrar que ele era o mesmo rapaz que fora chamado de autômato durante as investigações do Estripador. Ele se inclinou, sussurrando para que apenas eu pudesse ouvir:

"Tivemos um dia interessante. O capitão Norwood nos convocou para discutir um assunto um tanto delicado." Ele puxou minha cadeira, fazendo o mesmo para a sra. Harvey. Um garçom havia se aproximado para auxiliar Liza. Thomas sentou-se a meu lado. "Ao que tudo indica, uma cabine da primeira classe foi invadida na noite passada. Em algum momento durante o jantar e o espetáculo."

"Que coisa estranha."

"De fato. Passageiros assassinados, uma garota desaparecida, um arrombamento... Este navio é um pesadelo flutuante para o capitão."

As luzes dos candelabros diminuíram. Não demoraria muito para que o espetáculo começasse. Garçons movimentaram-se pelo salão com uma tranquilidade ensaiada, depositando bandejas cobertas em cada uma das mesas. Eu não sabia ao certo qual era o menu daquela noite, mas o que quer que fosse tinha um aroma divino, o que ajudava a disfarçar o odor de querosene que vinha do palco. Minha boca se encheu de água quando os cheiros de manteiga, limão e alho cumprimentaram meus sentidos. Um jarro de vinho branco foi colocado em nossa mesa, indicando que a entrada poderia ser de frutos do mar. Torci para que fossem camarões ou escalopes, ou até mesmo uma lagosta robusta e saborosa.

Eu me libertei dos pensamentos faminto, retomando o assunto em questão. "Como o capitão ou seus ocupantes sabiam que a cabine havia sido invadida?"

"O baú da jovem havia sido vasculhado", respondeu Thomas, erguendo a tampa de sua bandeja. Metade de uma lagosta assada à perfeição e refogada em manteiga de alho com ervas fragrantes repousava no centro do prato. Quase gemi ao erguer minha tampa. "Suas peças mais finas de seda e algumas echarpes desapareceram. Como você bem sabe, a criada dela teria cuidado muito bem desses acessórios. Nunca os deixaria espalhados desse modo."

"Por que ela estava viajando com peças de seda?", perguntei.

"Estava levando-as para Nova York para fazer vestidos com uma costureira de renome. Ao que parece, o padrão no tecido foi desenhado para um baile à fantasia. Tinha trepadeiras envolvendo árvores próximo do que seria a bainha, e constelações perto do que seria o corpete."

"Então o tecido foi roubado, mas a mulher se deu conta do furto, certo?"

"Sim", disse Thomas, fazendo uma pausa para beber um gole de vinho, "ela reportou o desaparecimento para as criadas que foram arrumar seus aposentos."

"Hmm. Bem, se o tecido aparecesse, seria inconfundível." Era tudo tão estranho. Peças de tecido perdidas, moças que pareciam desaparecer sob o céu escuro e cintilante. Dois assassinatos hediondos. Tudo estava interligado, mas o *como* era a dúvida da vez. Havíamos tido uma trégua na noite anterior, embora eu temesse que não demoraria muito para que outro corpo surgisse. "O que você pensa disso?"

Thomas cortou a lagosta, fazendo uma pausa para me responder antes de dar uma mordida. "Francamente? Não tenho certeza. Não há muito acontecendo em termos de pistas, o que dificulta qualquer tipo de dedução. Seda desaparecida não é algo assim tão incomum. Estamos em um navio cheio de passageiros, muitos dos quais não precisam assinar seus nomes verdadeiros no registro de embarque. Tecidos finos valem uma quantia considerável de dinheiro. Essa pode ser a única motivação para o ladrão."

"A menos que tudo esteja relacionado. Neste caso, o roubo não seria a única motivação."

"Infelizmente, não temos como saber o que está relacionado e o que não está. Até o momento sabemos que ela não tem ligação alguma com ambas as vítimas." Thomas deu um gole em sua taça. "Conjecturas e especulações não são fatos concretos."

Ele soava demais como meu tio. Embora eu concordasse que me separar de minhas emoções era pertinente dentro do laboratório, também sabia o valor de confiar em meus instintos quando algo não parecia certo sobre o roubo.

Dei uma mordida cuidadosa em meu jantar, me deliciando com o sabor apetitoso, no momento em que as luzes foram apagadas. Voltei minha atenção para o palco, onde faixas prateadas e de um tom pálido de azul pendiam do teto — com estrelas e flocos de neve amarrados nas extremidades. Aquilo simultaneamente me dava a impressão de estrelas cadentes e de neve caindo. Purpurina refletia nas luzes fracas conforme as estrelas giravam nos próprios eixos. Era magnífico — mais uma obra-prima para o Festival Enluarado.

Esperei Mefistófeles aparecer no palco em meio à fumaça e à explosão dos címbalos. Mas me surpreendi quando uma moça pequenina girando chamas nas laterais do corpo adentrou o salão. O odor de querosene ficou mais forte, fazendo meu nariz arder com sua pungência. Talvez devessem ter esperado o fim do jantar antes de começar a apresentação. O delicado sabor da lagosta estava arruinado.

"Essa é Anishaa. A carta de tarô dela é o Ás de Paus." Liza interrompeu a conversa com meu tio e a sra. Harvey, inclinando-se para sussurrar: "O traje dela representa o gelo".

Dava para ver como aquilo era verdade. Seu cabelo prateado combinava com as lantejoulas costuradas em seu corpete e tinha sido preso em grossas tranças do alto de sua cabeça. Sua pele fora pintada de um branco-azulado nas áreas expostas — braços, mãos, rosto e na curva das clavículas. Era arrepiante, de certo modo, ver como ela parecia uma criatura nascida do gelo que brincava tão ameaçadoramente com o fogo. Sua cartola e corpete eram de um branco tão puro que quase se assemelhavam a um azul-gelo.

Na verdade, com uma inspeção mais detalhada, pude ver fios de um azul pálido com detalhes prateados adornando todo o conjunto. Até mesmo seus olhos — visíveis através de grandes orifícios em sua máscara — foram contornados de azul e dourado, e seus cílios estavam totalmente brancos. Ela parecia uma estrela congelada.

Anishaa ergueu um bastão de fogo e soprou, as chamas se espalharam em um jato como se ela fosse um dragão. Arquejos surgiram ao nosso redor quando ela gingou para a extremidade oposta do palco e repetiu o truque. Eu não conseguia deixar de encarar enquanto ela pegava o mesmo bastão de fogo e o engolia como se fosse uma iguaria.

"É magnífico, não é?", perguntou Liza, seus olhos seguindo a engolidora de fogo conforme ela dava estrelas pelo palco, parava de cabeça erguida e engolia mais um bastão. Um ajudante de palco entregou outro par de bastões em chamas para ela, e Anishaa jogou a cabeça para trás, cuspindo fogo para cima. "Os números podem ser mentiras ou ilusões, mas eles vivem de maneira honesta. Não escondem quem são, ou fingem seguir as regras da sociedade. Não são como a aristocracia, que sorri para você ao mesmo tempo em que enfia uma faca em suas costas."

Olhei para meu prato — a comida estava divina, mas percebi que meu apetite de repente não estava cooperando. Se Liza soubesse que a pessoa que segurava uma adaga para seu sonho de se casar com Houdini era eu, nunca mais falaria comigo. Passei os próximos instantes com metade dos pensamentos nas conversas que se desenrolavam ao meu redor e metade na culpa que continuava se acumulando.

Foi só quando os primeiros gritos surgiram que fui puxada de volta para o presente.

14. A ESTRELA

Salão de jantar
RMS *Etruria*
4 de janeiro de 1889

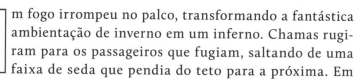m fogo irrompeu no palco, transformando a fantástica ambientação de inverno em um inferno. Chamas rugiram para os passageiros que fugiam, saltando de uma faixa de seda que pendia do teto para a próxima. Em vez dos flocos de neve e estrelas cadentes, fogo e cinzas caíam sobre nós. Anishaa gritou freneticamente por ajuda para aqueles atrás das cortinas, e baldes de água surgiram. À medida que o odor acre de fumaça pairava e fuligem preta deslizava sobre o palco, os gritos aumentavam. Outro cheiro quase familiar soprou pelo salão. Cheirava como se fosse...

"Meu Deus misericordioso... o que *é* aquilo?" Liza agarrou meu braço com tanta força que eu gritei. "Lá em cima! Acho... acho que vou passar mal."

Olhei para cima e senti o sangue gelar. Com sedas requintadas enroladas em cada um dos braços, uma pessoa envolta em gaze preta balançava sobre o palco, seus braços e pernas amarrados, além de uma coroa de estrelas pretas presa à cabeça. Chamas engoliam a figura, partindo dos pés como se fosse uma tocha humana que ganhara vida. Olhei, paralisada de incredulidade, quando pedaços de carne queimada começaram a cair. A pessoa em questão tinha sido pendurada na vertical, e as chamas viajavam de seus pés em direção à cabeça em um ritmo feroz.

Aquilo não podia ser real. Não fazia tanto tempo assim desde meu último delírio — eu havia sido atormentada por ilusões durante minha temporada na Romênia. Esse horror era aquilo: um truque da mente.

Só que não era.

"Não olhe." Segurei minha prima e puxei sua cabeça para meu ombro, possibilitando que ela soluçasse. O olhar de Thomas encontrou o meu, sustentando-o, oferecendo-me sua força e permitindo que o meu o fortalecesse em troca. Corri as mãos pelos cabelos de Liza na esperança de acalmá-la e de fazer o mesmo por mim. "Está tudo bem. Tudo vai ficar bem."

"Permaneçam sentados. E calmos. A maior parte das chamas está concentrada no corpo." Meu tio focou a atenção em nossa mesa; sua prioridade era garantir nossa segurança, embora eu soubesse que ele queria que fôssemos até a vítima rapidamente. Ele olhou para Thomas e balançou a cabeça, silenciosamente transmitindo a responsabilidade antes de desaparecer em meio à multidão que saía do recinto.

"Não está vivo", disse Thomas, sua voz calma apesar do inferno ardente e dos soluços da sra. Harvey. "Olhe."

A última coisa que eu desejava fazer era encarar o pesadelo diante de nós. Mas meu cérebro lentamente aderiu à frieza de uma cientista.

"Como..." Eu me forcei a ignorar o cheiro de carne e cabelo queimados. A olhar além dos tufos que se acumulavam no chão. Embalei Liza com gentileza, registrando a falta de gritos ou movimento conforme o fogo transformava a pessoa em uma estrela viva. Thomas estava certo — quem quer que fosse, já estava morto antes de ter sido incendiado.

Uma gentileza, se é que alguém poderia dizer que ser assassinado, depois ter seu cadáver incendiado, era algo gentil.

Com um solavanco, o cadáver acima do palco despencou, e aqueles que ainda não tinham alcançado a porta e saído em segurança gritaram, horrorizados.

"Baixem as cordas novamente!" Mefistófeles correu para o palco, gritando para membros de sua trupe que na certa estavam escondidos nas vigas. "Cortem as cordas! Cortem as cordas *agora*!"

Dois homens brandindo espadas correram na direção do corpo em chamas, fatiando o tecido que se desintegrava e desviando de cinzas que caíam sobre eles. Poderia ter sido Jian e Andreas, mas eu parecia capaz apenas de balançar Liza e tentar não deixar que minhas próprias lágrimas escapassem. Estreitar meu mundo àquele movimento reconfortante me manteve no lugar.

Garçons e membros da tripulação gritavam pedindo ordem, mas os passageiros estavam além do controle deles. Mesas eram viradas. Mulheres andavam aos tropeços e homens se empurravam. Pessoas lutavam para se espremerem entre as duas únicas portas de saída em um verdadeiro espetáculo de horror.

"Apaguem as chamas!" O capitão Norwood surgiu em meio ao caos, atirando capas para cavalos em direção às pessoas no palco. "Acabem com elas!"

A sra. Harvey colocou uma das mãos sobre a boca, mas as linhas úmidas correndo por seu rosto traíram seu medo. Eu queria obedecer a meu tio e permanecer sentada e calma, embora também ansiasse por afastar meus entes queridos daquele inferno e protegê-los de todas as coisas horríveis que o mundo podia trazer. Meu desejo era enfiar o rosto em um travesseiro e gritar até que minha garganta parecesse em carne viva e minhas lágrimas tivessem secado. Eu podia aguentar dissecar cadáveres, mas assistir a uma pessoa queimar era algo muito diferente. Quem quer que fosse a pessoa que tinha feito aquilo era um monstro, um monstro que até mesmo Jack, o Estripador, e Vlad Drácula hesitariam ao imitar.

"Oh, Deus... O cheiro." Liza enterrou ainda mais o rosto em meu ombro. Minhas emoções também se intensificaram, tentando me dominar, mas eu as peguei e joguei lá no fundo. Não podia sucumbir a elas naquele momento. Talvez nunca. Tudo ao nosso redor se transformou em algo mecânico em minha mente — só assim eu conseguiria elaborar o que acontecia sem desmoronar com o luto.

O corpo finalmente caiu no palco, o som se assemelhando a um saco de cinquenta quilos de aveia desabando no chão. A maior parte do dano no salão se concentrava no cadáver e nas sedas com as quais havia sido amarrado. Com exceção da água fuliginosa respingando no palco e acumulando-se no chão, o salão de jantar escapou da ruína. Meu olhar macabro se voltou para os restos mortais carbonizados. Eu não desejava examiná-los de perto. Não queria acreditar que aquilo era real. Mas desejos e vontades não tinham vez em meu coração.

Thomas deu tapinhas no ombro da sra. Harvey, fazendo o possível para reconfortá-la, embora eu pudesse ver a tensão em seu rosto. Era difícil transitar para aquela frieza e calma quando o odor de carne queimada fazia seus olhos e nariz arderem. "Sra. Harvey? A senhora está em condições de levar Liza de volta a seus aposentos?" Os lábios da mulher mais velha tremeram, mas ela balançou a cabeça com firmeza. "Excelente. Quase todos se foram e o fogo já foi apagado. Vocês ficarão bem. Vão direto para a cabine e tranquem a porta. Passarei para vê-las quando acompanhar Audrey Rose daqui a pouco. Certo?"

Ele falou com tranquilidade, mas havia um vigor em sua voz que me fez voltar à razão. O efeito pareceu ser o mesmo para a sra. Harvey. Ela piscou algumas vezes, então esticou os braços para Liza. "Venha, querida. Vamos pegar um pouco de água para um banho."

Liza afrouxou seu aperto em mim o suficiente para me olhar. Não soube ao certo o que viu em meu rosto, mas rapidamente piscou para afastar as lágrimas que ameaçavam cair. "Você precisa vir conosco. Por favor. Por favor não se aproxime daquele... daquele palco... Por favor, venha comigo."

Eu queria. Mais do que qualquer coisa, queria segurar a mão de minha prima com força, correr daquele salão e nunca olhar para trás. Eu havia questionado meu amor pela medicina forense apenas uma vez antes, e essa situação estava testando minha determinação outra vez. "Vou me juntar a vocês em breve. Prometo."

"Não! Você precisa..."

"Há uma adaga em minha mesa de cabeceira." Eu a abracei. "Quero que a pegue e a mantenha com você até meu retorno. Não permita que ninguém entre no dormitório com exceção de mim, Thomas e nosso tio. Nem Mefistófeles, nem ninguém do festival. Nem mesmo Harry. Você entendeu?"

Minha intenção fora fazer um discurso fortalecedor, mas as lágrimas de Liza escorreram por seu rosto, pingando no colarinho de seu corpete. "Nós não estamos em segurança? Acha que seremos atacadas da próxima vez? Eu..."

"É uma precaução", eu disse. "Nada além disso." Segurei sua mão com firmeza. "Cuide da sra. Harvey, está bem?"

Liza comprimiu os lábios, se fortificando. Minha prima talvez tivesse fraquejado, mas era forte demais para ceder. Ela segurou minhas mãos e assentiu. "Farei tudo que puder." Então encarou a sra. Harvey e, embora houvesse resquícios de medo no modo como suas mãos tremeram, ela se endireitou. "Precisamos nos apressar."

Com uma olhadela final sobre o ombro, Liza guiou nossa acompanhante para fora do salão esfumaçado. Observei a porta por alguns segundos depois que elas se foram, também buscando minha própria coragem. Um toque gentil em um de meus braços indicou que era hora de vestir minha máscara — naquele momento, eu precisava desempenhar o papel de cientista forense. Respirei fundo mais uma vez, me arrependendo quando a fumaça entrou queimando em meu nariz. Tossi, o que tornou tudo ainda pior.

"Aqui. Isto pode ajudar um pouco com o odor e a fumaça." Thomas me entregou um guardanapo umedecido, então mergulhou um outro em uma taça de água para si. Ele segurou o pano no rosto, transformando-o em uma barreira. Fiz o mesmo, e o comichão em minha garganta abrandou. Thomas me observou enquanto me recompus. "Melhor?"

Aquiesci. "Obrigada."

Sem trocar mais uma palavra sequer, andamos na direção do palco e dos restos fumegantes. Meu tio já se encontrava lá, debruçado sobre eles. "Capitão, preciso que este palco permaneça livre de pessoas pelo restante da noite. Temos que salvar tudo que for possível no que diz respeito às evidências. Sem tripulação."

Norwood esfregou o rosto com uma das mãos. Havia bolsas sob seus olhos, indicando que ele não andava dormindo bem. O que era compreensível — sua viagem mágica, antes enviada pelos céus, tinha sido condenada ao inferno. "Tudo de que precisar, dr. Wadsworth. Mas temos que limpar as mesas e as toalhas e..."

"Agora não. Este salão inteiro deve ser esvaziado imediatamente." Meu tio se agachou ao lado do cadáver carbonizado. Ele ergueu o olhar para mim. "Realizaremos o post-mortem aqui."

Minhas palmas formigaram quando parei ao pé do palco, examinando nosso laboratório temporário. Sedas que não haviam queimado por completo pendiam em frangalhos, fumaça vinha do cadáver e cinzas cobriam boa parte da cena como uma neve cinzenta. Parecia o lugar mais miserável possível para abrir um cadáver, mas, com a dramaticidade de tudo, na verdade bem adequado.

Um membro da tripulação se apressou até meu tio, entregando--lhe sua maleta médica. Ele devia tê-la solicitado assim que deixou nossa mesa. Eu não tinha ideia de como sempre conseguia se manter calmo durante a pior das tempestades, e só podia torcer para que pudesse me igualar ao tio Jonathan algum dia. O rapaz se afastou da cena, seus olhos arregalados e sem piscar. Alguns instantes depois, o salão de jantar estava vazio, e nos encontrávamos prontos para trabalhar. Mecanicamente, peguei aventais da maleta de meu tio e os entreguei, então amarrei o meu na cintura. As flores em meu vestido se amassaram e a bainha certamente seria arruinada pela fuligem, mas eu não me importava. Removi as luvas e as dobrei com cuidado. Elas afetariam minha precisão com o escalpelo.

Thomas me ajudou a subir ao palco, e de algum modo consegui acalmar o coração e clarear a mente. Eu me debrucei sobre o corpo, pressionando o pano umedecido em meu nariz.

"O fogo começou nos pés", eu disse, com a voz falhando. Meu tio e Thomas afastaram a atenção do cadáver para mim. "A gaze derreteu ali, mas não no rosto. O mesmo aconteceu com a pele queimada. Está carbonizada nas pernas, mas na cabeça não está tão ruim assim. Thomas tinha acertado mais uma vez; quem quer que ela fosse, não estava viva quando o fogo começou."

Thomas caminhou ao redor do corpo, seus dedos tamborilando nos lábios à medida que ele olhava do teto para o chão e para todas as direções. Seu rosto era uma máscara de gelo. Quando ele transitava para seu papel, eu entendia por que os outros às vezes o temiam. A diferença era que eu não mais pensava que as provocações das pessoas sobre ele ser um autômato estavam corretas — quando se transformava em um cientista dedutivo, parecia mais um deus implacável, enviado para fazer justiça.

Um músculo em sua mandíbula se enrijeceu. "Um anel de esmeralda. Parece ser uma relíquia de família."

Desviei meus olhos de Thomas e mirei o anel, com o coração batendo depressa. Fui acometida por uma lembrança.

"A srta. Crenshaw", deixei escapar. "A mãe dela disse que ela possuía um anel de esmeralda. E nunca o tirava."

Thomas se ajoelhou ao lado do corpo. "A vítima tem cabelos castanho-avermelhados. A srta. Crenshaw possui fios do mesmo tom, embora isto não seja prova definitiva."

"Não, mas é um começo." Meu tio cofiou o bigode. "Precisamos coletar descrições físicas e verificar se os Crenshaw podem confirmar altura e peso. Não é impossível identificar o corpo, mas não vamos traumatizar ninguém com uma inspeção sem necessidade. Eu também gostaria de saber se o dr. Arden já tratou algum membro da família. Talvez as vítimas estejam associadas a ele." Ele balançou a cabeça na direção do anel. "Uma vez que finalizarmos nossa investigação, também precisaremos confirmar se esse é realmente o anel mencionado." Sua boca se esticou em uma linha severa. "Passe-me meu escalpelo, Audrey Rose."

Fiz o que me foi mandado. Normalmente, os corpos já estavam despidos quando eu auxiliava meu tio no laboratório. Remover as roupas era um pouco mais difícil naquele caso; meu tio precisava cortar com cuidado todo o tecido que conseguia, fazendo o possível para não lacerar a carne queimada por acidente. Em vez de correr o risco de ferir a metade inferior do corpo, ele focou sua atenção em cortar o tecido da parte de cima. Observei que ela havia sido despida até as roupas de baixo e, pelo que restava, a renda parecia ser de boa qualidade. Provavelmente era outra passageira da primeira classe, o tipo preferido de vítimas de nosso assassino. Meu tio se moveu com rapidez e eficiência, com os anos de prática e exercício ficando evidentes.

Em poucos instantes, ele deixou o corpo pronto para nossa inspeção. Após realizar um rápido exame externo e não encontrar nenhuma causa visível de morte, tio Jonathan levou o escalpelo até a carne e fez uma incisão em Y, rapidamente separando a pele. Entreguei a ele o talhador de costela e me afastei quando a cavidade interior foi exposta. Meu tio limpou as mãos na parte da frente do avental, manchando o tecido bege com o líquido cor de ferrugem. Imaginava que ele ansiava por se lavar em ácido carbólico, mas, naquele momento, não podia se preocupar com contaminação. Ele se inclinou para o corpo, cheirando-o. Experiências anteriores me ensinaram que ele estava procurando sinais de envenenamento. Com frequência algum odor podia ser identificado próximo ao estômago caso algo tivesse sido ingerido. Tentei não pensar nas vítimas de nosso último caso na Romênia.

Entreguei outra lâmina para ele, e meu tio cuidadosamente abriu o estômago, vasculhando seu conteúdo. Ele remexeu por um momento, então deu um passo para trás. "Se ela comeu bolo de chocolate, frutas adocicadas e champanhe antes de morrer, o que isso indica?"

"Que deve ter tido uma dor de estômago tremenda", respondeu Thomas, sem esboçar reação.

"Thomas!" Lancei um olhar horrorizado para ele. "Fale sério."

"Estou falando." Ele ergueu as mãos. "Todos esses alimentos são doces. E são mais do que prováveis de esconder veneno em si. Imagino que o estômago dela tenha doído muito. Na certa começou devagar, e ela pensou que fosse apenas pela indulgência excessiva. Então provavelmente descobriu que havia algo errado logo em seguida, quando a dor aumentou e a transpiração começou para valer." Ele apontou para as mãos dela, vermelhas e cheias de pústulas onde haviam sido queimadas. "Suas unhas estão quebradas, mas os cortes são em suas palmas, não de lutar com o assassino. Um excelente indício de que ela fechou o punho, tentando amenizar a dor."

Meu tio removeu o estômago e fez sinal para que eu pegasse uma bandeja. Eu a segurei com firmeza e ele depositou o órgão com um leve baque, me esforçando para não imaginar a lagosta assada que ela continha antes. Com o fórceps, tio Jonathan retirou algumas frutas. "Precisamos realizar testes, é claro, mas parecem ser beladonas."

Busquei mentalmente por minhas aulas sobre venenos. Beladonas pertenciam a uma família de plantas — *nightshade*, ou sombra da noite — em que muitas das espécies eram venenosas. Em inglês, eram chamadas de "ervas do diabo". Uma sensação desconfortável percorreu meus ossos. Ela teria sofrido muito depois de ingerir tantas frutas — seu coração provavelmente começara a bater mais rápido, sua respiração e músculos pararam de funcionar. Quem quer que fosse que havia lhe oferecido aquela sobremesa da morte não tinha coração. Eu não podia nem imaginar como devia ter sido ficar ali, observando enquanto o corpo dela convulsionava e a morte a levava embora. Aquele assassinato havia sido lento e deliberado, e a encenação do corpo, extrema.

Coloquei as frutas em um frasco para uma inspeção posterior e observei meu tio costurar o cadáver. Seus pontos eram cuidadosos e precisos, como ele havia me ensinado.

"Peça ao capitão para mostrar o anel a lorde e lady Crenshaw. Veja se são capazes de identificá-lo como a joia de sua filha." Ele voltou a observar o corpo, sua expressão entristecida. "É o mínimo que podemos oferecer para que tenham um pouco de paz."

Thomas foi realizar a terrível tarefa de retirar o anel do dedo da jovem, mas eu o interrompi. Não queria ser tão fria e clínica naquele momento. A situação parecia solene demais para tal comportamento. Eu me curvei e gentilmente ergui o braço dela, sendo muito cuidadosa ao remover o que havia sido um tesouro para a vítima, de acordo com sua família. Apoiei-me em meus calcanhares por mais um segundo, então coloquei o braço da jovem sobre seu peito. Ela fora torturada e assassinada, tendo seu corpo transformado em um espetáculo de medo.

"A Estrela", eu disse, mais para mim mesma. Thomas e meu tio exibiram a mesma expressão confusa. "A carta do tarô que mais se aproxima dessa morte encenada. Tenho..." Eu não queria contar a eles que havia obtido um baralho de tarô junto com minhas cartas de baralho, então dei de ombros. "Peguei as cartas de Liza emprestadas e as estudei na noite passada. Este corpo se parece com aquela carta. Precisamos descobrir o que isso significa. Combinado com os outros, talvez nos guie até nosso assassino."

Meu tio pareceu cético, mas balançou a cabeça. Eu me levantei, o anel guardado com firmeza em minha mão. Meus sentimentos de horror e tristeza se foram. No lugar deles, uma faísca de raiva fora acesa. A pessoa que havia feito aquilo tinha ido longe demais, e eu não descansaria até que ela pagasse por seus crimes.

"Cubra-a com um manto antes que eles a levem embora", pedi, com a voz gélida. "Levarei o anel para o capitão agora."

Girei meu corpo e parti na direção da porta, com a determinação vibrando dentro de mim como um segundo batimento cardíaco. Aquele navio podia estar se tornando um pesadelo flutuante, mas eu me recusava a me entregar ao medo.

15. UMA SITUAÇÃO INDECENTE

Cabine do lorde Crenshaw
RMS *Etruria*
4 de janeiro de 1889

"Este é o anel de Elizabeth." O olhar de lady Crenshaw permaneceu fixo no anel que o capitão segurava. "O-Onde encontrou i-isso?"

Norwood respirou fundo. "Lamento muito ser o responsável por trazer más notícias, madame. Mas o corpo da srta. Crenshaw foi..." Ele olhou para baixo, parecendo não saber como descrever a situação.

"Não. Não é possível." Lady Crenshaw balançou a cabeça, os olhos brilhando. Lorde Crenshaw segurou seu braço quando ela tombou para trás. "Elizabeth voltou para Londres, tenho certeza. Já deve estar em casa agora. Nós escreveremos a ela para confirmar assim que chegarmos a Nova York. Não pode haver verdade nessa afirmação." A voz dela falhou.

"Sinto muito." A boca do capitão Norwood se fechou rapidamente quando lady Crenshaw caiu de joelhos. "Estamos fazendo tudo que está em nosso alcance para descobrir o assassino..."

"Saia daqui." O tom do lorde Crenshaw foi baixo e ameaçador.

"Senhor, nós..."

"Deixe-nos."

"Muito bem. Se precisarem de algo, dirijam-se diretamente a m..."

"Para o diabo com você e este navio amaldiçoado!", gritou ele, sobressaltando tanto o capitão quanto a mim. "Esqueça o grande endosso que buscava. Um abrigo¹ seria mais indicado. Tomarei providências para que você e aquele circo sejam destruídos."

Ele bateu a porta com tanta força que o bote salva-vidas pendurado do lado de fora se chocou contra a parede. Os ombros do capitão Norwood moveram-se junto com sua respiração. "Não fui feito para realizar este tipo de trabalho. O dr. Arden não reagiu muito melhor à notícia. Não posso culpar nenhum deles; perder um filho é uma dor que pai ou mãe algum deveria sofrer."

"Tio Jonathan precisa conversar com o dr. Arden", eu disse devagar, não querendo parecer insensível. "O senhor pode enviar uma mensagem para que ele não tarde a encontrar meu tio?"

O capitão concordou, embora sua atenção estivesse focada no oceano escuro. "Era para esta viagem ser lendária. Agora será apenas infame. Mefistófeles prometeu a lua. Jurou que, se eu deixasse ele e sua trupe embarcarem sem custo, os cruzeiros com espetáculos noturnos se tornariam a última moda. Que nossos nomes seriam escritos nas estrelas. Ele não passa de um mentiroso."

Eu não sabia ao certo como responder. Toda a noite havia espiralado rumo à escuridão, e eu não achava que tudo que tinha acontecido era culpa de apenas uma pessoa. Testemunhar o luto dos Crenshaw e o sofrimento do capitão era demais. E eu ainda tinha trabalho a fazer antes de me isolar em minha cabine.

"Há tempo para acertar tudo", afirmei, por fim. "Nós temos mais três noites."

O capitão Norwood se afastou da porta e me acompanhou até minha cabine. "Mais três oportunidades para assassinato, srta. Wadsworth."

Caminhamos em silêncio depois daquilo, e temi que ele estivesse certo.

---

1   Instituições criadas para fornecer acomodação, comida e tratamento médico para pessoas que viviam em estado máximo de miséria em troca de trabalhos árduos. Ver *Vitorianas Macabras* (DarkSide, 2020). [Nota da tradutora, de agora em diante N. T.]

"Você perdeu o juízo?", exclamou Liza, pulando da cama quando coloquei um vestido mais simples. "Como é que você pode ir atrás de Mefistófeles a esta hora e eu encontrar Harry está fora de cogitação?"

"Precisamos mesmo voltar nesse assunto?" Massageei minhas têmporas. Estava exausta e queria rastejar para debaixo de minhas cobertas e não voltar à superfície até que estivéssemos nos aproximando do porto de Nova York. "Nosso tio já exilou você nesta cabine *e* fez ameaças sobre o manicômio. E se isso não é motivo o suficiente, sempre há o assassino à solta pelo navio."

Liza exibiu aquele brilho desafiador em seu olhar quando se levantou e cruzou os braços. "E é por isso que devemos ir até lá juntas. Os aposentos deles não ficam distantes uns dos outros. Não é mais seguro andar em grupos?" Abri a boca para discutir, mas ela estava certa. Percebendo minha hesitação, ela continuou insistindo: "E você por acaso sabe onde fica a cabine de Mefistófeles? Como planeja encontrá-lo? Quem vai morrer mentindo para defender você caso uma de nós seja pega?".

Lancei um olhar exasperado para Liza. "Tenho perguntas em relação ao assassinato. Está longe de ser um assunto clandestino sobre o qual você precisaria mentir. E não serei pega."

"É mesmo? E se Thomas descobrir que você está visitando outro rapaz? À noite. Sozinha. Apenas para discutir *assassinato* nos aposentos dele sem nosso tio ou Thomas presente. Ele vai pensar que você é..."

"Liza", eu a interrompi antes que ela pudesse terminar aquele pensamento escandaloso. "Thomas jamais seria tão tolo. Confiamos um no outro."

"Ele é humano, sabe. Não importa quão clínico e inteligente seja, ele possui emoções humanas. Por vezes acredito que você se esquece disso. Thomas as esconde, mas elas estão ali."

Parte de mim queria lhe entregar a carta que Houdini havia escrito para sua amante secreta para ver se Liza continuaria tão ávida para visitá-lo depois de ver em primeira mão o crápula que ele era. Não era hora de trazer aquela infelicidade à tona. Com sorte, ele revelaria aquilo através das próprias ações grosseiras, e eu nunca teria que mostrar aquela carta terrível a ela.

Depois de dar um longo suspiro, atirei um manto para minha prima. "Só preciso falar com Mefistófeles por alguns minutos. Você precisará ir embora quando eu for."

Liza jogou o manto por cima dos ombros e sorriu. "É sempre assim com você, não é?"

"O que quer dizer?"

"Sempre seguindo em frente, buscando a verdade." O sorriso dela desvaneceu, transformando-se em algo tingido pela tristeza. "Sempre imaginei seu trabalho com nosso tio como uma aventura, mas por vezes é bem difícil, não é? As coisas que você vê..."

Lembranças involuntárias dos assassinatos surgiram em uma sucessão de disparos rápidos. Vítimas de Jack, o Estripador, dilaceradas e descartadas como lixo. Corpos que tiveram o sangue drenado apenas na semana passada, enquanto eu e Thomas estivéramos estudando na Romênia. Para todos os lugares que eu ia, a morte seguia logo atrás. Eu torcia para que aquela noite não seguisse o mesmo caminho. Afastei os pensamentos. "Vamos. Está ficando tarde."

Cordas rangiam, o som evocando imagens de gigantes erguendo seus velhos ossos e observando aqueles que ousavam perturbar seu repouso centenário. Mesmo caminhando de braços dados com Liza, não podia negar que o convés era um lugar arrepiante à noite.

Liza me puxou para perto. "Precisamos virar naquele corredor. As escadas nos levarão ao próximo andar."

O vento açoitava mechas de cabelo de minha trança, somando-se aos arrepios que percorriam meu corpo desenfreadamente. Eu não queria caminhar por um corredor escuro à noite com um assassino à solta, mas não tinha muita escolha. Ao menos Liza e eu estávamos juntas. Havia um certo conforto naquilo. Engoli em seco e segui minha prima quando ela empurrou a porta e olhou por cima do ombro para mim.

As luzes do corredor piscaram, o zumbido das lâmpadas como um enxame de abelhas em defesa de sua colmeia. Liza desceu as escadas de metal às pressas, e eu desatei a segui-la, tentando ignorar as rápidas marteladas de meu coração, ou o terceiro som de passos, que sabia ser um truque de minha imaginação.

Descemos pelo que pareceu um século inteiro, mas na verdade foi apenas um instante ou dois. Sem hesitar, Liza empurrou a porta e espiou o deque da segunda classe.

"Está tudo vazio", disse ela, agarrando minha mão. "Mas vamos andar depressa."

Ela não precisou repetir. Corremos pelo corredor, parando apenas de vez em quando para olhar por cima de nossos ombros. Embora eu ainda pudesse jurar que estávamos sendo seguidas, ninguém apareceu. Tinha certeza de que não era a única passageira a bordo daquele navio que estava começando a inventar monstros da meia-noite. Não havíamos encontrado pessoa alguma desde o jantar, e todos os aposentos pareciam estar bem trancados, como se aquilo fosse fazer o mal permanecer do lado de fora.

"Ali estão os aposentos de Mefistófeles." Liza parou a algumas portas de distância. "O quarto de Harry fica três portas adiante. Encontre-me assim que estiver pronta para ir embora."

Ela me beijou na bochecha e se apressou. Observei Liza se esgueirar e entrar na cabine de Houdini antes de levar meu punho até a porta do mestre de cerimônias. Ouvi algo que se parecia com o rumorejo de papéis. Contei cinco batidas de meu coração, então bati outra vez. A porta se abriu, revelando uma mulher mascarada em um robe. Cassie. A julgar pela maneira como o tecido estava grudado em sua figura esguia, não parecia vestir alguma coisa além daquilo. Sua expressão pouco acolhedora deixou claro que eu havia interrompido alguma coisa. Meu rosto ardeu quando percebi o que era.

"S-Sinto muito, eu..."

Mefistófeles se aproximou do batente da porta, com um sorriso frouxo se espalhando em seu rosto. Reparei que estava totalmente vestido, sem um vinco sequer nos trajes, e sua máscara amaldiçoada ainda estava no lugar. Quase fraquejei de alívio. "Veio declarar seu eterno amor?"

"Como é que você adivinhou?", perguntei, alto o suficiente para que Cassie pudesse ouvir. Eu me inclinei de maneira desavergonhada e sussurrei: "Vá sonhando".

"Ao menos não será em meus pesadelos." Ele piscou. "Isso seria um tanto lamentável para você."

Eu me empertiguei e olhei por cima do ombro de Mefistófeles, observando peças de tecidos e uma variedade estranha de redes, pérolas e mais lantejoulas do que pensei haver no mundo. Um paletó com franjas dependuradas dos ombros estava sobre uma mesa, com mais enfeites prontos para serem acrescentados. Parecia que Mefistófeles nutria um passatempo de costurar — mais uma peça para adicionar ao quebra-cabeça que era ele.

"Cassie?", perguntou, não parecendo muito paciente. "A não ser que haja algum outro assunto a ser discutido, encerramos por hoje."

Ela me examinou antes de sumir de vista. Recordei o que Liza havia dito — Cassie era... próxima do mestre de cerimônias. De repente desejei realizar meu próprio número de fuga. Não era de se espantar que ela estava tão incomodada; eu havia arruinado seus planos românticos. Como se lesse meus pensamentos, Mefistófeles inclinou a cabeça. "Cassie estava apenas finalizando a última prova de roupas. O novo traje dela é de tirar o fôlego; você precisa ver."

"O que você está fazendo não é de minha conta", eu disse. "E não perguntei."

"Não, não perguntou." Seu sorriso torto reapareceu. Se estava incomodado com o assassinato que havia acontecido mais cedo ou com ter o resto de seu encontro noturno arruinado, não demonstrou. "Mas a senhorita parece bastante aliviada para alguém que diz não se importar." Antes que eu pudesse responder, ele deu um passo para trás e voltou com uma casaca pesada. "Você sabe onde fica a saída, Cassie. Pedirei que alguém lhe entregue o traje antes do espetáculo de amanhã."

Fiquei ali parada, boquiaberta. "Você não pode estar falando sério."

"Isso não acontece com frequência, mas tenho meus momentos."

"Vai realizar mais um espetáculo amanhã? Isso é loucura!"

"E loucura é um bom negócio, srta. Wadsworth."

"É claro que é, que tolice a minha pensar que apresentar outro espetáculo depois de um corpo *ser queimado no palco* na noite de hoje não seria uma ideia brilhante."

O mestre de cerimônias ergueu uma sobrancelha por cima da máscara. Aquele realmente era um gesto memorável. "É sensato porque servirá de distração para aqueles que necessitam disso. É melhor do que a alternativa de manter todos trancados por três noites, pulando de susto a cada rangido e chiado que o navio emitir. Isso sim, minha cara, induz a loucura. O confinamento coloca os nervos à flor da pele."

"Isto é algo que você sabe por experiência própria?"

Ele fez um gesto para que caminhássemos pelo deque, longe o bastante para que Cassie não nos ouvisse ao ir embora. Mantivemos uma distância respeitável, mas ainda senti que estávamos próximos demais.

Quando alcançamos a extremidade do navio, eu me inclinei na balaustrada, mantendo minha atenção afastada do mestre de cerimônias. Eu precisava pensar com clareza, e ele tornava aquela tarefa difícil com seus flertes atrevidos. O vento mordia minhas orelhas e meu pescoço. O frio ajudava a manter os pensamentos no lugar.

"E então? A que devo o prazer e a satisfação de sua presença? Está pronta para nossa próxima aula? Ou já dominou o truque de cartas e veio se vangloriar dele?"

Encarei o mar agitado. Ondas se reviravam e lançavam-se para a frente e para trás do mesmo modo como minha mente quando recebia novas informações.

"Dois dias se passaram", respondi, ainda não olhando para ele. "Acha de verdade vou conseguir aprender truques quando corpos continuam aparecendo?"

Mefistófeles deu uma risada surpresa. "Não trabalho com honestidade, mas você é um grande deleite, srta. Wadsworth. É uma pena que não me dará a honra de partir meu coração."

Eu me virei, e meu olhar finalmente encontrou o dele. "Não sei se entendo o que quer dizer."

"Bem, *eu* não sei se acredito em você", retrucou ele, me observando com cuidado. "Ou seja, você está indo muito melhor do que eu havia previsto nas aulas."

"É bem improvável que o ilusionismo possa ser aplicado em uma situação como esta."

"Tem certeza? As palavras em si são coisas traiçoeiras e perversas." Ele sorriu como se tivesse descoberto uma verdade que eu não havia escondido muito bem. "De todo modo, o que quero dizer é que toda rosa pode extrair sangue e prazer. E ainda assim não hesitamos em sentir sua fragrância, não é mesmo? O perigo não diminui o apelo, apenas o faz crescer."

Ele se curvou com proximidade o suficiente para que sua respiração fosse um sussurro morno em minha pele. Senti um arrepio. Eu só não sabia se era de medo ou frisson.

"Não tenho medo de ser espetado quando a recompensa é tão doce. Você, por outro lado... O que teme?"

Por algum motivo, o rosto de Thomas apareceu em minha mente em um lampejo.

Mefistófeles deu um passo adiante. "Qual seu maior medo? Sem dúvida não é a morte. Por ela, você se sente intrigada." Ele me cercou, e involuntariamente me enrijeci. "Ah. Jaulas prendendo você? Isso é algo que a apavora. Se quer uma vida livre, vá buscá-la. O que a impede?"

Meu coração batia tão rápido que eu temia que ele pudesse parar. "Isso faz parte da aula desta noite?"

"Isso?" Ele virou o rosto próximo de minha orelha. "Isso é um conselho amigável. Não pode viver sua vida seguindo as regras de outra pessoa. Gostaria de explorar outros caminhos da ciência? Talvez a ciência forense não seja a única coisa que você ame. Quem sabe ache interessante utilizar suas habilidades na engenharia."

Tentei manter minha respiração controlada. Ele podia estar fingindo interesse, mas via a verdade em mim. Uma verdade que eu achava que nem Thomas havia descoberto. Aquilo me fez querer abraçá-lo e, ao mesmo tempo, chutá-lo. Eu *era* interessada em coisas mecânicas; meu pai fazia brinquedos e eu sempre tinha desejado aprender a construí-los. Ele havia ensinado a meu irmão, mas nunca me incentivara, pois eu era uma garota e aquilo não era "um interesse propriamente feminino". Eu havia sido presenteada com mais bonecas do que conseguiria brincar, mas engrenagens e parafusos... aquilo era o que eu desejava.

"Quero conversar com Jian", eu interrompi o estranho momento. "Leve-me para onde quer que os artistas estejam e vamos inventar qualquer estratagema que você quiser."

"Não tenho certeza se esta é uma decisão sábia depois dos acontecimentos da noite." Toda a provocação em seu rosto desapareceu. "Os artistas decidiram lidar com o estresse de um jeito especial. Talvez pareça meio fora de controle." Ele pegou o relógio de bolso. "Provavelmente já está mais do que descontrolado."

"Cassie não está com os outros artistas", observei. "Talvez Jian também não esteja envolvido nesse comportamento descomedido que você está sugerindo."

"Na verdade, tenho quase certeza de que ele está distribuindo as bebidas." Mefistófeles olhou para as águas escuras. "Espero que Andreas esconda suas espadas novamente. As coisas ficaram um tanto interessantes na última vez em que ele afogou as mágoas. A Fada Verde é uma dama ardilosa." Ele se recostou na balaustrada, próximo a mim e me olhou. "Você acredita que ele seria capaz de assassinar alguém?"

"Como posso responder tal pergunta se não tive a oportunidade de conversar mais com ele? Se está falando sério sobre solucionar esses crimes, então leve-me para lá agora."

"É claro que estou falando sério. Se este festival fracassar, terei que retornar a minha vida antiga. E prefiro me atirar no oceano do que retornar para uma gaiola de luxo."

Examinei seu rosto. Talvez eu e ele não fôssemos assim tão diferentes. "Onde estão os artistas?"

Mefistófeles me esquadrinhou, embora não fosse do jeito malicioso de sempre. Havia algo brusco e quase analítico no gesto. Ele pegou impulso e se afastou da balaustrada. "Se insiste em comparecer à reunião, terá que se vestir de acordo."

Alisei a frente de meu manto de veludo. O vestido debaixo dele era um pouco mais simples do que o traje de noite que eu havia usado mais cedo, mas não tinha nada de errado com ele. Franzi o cenho. "Quero passar despercebida."

"E é por isso que precisa se livrar dessa roupa sem graça. Você será um arbusto em um campo de flores silvestres." O mestre de cerimônias franziu o nariz. "Às vezes é preciso se destacar para passar despercebido."

"Isso não faz sentido algum."

"Em breve, fará." Ele mais uma vez sacou o relógio de bolso do que parecia ter sido do ar, sorrindo enquanto eu balançava a cabeça. "A aula número dois começa agora."

Cartazes e rótulos antigos de absinto.

O GRANDE HOUDINI
RASTRO de SANGUE

16. LA FÉE VERTE
Arena de treino dos artistas
RMS *Etruria*
4 de janeiro de 1889

"uxe esse decote o quanto quiser", murmurou Mefistófeles quando paramos do lado de fora da arena de treino dos artistas, "mas lhe prometo que não vai brotar folhas e aumentar de tamanho. Isso arruinaria o propósito da *décolletage*."

Lancei meu olhar mais severo para ele, embora fosse difícil dizer se havia tido o mesmo efeito, uma vez que eu também estava usando uma máscara com filigrana. "Não posso acreditar que dei permissão para você me vestir dessa maneira. Pareço uma dançarina de cancã. Minha tia teria uma parada cardíaca se soubesse disso."

"Posso ver o rubor no rosto de mamãe." Liza sorriu por detrás da própria máscara. "Talvez eu deva sugerir este tema para meu baile de debutante."

Embora me sentisse exposta, sorri. Tia Amelia teria desfalecido em seu divã se nos visse daquele jeito. O traje de Liza era parecido com o meu; ambas vestíamos corpetes com listas pretas e vermelhas — amarrados com firmeza para exibir nosso *décolletage*, como Mefistófeles havia observado — e meias pretas, mas de algum modo o mestre de cerimônias havia conseguido me transformar em sua igual espalhafatosa ao acrescentar outros adornos.

Lantejoulas cobriam a armação de minha saia e atraíam o olhar para partes de meu corpo que estavam à beira de ficarem expostas. Minhas roupas de baixo tinham babados e rendas de bordas prateadas, a única parte de meu traje que remetia ao Festival Enluarado. Algo que ninguém nunca iria ver, uma vez que me recusava a erguer a saia e exibir minhas pernas. Minha cartola de seda era preta com bordados vermelhos — quase idêntica à cartola que ele havia usado na noite de abertura.

Harry lançou um olhar divertido para Liza. "Mal posso esperar para conhecer sua velha senhora."

"'Mãe' é o suficiente", disse Mefistófeles, altivo. "'Velha senhora' é uma grosseria americana de sua parte."

Liza dispensou a correção. "Podemos entrar logo? Se vamos ficar apenas por uma hora, quero fazer valer a pena." Ela bateu os cílios para mim. "Por favor? Você está estonteante, Audrey Rose. Deixe-se levar um pouquinho esta noite. Divirta-se. Todos precisamos de um pouco de diversão."

Para mim, "se divertir" não era a coisa mais apropriada naquele momento, levando em conta o cadáver carbonizado que havíamos visto mais cedo, mas deixei passar. Eu precisava descobrir qual artista poderia estar levando sua arte dramática para um grau assassino, e uma festa regada a bebidas era o ambiente perfeito para coletar informações. Embora, tendo em vista a vibração da música, a festa pudesse ser uma má ideia. Olhei de relance para meu colo exposto e suspirei. Thomas ficaria irritado por perder aquele pequeno feito meu, sobretudo porque sempre estava me provocando sobre bebidas e imoderação.

"Aqui está." Mefistófeles abriu as portas. Ao contrário da sessão de treino organizada da noite anterior, a arena estava um caos total. Música ribombava entre paredes, artistas mascarados dançavam no ritmo hedonista, fileiras de mulheres em trajes de cancã semelhantes aos meus lançavam as pernas para o alto, como se desferissem pontapés no ar, expondo suas roupas de baixo cheias de babados.

"Esta é a travessura sobre a qual você alertou a plateia?", perguntei, tentando controlar meus pensamentos velozes. Luzes piscavam acima de nós, perigosamente próximas de se apagarem.

Coquetéis de um verde leitoso derramavam-se no chão e escorriam pelos queixos das pessoas, mas elas não notavam ou apenas não se importavam. Minha atenção corria de uma cena para a outra. Eu nunca tinha visto tantos corpos em movimento antes; tantas pessoas dançando umas contra as outras de maneira chocante. Palhaços pulavam de barris, então tombavam para o chão, agarrando suas barrigas e rindo até a maquiagem borrar. Fumaça de cigarros subia ao longo de toda a câmara cavernosa, o cheiro pesado e denso permeando o ar. Eu caminhara diretamente para o Átrio do Diabo.

Aquele tinha sido um erro terrível. Dei um passo para trás, indo direto para os braços abertos do mestre de cerimônias. Ele se curvou para mim, erguendo a voz para que ela se sobressaísse ao clamor, e, apesar do calor que eu sentia no salão apinhado, arrepios percorreram meu corpo.

"Esta, srta. Wadsworth, é a parte caótica do espetáculo." Estávamos tão próximos um do outro que eu podia sentir seu peito oscilar conforme ele respirava. "Este também é o momento para se lembrar da primeira regra do festival: *não* perca o controle."

"Não se preocupe. Eu não..."

Jian, dando uma estrela, aterrissou perto de nós, e eu dei um pulo para trás, quase atingindo Mefistófeles em minha urgência para ficar longe do perigo. O artista era tão impressionante quanto as jovens que dançavam cancã. Em vez do costumeiro olhar irritado para mim, Jian nos cumprimentou com um sorriso frouxo. "Bem-vindos ao *verdadeiro* espetáculo!"

Ele colocou um dos braços sobre meus ombros como se fôssemos melhores amigos, me afastando do mestre de cerimônias. Olhei para trás, para onde Mefistófeles ainda se encontrava, e o vi tentando não cair na risada. Era evidente que com o auxílio dele eu já não podia contar. Minha atenção se desviou para todos os lados, mas Liza e Houdini também haviam se perdido no rebuliço. Ao que parecia, nenhuma ajuda estava a caminho.

"Vamos ver o que você consegue fazer", disse Jian, com a voz arrastada. "Dance comigo!"

"Ah, e-eu não acho que..."

"Exato!", gritou ele, mais alto do que a percussão. "Não ache nada. Apenas dance!"

Antes que eu pudesse educadamente declinar sua oferta, ele me rodopiou pelo salão, e minha saia esvoaçou conforme girei e trombei com outra dançarina. Ela jogou a cabeça para trás e riu, voltando para os braços de seu parceiro. Quase tropecei em mim mesma ao tentar endireitar minhas anáguas para baixo. Então Jian mergulhou no chão, com suas pernas divididas uma de cada lado.

175

"Você está bem?", gritei. Meu Deus, aquilo devia ter doído. Ele se recompôs, colocou uma das pernas para cima e bateu as mãos sob o joelho, abrindo um sorriso perverso, selvagem e... livre.

"Vamos! Tente, você vai gostar!"

Eu preferiria mil vezes cravar um garfo em uma de minhas mãos. Balancei a cabeça e apontei para uma mesa que continha fontes do que parecia ser água congelada. Um refresco era uma ideia muito melhor, e a água gelada poderia ajudar a aliviar um pouco de sua embriaguez. "Estou com sede."

Seu olhar foi parar na direção que eu havia indicado, e suas sobrancelhas se juntaram. Ele estreitou os olhos, então sorriu. "Ah. Uma excelente ideia. Estou começando a entender a admiração de Mefistófeles."

Eu mal podia ouvi-lo com a música alta e decidi que não valia a pena insistir. Se ele acreditava que o mestre de cerimônias realmente estava apaixonado por mim, aquilo apenas significava que nossa encenação estava funcionando. Atravessamos a multidão, com Jian abrindo caminho enquanto passava. Mantive-me logo atrás dele, tanto por necessidade como pela preocupação de ser carregada para mais uma dança escandalosa.

Ele marchou até um dosador e preparou um coquetel. Eu me remexi discretamente, observando as pessoas que se beijavam nos cantos escuros. Fiquei aturdida quando vi Cassie nos braços de um jovem que com certeza não era Mefistófeles. Na verdade, tinha quase certeza de que era o contorcionista, embora fosse difícil afirmar já que eles estavam tão entrelaçados.

Jian me entregou uma bebida turva e seguiu meu olhar. "Não se preocupe com Cassie, não há nada acontecendo entre ela e Mefistófeles. Ao menos não há um tempo."

Aceitei o coquetel, cheirando-o. Não parecia muito forte, mas eu não queria arriscar o comprometimento de minhas habilidades de dedução. "Por acaso ela ficou aborrecida quando..."

"...descobriu que na verdade ele estava interessado em você?" Ele riu. "Nunca vi uma pessoa tão pequenina fazer um escândalo tão grande. Ela rasgou o próprio traje e quase atirou um sapato no espelho mágico de Andreas." A atenção dele se voltou para meu coquetel intocado. Eu o ofereci a ele, e Jian o bebeu em uma golada gulosa. "Aquilo, sim, teria sido algo interessante de assistir."

"Acha que Andreas seria violento?"

Poderia ter jurado que os olhos dele se dilataram por detrás da máscara. "Quero dizer que isso teria partido o coração dele." Ele providenciou mais um coquetel e oscilou onde estava. "De todo modo, Cassie não está zangada com você. Se está irritada com alguém, este alguém é Mefistófeles. Ele deveria tomar cuidado; ela é do tipo que dá o troco. Você deveria ter visto o último rapaz." Jian balançou a cabeça. "Ele teria estado melhor com os leões."

Tentei não olhar de forma muito descarada para ela. Cassie estava encostando o rapaz contra a parede e beijando seu pescoço. Era um momento íntimo demais para ser interrompido, mesmo que ela não tivesse ressalvas para transformar aquilo em um espetáculo.

"Aquele é Sebastián."

"O contorcionista?"

"Sim, e ele é o marido dela." Minha expressão atônita o fez rir.

Alguém escolheu aquele momento para atirar em uma lâmpada. Eu me joguei no chão, com as mãos acima da cabeça, quando cacos de vidro choveram sobre nós e a câmara ficou mais escura. Os artistas gritaram com a diminuição das luzes. Minha pulsação latejava, e me levantei devagar. Aquilo era loucura. Sem se incomodar com a indecência crescente, Jian virou mais um coquetel e cambaleou até a fonte. Eu temia não obter nenhuma informação útil se ele bebesse mais. Colocando meu nervosismo em segundo plano, eu o segui depressa.

"Cassie e Sebastián são casados?", perguntei. "Ele deve ter se enfurecido com Mefistófeles."

Um motivo para destruir o festival, se é que havia algum. Talvez eles fossem uma dupla de assassinos? Fiquei olhando enquanto eles agarravam as roupas um do outro. O ciúme era um motivo poderoso para qualquer um. E os dois poderiam estar sofrendo com isso. Sebastián por ter visto sua esposa procurar outro homem tão abertamente, e Cassie por ter sido rejeitada tão abertamente. Queria correr até Thomas e lhe contar cada teoria que me ocorria, mas o trato maldito me impedia de fazê-lo.

"Os dois fazem o que quiserem e isso funciona para eles." Jian me encarou com os olhos semicerrados. "Ei... você não terminou sua bebida." Não me dei o trabalho de comentar que ele havia feito aquilo por mim duas vezes. "Vamosss fazer um brinddd."

177

"Talvez devêssemos esperar a próxima festa", sugeri. Sua fala estava muito mais enrolada. Ele repeliu o que eu disse com um gesto e preparou mais dois coquetéis, concentrando-se como se o destino do mundo dependesse daquela poção. Eu teria ficado mais entretida se não estivesse preocupada com a possibilidade de que os responsáveis por três mortes se abraçavam de forma apaixonada em um canto.

Jian serviu uma pequena quantidade de líquido verde em cada taça e conseguiu posicionar colheres perfuradas por cima delas sem derrubá-las. Um milagre, considerando o estado em que se encontrava. Em seguida, depositou torrões de açúcar nas colheres, ateou fogo e manuseou tudo até a fonte de água depois que as chamas se extinguiram.

Alinhando as torneiras com os torrões de açúcar, ele as girou. Água gelada pingou devagar, desintegrando o açúcar, que caía na bebida. O verde pálido se transformou em uma fumaça opaca, me lembrando de uma mistura proibida. Até que entendi o que era. Absinto.

Intrigada, aceitei a taça, segurando-a contra a luz fraca. A bebida era a última moda tanto nas residências da aristocracia quanto nos bordéis; alguns diziam que provocava alucinações, mas aquilo só acontecia se muito mais absinto tivesse sido servido. Mordi o lábio. Eu queria muito experimentar, mas também precisava agir de forma responsável e coletar pistas.

Alguém parou a meu lado, mas muitas pessoas estavam se empurrando, e decidi ignorar. "Você vai fingir beber isso?" O comentário chamou minha atenção. Cassie ergueu as sobrancelhas. "Ou precisa de ajuda?"

"Não estou fingindo beber nada."

"Talvez não." A artista me observou. "Mas há outras coisas que são fingimento, não é?" A atenção dela me deixou por um momento, e não precisei seguir seu olhar para saber que ela se referia ao mestre de cerimônias. "Você pode estar fingindo uma paixão, mas ele não."

Engoli em seco. Não fui capaz de detectar qualquer tipo de malícia nas palavras dela — na verdade, havia quase um resquício de camaradagem, como se fôssemos irmãs em uma batalha, combatendo homens perversos. Levei a taça aos lábios. "Agradeço o conselho", eu disse, "mas realmente estou desfrutando de meu tempo aqui."

Fui virar o coquetel como havia visto Jian fazer tantas vezes quando uma mão se estendeu e cobriu as bordas. Meus lábios tocaram a luva com bordados de luas crescentes, e me recolhi como se tivesse sido queimada. Mefistófeles balançou a cabeça. "Isso talvez seja mágico demais para você, srta. Wadsworth. Gostaria de devolvê-la ilesa a seus aposentos. Não tenho interesse em ver Thomas Cresswell me desafiando para um duelo."

Ele sustentou meu olhar, e jurei ter visto preocupação genuína em seu rosto. Com gentileza, afastei sua mão da taça, atenta à plateia. Eu não tinha dúvidas de que ele também estava. E era por isso que ele não deveria ter mencionado Thomas. "Beba um coquetel comigo."

"Está tarde."

Dei de ombros. "Você é quem sabe."

Antes que ele pudesse dizer mais uma palavra sequer, virei a bebida. Foi um comportamento deselegante e bárbaro. Adorei. O sabor era de alcaçuz e desceu queimando a garganta de maneira agradável, com uma quentura diferente do vinho que se espalhava do estômago para os meus membros. Meu corpo parecia leve como o ar. Sons abafados soavam mais altos. As cores eram mais vívidas. Alguém riu perto de mim, e eu fiz o mesmo, sem motivo algum.

"Venha, vamos levá-la para a cama." Mefistófeles tomou meu braço com delicadeza, seu cenho franzido. Ele realmente era bom em todo aquele fingimento. Quase me convenci de que se importava.

Eu me esquivei, agarrando minhas anáguas ao me afastar dele. O material áspero tinha uma textura maravilhosa, e eu de repente queria saltitar pelo salão, dando chutes para cima. Não era à toa que todos pareciam tão contentes — aquele elixir era pura magia. Uma jovem usando máscara levantou a mão, gesticulando para que eu fosse até ela. Diversas mulheres estavam de braços dados, chutando em uníssono. De repente, aquela era a coisa mais lógica a se fazer.

Sem hesitar, enrosquei meu braço no dela e me juntei à diversão. Meu coração trovejava no peito, vivo e turbulento. Eu nunca havia me sentido tão sem amarras antes, tão livre de julgamento e moderação. Minha família inteira censuraria meu comportamento; até onde eu sabia, mesmo Thomas ficaria intrigado. Mas eu não me importava.

Com nada daquela escuridão. Assassinato. Crime. Tristeza. Perda. Fingi que cada emoção era um balão que precisava ser solto no universo e deixei tudo ir embora.

Eu chutava mais alto a cada vez que trocava de perna, ignorando o fato de que estava revelando mais pele em público do que já havia mostrado em toda minha vida. Fechei os olhos, me tornando uma só com o ritmo ao redor. Aquela era a sensação de ser verdadeiramente livre.

Duas grandes mãos envolveram minha cintura, me erguendo no ar. Eu ri e sacudi minha saia, a adrenalina me atravessando. Liza estava certa — se divertir um pouco não diminuía a seriedade da noite, mas era um mecanismo fantástico para lidar com ela. A morte me cercava, mas a vida também. Naqueles momentos isolados, eu apreciava o quão viva estava.

Lábios foram pressionados contra minhas orelhas, e eu instintivamente busquei o toque, curvando-me para ele, me esquecendo, por um momento, de onde e com quem estava. Fui colocada no chão e, sorrindo, girei no segundo em que meus sapatos tocaram o piso. Os olhos de Mefistófeles se arregalaram, e ele deu um passo abrupto para trás. Eu estava me divertindo demais para me desapontar com o fato de que ele não era quem eu pensava que fosse.

"Você pode fazer isso de novo, por favor?", perguntei. Ele hesitou por um instante, então me trouxe para perto e me rodopiou, sua presunção retornando quando me levantou sobre a pista de dança. Estiquei as mãos para ambos os lados conforme Mefistófeles me girava. "Sinto-me em um conto de fadas."

O mestre de cerimônias me colocou de volta no chão, seus olhos risonhos. "Se um conto de fadas é o que procura, vou amaldiçoá-la e trancá-la em um caixão ou torre de sua escolha. Então a despertarei com um beijo e viveremos felizes para sempre. É como essas coisas funcionam, sabe."

Balancei minha cabeça. "Você é mesmo um encanto, não é?"

"Príncipe *Encantado* para você, srta. Wadsworth."

Não falamos mais pelo que me pareceram horas, mas eu dancei e ri e quase me convenci de que um futuro em um festival não seria o pior destino, afinal de contas.

17. ALGO NAS CARTAS

Cabine de Audrey Rose
RMS *Etruria*
5 de janeiro de 1889

Despertei antes do nascer do sol, espiando pela escotilha em minha cabine, observando a água quase preta ficar dourada conforme ele se erguia e esticava pelo horizonte. O mar estava revolto, prometendo uma tempestade de inverno quem sabe no próximo dia. Eu me revirei e não consegui refrear um sorriso. Liza dormia profundamente, com braços e pernas enroscados nas cobertas e o cabelo espalhado como uma cobertura de caramelo. Eu ainda não conseguia acreditar que havíamos entrado furtivamente no festejo dos artistas e que eu tinha dançado o cancã. Fora um gesto imprudente e a memória me trazia preocupação. Não em relação ao que eu havia feito, mas de como me divertira. Apenas desejava que Thomas pudesse ter se juntado a nós.

Afastando aquilo de meus pensamentos, fui sorrateiramente até a pequena penteadeira e folheei as anotações em pergaminho que havia escrito em algum momento depois que retornamos à cabine. Eu incluíra cada uma das ocorrências estranhas que tinham acontecido desde que embarcáramos no *Etruria*.

Em um pedaço de pergaminho estava escrito: "Srta. Arden assassinada, provavelmente por envenenamento, embora a evidência seja indefinível. Carta de baralho encontrada antes do corpo no palco: Ás de Espadas. Relacionado? O pai dela é um médico. Carta de tarô: Sete de Espadas".

Em outro: "Peças de seda roubadas, echarpes".

Em um terceiro eu havia registrado: "Srta. Crenshaw assassinada por envenenamento. Nenhuma carta de baralho encontrada. Carta de tarô: a Estrela".

A partir de minha mísera tentativa de descobrir os significados das cartas de tarô, a melhor alternativa que eu havia encontrado para a Estrela era "transformação". Como aquilo se encaixava no caso e no assassinato ia além de minha compreensão.

O próximo pedaço de papel dizia: "Srta. Prescott — primeira a ser assassinada, apunhalada. Carta de baralho encontrada: Ás de Paus. O pai é um magistrado-chefe. Carta de tarô: Dez de Espadas. Traição. Bem literalmente, já que foi apunhalada nas costas".

Eu me recostei, tamborilando os dedos nos papéis. Tinha de haver alguma coisa ali, algo que interligava todas as mortes. Ou talvez dois mistérios coexistissem. Uma pessoa estava cometendo furtos mesquinhos; outra estava assassinando mulheres como se elas fossem cartas de tarô trazidas à vida. Minha pele formigou como se besouros caminhassem sobre ela. Eu sabia que Thomas tinha razão sobre criminosos usarem navios para transitar de forma anônima entre os continentes, mas será que havia dois criminosos a bordo de nosso cruzeiro? Bem, aquilo não era tão improvável — dois entre algumas centenas de passageiros não era um número tão alto assim.

O que eu desejava fazer em seguida era conseguir entrar na cabine da srta. Crenshaw. Depois da descoberta do bolo de chocolate em seu estômago, eu queria comparar uma amostra retirada de seu dormitório.

Alguém bateu com suavidade à porta. Eu a abri, presumindo que fosse o serviço de chá ou uma criada, então agarrei meu robe e o fechei, estreitando os olhos. Olhei sobre o ombro e vi que minha prima ainda estava roncando levemente, sua respiração profunda e constante.

"É muito cedo para fazer visitas, Cresswell." Eu o puxei para dentro, espiando o deque para me certificar de que ele não tinha sido visto. "As pessoas vão achar que passou a noite aqui." Observei a curva de seus lábios e os olhos falsamente arregalados. Patife. "E isso é exatamente o que você espera."

"Você me magoa com essa acusação, Wadsworth. Devo sempre ter motivos escusos?" Ele levou a mão até o coração, fingindo estarrecimento. "Eu poderia estar apenas vindo trazer chá."

"Ah? É isso que está fazendo?" Encarei suas mãos vazias. "Esqueça. Você está aqui, o que, na verdade, é perfeito. Venha olhar isso. Mas faça silêncio." Apontei para as pistas aleatórias, tentando ignorar o fato de que eu trajava um robe e estávamos em um dormitório. Ao menos não estávamos sozinhos. Se ele começasse a me beijar, eu não tinha certeza se teria vontade de parar. Havia sentido tanto a falta dele na noite anterior. "Você vê algum padrão ou fórmula nisso?"

Thomas tirou a cartola e, com suas longas pernas, cruzou o quarto em poucos passos. Ele espalhou os papéis pelo tampo, franzindo o cenho para uma delas. "A srta. Prescott foi morta na primeira noite, mas a srta. Crenshaw estava desaparecida desde antes de zarparmos. A ordem em que encontramos os corpos não necessariamente indica a ordem em que foram assassinadas."

"Thomas", eu disse, uma ideia se formando, "poderia me ensinar como me colocar na mente de um assassino? Do modo como você fez na primeira vez em que nos conhecemos?"

Ele tamborilou os dedos nas coxas. "Na aula de seu tio?"

"Sim", respondi, olhando para minha prima ainda adormecida, "quando você fingiu que era Jack, o Estripador, e tinha eviscerado a primeira vítima. Quero aprender a fazer isso. Não é muito diferente de toda a mágica do festival, certo?"

Thomas me olhou com estranheza. "Acho que ambos incluem certa atuação, mas prefiro pensar que meu método é um pouco mais científico do que o homem girando espadas por aí."

"Ainda assim, eu gostaria..." Outra batida soou à porta e eu engoli as palavras tão rápido quanto Anishaa havia consumido aquelas chamas. Comecei a arrastar Thomas na direção de meu baú, sem saber onde mais poderia escondê-lo. Liza se mexeu, mas não despertou. "Entre aí... Rápido!"

Sem discutir, Thomas se dobrou dentro do baú — um grande feito, considerando sua altura — e eu atirei um de meus vestidos sobre ele, na esperança de escondê-lo debaixo da tenda formada pela saia. Alisei a frente de meu robe, abrindo um centímetro da porta.

Mefistófeles se recostou no batente da porta, e seu olhar desceu para o robe. Senti o ar deixar meu corpo em um suspiro, como se tivesse levado um soco. Aquela era a pior situação possível. Eu não podia deixar que Thomas entreouvisse nossa conversa por causa da barganha, tampouco podia admitir ao mestre de cerimônias que já havia um rapaz em meus aposentos. Se Mefistófeles dissesse algo sobre o cancã da noite anterior, eu sabia que Thomas não deixaria o assunto morrer até que eu admitisse tudo.

"Olá, srta. Wadsworth. Estava esperando outra pessoa? Você parece ter engolido um ovo inteiro."

Ele se convidou para entrar, mas estiquei um braço com firmeza. "O que está fazendo aqui?"

"Bom dia para você também", disse ele. "É um tanto curioso. Você não tem problema algum para me encontrar em cantos escuros do navio, ou visitar minha cabine em horas indecentes, mas ai de mim por querer um encontro privado. Que ultraje."

"Se deseja falar comigo", devolvi, mantendo a voz baixa, "então escolheremos um lugar para nos encontrarmos. Em público. De preferência quando eu estiver apropriadamente vestida e com uma acompanhante."

"Liza estava atuando como sua acompanhante na noite passada?" Ele espiou ao redor, fazendo uma encenação ao inspecionar meus aposentos. "Está escondendo um amante secreto do qual eu deveria saber?"

"Estou polindo meus escalpelos", informei, apontando para a maleta médica em minha mesa de cabeceira. "Se não tomar cuidado, posso utilizar essas lâminas em seus ternos cintilantes."

"Ameaças são deselegantes e não combinam com você." Ele fungou, fingindo estar magoado. Mefistófeles se virou para ir embora, então girou de volta. Mesmo ao amanhecer, ele usava uma máscara, refletindo os tons vermelho-alaranjados do sol nascente.

"Ah, e você precisa dizer ao sr. Cresswell para não se esquecer da cartola. Vejo que está ali, na sua penteadeira. A senhorita não iria querer que as pessoas ficassem com a impressão errada, não é? Ainda bem que sua prima está fingindo dormir, do contrário, as pessoas poderiam começar a comentar."

Antes que eu pudesse negar ou dizer que a cartola era minha, o mestre de cerimônias enfiou as mãos nos bolsos e partiu rapidamente pelo convés. O som de seu assobio rabugento somou-se ao coro do vento e das ondas. Desejei poder alimentar a coragem de desprezá-lo. Ter dois rapazes por perto com a compulsão de dividir cada observação irritante que faziam era o suficiente para enlouquecer qualquer uma.

Quando a porta se fechou com um pequeno estalo, Thomas afastou o vestido. "Agora talvez seja uma ótima hora para conversarmos sobre Mefistófeles, especialmente porque seu tio me pediu para ficar de olho em você. O que é tão importante que ele precisou visitar você a esta hora? Ele não sabe que este grau de indecência é minha especialidade?"

Caminhei até ele, me inclinei e coloquei as mãos em seu rosto, apreciando a sensação de sua pele cálida sem uma camada de seda entre nós. "Discutiremos tudo em breve, prometo. Mas agora preciso me aprontar, e você precisa ir embora antes que alguém descubra que está aqui."

Depois de olhar de relance mais uma vez para minha prima "adormecida", pressionei meus lábios nos dele, com suavidade e delicadeza a princípio, depois sem o controle das boas maneiras. Thomas não pareceu se importar com a distração; ele me puxou para perto à medida que o beijo se aprofundou. Com muito esforço, eu o beijei delicadamente, então recuei, me apoiando em meus calcanhares. Aquela com certeza era minha forma preferida de ilusionismo.

"Não queremos que ninguém fique com a impressão errada", eu disse, incapaz de esconder meu sorriso. "Eles poderiam achar que estávamos aqui nos beijando."

"E isso é algo que não queremos." Thomas balançou a cabeça, e de algum modo estávamos nos beijando de novo. "Seria muito indecente. Estarmos quase sozinhos. Nos aposentos da garota com quem desejo me casar. A garota que continua recusando meu pedido."

"Thomas... Eu... Você sabe que não estou recusando", respondi. "Quero fazer isso da maneira correta. Meu pai merece ser incluído. Por favor, não pense que é hesitação de minha parte, eu..."

"Um casamento?" Liza brotou das cobertas, os olhos arregalados de entusiasmo. "*Preciso* ajudar a planejá-lo! Que estação você está pensando? Na primavera seria divino. As flores, os tons pastéis! O inverno também é de tirar o fôlego, quando feito de maneira apropriada. Seu cabelo escuro ficaria maravilhoso contra o azul-gelo e nuances de branco."

"Um casamento, escondido. Sou a favor de qualquer temporada ou ocasião." Ele saltou do baú, então me ajudou a levantar e me deu um beijo casto. Depois de pegar a cartola da penteadeira, ele sorriu. "Vamos nos preocupar com os detalhes depois." Thomas olhou para as pistas que eu havia disposto sobre a mesa. "Neste ínterim, verei o que posso descobrir sobre essas pistas. Talvez me ocorra algum elo. Ah, e Liza?" Ele direcionou um sorriso para minha prima. "Fico deslumbrante em tons pastéis. A primavera está quase batendo à porta. Talvez você queira começar por aí."

Tocando a cartola, saiu da cabine. Escutando enquanto Liza tagarelava sobre ideias para o casamento, caminhei de volta até o baú e vasculhei entre as sedas e veludos.

"Seu pai ficará tão satisfeito", comentou ela, ainda com um olhar sonhador no rosto. "Não posso acreditar que você ainda não contou as intenções de Thomas a ele. Espero que Harry me peça em casamento. Nós também formamos um par e tanto, não é?"

A carta que Mefistófeles havia me entregado parecia queimar em minha mesa de cabeceira. Quando Liza a lesse, seu coração ficaria em pedaços. Eu lhe ofereci um sorriso rígido, ainda incapaz de contar a verdade para ela. "Não tenho dúvida de que se casará com um homem que fará você muito feliz."

Havia um limite para a quantidade de segredos que eu conseguia manter antes de começar a me desmantelar.

O Louco.

18. O LOUCO

Convés da primeira classe
RMS *Etruria*
5 de janeiro de 1889

epousei a mão na curva do braço de Thomas e tentei não parecer muito surpresa perante a transformação do navio ao caminharmos pelo convés apinhado. Os salões comunais e o longo deque coberto da primeira classe haviam sido redecorados como se fossem tendas privadas de festival em uma feira flutuante.

A sala de charutos dos cavalheiros estava repleta de espelhos distorcidos; o salão de jantar ostentava equilibristas e acrobatas e... palhaços. Estremeci diante das pinturas faciais extravagantes, decidindo que preferiria abrir um cadáver inchado a ficar trancada em uma câmara com um deles. Andei mais depressa, não querendo me demorar ali tão próxima deles, e Thomas riu. Lancei meu olhar mais carrancudo para ele, o que o fez rir ainda mais.

"Você não vê problema em remover intestinos antes do almoço, mas palhaços são seu limite?", perguntou ele. "Você nunca cansa de me surpreender, Wadsworth. E se eu me vestisse como um deles e batesse a sua porta mais tarde? Acha que iria desmaiar em meus braços cobertos por mangas bufantes? Acordá-la poderia fazer valer a pena a maquiagem e o traje ridículo."

"Não me faça colocar aranhas em sua cabine", ameacei. "Sou capaz de utilizar táticas inescrupulosas na guerra."

"Que mulher maravilhosamente cruel." Os olhos dele cintilaram de malícia. "O que o fato de eu me sentir ainda mais atraído por você depois de tal ameaça diz sobre mim?"

"Significa que você é tão perverso quanto eu."

Continuamos avançando pelo convés e paramos para observar Sebastián, o contorcionista, dobrar seu corpo de maneiras que minha mente, tão conhecedora da anatomia humana, não conseguia assimilar. Ele ergueu o queixo em um cumprimento e saiu andando pelo deque como se *ele* fosse um aracnídeo. Gargalhei quando Thomas nos afastou com pressa dali.

Não consegui reduzir as rápidas batidas de meu coração quando chegamos ao recém-transformado salão de música. Um letreiro com adornos estava apoiado na entrada, prometendo que segredos do passado, presente e futuro seriam adivinhados pelo INCRÍVEL ANDREAS; MÍSTICO E VIDENTE DE TODAS AS SORTES.

Ele não havia incluído seu nome correspondente no tarô, o Louco, no letreiro — uma escolha inteligente, considerando que eu duvidava de que aquilo atrairia muitos crédulos. Eu me detive, forçando Thomas a parar de andar, ao me recordar de outra vez em que havia me deparado com alguém que alegava prever o futuro. Durante a investigação do caso do Estripador, um homem chamado Robert James Lees havia oferecido auxílio à Scotland Yard, afirmando ter se comunicado com uma das vítimas. Não querendo perder uma possível pista, Thomas e eu havíamos viajado até sua casa, aceitando sua oferta de adivinhar segredos dos recém-falecidos.

Arrepios percorreram minha espinha — e eu tinha a sensação de que não era devido à brisa marinha que serpenteava pelos corredores abertos. O sr. Lees dissera que havia conversado com minha mãe — e, embora eu não acreditasse em tais bobagens não fatuais, havia encontrado o que estava procurando, bem como o espírito de minha mãe informara. Podia ter sido sorte ou apenas coincidência, mas havia algo ali. Ou ao menos uma coisa que valia a pena ser investigada. Talvez eu pudesse desenterrar uma pista para aquela investigação, uma que pudesse colocar um ponto final nos assassinatos.

Em um navio repleto de descomedimento diabólico, a esperança parecia ser o pecado mais mortal de todos. Eu me sentia fisgada por ela, provocada e tentada por suas promessas de algo que eu sabia ser impossível. Andreas era um artista, não um vidente. Não era mais capaz de me dizer quem havia assassinado aquelas mulheres do que de ver o espírito de minha mãe. Thomas avaliou o letreiro pelo qual eu estava hipnotizada, então meu rosto. Ele sorriu com tristeza, dissecando meus sentimentos e deduzindo sua origem. Em momentos como aquele, eu era grata por sua habilidade extraordinária de interpretar minhas variações de humor.

"Você gostaria que o Incrível Andreas lesse seu futuro?", perguntou ele.

"Você não acredita em sorte ou destino."

"Não, não acredito." Ele sorriu ao contemplar minha expressão exasperada. Como um homem era capaz de ser absolutamente encantador em um momento e afiado como uma lâmina no outro era enlouquecedor. "Encontrarei você aqui em um instante."

Espiei através das cortinas com listras em preto e branco, penduradas no lugar da porta, e mordi o lábio. "Este é um jeito educado de dizer que não me fará companhia? O que aconteceu com o decreto de meu tio de que você teria que me acompanhar para todos os lugares? Uma coleira se estica apenas até determinado ponto, sabe."

"Jamais serei seu dono, Audrey Rose." Quaisquer traços de humor desapareceram. Thomas levou uma de minhas mãos até seus lábios e depositou um beijo nela, fazendo com que meu coração disparasse por um novo motivo. "Além disso, é um gesto generoso não distrair você, tampouco o Incrível Andreas, com minhas habilidades exemplares de adivinhação." Ele riu quando eu revirei os olhos. "E também vi uma bancada no convés principal vendendo bolinhos fritos em manteiga derretida e polvilhados com açúcar."

"Você está me abandonando por doces", observei, balançando a cabeça com leveza. "Generoso, de fato."

"Não tenha ciúme dos bolinhos, minha querida. Sua crosta dourada e seu sabor amanteigado não podem ser comparados a sua deleitosa personalidade. Não muito." Thomas olhou mais uma vez para o letreiro, e seus lábios se curvaram para cima. "Tudo bem... Vamos fazer um trato, afinal, esse tipo de coisa parece ser a última moda aqui. Vou lhe dar cinco minutos para se acomodar e mais dez para que o Incrível Andreas evoque os fantasmas e convença-os a ficar para uma xícara de chá e uma palavrinha. Então retornarei."

"E de que forma isso é um trato?", questionei.

"Não é, na verdade. Estava me certificando de que você estava prestando atenção." Eu o encarei com severidade, e ele ergueu as mãos em uma rendição zombeteira. "Uma piada. Sabe... aquelas coisas nas quais sou terrível, mas decidi praticar mesmo assim?" Quando ele se inclinou, com seus lábios roçando em minha orelha, não senti humor algum no desejo que me atravessou. "Quem sabe eu traga um doce para você também."

Sorri com suavidade. "E eu pensando que estar em sua presença já trazia doçura o suficiente." Antes que ele pudesse se divertir com mais um de seus gracejos, abri as cortinas listradas e adentrei o covil do vidente.

Do lado de dentro, um lustre de cristal estava pendurado em um teto que parecia ir até o infinito. Camadas de sedas exuberantes em preto e branco envolviam as luminárias, presas para trás de modo a dar a impressão de que estávamos em uma grande tenda. Velas prateadas derretiam-se em candelabros de ferro espaçados de forma regular por toda a extensão da câmara.

Andreas emergiu das sombras. Sua máscara era da cor de sangue fresco e me fez pensar em um crânio que havia sido recentemente fervido e separado da carne. Ele permaneceu ali por um momento, sem esboçar reação, me dando a oportunidade de absorver sua figura. Andreas trajava um fraque azul-marinho, com bordados de constelações prateadas, calças pretas e luvas.

Ele se curvou, seu cabelo loiro tão claro que era quase branco. "Perdoe-me a entrada repentina, srta. Wadsworth. Minha alma viaja pelo limbo, inquieta e errante", disse Andreas, com um inglês carregado de sotaque. "Na busca constante pelo passado, presente e futuro, encontro tempo para ser uma onda indolente." Tentei entender o que aquilo significava, sem sucesso. "Sou o Incrível Andreas. Seja bem-vinda a minha câmara de adivinhação."

"É bom vê-lo outra vez." Balancei a cabeça em um cumprimento e adentrei o salão. Travesseiros decorados nas bordas por franjas prateadas estavam empilhados em pequenos agrupamentos, embora também houvesse banquetas e cadeiras e mesas. Incensários ornados estavam pendurados em diversos patamares em um canto, preenchendo o espaço com um aroma picante e atraente. O cheiro me fez pensar em

Mefistófeles. Mordi o lábio, sem saber para onde ir. Acomodar-me no chão parecia ser um tanto desavergonhado, ainda que ficar sozinha com um homem de máscara não fosse uma infâmia muito diferente.

"Sente-se, por favor."

O Incrível Andreas fez um gesto na direção de um grande espelho. Ele estava recostado na parede, alto e, de algum modo, ligeiramente agourento para um móvel tão singelo.

"O espelho é infundido com magia da Baviera", declarou ele. "Não é um espelho comum. Ele tem a habilidade de revelar o futuro." Andreas deslizou as mãos pela parte frontal de seu elegante colete, inflando um pouco o peito. "De acordo com meus conhecimentos, ele é cem por cento preciso ao revelar quem será seu marido. A maioria das jovens sai daqui um tanto satisfeita."

Que decepcionante.

"Isso é tudo que ele faz?", perguntei. "Pensei que revelaria o futuro. E se não houver casamento no meu? Então o espelho não vai mostrar minha carreira ou qualquer outro departamento em minha vida? Existem jovens que preferem não se casar. O que o espelho mostra a elas?"

Andreas me lançou o tipo de olhar que alguém daria ao passar por um penico fétido. Em defesa dele, seu tom ainda era cordial quando ele falou: "Para que eu possa fazer o feitiço apropriadamente, precisarei prender suas mãos com um pequeno laço atrás de suas costas". Ele retirou uma fita preta, espessa e acetinada de sua casaca, permitindo que uma de suas extremidades desenrolasse de modo dramático. "E cobrir seus olhos. Encantamentos são volúveis, sabe."

Apertei os lábios na esperança de refrear a resposta antipática que me ocorrera. Eu finalmente entendia por que Andreas era conhecido como o Louco. Ele só podia ser um se pensava que eu concordaria em ser amarrada e vendada enquanto estava sozinha com ele. Havia algum homem naquele festival que não era um canalha? Após um minuto, comentei: "É verdade, imagino que sejam um tanto volúveis".

Ele suspirou, o primeiro som espontâneo que eu o via produzir. "Mefistófeles acha que será um bom treino para o ato final. Ele disse que a venda proporciona a quantidade certa de charme."

Encarei o espelho manchado, pouco convencida de que um objeto tão sujo seria capaz de possuir qualquer tipo de encanto. "Bem, como Mefistófeles não está aqui, acho que podemos não seguir suas ordens." Olhei ao redor até minha atenção pousar em um baralho de cartas. Apontei para o objeto. "Eu preferiria uma leitura de tarô. Pode ser útil em nossa investigação."

Andreas não parecia muito inclinado a desobedecer ao mestre de cerimônias, mas sorriu. "Como desejar."

Sem tecer mais nenhum comentário, eu me acomodei na banqueta almofadada e observei cartas que ele embaralhava. Via apenas os versos delas, mas eram belamente elaborados, pintados por um artista talentoso. As cartas eram mais escuras do que qualquer noite e tinham arabescos prateados em filigrana em cada ponta, além de uma lua cheia preta com uma crescente perolada em um dos lados. Estrelas prateadas ficavam acima, abaixo e nas laterais da esfera lunar, e cada uma delas estava dentro de uma lua.

Andreas me flagrou admirando-as e ergueu uma delas. "Permita-me apresentar-lhe o único e inigualável tarô *Cirque d'Eclipse*." Ele sorriu timidamente ao ver minhas sobrancelhas erguidas e continuou: "O desejo de Mefistófeles é que o tema do Festival Enluarado marque presença em cada detalhe, até mesmo em algo tão pequenino e insignificante quanto cartas de tarô".

Ele virou a carta para um lado, então para o outro, exibindo o brilho magnífico das linhas prateadas, mas nunca revelando a imagem da frente. Dois oitos entrelaçados estavam posicionados nas partes superior e inferior das cartas, me remetendo a alguma outra coisa que não conseguia lembrar bem.

"Você as pintou?", eu quis saber, fazendo o possível para manter minhas mãos afastadas. Eu ansiava por girar a carta e ver o lindo trabalho artístico que sabia estar no verso. "Elas são magníficas. Nunca vi uma tinta brilhar dessa forma antes."

"Não, não pintei", respondeu ele, balançando a cabeça. "Foi Mefistófeles quem as produziu. Ele prefere assim. O mestre de cerimônias ensina cartomancia e tarô a todos. Nós não podemos fazer parte do festival até que nos tornemos proficientes." Andreas riu e continuou embaralhando as cartas, fazendo com que eu me indagasse sobre o que ele não havia dito.

"Então cada artista é bem versado tanto em cartas de baralho quanto em cartas de tarô?"

Andreas assentiu, mas não se aprofundou. "É sua primeira experiência com o tarô?"

Com exceção dos corpos que haviam sido dispostos, embora eu sentisse que aquela não era a resposta apropriada. Em vez disso, concordei com um meneio de cabeça, distraída com uma nova ideia que se acomodava em meu cérebro. Observei o vidente embaralhar as cartas, com meus pensamentos girando. Se Mefistófeles gostava de criar cartas, será que ele era a pessoa que as estava deixando com os corpos? Eu me forcei a me distanciar daquele pensamento sem sentido. Ele não era um assassino. Estudei Andreas mais uma vez; ele, é claro, era proficiente no tarô e em seus diversos significados. Mas todos os outros artistas também o eram, graças a Mefistófeles.

"Se você é o vidente, por que todos os outros precisam conhecer o significado das cartas?"

Andreas coçou a nuca. "As pessoas pagam uma quantia razoável para saber seus futuros. Quando estamos em uma nova cidade, com frequência armamos várias tendas para a leitura de tarô ou frequentamos os pubs. Às vezes, Sebastián desempenha essa função, em outras até mesmo Jian. Podemos triplicar nossos rendimentos. É um bom negócio. Agora." Andreas dispôs as cartas viradas para baixo diante de mim. "É sua vez. Embaralhe até sentir a primeira carta conversar com você. Tome cuidado. Pode ser apenas um sussurro, então escute atentamente."

Apanhei o baralho e recolhi minha mão. "E se as cartas não disserem nada?"

"Elas dirão. Fechar os olhos e concentrar-se em uma única pergunta ajuda", sugeriu Andreas. "Como se sente em relação a você mesma e seu caminho? Pense apenas nisso, feche os olhos e embaralhe. A resposta se manifestará."

Fiz o que me foi pedido, me sentindo um tanto ridícula à medida que embaralhava as cartas, me concentrando em uma infinidade de sentimentos. Achar que as cartas poderiam me dizer algo sobre mim mesma que eu já não soubesse era bobagem. O modo como eu tinha ficado interessada na ideia de visitar o vidente era prova de como aquele festival tolo estava afetando meu juízo. Talvez Andreas fosse chamado de Louco por causa das pessoas que atraía até sua tenda, como eu.

195

De repente senti um frio na barriga... uma pequena e estranha resistência ao embaralhar a próxima carta. Meus olhos se abriram. Como, em nome da...

"Viu só? Os espíritos conversam em sussurros e calafrios." Andreas sorriu com paciência e deu um tapinha na mesa diante de si. Ele com toda certeza não parecia um assassino quando fazia aquela expressão, mas eu não o descartaria com base naquilo. "Coloque a primeira carta aqui, virada para baixo. Faremos uma leitura com seis cartas, e vamos virá-las assim que você tiver escolhido todas elas. Certo?"

"Certo." Respirei profundamente, sem saber ao certo a legitimidade daquilo tudo, mas a outra alternativa era observar enquanto meu tio espetava seus vegetais e discutia com a sra. Harvey durante a sobremesa.

"Desta vez, quero que se concentre no desejo mais profundo de seu coração. Qual é a verdade que oculta até mesmo de si própria?"

Fechei os olhos com firmeza, insegura sobre como eu encontraria algo escondido de mim mesma. Assim que senti aquela mesma resistência peculiar, puxei outra carta. Para as próximas quatro perguntas, precisei me concentrar em meus medos, no que estava funcionando em minha vida, nas forças que conspiravam contra mim e qual seria o desfecho de tudo aquilo. Satisfeito por eu ter levado minha parte a sério, Andreas virou a primeira carta, revelando um homem barbado e cheio de rugas parado sozinho no cume de uma montanha congelada, o céu um turbilhão preto e cinzento atrás dele.

"Ah. O Eremita. Já que esta carta indica como você se sente em relação a si mesma, eu apostaria que está lidando com um conflito interno. A senhorita provavelmente tem muitas perguntas, está se sentindo solitária, e talvez sua paciência tenha se esgotado. Agora é o momento de recuar até encontrar respostas para o que a perturba."

"Hmm." Pisquei para a carta, com a descrença fazendo minha boca se franzir. Era sorte. Uma sorte tola que a primeira carta carregava uma parcela de verdade. Eu *estava* me sentindo solitária e precisando de respostas. Tinha que desvendar tantos mistérios, e por causa da barganha com Mefistófeles, nem ao menos podia contar com o apoio de Thomas para alguns dos problemas. As coisas seriam muito mais fáceis com meu parceiro — eu odiava ficar sozinha e distante.

Relutante a revelar qualquer coisa, virei a próxima carta. Um rapaz mascarado dançava de maneira incoerente, seus trajes rudimentares e assemelhando-se aos de um palhaço. Era evidente que meu espírito interior se sentia um bobo da corte. Fantástico. De acordo com aquela carta, a coisa que eu mais desejava era ser uma louca. Uma tola. Embora eu imaginasse que pudesse ser verdade. Toda aquela noite era uma distração tola, um luxo que eu não podia me dar, e ali estava eu, sentada e lendo as cartas como um alvo fácil e ingênuo.

"O Louco. Uma escolha interessante. É a única carta do tarô que indica o infinito." Andreas juntou as mãos, as pontas dos dedos umas nas outras, e me encarou sem pudores. "Haveria uma pessoa em sua vida que está despertando incertezas? Talvez um admirador ou possível pretendente? Esta carta quer dizer que você pode nutrir sentimentos conflitantes por alguém... Mefistófeles ou..."

Virei a próxima carta. Aquele era um assunto que eu não queria discutir. "O Mundo. O que isso significa?"

Era mais uma obra de arte magnífica — uma jovem balançava dois bastões, e a cauda de seu vestido em tom de lavanda flutuava na brisa. Em cada canto da carta havia uma fera diferente — homem, águia, touro e um leão alado.

Andreas tocou a carta. "Esta representa seus medos. A senhorita está quase desistindo por temer o fracasso." Virei as próximas duas cartas — a Imperatriz e o Sol. O que estava a meu lado e contra mim. "A Imperatriz é a época da colheita. É um momento maravilhoso para começar uma família ou ir atrás de sua paixão. O Sol, por outro lado, está provocando alguns atrasos. Se perseverar, conseguirá o que busca em uma explosão de chamas e glória."

Tudo aquilo era bobagem, mas eu precisava admitir que era perturbadoramente preciso para meu dilema.

"Andreas?", comecei, ainda não me sentindo pronta para ver a última carta. "O que a carta da Estrela significa?"

Ele piscou com a mudança de assunto, então franziu o cenho, pensativo. "A Estrela é uma carta interessante. Seu sentido está relacionado à transformação pessoal... esperança... e a ser muito abençoado em seus esforços. Embora existam muitas, muitas outras formas da carta ser interpretada em uma leitura. Por que o interesse?"

"Apenas curiosidade." Não querendo engatar em uma discussão sobre a última vítima de assassinato, virei a carta restante e a encarei com desconfiança. Não vi necessidade de ler o nome localizado na borda inferior; o artista havia feito um trabalho realmente excelente ao pintar um autorretrato. A imagem de Mefistófeles sorriu para mim, o brilho perverso em seu olhar parecendo ser uma réplica quase perfeita do rapaz em pessoa.

"O Mago", anunciou Andreas, jamais afastando sua atenção da carta, "é o resultado mais provável em seu futuro. Mas tome cuidado ao fazer tratos que não pode cumprir. O Diabo é um trapaceiro que habita em todos nós. Ele com frequência faz você acreditar em uma coisa enquanto esconde a verdade à vista." Arrepios percorreram meu corpo com aquelas palavras, tão semelhantes a meus pensamentos anteriores. Andreas mordeu o lábio, parecendo pesar com cuidado suas próximas palavras. "Tome cuidado com a pessoa para quem você entregar seu coração. E seja ainda mais cautelosa em relação àqueles que querem roubá-lo."

19. UM ELO ROMPIDO

Convés
RMS *Etruria*
5 *de janeiro de* 1889

homas se recostou na parede oposta ao salão de música, dando a última mordida em seu bolinho frito. Ao me ver do lado de fora da "tenda" improvisada do vidente, ele sorriu e ergueu um segundo bolinho polvilhado com açúcar.

"Juro que ia resgatá-la do Incrível Andreas... assim que terminasse meu pãozinho doce. Aqui", ele me entregou a guloseima, "me diga se não é a coisa mais deliciosa que já provou. Além de mim, é claro."

Abafei uma risada. Thomas era um patife e um terrível galanteador, mas eu não podia dizer que não me divertia. Apesar da inquietação que se agitava dentro de mim com a carta do Mago e a revelação de como muitos dos artistas possuíam habilidades com o tarô, coloquei um pedaço da massa frita em minha boca e quase gemi. De fato era uma das coisas mais deliciosas que eu já havia provado.

"Será que desejo saber a quantidade de manteiga usada para fazer com que o gosto seja assim tão bom?"

"Hmm." Thomas fingiu refletir por um instante. "Provavelmente não, Wadsworth. E com toda certeza não quer saber a quantidade de açúcar que foi polvilhada quando o bolinho emergiu de seu banho de manteiga." Ele ofereceu o braço e nós caminhamos devagar na direção do salão. "Andreas presenteou você com um impressionante vislumbre de seu futuro? Ouvi dizer que o espelho mágico dele é uma sensação. Uma jovem estava falando em altos brados sobre seu futuro marido. Aparentemente, ela viu o reflexo dele no espelho e não ficou satisfeita."

Olhei com perplexidade para Thomas, mas não respondi.

"Imagino que tenha ficado sem palavras ao ver quão adoráveis nossos filhos serão. Aposto que puxaram mais a mim. Meus genes Cresswell são muito impressionantes. Mas você também fará belos pequenos." Ele acariciou minha mão afetuosamente. "Tente não ser tão dura consigo mesma. Não podemos evitar que um de nós seja mais belo do que o outro."

Eu me detive, minha boca se escancarando. "Nossos filhos?"

Thomas inclinou a cabeça. "Sabe... humanos de menor estatura que cospem em coisas e precisam de uma quantidade indecente de atenção até crescerem? Sempre achei que fôssemos ter um bando deles."

"Você não pode estar falando sério, eu..."

Mefistófeles veio caminhando pelo corredor com Jian e Anishaa, retorcendo os lábios em seu esgar costumeiro quando ele olhou para a frente e nos avistou. O mestre de cerimônias se afastou dos artistas e apertou as mãos ávidas de alguns passageiros ao se aproximar. Torci em silêncio para que ele não mencionasse nossa dança da noite anterior.

"Que surpresa agradável, srta. Wadsworth." Ele tomou uma de minhas mãos, fingindo beijá-la, e puxou uma rosa azul-escura do ar. "Uma rosa para a adorável Audrey Rose."

"Ah, excelente", comentou Thomas. "Satã decidiu usar suas garras para deixar o Inferno e se juntar a nós. Mas eu não fazia ideia de que ele sabia fazer truques medíocres."

O mestre de cerimônias voltou sua atenção para meu acompanhante, como se o notasse pela primeira vez. "Satã. O Diabo. Príncipe do Submundo. Não nos esqueçamos de que Lúcifer era um anjo caído. E um tanto atraente, imagino. Se a carapuça servir..." Mefistófeles deu de ombros. "De todo modo, é sempre interessante reencontrá-lo, sr. Cresswell. Mas, se nos der licença, preciso dar uma palavrinha com sua", ele encarou meu dedo anelar vazio, "amiga, certo?" O mestre de cerimônias não tornou a sorrir, mas a satisfação escoou de seu rosto quando Thomas enrijeceu a mandíbula. "Não se preocupe. Eu a trarei de volta em breve. Se ela quiser retornar, é claro."

Thomas ficou parado, os dedos tamborilando nas laterais do corpo. Eu não tinha certeza se ele estava aguardando minha recusa ou ponderando quão irritado meu tio ficaria se descobrisse que eu estava andando sem acompanhante com alguém que ele não aprovava. Olhei para Mefistófeles e mordi o lábio. Eu não desejava abandonar Thomas, mas algo importante devia ter acontecido para o mestre de cerimônias querer falar comigo antes de nosso encontro já marcado. Dei um passo na direção dele, então parei.

Thomas respirou fundo. "Se eu cruzar com seu tio, direi a ele que você precisou de mais tempo para se aprontar. Encontre-me do lado de fora de sua cabine em meia hora."

"Thomas." Fiz que ia alcançá-lo, mas baixei o braço. "Obrigada."

"Não precisa agradecer." Ele se inclinou e beijou minha bochecha, sem se importar com nossa plateia carrancuda. "Você é *sempre* livre para fazer o que quiser. Mesmo que sua escolha seja seguir um desconhecido que traja um terno espalhafatoso até as profundezas de um navio a vapor quando há alguém na trupe dele assassinando mulheres." Uma satisfação faiscou em seus olhos quando o mestre de cerimônias expirou ruidosamente. "Vejo você em breve."

"Se meu terno é tão espalhafatoso, por que está olhando para ele como se fosse seu grande amor?"

"Thomas", eu o alertei. "Não faça comentários sobre o terno dele. Ele pulou a soneca da tarde e está ranzinza."

"Sim, bem, havia apenas um lugar livre no berçário e achei que deveria deixá-lo para o sr. Cresswell."

Escondi um sorriso quando Thomas olhou para o mestre de cerimônias como se ele fosse um cadáver reanimado.

"Srta. Wadsworth?", perguntou Mefistófeles, seu tom desprovido de qualquer decoro ou paciência. "Vamos?"

Ele ofereceu um braço, mas o ignorei e avancei pelo convés sem auxílio. Eu já estava um tanto rabugenta graças à leitura de tarô, e a repentina aparição de Mefistófeles, o Diabo em pessoa, havia azedado ainda mais meu humor. Despertando incertezas, de fato. Eu mostraria a Andreas quão falsas eram suas cartas.

Assim que alcançamos a extremidade do deque livre de passageiros e artistas, girei para encará-lo. "Você está tentando aborrecer Thomas e isso não é justo comigo. Quando concordei em ajudar, *eu* também deveria ser favorecida, lembra? Isso", gesticulei entre nós dois, "não é favorável. O que é tão importante para você precisar de minha ajuda *neste* momento? Você parecia estar se divertindo com Jian e Anishaa, sem estar a minha procura."

"Não aqui." Mefistófeles apontou para o corredor que levava aos andares inferiores. Tentei disfarçar um calafrio ao adentrarmos a ala fracamente iluminada e descermos sem demora o lance estreito de escadas. Nossos passos ecoaram, anunciando nossa chegada a qualquer um que estivesse no andar inferior. Tive vontade de perguntar sobre as cartas de baralho e de que maneiras a cartomancia poderia se relacionar com os assassinatos, mas não queria fazê-lo quando estávamos tão afastados de outras pessoas.

Nós chegamos ao fim da escadaria, e fiquei boquiaberta quando ela desembocou em um amplo compartimento de carga que na certa ocupava cerca de um quarto de todo o casco. Jaula atrás de jaula com barras de ferro e animais exóticos estavam enfileiradas em cada um dos lados da câmara cavernosa. Macacos e tigres, leões, elefantes e lobos mais brancos do que a neve. Eu me detive perto das zebras, admirando as cores contrastantes.

"E então?" Encarei o mestre de cerimônias, com as mãos nos quadris. "Qual é o assunto urgente?"

Parada ali com ele, eu tentava não pensar na noite passada, em suas mãos em minha cintura, rindo como se eu fosse outra pessoa enquanto ele me girava pelo salão. Quão livre eu havia me sentido por um momento.

"Notei que você ainda não entregou a carta para Liza." Ele deslizou as mãos enluvadas na lateral de uma jaula, inspecionando-as ao afastá-las. "Preferiria que eu o fizesse? Desse modo você poderia agir como se suas mãos não estivessem encardidas com essa sujeira."

"Era por isso que você queria conversar?" Fiquei irritada com seu tom. "Como abrir os olhos de uma pessoa para a verdade é uma coisa assim tão terrível?"

Ele parou de andar na frente das jaulas enfileiradas e me encarou. "Às vezes escolhemos não enxergar coisas que sabemos serem verdade, apenas porque desejamos manter a fantasia do que poderia ter sido. Enxergar a veracidade de algo, bem, por vezes isso pode apagar a esperança. Um lamentável efeito colateral. Como uma cientista, imagino que saiba disso. Você não pode sempre remover um tumor sem arrancar um pouco dos tecidos saudáveis ao redor, pode?"

Cruzei os braços sobre o peito. "Não, não necessito de sua ajuda. E não preciso de palavras bonitas sobre como falar a verdade é como retirar um tumor, ou qualquer outra tolice do tipo. Havia algo a mais de que precisava, ou seu único objetivo era me irritar?"

"Você se enfurece rápido demais", comentou ele. "Eu me refestelo no caos, lembra? Gosto de estudar reações. Você não estava com tanta pressa para se livrar de mim na noite passada."

Enrubesci. "Alguma outra palavra de sabedoria ou posso voltar para o festival?"

Mefistófeles marchou até a jaula do leão, um músculo em sua mandíbula se enrijecendo de aborrecimento. "Peço desculpas por ter interrompido sua noite romântica, srta. Wadsworth. Mas pensei que pudesse querer saber o que descobri antes que eu vá alertar nosso arrogante capitão." Ele indicou o fundo da jaula com a cabeça. Pelo cheiro terroso que pairava, o feno parecia ter sido recentemente trocado.

Duvidei que ele tivesse me levado até ali para ver aquilo, então me inclinei com cuidado e recuei. Havia respingos de sangue no chão da jaula. Não podia ser. Uma explicação lógica me aguardava, eu tinha apenas que pensar como uma cientista.

"Você não alimenta os leões com carne fresca?", perguntei. Meu cérebro se recusava a reconhecer o que meus olhos afirmavam ser verdade — a base para todas as boas ilusões. "Estou certa de que é apenas..."

"O membro decepado que é o culpado?" Ele apontou para algo que eu não notara a princípio; era rijo e projetava-se do feno. Fechei os olhos por um instante e praguejei.

Um braço pálido, roído até o osso em uma das extremidades.

A menos que fosse um adereço *muito* detalhado para o festival, era real demais. Sem ilusões ou truques. "Sim, estou convicto de que isso explica todo o sangue. Que bobagem a minha requisitar sua ajuda para desvendar esse mistério."

Dardejei um olhar irritado para ele. "Não se zangue comigo. Não sou a pessoa que está tentando destruir seu festival. Talvez devesse ter pensado em tais consequências antes de continuar seus flertes com uma mulher casada."

"Meu festival está em perigo, há um braço decepado a sua frente, e ainda assim você quer discutir quem eu levo para a cama?"

"Quando essas pessoas podem ser a *causa* de tais problemas? Sim."

Passei por ele, empurrando-o e reparando no abalo em sua expressão, então contornei o fundo da jaula na tentativa de enxergar melhor o braço. Com o feno recém-trocado, era difícil dizer se alguém havia sido morto *dentro* da jaula, ou se o braço apenas havia sido jogado ali depois do crime.

"Você precisa retirar o leão dali de dentro neste instante", eu disse. "A jaula precisa ser isolada e vasculhada em busca de pistas."

Examinei o leão. Era impossível dizer quanto do corpo ele havia devorado — talvez tivesse sido apenas aquele braço, como forma de nos distrair. O grande felino se limpava preguiçosamente, lambendo as próprias patas e depois as esfregando atrás das orelhas, com um gesto contente que apenas uma barriga cheia poderia proporcionar. Meu próprio estômago se revirou com a implicação de tal acontecimento. Aquela noite havia estado tão próxima de terminar sem mais uma morte.

"Este animal não deveria estar com os outros para o espetáculo?"

Mefistófeles se aproximou. "Parece que ele está satisfeito demais para ser útil, o que provavelmente foi o motivo de ter sido deixado para trás."

"Isso significa que o braço foi colocado antes da apresentação."

Engoli minha repulsa. Eu não podia permitir que minhas emoções viessem à superfície naquele momento — talvez até nunca. Havia testemunhado muitos horrores no laboratório de meu tio, atrocidades violentas demais para crer. Mas aquela era uma categoria nova de horror. Dar alguém de comer a um animal... era monstruoso.

"Você precisa chamar meu tio", acrescentei, percebendo que Mefistófeles ainda não havia se mexido. "E Thomas. Precisamos deles. Alguém está morto. Quem quer que tenha feito isso deseja arruinar seu festival. É melhor que torça para que consigamos provar que Cassie e seu marido são os culpados, ou você provavelmente será tido como responsável."

"*Essa* é sua melhor dedução?" Mefistófeles cruzou os braços e fez uma careta. Não era o tipo de reação que eu esperava de alguém que havia se deparado com o membro decepado de outra pessoa.

Se ele não era culpado, estava fazendo um péssimo trabalho para provar aquilo. "Cassie e eu, embora fizéssemos um belo par, nunca fomos amantes. Ela o queria, mas eu não aceitei. Misturar o trabalho com a vida pessoal nunca é uma boa ideia. Mas não sei dizer se você está curiosa apenas por suas razões pessoais. Quem sabe esteja enciumada."

"Você perdeu completamente o juízo? Bem que você queria que eu estivesse com ciúme."

Ele pareceu refletir sobre aquilo. "Sim, na verdade, gostaria. Independentemente disso, se quisesse envolver seu tio ou aquele assistente arrogante dele de imediato, eu o teria feito. O que quero é que *você* investigue primeiro. *Depois* vou buscá-los. Preciso de discrição. O festival não pode continuar aguentando esses baques. Estou fazendo tudo que está a meu alcance para manter as apresentações, para distrair o público, mas nem eu não sou capaz de fazer milagres. Preciso que me ajude."

"Thomas é meu parceiro", argumentei. "Temos habilidades complementares."

"E? Você é incapaz de apenas *olhar* para algo sem a presença de qualquer um dos dois?"

Nós nos encaramos, cada um defendendo a própria opinião por um instante longo demais. Era uma batalha de vontades, e se eu fosse egoísta, não me renderia apenas para irritá-lo. No entanto, considerando que uma pessoa assassinada estava envolvida, decidi agir de acordo com meus valores morais.

"Está bem", retorqui. "Mas alguém precisa tirar esse leão da jaula *agora*. Não posso investigar a cena do crime apropriadamente *e* me preocupar com a possibilidade de ser estraçalhada por uma fera."

"Está bem", repetiu Mefistófeles, passando de raspão por mim e apanhando um molho de chaves de um gancho na parede. "Fico feliz em ver que há coisas que você consegue fazer sem auxílio."

Ele enfiou a chave na fechadura e escancarou a porta, provocando um rangido que fez o grande felino soltar um rugido baixo e ameaçador. Pelo visto, ele não estava tão satisfeito nem era tão dócil quanto eu havia pensado.

"O que você está fazendo?", perguntei.

Mefistófeles apanhou uma coleira no interior da jaula e a segurou como se aquilo fosse a coisa mais óbvia do mundo. "Retirando o leão da jaula, como você me pediu. Andou bebendo a Fada Verde novamente? Pensei que isso fosse *nosso* momento especial."

"Por que *você* está removendo o leão? Não deveria ir buscar um especialista?"

Com um grunhido desgostoso, o mestre de cerimônias deu as costas para mim e andou com firmeza até o leão. Agora que eu olhava de perto e com mais atenção, podia ver respingos de sangue manchando seu focinho pálido e resquícios de carne próximos dos bigodes. Mefistófeles, ao caminhar na direção do animal, ou não percebeu a sanguinolência, ou fingiu que ela não existia. Eu não sabia se ficava impressionada ou horrorizada conforme o grande felino baixava a pata e encarava o intruso.

Não importava quão treinado fosse o leão, havia uma parte dele que seria para sempre selvagem. O brilho astuto em seus olhos dourados fez com que arrepios percorressem meu corpo. Mefistófeles parecia ser imune àquela reação. Ele avançava imbuído de coragem.

"Tome cuidado, sim? Você vai acabar morto", eu disse, me aproximando, "então terei que distinguir seu sangue das entranhas da vítima."

"Se isso acontecer, considere um teste de suas habilidades imensuráveis."

Respirei fundo para me acalmar. "Não vou participar dessa loucura."

"Às vezes, para o bem maior", comentou ele, por cima dos ombros, "é necessário sujar as mãos. Você confia em mim, srta. Wadsworth?"

Apenas um tolo depositaria sua confiança em um desconhecido que se gabava de suas habilidades ilusórias. "Que diabos isso quer dizer?" Em vez de responder, Mefistófeles estalou a coleira como um chicote, arrancando grunhidos e guinchos dos outros animais enjaulados. Meu olhar se fixou no braço decepado mais uma vez, mas o afastei depressa. O momento de dissecar aquele membro ensanguentado em breve chegaria.

Avancei, segurando as barras para que tivesse algo a fazer além de me afligir enquanto o mestre de cerimônias chegava ao alcance do leão. Ao contrário da calmaria do felino, meus batimentos cardíacos eram um rugido constante que eu não conseguia apaziguar. Lidar com o braço desmembrado era horrível, mas ser testemunha de um ataque animal seria ainda pior.

Percebendo a tensão cada vez maior, o leão farejou o ar. Sua cauda, que terminava em um chumaço de pelos, balançou próxima ao feno manchado de sangue atrás dele. O animal parecia prestes a dar o bote a qualquer momento. Agarrei as barras até que as juntas de meus dedos doessem.

"Tome cuidado. Por favor."

Meu sussurro tinha sido tão baixo que quase nem eu mesma o havia ouvido, de modo que me surpreendi quando o mestre de cerimônias tropeçou em um pequeno monte de feno e olhou para mim. Tudo se sucedeu rápido demais. O leão, já desconfiado do cavalheiro mascarado dentro da jaula, tomou impulso em sua parte traseira e levantou-se de um pulo. Mefistófeles recuou, mas não foi rápido o bastante. O leão abocanhou a parte frontal de seu colete, rasgando o tecido sem esforço algum. Eu podia apenas imaginar o que aquelas garras seriam capazes de fazer na carne. Se ele não escapasse logo, eu iria descobrir.

"Corra!", gritei. "Depressa!"

Mefistófeles caiu, arrastando-se para trás como um caranguejo batendo em retirada. Não havia dúvida, ele iria morrer. Escrutinei a câmara fracamente iluminada à procura de algo que pudesse usar contra o leão. Minha atenção pousou em um bastão — sem refletir, eu o agarrei e corri para o lado oposto ao do mestre de cerimônias, passando o bastão pelas barras, criando o ruído mais terrível de todos.

Em minha mente, aquela teria sido uma distração fabulosa, mas a realidade não estava a meu lado. O leão não havia prestado atenção alguma em mim; ele avançava, seus olhos jamais deixando a presa.

"Ei!" Golpeei as barras como se fosse uma jogadora de críquete. O resultado foi um clangor que quase fez meus dentes tremerem. Aquilo ao menos fez com que o leão parasse. Usei toda minha força para atingir as barras de novo e de novo, o som tão alto que se recusava a ser ignorado. Por fim, o leão virou a cabeça. O aborrecimento era evidente no movimento de sua cauda. Tanto o grande felino quanto o mestre de cerimônias me encaravam debilmente, como se aguardassem o próximo golpe nas barras. "Corra, seu tolo!"

Mefistófeles saiu de seu estupor e se levantou. Ele deu as costas para o grande felino, quase alcançando a porta da jaula quando o animal deu um giro e o atacou uma segunda vez. Eu gritei, convencida de que o veria arrancar membro por membro. O guincho inesperado assustou o leão — não por muito tempo, mas o suficiente para que Mefistófeles saísse aos tropeços da jaula e chutasse a porta para fechá-la.

Corri ao redor da jaula, fechei o cadeado e arrastei o mestre de cerimônias até que ficássemos a uma distância segura. Ele se encolheu com meu toque bruto, mas não reclamou. Eu não fazia ideia se aquilo era um bom sinal ou não. Talvez tivesse sido ferido de forma tão terrível que estava entrando em choque. Cadáveres eram uma coisa; cuidar de um corpo vivo até que ficasse saudável novamente não era minha especialidade.

"Você está ferido?" Arranquei minhas luvas, passando as mãos rapidamente por seu torso, buscando algum ferimento visível. Seus trajes estavam rasgados na parte da frente, mas eu não via sangue. Ainda. "Está sentindo alguma dor? Quantos dedos você vê?"

Eu não conseguia me lembrar de mais nada para perguntar; os mortos não me diziam o que doía até que eu os abrisse e examinasse, procurando pistas.

Ele piscou devagar por detrás de sua máscara de sempre, parecendo refletir sobre aquilo. Eu não sabia dizer se Mefistófeles estava refletindo sobre possíveis dores ou se estava prestes a desmaiar. "É... difícil... dizer. Talvez minhas costas?"

O mestre de cerimônias se sentou com dificuldade, então franziu o cenho. Com precisão médica, eu o apoiei na parede e removi a casaca e o colete. Ajoelhei a seu lado e desatei o nó de seu plastrão com um gesto tão rápido que até eu mesma fiquei impressionada. Meus dedos já estavam abrindo os botões de seu colarinho quando me detive, de repente muito ciente de nossa posição e do que eu estava fazendo — se alguém nos flagrasse sozinhos ali embaixo, com ele parcialmente despido, eu estaria imersa em um grande escândalo.

Mefistófeles piscou para mim. "Esta não é a primeira vez que você desata o nó de um plastrão, é?"

"Mas seria a primeira vez que eu o usaria para estrangular alguém."

"Tão violenta." Seus olhos estremeceram e fecharam, e ele gemeu. Deixei minhas preocupações de lado. Se alguém descesse, veria um homem ferido e alguém capaz de oferecer assistência médica. E nada mais.

Terminei de desabotoar sua camisa e a abri, inspecionando rapidamente seu torso em busca de qualquer ferimento. Não havia nada além de sua imaculada pele bronzeada. Corri os olhos por seu corpo duas vezes para ter certeza, ignorando a sensação de impropriedade ocasionada pelo despimento. Ele poderia ter sofrido ferimentos internos que seriam ainda mais preocupantes do que se sua pele tivesse sido lesionada. Apalpar seu torso para detectar sinais de sensibilidade talvez fosse o melhor a ser feito, mas eu não podia garantir que ele não sentiria dor.

"Você não está com nenhum ferimento externo." Ergui meu olhar até encontrar o dele; estávamos muito próximos. Próximos demais. Ele me encarou sem piscar. "É possível que tenha sofrido uma concussão. Você aparenta estar um tanto..."

Ele desabou para a frente, praticamente enterrando a cabeça em meu peito. "Por favor." As palavras em si eram uma súplica. Seus braços gentilmente envolveram minha cintura. "Por favor, aceite minhas desculpas."

"Você não tem nada pelo que se desculpar." Eu o abracei por um instante, receando que tivesse sofrido uma pancada forte na cabeça. "Venha. Vamos nos levantar."

Depois de uma tentativa titubeante, consegui colocá-lo de pé. Eu o segurei, temendo que uma nova queda pudesse causar mais danos ao cérebro. Estava prestes a entregar sua casaca quando ele cambaleou em minha direção, nos prensando contra a parede conforme tentava não cair. Naquele ritmo, levaria uma eternidade para encaminhá-lo a um médico de verdade. O dr. Arden tinha se recusado a deixar seus aposentos, e eu não sabia dizer se havia outro especialista a bordo do navio.

"Você está bem?", perguntei. "Se estivermos nos movendo depressa demais, é melhor se sentar."

As mãos do mestre de cerimônias se ergueram devagar, e ele envolveu meu rosto, aproximando sua testa até que tocasse a minha. Ele claramente estava delirando. "Lembre-se."

"Do quê?"

"Do nosso trato, srta. Wadsworth." Mefistófeles tombou em cima de mim, e fiquei alarmada ao pensar que poderia haver algum ferimento em suas costas que eu não havia detectado. Antes que pudesse ajudá-lo a se levantar, o som de sapatos descendo as escadas, dois degraus por vez, chegou a meus ouvidos. Minha primeira reação foi de alívio por ter alguém para me ajudar com o mestre de cerimônias desorientado em meus braços. Mas quando vi Thomas derrapando pelo canto e parando de súbito, pude jurar que meu coração afundou até os pés.

O mestre de cerimônias recuou sem pressa, a atenção dividida entre mim e Thomas. Sua estranha insistência para que eu me lembrasse de nosso trato de repente fez sentido. Ele havia forjado a situação. Toda a situação. Cerrei os punhos quando ele se empertigou e começou a abotoar a camisa, completa e totalmente estável.

"Sr. Cresswell, posso lhe garantir que as coisas não são o que parecem", disse ele, não soando nem um pouco convincente enquanto trajava sua casaca esfarrapada. Mefistófeles indicou os rasgos. "Fui atacado e a srta. Wadsworth veio a meu resgate. Foi extremamente corajoso da parte dela, e muito vergonhoso da minha."

Pelo que eu conseguia ver, Thomas nem ao menos respirava, mas seu olhar aguçado prescrutava a câmara, na certa reconstruindo a cena com sua tática impressionante. Com tristeza, percebi que ele olhou para tudo, menos para *mim*. Meu tio e o capitão cruzaram o batente um instante depois, acompanhados por Cassie, e se detiveram.

"O que diabos está acontecendo?", quis saber o capitão. "Você tem um espetáculo para apresentar. E essa aqui", ele apontou para Cassie com o polegar, "não quis me informar o que era tão urgente. Apenas disse que você precisava de nós imediatamente."

Mefistófeles se afastou de mim e indicou a jaula com a cabeça. "A srta. Wadsworth e eu estávamos investigando o mistério do braço decepado. Mas você está certo, o espetáculo deve continuar. Ao menos esse assassinato não será a atração principal da noite."

Com aquilo, ele fez uma mesura de zombaria, gesticulou para que Cassie o seguisse e desapareceu pelas escadas, me deixando sozinha para lidar com o caos que havia desencadeado. Prendi a respiração e encontrei o olhar furioso de meu tio. Enfrentar o leão dentro da jaula seria bem menos intimidante, mesmo depois do ataque.

"Posso explicar tudo, tio."

20. UMA EXCELENTE DEDUÇÃO

Compartimento de carga dos animais
RMS *Etruria*
5 de janeiro de 1889

ue diabos ele quis dizer com 'mistério do braço decepado'?" A voz do capitão Norwood era um rugido de trovão no silêncio tenso. Um macaco próximo a uma das extremidades do compartimento de carga guinchou, e fiz o possível para não me encolher com os sons penetrantes. O capitão era tão temperamental quanto o mar pelo qual navegava. "Diga que não é um braço humano *de verdade*."

"Lamento informar que há um espécime humano dentro da jaula do leão", eu disse, jamais imaginando que um dia iria pronunciar aquelas palavras juntas. Afastei meu olhar do capitão e o direcionei a Thomas na esperança de fazer tudo que estava a meu alcance para explicar a ele — assim como ao capitão e meu tio — o que havia acabado de acontecer... além do fato de eu ter estado nos braços de um homem despido.

"Mefistófeles estava tentando retirar o leão quando foi atacado", expliquei. "Ainda não pude inspecionar a cena por completo, de modo que não possuo mais informações. Em uma análise inicial, no entanto, pude ver que alguém revirou o feno. É possível que isso tenha sido feito na tentativa de arrumar a cena do crime, mas não saberei ao certo até conseguir entrar na jaula e olhar mais detalhadamente."

Thomas caminhou na direção da jaula e do membro decepado em questão, sua atenção movendo-se do grande felino para o braço desmembrado para sabe-se lá o que mais. Ele tamborilou os dedos nas barras de metal, o som abafado graças às luvas de couro que usava. O capitão abriu a boca, mas meu tio ergueu a mão para silenciá-lo. Ninguém deveria interromper Thomas quando se perdia naquelas equações que apenas ele podia ver. Não era a primeira vez que eu desejava possuir um fragmento daquela habilidade específica dele.

"Esta não é a cena do crime", declarou, e eu o conhecia o suficiente para não duvidar de sua dedução. "É apenas o lugar onde o corpo foi deixado. Na verdade, não acredito que o restante do corpo tenha estado aqui. Provavelmente foi atirado ao mar, ou o assassino planeja fazê-lo em breve. Roubo ou furto não foi a causa; estão vendo o anel? Ou o crime foi premeditado ou feito por conveniência."

"Você parece estar bem confiante", murmurou o capitão. "Talvez deva deixar o dr. Wadsworth falar, rapaz."

Thomas fechou os olhos, e pude apenas imaginar o tipo de comentário que estava se refreando de dizer em voz alta. Era um feito admirável, na verdade, ter se controlado. Um segundo depois, ele se aprumou e adotou a postura de quem não tolerava questionamentos a sua competência no assunto. Apesar das circunstâncias, não pude deixar de sentir orgulho. Thomas era magnífico quando usava seus dons em um caso, com merecida confiança. Ele estava amadurecendo do rapaz arrogante que eu havia conhecido no verão passado.

"Thomas?", perguntou meu tio. "Poderia explicar melhor para o capitão?"

Ele assentiu. "Repare no tom da mancha de sangue no cadeado e no resquício da cor avermelhada nas chaves."

"Ande com isso", disse o capitão, claramente sem paciência para gracejos naquela noite. "Por que deveria me importar com a cor do sangue?"

"Mefistófeles não estava sangrando, então as manchas no cadeado e nas chaves não vieram dele." Thomas se interrompeu por um instante e rodeou a jaula, mas senti uma acusação em seu silêncio.

"Com apenas isso é certo afirmar que o sangue ou é do assassino ou da vítima", continuou. Seu tom de voz era profissional, frio; talvez eu tivesse imaginado sua agitação. "Está escuro, indicando que não estava fresco quando foi transferido para o cadeado. Imagino que estivesse quase seco no momento que o assassino tocou estes objetos.

Se aqui tivesse sido a cena do crime, então haveria respingos de sangue e manchas enormes no chão. Um membro foi removido de uma pessoa; teria sido caótico. Mesmo com o feno trocado, haveria sangue no chão, paredes e teto. O senhor já foi a um abatedouro, capitão? É repugnante. E em relação ao anel? Se esse fosse o motivo para a investida, teria sido a primeira coisa a desaparecer."

"Talvez ele não tenha conseguido tirar o anel do dedo dela", observou Norwood.

"Se fosse o caso, ele o teria cortado fora", eu disse, recebendo um olhar enojado do homem, como se tivesse sido a pessoa que arrancou o braço. "E não é o braço de uma mulher. Nossa vítima é um homem. E o anel é uma aliança de casamento."

Thomas circulou pelo espaço entre cada uma das cabines, chutando montinhos de feno ao avançar. Ele se ajoelhou, então olhou para cima, na certa buscando indícios de respingos de sangue no teto. Segui seu olhar e pisquei. Um pedaço de tecido azul cobalto ficara preso em alguma coisa no teto baixo. Parecia seda. Estreitei os olhos e distingui os contornos de um painel de acesso. Uma ideia me ocorreu. "Para onde dá aquele painel, capitão?"

"É apenas uma porta de manutenção que interliga esta câmara aos corredores dos tripulantes." Ele fez um gesto de indiferença para o painel. "Ninguém além de um seleto grupo de membros da tripulação tem acesso. E precisa pedir a chave para mim primeiro."

"Qual sua finalidade?", continuou Thomas. "Quão grande é o compartimento?"

"Seu uso é basicamente para assuntos elétricos", disse o capitão Norwood. "Um homem precisaria se agachar e encolher para passar. Não é a maneira ideal para transportar um corpo, se é aonde querem chegar com essa *teoria* de vocês."

Ruminei aquela informação. Nossa experiência com os últimos assassinatos me fazia ter certeza de que o malfeitor não precisava ser um homem. "Uma mulher não encontraria muita dificuldade. Seria imprudente descartar qualquer pessoa a esta altura, senhor." Mais um suspeito bastante óbvio me ocorreu. "Sebastián talvez caiba ali." Quando todos me encararam inexpressivamente, acrescentei: "O contorcionista. Eu o vi se contorcer até virar um nó".

A expressão de Thomas estava cuidadosamente neutra. Eu teria muitas explicações para dar assim que desembarcássemos do navio.

"Srta. Wadsworth, peço desculpas, mas me permita falar com clareza; não é possível que este painel tenha sido usado", argumentou o capitão. "Como acabei de afirmar, o único molho de chaves está em *minha* posse, em *meus* aposentos. Ninguém esteve lá nos últimos dois dias. Tenho certeza. A não ser que deseje me acusar de depositar este membro aqui, aquele painel está fora de cogitação. A senhorita terá que elaborar uma teoria melhor para explicar por que ele veio parar aqui."

Contei mentalmente até dez. Chaves podiam ser afanadas, fechaduras podiam ser violadas, e com um navio inteiro repleto de artistas que tornavam o impossível possível, eu tinha a impressão de que o capitão não estava sendo realista. Houdini era conhecido tanto na Inglaterra quanto nos Estados Unidos como o Rei das Algemas. Ele *sozinho* tinha talento para arrombar uma fechadura, espremer-se em espaços confinados e fazer uma fuga rápida.

Aquele pensamento congelou todos os outros, e meu coração se cobriu de uma camada enregelada. Eu teria que me responsabilizar em ir atrás de Houdini em seguida e perguntar onde ele estivera naquela tarde. De preferência antes que meu tio se apresentasse para tal tarefa e desencadeasse a fúria de Liza.

"Hmm." Tio Jonathan cofiou o bigode, evitando olhar para mim. Não consegui ignorar a pontada que senti. Ele já havia se aborrecido comigo inúmeras vezes antes, mas nunca me ignorara enquanto investigávamos uma cena de crime. "Por que acredita que o painel de acesso foi o ponto de entrada do assassino, Thomas?"

Comprimi os lábios, irritada por ser menosprezada quando eu havia sido a primeira a chegar à cena do crime. Thomas se voltou para mim. Havia uma firmeza em seu olhar quando respondeu: "Wadsworth? O que pensa disso?".

Por um momento, fiquei calada. Eu estava grata por Thomas ter redirecionado a atenção deles para mim, mas preocupada pelo gesto ter sido necessário. Afastando minhas emoções para poder me concentrar na tarefa, apontei para o pedaço de seda.

"A seda rasgada é o primeiro indício de que alguém passou por ali", eu disse. "O segundo é que o convés ficou apinhado em uma enxurrada de atividades durante toda a tarde e a noite. Com os membros da tripulação montando as tendas, bem como os artistas e passageiros circulando a noite toda, não vejo de que modo alguém poderia ter trazido um corpo, ou partes de um corpo, até aqui sem chamar atenção. *A não ser* que a pessoa tenha utilizado outra entrada que não fosse a escadaria principal para descer."

"Bom." Meu tio fez um gesto para o leão, que havia começado a andar de um lado para o outro em seu confinamento. "Uma vez que a jaula estiver vazia, saberemos mais." Ele mirou o capitão com firmeza. "O navio é seu, capitão, mas sugiro que tripulantes fiquem a postos em todos os deques no período da noite. Se o assassino ainda estiver de posse do restante do corpo, estará desesperado para se livrar dele. Eu não ficaria surpreso se tentasse atirá-lo do navio algumas horas antes do amanhecer."

O capitão esfregou as têmporas com força o suficiente para provocar uma dor de cabeça em si mesmo — isso se ele já não estivesse padecendo daquele mal. "Não posso deixar homens a postos no convés da primeira classe. O que os passageiros que investiram tanto nesta viagem iriam pensar? Este navio não é um abrigo e não tratarei meus passageiros como prisioneiros. Eles não foram aterrorizados por um assassinato brutal esta noite e pretendo manter as coisas desse jeito. Não lhes trarei sofrimento."

Tive que tocar minha cabeça para ver se ela não havia explodido diante daquela declaração tão tola. Uma leve cutucada em meu couro cabeludo provou que meu crânio permanecia intacto, um verdadeiro milagre.

"Você não pode estar falando sério." Thomas jogou as mãos para o alto. "Seria muito melhor ter membros da tripulação a postos nos deques do que ver partes desmembradas de um corpo flutuando por aí enquanto os passageiros da primeira classe forem fazer o desjejum ou tomar chá. 'Oh, veja só, srta. Eldridge, ali está um torso estraçalhado. Pode me passar o creme e o açúcar?'"

"Não diga absurdos", rebateu o capitão, horrorizado.

"Peço desculpas", disse Thomas, não soando nem um pouco arrependido. "Estou apenas sendo lógico."

Meu tio tirou os óculos e limpou manchas imaginárias. "Se me permite, capitão. Meus assistentes e eu não queremos desrespeitá-lo, mas o senhor não pode fingir que algo terrível não está acontecendo.

Coloque a tripulação a postos no deque como precaução, ou esta não será a última conversa que teremos antes de chegarmos a Nova York. Quantos corpos precisaremos descobrir até que medidas de segurança sejam adotadas?"

O capitão Norwood cerrou as mãos com firmeza nas laterais do corpo. "Você é um dos homens mais notórios de seu ramo, doutor. Mostre-me o que você e seus assistentes são capazes de fazer. Designarei membros da tripulação para os deques da segunda e terceira classe. O senhor deseja que seus companheiros, cavalheiros ou damas, sejam investigados? Então o faça você mesmo. Não darei a ordem para insultá-los, não depois dos horrores aos quais foram submetidos esta semana. Temos apenas mais dois dias no mar."

O capitão se virou para ir embora, então olhou por cima do ombro. "Depois da meia-noite, assim que o festival encerrar as atividades, retirarei o leão. Então estarão livres para investigar da maneira que julgarem adequada. Até que eu os convoque, o que pode acontecer depois da meia-noite ou pela manhã, poderão fazer como bem entenderem. Desde que não comentem sobre este lamentável incidente com mais ninguém. Terei uma noite livre de assassinato e terror. Colocarei todos vocês atrás das grades se criarem pânico."

Às pressas, o capitão Norwood nos conduziu de volta ao festival e colocou um tripulante a postos na saída da escada, não permitindo que ninguém entrasse no compartimento de carga. Nós deveríamos aguardar até que o espetáculo terminasse, pois que Deus nos perdoasse se interrompêssemos a diversão dos ricos e poderosos. Eu esperava que ele ao menos nos chamasse após a meia-noite; ainda havia a possibilidade de que mudasse de ideia e não nos autorizasse a voltar à cena do crime até as primeiras horas da manhã.

"Você e eu precisamos ter uma conversa séria", disse meu tio, a expressão fria como o vento ártico fustigando ao nosso redor. "Até lá, deve ficar ao lado de Thomas. Estamos entendidos?"

Engoli em seco. "Sim, senhor."

Sem dizer mais nada, meu tio foi embora, marchando rumo a seus aposentos.

Thomas permaneceu em silêncio a meu lado, embora eu pudesse ver que ele se digladiava com os próprios sentimentos. Esfreguei os braços, observando um membro da tripulação içar uma mala de viagem a segurá-la na altura do peito. Ele havia sido o sortudo incumbido da missão de transportar o membro decepado até o frigorífico. Tentei não me encolher ao pensar em todas as maneiras com as quais a cena do crime e o braço haviam sido contaminados. Nosso trabalho havia acabado de se tornar muito mais difícil.

"Não consigo entender por que o capitão Norwood é tão avesso à ideia de colocar alguns vigias na primeira classe", disse quando paramos na extremidade do convés. Foliões ainda estavam encantados pelas tendas do festival que haviam sido montadas pelo deque como uma feira, rindo e caminhando a esmo de uma barraca listrada para a outra. Ainda assim, também notei algumas pessoas olhando por cima dos ombros, deixando de rir com tanta vontade ou de sorrir tão abertamente quanto seus companheiros. A atmosfera estava silenciosa, quase como a calmaria antes da tempestade. "Você acha que ele está acobertando alguém? É um tanto estranho que não esteja preocupado com mais um assassinato."

Thomas ficou parado perto de mim, tomando o cuidado de não tocar meu braço enquanto mirava o oceano, escuro como a meia-noite. Eu tentava dizer a mim mesma que sua postura rígida não me afetava, mas eu sabia que aquela era apenas mais uma mentira que eu adicionaria à conta. Por fim, ele deu de ombros. "Devo admitir que estou tendo dificuldades para entender certas coisas, Audrey Rose."

Engoli minha resposta, compreendendo com seu uso de meu nome de batismo que ele não estava se referindo ao capitão. Uma brisa soprou a bruma marinha em meu rosto, fazendo os olhos arderem quase tanto quanto a tristeza na voz de Thomas. "Prometo que as coisas voltarão logo ao normal. Preciso que confie em mim, Thomas."

"Eu confio." Ele suspirou, então esfregou a mão no rosto. Aquele era um gesto muito atípico para Thomas. Seu cabelo preto estava desgrenhado de uma maneira que evidenciava seu turbilhão interno. "E isso é parte do problema, creio eu. Que tipo de trato você fez com Mefistófeles?"

Enrijeci, olhando em volta para me certificar de que estávamos sozinhos. Uma artista em pernas de pau, trajando tons fantasmagóricos de branco e cinza, andava de modo cambaleante pelo convés, e seus movimentos desengonçados eram uma visão sinistra contra a escuridão do oceano. Nós estávamos próximos demais dos termos de minha barganha, e por mais que problemas com Thomas estivessem surgindo, eu não podia prejudicar o bem-estar de Liza.

"Não sei ao certo se entendo sua acusação", disse, encontrando um canto na balaustrada em que pudesse me encostar e remexer na manga do vestido. "Não fiz trato algum com o mestre de cerimônias. Você está perdendo o jeito com as deduções, Cresswell."

Um instante de silêncio se passou entre nós, pesado e desconfortável.

"Quer saber algo interessante sobre minhas deduções?", perguntou Thomas, por fim, virando em minha direção. "Você sempre baixa o olhar, só um pouco, e então o levanta quando mente. É seu sinal. Já a vi fazendo isso com Moldoveanu e com seu pai." Ele examinou meu rosto, e sua expressão se fechou para que eu não pudesse mais enxergar a dor nele. "Prometemos que nunca mentiríamos um para o outro." Thomas respirou fundo, como se desse a si mesmo um momento para ordenar os pensamentos ou quem sabe dizer algo que não queria que soasse errado. "Tenho certeza de que pode encontrar uma forma de ser verdadeira *e* cumprir os termos da barganha. Somos parceiros. Iguais. Deixe-me entrar para que possa ajudar você."

Eu queria aquilo mais do que tudo e vasculhei meu cérebro pela milésima vez. Mas não conseguia ver como contornar as condições de Mefistófeles. Se eu cedesse a algum conluio, seria o fim de nosso trato. Liza jamais desistiria de Harry Houdini por conta própria, e nosso tempo estava acabando. Chegaríamos à América em dois dias, e se eu a perdesse lá, ela desapareceria para sempre.

Fechei os punhos, desejando que a dor de minhas unhas afundando na carne me ajudasse a permanecer forte. Eu não havia colocado minhas luvas de volta e podia sentir a sensação da pele cálida de Mefistófeles sob meu toque.

"Juro que não fiz nada imoral." Era a verdade, mas pelo modo como o olhar de Thomas se tornou distante, sabia que tinha dito mais uma coisa errada.

"Entendi." Ele deu um passo cuidadoso para longe e o abismo entre nós dividiu meu peito ao meio. "Espero que tenha uma boa-noite."

"Thomas... por favor", pedi, com meu estômago se revirando. Ele balançou a cabeça, então começou a se afastar. "Eu... Espere!"

Sem se virar, ele se deteve. "Eu... Eu preciso descansar antes que sejamos convocados para investigar a cena do crime. Uma mente desordenada resulta em uma investigação bagunçada. Boa noite, Wadsworth."

Dei alguns passos, mas me obriguei a deixá-lo ir. Não me surpreendi ao constatar que ele havia me observado com atenção quando estávamos na Academia de Medicina e Ciências Forenses. O diretor Moldoveanu era um homem abominável para quem eu tinha que inventar versões da verdade de tempos em tempos. E meu pai... Antes que aceitasse minha paixão pela medicina forense, eu tinha precisado esconder o aprendizado com meu tio. A mentira havia sido um mal necessário, do qual não me orgulhava.

Escondi o rosto nas mãos. Nem todas as justificativas do mundo apagariam minha mentira. Thomas tinha todas as razões para duvidar de mim, embora desejasse mais do que tudo que pudesse enxergar a verdade: eu jamais o magoaria.

"Ah, o príncipe sombrio foge na brisa da meia-noite." Mefistófeles ergueu uma taça de champanhe antes de bebê-la. "Ele está certo, sabia? Você de fato olha para baixo quando mente."

21. SOMBRIO COMO SUA ALMA

Convés
RMS *Etruria*
5 de janeiro de 1889

Eu me virei. "Você não possui honra alguma? Sem mencionar que é perturbador, e não encantador, quando aparece de repente assim."

A máscara de Mefistófeles era preta como a noite que nos envolvia. Sombria como sua alma diabólica. E tão escura como eu deixaria um de seus olhos se se esgueirasse daquele jeito novamente enquanto um assassino estava na espreita.

Ele virou o restante da bebida e indicou um assento onde uma caixa de pipocas pela metade estava ao lado de uma garrafa vazia de champanhe. "Eu *estava* sentado ali. Não é minha culpa se vocês não são observadores."

Cerrei os dentes. "Por quanto tempo ouviu nossa conversa?"

"Tempo o suficiente para parabenizá-la por manter a farsa de inocência", respondeu. "Embora tenha sido um esforço insignificante. Vamos concordar que seu verdadeiro talento não reside na atuação. Ainda que, pelo que acompanhei até o momento, sua investigação não esteja muito melhor. Ao menos você é bem agradável aos olhos. E sua dança é surpreendentemente boa."

"Está aqui por algum motivo concreto ou se cansou de fazer truques de mágica para os outros?", perguntei, meu rosto esquentando. "Ou, mais provável, apenas veio se deleitar com os problemas que está causando entre mim e Thomas?"

"Nunca me canso de fazer truques." Ele sorriu. "Da mesma maneira como você nunca se cansa de examinar cadáveres."

"Isso não nos dá algo em comum", devolvi.

"Se você diz." Ele deu de ombros. "Eu discordo, no entanto."

"A propósito", disse com a raiva da cena na jaula do leão ardendo em mim, "não entendi o motivo de sua demonstração anterior, mas meu tio vai me mandar de volta para Londres se for flagrada sozinha com você novamente. Se colocar em risco meu futuro como cientista forense, romperei nosso trato."

"Talvez eu apenas desejasse ver se você se importa comigo ou se *tudo* é uma encenação. A senhorita está se tornando uma artista um tanto habilidosa, mesmo que olhe para baixo ao mentir."

Abri minha boca, então a fechei. Ele me lançou um olhar de quem sabe das coisas. "Se seu tio tiver a intenção de enviar você de volta para Londres por causa disso, talvez estudar com as orientações de outra pessoa possa trazer bons frutos. Talvez deva ter em vista o estudo de meu tipo de ciência por um período." Ele afastou quaisquer outros contra-argumentos com um gesto. "Embora pudéssemos conversar infinitamente sobre nossos dramas pessoais, trago notícias. Sua prima vai encontrar Houdini no palco depois da meia-noite. Sozinha. Um tanto escandaloso para uma moça da alta sociedade que fugiu para viajar com uma trupe de desajustados."

Revirei os olhos. "Ela está viajando com vocês há mais de uma semana, e agora você se preocupa com o escândalo?"

"Eu me recordo de seu tio ter mencionado que a internaria em um manicômio caso se encontrasse sozinha com Houdini novamente. Viu só? Fiquei aqui sentado, esperando pacientemente que você terminasse sua investigação, para poder lhe dizer as notícias de imediato."

Quase grunhi. No ritmo que Liza e eu estávamos indo, nós duas iríamos acabar em celas adjacentes no manicômio. "O que eles vão fazer?"

"Estão trabalhando no novo número de Harry para o espetáculo de amanhã. Tudo muito misterioso, mas vi uma prévia. É um truque *bem* complicado e que vai desafiar a morte. Se ele demorar demais. Mas talvez possa ser a morte de qualquer pessoa que entrar no galão de leite."

Se havia um momento de considerar voltar a nado para a Inglaterra, era aquele. Não apenas Liza iria se encontrar com Houdini, como estava planejando ser a assistente de mais um número depois de ter jurado a nosso tio que jamais faria aquilo de novo.

"Galão de leite?", indaguei, por fim, mordendo a isca de Mefistófeles para que eu fizesse mais perguntas. "Isso não parece algo que desafia a morte. O que aconteceu com o número das algemas? Parece que ele deveria se concentrar em ser o rei de uma coisa por vez."

"Você não esperava que Harry Houdini se acomodasse, contente com apenas uma coroa, esperava?" Mefistófeles estreitou os olhos escuros como se eu pudesse ter batido a cabeça em alguma coisa. "Por que ser apenas bom quando você pode ser ótimo? Se ele vai chamar a si mesmo de 'o Grande Houdini', é melhor que faça uma apresentação de acordo. As pessoas não se lembram de espetáculos medíocres. Para realmente ganhar as mentes e as memórias da plateia, a *grandiosidade* é necessária. É ela que transforma histórias em lendas e constrói impérios."

"Encontrar novas maneiras de escapar com vida por um triz não é algo grandioso. É tolice e um perigo", rebati. "E envolver outra pessoa em tal estupidez é irresponsável e deveria ser um delito grave. Se algo acontecer a minha prima, será culpa dele. Então ele descobrirá que a ruína também acomete aos reis, como a todos os outros."

"Ah. Devo discordar de você em uma coisa. A grandiosidade está em continuar adiante, em não se acomodar apenas porque cumpriu uma meta. É um estado constante de escalada e esforço para superar a si mesmo. Ele será o Grande Houdini um dia porque trabalhou por tal reconhecimento, realizando uma tarefa impossível atrás da outra, nunca se contentando com ser apenas *bom*."

"Parece que ele não se satisfaz com o que conquistou."

"A satisfação é a raiz da complacência. Sua prima escolheu segui-lo porque ele não se satisfaz com cruzar os braços e ser apenas medíocre. 'O Bom Houdini' e 'o Satisfatório Houdini' soam da mesma maneira?" Ele balançou a cabeça. "Creio que não. Assim como um bom fraque não é tão vistoso quanto um *excelente*."

"Foi por isso que você renunciou ao nome da família?", arrisquei. "Você não concordava com uma vida de satisfações e luxo. Era apenas bom, não grandioso."

Mefistófeles observou os homens e mulheres bem-vestidos que caminhavam pelo convés, por entre as tendas do festival. Havia bem menos pessoas, e pareciam ter pedido aquele glamour de antes. "Por que viver em uma jaula quando você pode transformar o ato de escapar dela em um espetáculo?"

"Eu..."

"Diga que essa vida não parece interessante."

Abri a boca, mas as palavras não saíram. Mefistófeles me lançou outro olhar de compreensão, mas não insistiu.

"Vamos ao encontro de Liza e Harry?" Ele puxou um relógio de bolso, balançando-o de um lado para o outro como se desejasse me hipnotizar para que não me intrometesse em seu passado. "Em alguns minutos as cortinas vão cair para o público, mas o número particular vai começar."

Olhei para o público, que diminuía cada vez mais, na esperança de avistar um cavalheiro alto em particular. Um com o qual eu me reconciliaria assim que possível. Mas, ao contrário do taumaturgo diante de mim, Thomas parecia ter desaparecido de vez naquela noite. Desisti de procurar. Eu o veria em breve, quando fôssemos investigar a jaula do leão.

Vi uma estrela cadente cruzando o céu e desejei que não fosse um sinal de quão fugazes o amor e a amizade podiam ser.

Um silêncio lúgubre nos cumprimentou no salão de jantar, uma vez que o Festival Enluarado havia encerrado por aquela noite. Minha prima e seu adorado artista de fuga estavam reunidos no palco, as cabeças próximas em uma conversa cochichada. Meus passos hesitaram conforme os vi definindo os detalhes do número. Não havia dúvida de que conspirar contra Liza era um comportamento traiçoeiro e ardiloso, e eu era a líder do espetáculo secundário de minha criação. Eu esperava que ela me perdoasse quando tudo fosse dito e feito. Ainda que não tivesse certeza de quanto tempo levaria até que eu me perdoasse.

Os sentimentos de Houdini podiam ser uma ilusão, mas ela parecia perfeitamente contente com a farsa.

Mefistófeles assobiou para o artista, erguendo a mão para saudá-lo. Um olhar foi trocado entre os dois — surgiu e desapareceu rápido demais para que pudesse decifrar seu significado. Talvez fosse apenas um aviso do mestre de cerimônias para que ele não falhasse naquele novo e perigoso número. Com moças assassinadas quase todas as noites e a descoberta de um braço decepado, o festival andava sozinho na corda-bamba. Um deslize e toda a vida que Mefistófeles havia construído para si desmoronaria.

Liza sorriu e saltou do palco, correndo para perto de mim de uma maneira que fez eu me sentir ainda pior por agir às escondidas.

"Prima! Que surpresa adorável." Ela beijou minhas bochechas e me envolveu no tipo de abraço que não só anima uma pessoa, mas também tira seus pés do chão. "Não esperava vê-la aqui tão tarde. O sr. Cresswell também virá?"

"Ele está melancólico", disse Mefistófeles ao avançar na direção do palco. "Está com inveja de meu terno. Nem todos ficam bem em estampas extravagantes e franjas prateadas."

Ela esticou o pescoço e olhou ao redor, buscando através das sombras do salão como se não acreditasse no mestre de cerimônias. "Ele não estava se sentindo muito bem e foi para a cama. Tivemos uma noite um tanto intensa."

"Ah."

Liza sutilmente voltou sua atenção para mim e Mefistófeles. Eu podia ver as perguntas se formando por detrás de seu olhar e sabia que teria muitas respostas para dar assim que ficássemos sozinhas. Ela piscou, e a suspeita desapareceu. Liza compreendia os vivos tão bem quanto eu decifrava os mortos.

"É uma pena que ele vai perder isso", ela fez um gesto para o palco, "mas tenho certeza de que ficará encantado na noite de amanhã quando assistir ao espetáculo. É realmente mágico. Posso jurar que há forças atuantes aqui, guiando Harry de maneira sobrenatural."

Soltei a respiração, aliviada por Houdini ter se tornado o assunto da conversa. O capitão Norwood havia deixado bem claro que não deveríamos discutir o membro decepado, e embora confiasse em minha prima, não queria depositar aquele fardo sobre ela. "Você sabe que a magia é apenas a união da ciência com a trapaça, certo? São apenas mentiras elegantes."

"E não existe essa história de fantasma!", gritou Harry do palco. "O espiritualismo é uma fraude."

"É o que você sempre diz. De novo e de novo." Liza suspirou como fazem os grandes sofredores e enroscou o braço no meu, inclinando-se para não ser ouvida pelo artista de fuga. "Mas também é *divertido*. Deixar-se levar pelo faz de conta é formidável e romântico, e você não pode afirmar *com sinceridade* que não se sente nem um tantinho intrigada pela impossibilidade da coisa. A esperança é a magia verdadeira; é a faísca e a atração. Sei que fantasmas não existem, mas se algum dia eu desejar falar com um ente querido que já não está mais entre nós, *espero* estar errada."

"A esperança é uma força poderosa", concordei.

"É verdade. Juro que me agarraria a ela como a uma corda, sem nunca soltar. E faria o mesmo para todos esses números. O público espera que o impossível se torne possível. O espetáculo mostra que sonhos não pertencem apenas a nossas mentes, que, com esperança, as fantasias podem se tornar reais. Eliminar a esperança de uma pessoa é como tirar a vida de alguém. Todos precisamos acreditar que podemos fazer o impossível."

Senti um sorriso se formar. Era bom ver que Liza sentia tanta esperança; minha prima com certeza precisava dela enquanto torcia para que nosso tio não descobrisse que ela era a segunda moça que o estava desobedecendo naquela noite, do contrário, estávamos as duas condenadas. "Você não está realmente pensando em ser a assistente de Harry no número da próxima noite, está?"

Liza exibiu a sombra de um sorriso malicioso. "É claro que não. Eu jamais sonharia em..."

Harry bateu palmas algumas vezes, interrompendo nossa conversa. Consegui afastar minha atenção de Liza e encarar o rapaz. "Senhoritas! O tempo é o único chefe que obedeço e ele tá ficando impaciente." Ele fez sinal para minha prima. "Preciso de sua ajuda agora. Tenho que provar pra Mefisto que este número não é uma armadilha mortal. Consegui acertar direitinho o tempo de execução."

Lancei um olhar assustado para Liza. "Armadilha mortal? O que ele quer dizer?"

"Você vai ver."

Dando um aperto final em minha mão, Liza retornou para o palco, subindo as escadas e fazendo uma mesura dramática antes de desaparecer por detrás das cortinas escuras. Meu estômago se revirou. Liza nunca havia interferido em minhas paixões, não importava quanto a sociedade me desprezara por meus interesses científicos.

Durante a investigação do Estripador, ela havia sido a pessoa que permanecera a meu lado, alfinetando nossos amigos em festas do chá quando zombavam de Thomas, acusando-o dos crimes violentos por conta de seu amor pela ciência e por sua falta de demonstração de emoções. Ela também desempenhou o papel de filha perfeita, fingindo levar-me para comprar vestidos, o que me permitiu me embrenhar em Londres com Thomas para investigar. E era assim que iria recompensá-la. Com mentiras e manipulação e tratos à meia-noite com um rapaz diabólico.

De repente, não tinha mais certeza se conseguiria levar aquela barganha adiante. De algum modo, naquela viagem, eu havia me transformado em meu pai — enjaulando as pessoas que amava em vez de libertá-las. Era uma verdade terrível de engolir e quase engasguei com seu gosto amargo.

"A desonestidade não combina com você. Para minha decepção." Mefistófeles exibiu um sorriso convencido. "Pode ser uma máscara divertida para testar de vez em quando, mas sugiro que permaneça fiel a quem é. A honestidade é a melhor opção por um motivo. Se quiser revisitar os termos de nosso trato, é só me dizer."

"Eu..." Antes que pudesse responder, Liza rolou um enorme galão de leite para o palco, ajustando-o para que ficasse bem ao centro. Harry saltou do palco e se afastou, correndo de costas pelo salão, um feito por si só já que não esbarrou em nenhuma mesa ou cadeira ao analisar a geringonça.

"Um pouco mais pra esquerda... mais um centímetro... Para! Não tá perfeito?" Ele cruzou os braços e estudou o salão. "Marque um X em cada canto. Certifique-se de que são pequenos o suficiente para não serem vistos das cadeiras. Vá e pegue a cortina portátil. Tudo precisa tá funcionando apropriadamente. Nós não teremos outra chance pra causar uma boa primeira impressão. Este número precisa ser fantástico."

"'Por favor'", acrescentou Mefistófeles. Harry pareceu não entender, e o mestre de cerimônias explicou: "Se pede para que sua assistente faça algo, tenha a delicadeza de ser educado. E tome cuidado com o 'tá'; é abominável e distrai as pessoas de suas habilidades."

"Não tô nem aí", devolveu ele. "E você também não deveria tá. Quem mais é capaz de fazer meus truques?" Ele olhou exageradamente ao redor. "Ninguém."

"Você poderia tirar unicórnios nas cores de um arco-íris de nuvens roxas e eu ainda estaria distraído por sua gramática terrível." Mefistófeles sorriu. "Se não for por mim, que seja pelos coitados dos unicórnios. As criaturas mágicas merecem uma fala correta."

Harry revirou os olhos. "Da última vez que verifiquei, este trato funcionava porque mantínhamos distância dos métodos um do outro. Não critico sua mágica ou engenharia e você faz o mesmo comigo."

"Vamos chamar isto de conselho amigável de um taumaturgo para o outro, então", sugeriu Mefistófeles, curvando-se para se sentar. Ele desabou na cadeira, colocando os pés para cima como se estivesse à vontade em seus aposentos e não tivesse sido atacado por um leão uma hora antes. "Não ganhará muitos admiradores neste navio se for rude com as moças. Acha que o príncipe Albert já se dirigiu ao público desta maneira? Se vai trajar um paletó e um colarinho engomado e chamar a si mesmo de rei, complete a representação de um cavalheiro de forma convincente. Seu vernáculo das ruas de Nova York pertence ao lugar onde o pegou, como um caso grave de piolhos."

Um sorriso medonho fez os lábios do artista de fuga se contorcerem. "Não usarei um paletó pra este número, chefe. Mas vou tratar de acrescentar gracejos pra aristocracia." Ele se virou para Liza, fazendo uma ampla mesura. "Você poderia, *por favor*, buscar a cortina portátil? Nós não teremos outra chance *para a* estreia de nosso número com o galão de leite. Precisamos dar a eles um número com um quê de deslumbramento."

Mefistófeles pareceu estar levemente entretido com o uso correto dos bons modos e da gramática pelo artista, mas não caiu na provocação. Enquanto Houdini e Liza preparavam o resto do palco de acordo com suas determinações e pedidos, eu permitia a mim mesma a liberdade de repassar os acontecimentos daquela noite. Eu não conseguia parar de pensar no horror que o homem havia suportado até morrer e torcia para ele não ter sofrido muito.

Ao me acomodar ao lado de Mefistófeles, fiz o melhor que pude para não me recordar de quão desconfortavelmente similar o braço no frigorífico era do laboratório de Jack, o Estripador, e dos órgãos que ele havia coletado. O mestre de cerimônias me observou, um vinco em seu cenho espantando o costumeiro sorriso enviesado.

"Você já esteve nos aposentos da mulher, a que foi queimada?", perguntou, de repente sério.

Não era bem o que esperava ouvir, mas concordei devagar. "Uma vez. Quando soubemos de seu desaparecimento."

Ele sacou um pedaço quadrado de tecido de um dos bolsos internos da casaca. "Isto lembra alguma coisa para você?"

Meu sangue pareceu congelar quando vi o tecido fino e escarlate. Eu me lembrei do belo vestido que estivera largado no chão da cabine da srta. Crenshaw. Eu não o havia inspecionado de perto, mas estava quase certa de que não fora cortado. "Onde conseguiu isso?"

"Foi deixado em minha cabine duas noites atrás. Sem bilhete, sem explicação." Ele o pegou de volta e guardou em segurança na casaca uma vez mais. "Pensei que uma criada pudesse ter deixado cair ao limpar meus aposentos, mas agora não tenho tanta certeza." De um segundo bolso, fez aparecer mais um pedaço vermelho de tecido; aquele tinha manchas de um tom de ferrugem. Sangue. "A mesma seda. Essa foi entregue na noite passada."

"Parece ser a mesma seda que pertencia à srta. Crenshaw."

"'Parece ser'?", bufou Mefistófeles. "Por que não afirmar com segurança que é o mesmo tecido do vestido dela? Posso realizar truques de mágica, mas você, srta. Wadsworth, é adepta dos truques de palavra."

"Como uma cientista, é imprudente dizer algo com firmeza quando não posso confirmar de saída", retruquei com frieza. "Portanto, *parece ser* o mesmo tecido. A não ser que eu estivesse com o vestido dela em mãos para inspecioná-lo, não poderia dizer com absoluta propriedade que *é* o mesmo. Similar, com certeza. O mesmo?" Dei de ombros. Um músculo em sua mandíbula se retesou. "Fique aborrecido o quanto quiser, mas a memória é uma operária da ilusão mais eficiente do que você. E quanto a suas convicções de 'engane os olhos, convença a mente'? Não estamos lidando com o mesmo conceito aqui?"

"Está bem. A senhorita poderia me acompanhar até a cabine da srta. Crenshaw?", perguntou. "Podemos buscar evidências científicas de que este pedaço de tecido, que *parece* pertencer a ela, realmente vem de seu vestido."

"Invadir a cabine dela não é a melhor ideia, ainda mais por ser uma cena de crime."

"O que deixa tudo ainda mais interessante." Ele se levantou e estendeu a mão. "Vamos resolver isto logo. Tenho certeza de que o capitão retornará em breve procurando você."

"Isso não foi bem um sim."

"É verdade. Mas também não foi um não." Um dos cantos de sua boca se ergueu. "Sei que está tão ávida para resolver o mistério quanto eu, srta. Wadsworth. Comecei a receber reclamações que não parecem muito promissoras para o futuro do Festival Enluarado. Então, vai me ajudar a invadir os aposentos dela ou não? Como você disse, ela está morta. Duvido que se incomode com nossa investigação."

Meio a contragosto, apontei para o palco. "E quanto ao número do galão de leite?"

"Terá que esperar até a noite de amanhã e viver a experiência com o restante dos passageiros." Ele estendeu a mão mais uma vez. "Pronta para uma pequena atividade criminosa?"

Era evidente que não estava. Com um aperto no coração, eu me levantei e segui o ilusionista até os aposentos da moça assassinada, já me arrependendo de minha tolice.

22. BOLO E MÁSCARAS

Convés
RMS *Etruria*
5 *de janeiro de* 1889

Nós saímos para o convés, descobrindo um tipo diferente de caos daquele com o qual havíamos nos deparado apenas meia hora antes.

Como um formigueiro, membros da tripulação e artistas desmontavam tendas, dobrando lonas listradas em tons de branco, preto e prateado, recolhendo-as até a próxima folia à luz da lua. Os passageiros que se entregavam a todos os tipos de tentação dos doces e guloseimas tinham ido embora. Artistas em pernas de pau não mais dançavam, com sua escassez de trajes, como cobras fantasmagóricas em cestas, oscilando com o ritmo do mar e da música sedutora. Palhaços e moças elegantes borravam a maquiagem com cera até que se parecesse com lacerações nas peles. No entanto, não importava o quão cansados e desalinhados estivessem, nenhum deles havia removido suas respectivas máscaras.

"Por que todos continuam mascarados mesmo depois do espetáculo?"

Mefistófeles empinou o queixo. "Eles recebem vinte dólares por semana, além de bolo, com uma condição: nunca podem ser vistos sem as máscaras. Nunca."

"Tudo que você lhes oferece de refeição é bolo? E eles concordam com essas coisas?"

"De forma alguma", bufou. "Significa que a comida está inclusa no ordenado deles."

Franzi as sobrancelhas diante do jargão *e* da condição do festival; havia uma porção de regras para um bando de pessoas que desejava viver sem elas. "Você não obriga Harry Houdini a cumprir a cláusula da máscara", ressaltei. "Isso não provoca uma discórdia interna? Acho que as regras devem ser para todos ou para ninguém."

Meneando a cabeça para contornar o lado oposto do navio, o mestre de cerimônias me guiou adiante, pelo convés vazio do estibordo. Ali estávamos nós, sozinhos com o rangido das cordas e os passageiros já adormecidos. Tentei não estremecer quando o vento alcançou minha gola, violento e ameaçador como qualquer fera perturbada.

"Harry é diferente", disse Mefistófeles, por fim. "Ele será uma lenda um dia, escreva o que digo. Um homem como ele já usa uma máscara; está criando a si mesmo das cinzas do que já foi um dia. Por que fazer com que ele use um disfarce quando se transforma em uma nova pessoa toda noite, deixando mais do velho Harry para trás?"

"Quem é o velho Harry?"

Eu não estava esperando uma resposta, mas Mefistófeles era cheio de surpresas.

"Ele é um imigrante húngaro, mas sabe de onde ele diz que vem para as pessoas? Appleton, no Wisconsin. Harry possui tantas máscaras invisíveis que uma máscara física jamais seria tão autêntica.

"Harry ao menos é o nome de verdade dele?", perguntei de brincadeira.

"Não. É Ehrich."

"Ehrich?"

"Ehrich Weiss. Se ao menos isso for verdade. Ninguém além da mãe dele sabe ao certo." Mefistófeles contou as cabines e reduziu o passo. "Aqui estamos."

Paramos na frente de uma cabine a duas portas da popa do navio. Lembrando-me da insistência de meu tio sobre assassinos com frequência visitarem as cenas do crime, girei observando a área ao meu redor. Do lado oposto ao que nos encontrávamos estavam a balaustrada e o oceano infinito. De cada lado da cabine, barcos a remo se encontravam afixados na parede como espécies de animais premiados. Não vi muitos esconderijos, então me perguntei como o corpo dela havia sido retirado.

"Como sabe qual cabine pertence à srta. Crenshaw?", indaguei de repente. Ele não havia estado presente quando investigáramos seus aposentos. "Já esteve aqui antes? Como concluiu que aquele pedaço de tecido pertencia ao vestido dela?" Um outro pensamento me ocorreu, e eu estreitei os olhos. "Vocês eram amantes?"

"É ciúme que escuto em sua voz? Há Mefistófeles para todas, srta. Wadsworth. Mas, se quiser ser unicamente minha, talvez seja necessário tratar da situação com o sr. Cresswell. Quando me comprometo, não gosto de dividir."

Não me dignei a responder tamanha bobagem. Embora aquilo acrescentasse mais uma camada de mistério às últimas horas da srta. Crenshaw. Se ela estivera com o mestre de cerimônias, será que alguém teria acompanhado os movimentos dele? Aquilo me fez pensar novamente em Cassie — será que tinha ficado com ciúme das escapadas tarde da noite de Mefistófeles? Ou será que o marido dela o havia seguido até aqui na esperança de incriminá-lo?

O mestre de cerimônias tocou a parte da frente do colete, franzindo o cenho. Revirou os bolsos, sentiu a borda da cartola e então se curvou para mexer desajeitadamente nas solas das botas. "Apenas... mais... um... instante."

"Francamente", eu disse, revirando meus olhos para o céu uma vez que entendi o que buscava. "Como é que você, de todas as pessoas, não possui ferramentas para arrombar fechaduras?"

"Pareço com o Houdini para você?", respondeu, na defensiva. "O Rei das Algemas é *ele*."

"É evidente, do contrário agora já estaríamos investigando do lado de dentro da cabine em vez de perdendo tempo."

Removi um de meus alfinetes de chapéu e afastei o mestre de cerimônias com os quadris. Ele assobiou em aprovação quando enfiei o alfinete na fechadura, remexendo até ouvir o estalido da tranca. Houdini não era o único abençoado com aquela habilidade. Se eu fugisse mesmo com o circo, poderia praticar e me chamar de Rainha das Algemas. Agradecendo a meu pai em silêncio pelo truque, abri a porta.

"Veja só quem é uma taumaturga agora", disse por sobre o ombro. "Acho que vou me tornar assistente do sr. Houdini em seu próximo audacioso número de fuga."

"Como..."

Adentrei a cabine e parei imediatamente. Embora estivesse escuro, o luar penetrava pela porta aberta no patamar, e eu podia distinguir uma silhueta sentada ereta na cama. Ou alguém havia empilhado os travesseiros de modo a representar uma figura humana, ou havíamos arrombado uma cabine ocupada por engano.

Mefistófeles trombou em mim e praguejou. "Deveríamos fechar a porta..."

"Uma excelente ideia. Há uma corrente de ar lá fora", disse a silhueta, levantando-se em seguida. "Talvez devessem trancá-la também. Não iriam querer passar a impressão errada do que estão fazendo daqui. Sem um acompanhante. Depois da meia-noite. Boa coisa não parece."

Levei alguns segundos para compreender que a voz não era de quem eu esperava que fosse. "Thomas." Meu coração quase saltou do peito, apressado para escapar daquela situação medonha. "Em nome da rainha, o que está fazendo aqui, sentado no escuro?"

Em resposta, uma luz se acendeu na mesa de cabeceira. Thomas segurou a lanterna no alto e a movimentou pelo dormitório. Estava perfeitamente intacto — nada fora do lugar. As extremidades dos lençóis esticadas, a penteadeira cuidadosamente arrumada com joias e maquiagem. Tudo parecia dentro do normal, com a exceção de nós três. Estava claro que alguém havia limpado o aposento desde a última vez em que estivéramos ali.

Abri a boca, mas palavra alguma saiu. O comportamento de Thomas sempre fora peculiar; contudo, aquilo era estranho até mesmo para seus padrões.

"Por vezes ajuda colocar a mim mesmo no último lugar conhecido frequentado pela vítima. Se me sentar em silêncio, consigo recriar a cena." Thomas virou a cabeça. "E o que trouxe vocês até aqui? Descobriram algo sobre a srta. Crenshaw ou..."

Seu tom de voz estava sereno e cordial o suficiente, mas o lampejo do que aquele *ou* poderia significar me fez ranger os dentes.

"Estávamos em um passeio romântico e decidimos encerrar a noite com uma visita ao quarto de uma mulher morta. Beijos roubados ao redor de cadáveres apodrecidos são a última moda. Estou surpresa por ainda não ter experimentado." Antes que ele pudesse se recompor, vi a mágoa em sua expressão. "Francamente. Que tipo de pergunta é essa, Cresswell?"

Thomas recuou tão repentinamente que me esqueci de minha ira. Ele franziu o nariz. "Em nome de Deus, que odor abominável é esse?", perguntou. "É repugnante." Ele abanou o ar na frente de seu nariz. "Pútrido, até."

"O quê?" Eu me inclinei, a contrariedade esquecida. A última vez em que havíamos sentido um cheiro terrível fora na academia, e a descoberta de um corpo em decomposição viera na sequência. Deixei aquela memória de lado, não querendo pensar nos morcegos naquela câmara horrenda. Busquei o cheiro, esperando o pior. "Não sinto nada fora do comum."

"Ah. Deixe para lá." Thomas se endireitou. "É apenas sua atitude, srta. Wadsworth. Está me dando náuseas."

Mefistófeles se curvou, perdendo o fôlego de tanto rir, e lancei a ele um olhar que prometia uma morte repentina se emitisse mais algum som. O mestre de cerimônias se aprumou e recuou devagar, as mãos erguidas em rendição, embora seu peito tremesse por conta das risadas que refreava.

"Bem. Esta conversa ficou um tanto dramática." Mefistófeles sacou o relógio de bolso como se tivesse acabado de se lembrar de um compromisso com Satã. "Srta. Wadsworth?" Olhei de relance quando ele caminhou na direção da porta e a abriu. "A verdade é um veneno. Tome cuidado com a quantidade que vai ingerir de uma só vez."

"Bem que você podia parar com os conselhos divinatórios, não?"

"Tome ainda mais cuidado com a dosagem." Ele olhou incisivamente para Thomas, ignorando minha zombaria. "Boa noite a ambos."

23. DEDUÇÕES E MENTIRAS

Cabine da srta. Crenshaw
RMS *Etruria*
5 de janeiro de 1889

u me encolhi. O mestre de cerimônias não havia me feito favor algum dizendo aquilo como presente de despedida. Uma vez que a porta se fechou, Thomas se sentou na cama, a tensão parecendo se desprender dele de uma só vez.

"Foi uma pergunta simples, Wadsworth. Não uma acusação. Já disse antes. Eu *sempre* respeitarei suas vontades sobre com quem escolher passar o tempo ou o restante da vida."

Suspirei. "Entendo por que está incomodado, de verdade. E acredito que tem o direito de estar zangado..."

"Não estou zangado."

A resposta dele veio rápido demais para ser verdade. Deixei passar. Era algo que poderíamos resolver uma vez que chegássemos aos Estados Unidos. "Outra pessoa está morta, Thomas. Nosso trabalho deve vir primeiro."

"Tecnicamente, não sabemos que está *morto*. Talvez seu braço tenha sido amputado de maneira adequada." Ele tamborilou os dedos nas coxas, chamando minha atenção. "Até examinarmos o membro de perto, não temos como saber se ele não está vivo em algum lugar."

"Você realmente acredita nisso?", eu quis saber. "Se o braço dele não foi amputado de maneira adequada, ele sangrou até morrer."

"É improvável que esteja vivo, com o histórico dos três outros assassinatos, mas segue como possibilidade." Ele eliminava motivos como números a adicionar ou subtrair. "Estamos a bordo de um navio com um circo itinerante. Os equipamentos de engenharia que possuem são perigosos; ele pode ter tentado operar algum deles e mutilou o braço. Talvez a pessoa que estivesse fazendo uma demonstração entrou em pânico. O próprio navio possui diversos lugares onde uma pessoa poderia se ferir. Se eu acredito que alguma dessas possibilidades é o que realmente aconteceu?" Ele balançou a cabeça. "Infelizmente, não. E é por isso que estou tentando montar o quebra-cabeça. Acredito que este seja o local do primeiro assassinato, *de fato*. Pela lógica, os primeiros crimes têm potencial para apresentarem o maior número de erros. É quando um assassino coloca suas fantasias sombrias em prática, embora elas raramente se concretizem conforme o planejado. Espero encontrar uma pista de como tudo isso começou."

"No escuro?"

"Eu havia acabado de entrar às escondidas. Ouvi alguém vindo e apaguei as luzes." Ele estreitou os olhos. "Você achou que eu estava aqui, sentado no escuro, encarando a parede? Foi por *isso* que pareceu tão surpresa?" Thomas me olhou secamente. "Um tanto excêntrico, até mesmo para mim."

"Thomas, eu... Nós não estávamos..."

"Por favor", ele deu tapinhas na cama, no espaço a seu lado, sem qualquer traço de impropriedade no rosto, "vamos ficar sentados aqui por um instante. Há algo que venho querendo..." Ele se remexeu, desconfortável. "Você ainda gostaria de aprender meu método?"

Tive a impressão de que mudou de ideia na metade da frase, mas não insisti. O que ele estava oferecendo naquele momento era uma bandeira branca — uma oferta de paz para que nós dois pudéssemos deixar as coisas que não importavam para o caso para trás.

Caminhei até a cama e me sentei a seu lado. "Eu adoraria. Digame, como o sr. Thomas James Dorin Cresswell aplica suas deduções a uma cena do crime como esta?"

"O incrivelmente *atraente* e talentoso Thomas James Dorin Cresswell, você quer dizer." Um sorriso fraco brotou nele. "Comece com os cenários mais óbvios. Verdades básicas. O que já sabemos sobre a cena do crime?"

"Bem", comecei, tentando me lembrar do dormitório como estava antes. "Havia duas taças de champanhe. Um bolo parcialmente comido e um vestido largado no chão. As frutas venenosas não foram encontradas, de modo que devem ter sido comidas antes do bolo."

Thomas assentiu. "E ainda assim estou começando a me perguntar se elas realmente foram a causa da morte, ou se apenas a deixaram incapaz de enfrentar alguém. O que pode significar..."

"O que pode significar que havia mais de uma pessoa envolvida."

Meus batimentos se intensificaram com aquela teoria. Era mais um forte indício de que, talvez, marido e mulher trabalharam juntos para cometer os crimes. Mas então... "Mefistófeles alegou ter passado tempo com ela antes que o navio zarpasse. Alguém mandou pedaços do vestido a ele."

Thomas refletiu sobre aquilo. Se eu tinha a esperança de detectar quaisquer emoções em seu rosto depois de ele descobrir sobre as perambulações do mestre de cerimônias, eu estava extremamente desapontada. Thomas estava mais distante e analítico do que nunca. "Ele pode estar mentindo. As chances de que ele próprio tenha cortado pedaços do vestido, esperando utilizá-los como um truque, são altas."

"Mas por quê?", perguntei, pouco convencida. "Isso não o tornaria um suspeito? Ele poderia muito bem ter fingido que não a conhecia, ou que nunca tinha estado em seu quarto. Quem poderia saber?"

"Segredos nunca ficam enterrados por muito tempo. Alguém pode tê-lo visto e talvez esteja tomando medidas para se proteger."

Suspirei, desejando que sua antipatia pelo mestre de cerimônias não interferisse nas deduções. Ficamos sentados quietos, cada um ruminando os próprios pensamentos.

Por fim, rompi o silêncio. "Tudo bem. Vamos começar de outro lugar. Digamos que Mefistófeles apenas passou aqui, eles beberam um pouco de champanhe e então..." Corei, não querendo entrar em detalhes do que pode ter acontecido depois daquela taça de champanhe.

"Então ele foi embora. Talvez alguém tenha enviado o bolo e as frutas para ela, fingindo que eram uma prova de amor dele. Havia apenas um prato e um garfo. Então, depois que tempo suficiente se passou e ela se sentiu mal, o assassino agiu."

"Interessante." Uma faísca de curiosidade se acendeu nos olhos de Thomas. "Onde teria sido o ponto de entrada desse assassino em potencial?"

"Isso é fácil", disse, indicando o espaço em frente com um gesto. "Pela porta. É a única maneira de entrar ou sair deste dormitório."

"Precisamente. Precisamos buscar marcas de arrombamento ou...", ele se enrijeceu. "Olhe."

Olhei para a porta fechada. Inicialmente não vi nada — até que estreitei os olhos. Pequenas manchas de sangue formavam um arco na parte de trás. "Estão formando um padrão peculiar, não acha?"

Thomas deu duas longas passadas para examinar a porta, e eu segui logo atrás. Ele esfregou o queixo, provavelmente para evitar tocar na possível evidência. Seus olhos dardejaram para todos os lugares, calculando e deduzindo de maneiras que gostaria de conhecer em meu âmago.

"Vamos encenar um assassinato, Wadsworth."

Apesar das medonhas circunstâncias e da história terrível que os respingos de sangue contavam, eu sorri, e Thomas fez o mesmo. Talvez nós dois fôssemos tão diabólicos quanto os artistas do Festival Enluarado. "Serei a vítima", anunciei. "Você é um assassino muito mais convincente."

"É verdade." Ele abriu a porta e saiu do aposento. "Ainda não fui pego."

"Patife." Revirei os olhos, mas fechei a porta atrás dele, esperando. Um momento depois, ele bateu e eu afastei todos os pensamentos que me distraíam. Não era difícil imaginar como a srta. Crenshaw se sentira ao ouvir uma batida suave à porta de seus aposentos. Será que os efeitos do veneno já haviam surgido? Será que ela tropeçou para alcançar a porta na esperança de ser socorrida?

Com o coração batendo tão apressadamente quanto um rato em fuga, abri a porta. Será que estava esperando a visita ou era uma surpresa? Aquilo provavelmente continuaria um mistério.

Thomas ficou ali parado, com a cartola inclinada para a frente, fazendo com que sombras encobrissem seu rosto. Embora eu soubesse que era ele, um tremor perpassou minha espinha. Ele ergueu a cabeça, mas não consegui enxergar seus olhos. Aquele trecho do convés era muito escuro, mesmo com a lua quase cheia.

"Escute", sussurrei.

Ondas golpeavam o casco, o som ritmado e embotado. Vapor se agitava e saía assobiando de uma das chaminés mais próximas. Ruído branco. Isso poderia ter contribuído para abafar os sons de um confronto caso alguém estivesse acordado nas cabines adjacentes.

"Imagino que ela conhecia o agressor", disse ele, deslizando as mãos pelo batente da porta. "Não há arranhões ou marcas do lado de fora para provar que foi aberta à força."

"Concordo. Ou talvez ela estivesse passando mal demais para recusar qualquer ajuda."

Abri a porta ainda mais, permitindo que Thomas entrasse. Uma vez que ele estava dentro do dormitório, me mantive perto, examinando os respingos de sangue. Havia apenas alguns centímetros entre nós, e eu podia sentir a calidez de seu corpo. Eu me perguntei se a srta. Crenshaw se sentira da mesma maneira antes de ser atacada. Será que tinha estado tão próxima do assassino? Teria ela sentido a quentura dele antes de ele dar seu golpe fatal?

"Também não há sinal de confronto aqui", continuei, "então a investida deve ter acontecido logo depois que ela permitiu a entrada da pessoa."

Thomas assentiu. "O anel dela ainda estava no dedo, então não foi um roubo. E, se me recordo bem, embora tenha sido apenas uma rápida inspeção, não havia lesões de defesa nas mãos. Com exceção dos cortes que ela fez ao cerrá-las. O que isso poderia significar?"

Refleti por um instante, olhando diretamente para o peito de Thomas à medida que uma ideia se formava em minha mente. "Poderia ser porque, como você disse, ele a golpeou logo que o deixou entrar. Se ela estava passando mal, seus reflexos não seriam rápidos o suficiente para que pudesse reagir."

Pela primeira vez eu sabia o que Thomas sentia quando se colocava na pele do assassino durante nossos casos forenses. Em vez de ser a presa, eu era a predadora. Minha própria escuridão cintilava como os olhos de um cão faminto em um banquete, e eu não tentei refrear ou controlar seus impulsos vorazes.

Saber como a mente de um assassino funcionava, o que ela desejava, a sensação de ter o controle completo sobre a vida de alguém era magnífico e aterrorizante. Com a segurança e a firmeza que eu sentia ao segurar meu escalpelo, eu detinha o poder de escolher como tudo terminaria com um movimento rápido da lâmina. Como acabar com *ele*.

A sensação de poder era inebriante e entorpecente como o champanhe que Thomas e eu havíamos bebido no baile de Natal duas semanas antes. Um minúsculo movimento e eu decidiria seu destino. A sorte de Thomas não estava mais escrita nas estrelas ou por qualquer outro deus que os céus pudessem possuir; a decisão era minha.

Eu não era nem misericordiosa ou gentil.

Eu era a justiça, e minha lâmina era gelada e veloz.

Eu me agarrei àquela persona, forçando-a a me emprestar algum conhecimento que eu pudesse utilizar a nosso favor. Agarrei Thomas e o girei pelo dormitório, transformando-o na vítima e me tornando o assassino.

"Sinto muito, Cresswell", sussurrei, "mas isso vai doer."

Antes que ele pudesse protestar, desferi dois golpes em seu peito, em rápida sucessão. Ao contrário do que havia imaginado, não senti pena — o contentamento vazio que se espalhava como a escuridão em meu âmago era muito mais preocupante. Eu era uma estudante forense talentosa, mas era uma assassina ainda mais competente. Tudo que precisava fazer era me render àquela escuridão ondulante e me deixar levar com seu puxão cruel.

Como eu havia previsto, as mãos de Thomas rapidamente foram ao encontro do local ferido. Deixei minha faca falsa a postos, observando enquanto ele pressionava as mãos no peito, onde um hematoma parecia se formar. Em cerca de trinta segundos, eu o havia incapacitado. Se a srta. Crenshaw tivesse sido apunhalada, ela teria sido fácil de lidar a partir daquele momento. Não me recordava de nenhum ferimento provocado por facada; por outro lado, o post--mortem havia sido inconclusivo por causa das graves queimaduras. O que poderia ser outro motivo, além da dramaticidade, de por que seu corpo havia sido queimado.

Sem piscar, reparei em cada detalhe conforme Thomas cambaleava para trás. Ele não ergueu as mãos para tentar impedir meu ataque porque estava muito ocupado tentando estancar o sangue. Até aquele momento, a falta de lesões de defesa na srta. Crenshaw possuía a mesma explicação.

Ergui o punho e Thomas se esquivou, evitando o próximo golpe. Se ele estivesse de fato sangrando, o sangue teria sido esguichado em um arco na porta. Como a evidência deixada para trás.

"É isso... Desvendei a cena!" Quase pulei. Thomas esfregou o peito, seus olhos atados a minha arma de improviso. Abri o punho e carinhosamente estiquei o braço para colocar minha mão sobre seu coração, e sua careta me fez morder o lábio. "Sinto muito por ter atacado você. Fiquei empolgada demais. Está doendo?"

"Não muito. Sinta-se livre para colocar as mãos em mim sempre que desejar." Ele piscou, então franziu o cenho. "Embora eu prefira que o toque seja um pouco mais suave no futuro."

"Entendido." Eu o guiei de volta para a cama, onde ele desabou. "Ainda que não elimine o hematoma, creio que descobri como o respingo de sangue foi causado. O arco e a pequena mancha são indícios de um ferimento no peito. Ela teria girado devagar, talvez tenha até tombado contra a parede por um momento antes de agarrar o próprio peito; a partir disso, não tenho muita certeza. Mas o sangue teria formado um arco conforme ela virava, então uma mancha se tivesse topado com a parede, disso estou certa. Foi exatamente o que você fez. Não creio que seja um exagero partir do princípio que a srta. Crenshaw foi esfaqueada."

Thomas me endereçou um olhar de apreciação que fez meu sangue ferver. Não havia sensação melhor do que ser admirada por meu cérebro. "O que significa que não há dúvida de que a pessoa que realizou tal feito, seja quem for, desejava matá-la. A srta. Crenshaw era o alvo, mas por quê?"

"Será que... Olhe." Apanhei uma carta de baralho que havia caído entre a mesa de cabeceira e a cama e a mostrei. "Seis de ouros."

Ele pegou a carta e a girou, cuidadosamente examinando cada centímetro. Thomas a entregou para mim, franzindo o cenho. "Talvez as cartas sejam cartões de visita[1]."

Olhei para o desenho intricado no verso — um corvo com asas iridescentes abertas contra a lua cheia, com espinhos prateados decorando as bordas. Deslizei um dedo pelos duplos oitos próximos à margem inferior. "Ou talvez apenas signifique que isto tudo é parte de um jogo ainda maior. Um jogo que é a forma final do ilusionismo."

---

[1] Elegantes e coloridos, os cartões de visita eram usados pela aristocracia vitoriana para agradecer por um jantar recente, prestar condolências ou apenas cumprimentar algum conhecido. Os criados deixavam os cartões em uma bandeja de prata no saguão de entrada da casa. Uma bandeja cheia era uma maneira sutil de indicar um grande e variado círculo social. [N. T.]

24. DISSECANDO O MEMBRO

Laboratório improvisado
RMS *Etruria*
5 de janeiro de 1889

eu tio realizava o exame com uma lupa, seu nariz a centímetros de distância do membro decepado. Eu sabia que continuava zangado comigo por ter sido apanhada no flagra com o mestre de cerimônias despido, mas ele havia solicitado meu auxílio, e nada mais importava quando a medicina forense estava envolvida.

Graças aos céus pelas pequenas bênçãos.

Thomas apanhou a caderneta que havia deixado de lado enquanto vestia um avental e retomou as anotações. Eu não conseguia me desvencilhar da sensação de enjoo ao pensar nos outros cadernos que ele havia levado na viagem — alguns dos quais continham anotações do caso de Jack, o Estripador. Eu não estava pronta para ler os detalhes dos crimes e Thomas guardava para si quaisquer mistérios que havia descoberto. Ao menos por enquanto. Eu tinha a sensação de que precisaríamos conversar sobre eles em breve.

"O fórceps denteado, Audrey Rose." Meu tio estirou a mão, a palma virada para cima, aguardando. "Depressa."

"Sim, tio."

Reuni os apetrechos médicos necessários para aquela dissecação — fórceps denteado, escalpelo, tesoura, agulha de Hagedorn, fio para sutura — e levei uma bandeja prateada até ele.

"Aqui." Limpei o fórceps com ácido carbólico e o entreguei com eficiência para meu tio. Ele grunhiu, o que não era um agradecimento, mas também não era um silêncio pesado. Observei enquanto ele removia bocados da pele perto de onde o cotovelo deveria estar, se não tivesse sido cortado ou mordido bem na articulação.

Finas tiras de carne estavam penduradas, despedaçadas como um vestido antigo deixado para apodrecer em um baú esquecido. Girei os ombros, permitindo que a frieza de uma cientista me sobrepujasse. Eu não ficaria enojada ou sentiria fraqueza. Nenhuma daquelas sensações ajudaria a salvar a vítima de seu destino.

Por outro lado, determinação e um coração endurecido poderiam trazer justiça.

Meu tio pediu que eu me aproximasse com um gesto, as sobrancelhas franzidas. Ele retirou um pedaço da carne dilacerada, expondo uma faixa esbranquiçada e familiar. "Está vendo o rádio e a ulna?", perguntou. Assenti, fazendo o possível para me concentrar apenas naqueles ossos e não na camada externa de carne acinzentada ao redor. "Conforme eu for removendo os músculos e tendões, descreva o que você vir. Thomas, anote tudo."

Eu me curvei até que meu olhar estivesse nivelado com o membro, reparando em todos os detalhes. "Há uma fissura no rádio, mas não na ulna. Nela, vejo um entalhe no osso; minha aposta é que foi feito por um objeto afiado. Provavelmente faca." Engoli minha repulsa. "A fissura no rádio parece ser resultado da mordida do leão no braço e não se relaciona com o modo como o membro foi decepado."

"Bom, muito bom." Com as mãos firmes, meu tio removeu a pele ainda mais para trás. "Os ferimentos são post-mortem?"

"Eu..."

Mordi o lábio. Não havia marcas na pele do antebraço, nenhum indício de lesões que indicavam confronto. Olhei para Thomas, mas ele estava concentrando anotando. Precisei de um momento para apreciar o fato de que confiavam em mim — aqueles dois homens — para detectar informações forenses por conta própria. Endireitei os ombros e me empertiguei, permitindo que a confiança me envolvesse como um manto.

"Acredito que os ferimentos são post-mortem. Com grande probabilidade de serem resultado do decepamento do membro." Indiquei o restante do braço. "Não há escoriações ou cortes, e ambos seriam encontrados em uma vítima que estivesse se defendendo de um esfaqueamento."

Meu tio girou o braço, analisando a parte inferior. A carne estava mais lívida do que a maioria dos cadáveres, uma vez que muito sangue fora perdido, mas não tão embranquecida quanto os corpos mais recentes que eu havia estudado na academia. A lividez post-mortem estava presente — a leve mancha visível na parte inferior do corpo, onde o sangue havia se acumulado por causa da gravidade. Isso indicava onde um cadáver havia sido deitado após a morte e era algo que não podia ser alterado depois de horas terem se passado, mesmo quando o cadáver havia sido movido. Com exceção de um caso estranho em que todo o sangue fora drenado... naquele caso, a mancha não existira.

"A lividez está presente", acrescentei, reparando na centelha de surpresa e orgulho nos olhos de meu tio. Eu aprendera muito na academia. "Acredito que ele já estava de costas, deitado, quando o assassino começou a desmembrá-lo. A evidência comprova isso."

"De fato comprova." Meu tio soou satisfeito ao examinar a lividez por conta própria; seu aborrecimento comigo havia desaparecido. Nós éramos uma família peculiar.

Thomas franziu o nariz. "Mesmo sem o jorro arterial, o lugar onde o membro dele foi decepado deve estar encharcado de sangue. Não creio que alguém teria sido capaz de limpar tudo sem deixar evidências para trás."

"Bem observado."

Meu tio apanhou o escalpelo, utilizando-o para cortar com precisão mais da carne estraçalhada. Engoli em seco. Não importava a frequência com a qual testemunhava aquilo, era sempre uma visão medonha. Fatiar a carne humana como se fosse uma carne nobre animal era repugnante.

"Os ossos foram cortados de forma cuidadosa", continuou meu tio. "Quem quer que tenha removido o membro não usou uma serra ou lâmina serrilhada." Ele baixou o escalpelo, então caminhou até a vasilha de água. Thomas e eu não especulamos enquanto ele lavava as mãos com sabão carbólico. Uma vez que terminou, meu tio se virou para nós com uma expressão cansada. Eu tinha a impressão de que não era a hora tardia que o deixava fatigado. "Precisamos nos concentrar em quem tem acesso a lâminas fortes e lisas. Empregados da cozinha. Membros da tripulação."

O temor, intenso e inflexível, alojou-se em meu estômago vazio. "Ou, mais provavelmente, com base em suas habilidades e na proximidade com tais armas, os artistas do festival especializados em lâminas."

Por um instante, ninguém falou nada. Havia algumas possibilidades óbvias — embora qualquer um dos artistas pudesse apunhalar alguém.

"Acredita que Jian tenha feito isso?" Thomas afastou a atenção do membro decepado. "É um milagre que ele não tenha transformado o assassinato em parte do espetáculo. Atirar melões, abacaxis, braços desmembrados. Parece um tanto apropriado para a natureza teatral das outras mortes."

"Acredito que ele seja alguém que devemos ao menos considerar", respondi, ignorando a piada forçada. "Também precisamos investigar cuidadosamente quem mais tem acesso às lâminas dele após o fim do espetáculo. Será que ele as tranca em um baú à noite, ou que dorme com elas?" Dei de ombros. "Se estão guardadas, então podemos ampliar a busca para aqueles que são bons em violar fechaduras."

Troquei olhares preocupados com meu tio e Thomas, vendo a inquietação deles misturando-se com a minha. Tudo não passava de especulação, é claro, mas se aquelas espadas estavam guardadas, havia apenas um rapaz a bordo daquele navio que se gabava por ser o rei de escapar de qualquer algema e arrombar qualquer fechadura.

Ignorei os arrepios em minha espinha. Se Harry Houdini continuava se reinventando, usando novas máscaras invisíveis em cada cidade, era possível que usasse o disfarce mais convincente de todos: o de um homem inocente, incapaz de cometer tais atos hediondos de assassinato. Quem sabe Cassie e seu marido não estivessem em busca de vingança. Talvez tivesse sido alguém óbvio, mas ao mesmo tempo não tão óbvio assim. Se Houdini tinha uma amante secreta nos Estados Unidos da qual Liza não sabia, não havia como dizer quantos outros segredos ele escondia.

"Vamos atrás de algumas respostas", anunciou Thomas, fechando o caderno. "Começaremos com Mefistófeles e Jian."

"Se marcharmos para a arena de treino dos artistas agora, exigindo interrogar todo mundo, nos depararemos com um obstáculo tão espesso quando o nevoeiro de Londres", eu disse.

"Que método sugere, então?", perguntou meu tio. Ele não havia acompanhado a evolução pela qual eu passara desde a academia até aquele momento. Eu me sentia muito mais confiante ao provar minhas teorias e muito menos preocupada em estar errada ou ser alvo de zombarias caso estivesse. Thomas certa vez me dissera que não temia estar errado; seu receio era o de não tentar.

"Apenas precisaremos criar nossas próprias ilusões", disse, já mergulhada em minha enganação. "Usaremos pistas falsas em nossas perguntas. Vamos fazer com que suspeitem de algo que não tenha relação alguma com o caso. Se eles ganham a vida com essa arte, não há motivo para que nós também não utilizemos o mesmo modo."

Um sorriso maldoso brotou devagar e ergueu os cantos da boca de Thomas. "Se eles são o Festival Enluarado, também devemos criar nosso nome sofisticado. Saqueadores da Verdade. Donzelas da Maldade. Bem", acrescentou ele ao ouvir o suspiro pesado de meu tio, "este não necessariamente se aplica a *todos* nós. Continuarei pensando em possibilidades."

"Enquanto se ocupa com essa tarefa extremamente importante", eu disse, "Liza convidou Anishaa para tomar chá pela manhã. Verei o que consigo descobrir sobre ela e qualquer pessoa que possa ser um espadachim secreto." Arrisquei um olhar para meu tio e sorri. "Podemos combinar de discutir nossas descobertas antes do jantar de amanhã."

Thomas sacou o relógio de bolso e o abriu com um pequeno estalo e um grande floreio. "Isso nos dá treze horas para dormir, nos infiltrarmos na trupe, criar uma distração, definirmos o nome de nosso grupo e vestirmos nossos melhores trajes para o jantar." Ele deslizou a mão por seus cachos cuidadosamente ajeitados. "Graças aos céus que não leva muito tempo para tornar isto", gesticulou na frente de si mesmo, "de uma beleza ofuscante. Diferentemente de Mefistófeles."

"Parece que vocês dois aprenderam novas habilidades durante o período na academia." Meu tio levou o braço decepado na bandeja e o depositou na caixa de refrigeração que o capitão havia nos emprestado.

247

"Embora eu não saiba dizer como sarcasmo e gracejos vão nos ajudar neste caso. Precisamos concentrar nossa atenção em identificar a quem este membro pertence."

"O nome disso é *charme*, professor. E realmente acredito que nos levará longe." Thomas respirou fundo, os olhos dançando de alegria. "Ninguém é capaz de resistir a uma piada dita no momento certo."

Meu tio deu as costas para a caixa de refrigeração, não parecendo achar graça. "Estão dispensados. Vão para a cama e, pela manhã, obtenham informações dos artistas do festival com gracejos ou contrariedades." Ele dispensou o último comentário de Thomas com um gesto. "Tente não os provocar em demasia. Uma pequena parcela de seu *charme* pode ser demais para eles."

Ninguém ordenou que *eu* tomasse cuidado, o que achei um bom sinal. Uma ideia se formava em minha mente, e eu não tinha certeza se iriam aprovar. Contudo, era sempre melhor implorar por perdão do que pedir permissão. Eu só esperava que Thomas não ficasse muito aborrecido comigo por armar esse ato por conta própria.

A manhã chegou muito mais rápido do que a noite levou para ir embora, e eu despertei com o som de uma batida à porta. Esfreguei o rosto e encontrei uma carta de tarô presa em minha bochecha. Eu devia ter adormecido em cima do baralho. Liza revirou os olhos, mas não disse nada ao me empurrar na direção de meu baú.

"Um instante!", gritou, ganhando um pouco de tempo para que eu me aprontasse.

Praguejei das formas mais indelicadas possíveis, andando com pressa pelo dormitório para trajar um vestido decente, ainda que simples, para receber a visita. Alguns minutos depois, minha prima abriu a porta com um grande floreio.

"Gostaria de apresentar Anishaa, também conhecida como Ás de Paus", disse Liza graciosamente. "Esta é minha prima, Audrey Rose."

Trocamos mesuras e nos acomodamos em cadeiras e bancos enquanto uma criada adentrou o aposento com um samovar e uma bandeja cheia de guloseimas para o desjejum. Eu me servi de uma xícara, franzindo o cenho quando o primeiro gole queimou minha língua.

Olhei para Liza. É claro que ela, uma eterna anfitriã, havia acordado cedo e solicitado os comes e bebes. Eu poderia abraçá-la por seu cuidado com os detalhes em situações como aquela.

Anishaa, a deusa engolidora de fogo, era quase irreconhecível quando não vestia seu traje inspirado no gelo. Em vez da peruca prateada com tranças grossas, seu cabelo era de um preto azulado que pendia até o queixo como um manto macio. Sua pele, que no momento não estava pintada com a palidez do azul-gelo, era de um tom entre marrom-dourado e amarelo-acastanhado.

Ela desistiu de tentar equilibrar a xícara de chá no colo e sentou-se de pernas cruzadas no chão, onde Liza já estava acomodada. Observei, pasma, enquanto ela sorvia o mesmo chá quente que havia escaldado minha língua e abria um sorriso divertido. "Depois de engolir fogo todas as noites, o chá nunca parece tão quente assim", disse ela, dando uma piscadela.

Soltei uma risada abafada e um tanto deselegante, o que fez Liza abrir um sorriso amável antes de bebericar da própria xícara. Não desejando ser rude, me juntei a elas no tapete grosso.

"Arrisco dizer que isso é verdade." Pousei a xícara e o pires, observando o vapor subir como uma cobra roçando o ar. "Como começou a engolir fogo? Não sou capaz de imaginar a primeira tentativa. A senhorita é muito corajosa."

"Muitos diriam que sou tola", ela estreitou os olhos.

Exibi minha expressão mais inocente e benigna. Liza bufou, exasperada, mas não me repreendeu por minha curiosidade como sua mãe o teria feito. Ela era bem versada em detectar planos e sabia que eu estava tramando algo. Em vez de tecer comentários, ela ofereceu uma bandeja de biscoitos, provavelmente na esperança de que os doces pudessem ser uma distração de minha falta de traquejo social.

Anishaa apanhou um biscoito, avaliando as gotas de chocolate antes de responder à pergunta. "Uma dupla de taumaturgos, faquires, me ensinou a engolir as chamas. Eles disseram que meu nome, que sem grande rigor quer dizer 'aquela cuja vida desconhece a escuridão', significa que nasci para manejar o fogo." Ela bufou. "As chamas eram minhas para comandar. Para engolir." Ela tornou a erguer a xícara de chá e deu um grande gole. "Eu era muito jovem e muito impressionável quando me atraíram para longe de casa e me enganaram com promessas de riquezas. Tenho vergonha por ter dado ouvidos a suas palavras doces. Uma vez que concordei em ir, eles me largaram, pegaram o dinheiro e foram embora em busca de outra pessoa para outro festival."

"Eles é que deveriam ter vergonha. Você não fez nada de errado." Liza esticou o braço e segurou a mão da moça, e me lembrei de quão talentosa ela era para identificar as necessidades de alguém e oferecer apoio.

"Liza tem razão", acrescentei. "Enganar você para que se juntasse a uma trupe itinerante foi uma coisa terrível de se fazer."

Anishaa deu de ombros e partiu o biscoito em pedaços. "Eles me trouxeram até aqui, e a vida tem sido boa no Festival Enluarado. Tenho dinheiro, comida, amigos. No fim das contas, tudo ficou bem."

"Mefistófeles fez isso com você?", perguntei, fazendo o possível para evitar que a porcelana chacoalhasse por conta de minhas mãos trêmulas. "Ele a enganou para afastá-la de seu lar e família?"

"Ele...", Anishaa baixou levemente o olhar para o colo antes de prosseguir. "Ele contrata pessoas nos países que visita à procura de talentos. Qualquer um que esteja passando por um... período difícil... é convidado a fazer parte do festival e dos treinos. A escolha derradeira é nossa, mas ele torna o trato bem difícil de recusar."

"Então todos os membros do festival vêm de países diferentes?"

"A maioria. Jian é da China. Sebastián, da Espanha. Andreas é da Baviera. Cassie é francesa, embora fale com sotaque inglês. E eu sou da Índia."

"Você disse que ele busca aqueles que passaram por períodos difíceis. O que quer dizer com isso?", indaguei, por mais que Liza tivesse me lançado um olhar que dizia que eu era uma tonta por me intrometer.

"Todos temos razões para deixar nossas vidas para trás." Ela respirou profundamente. "Agora, você gostaria de saber *como* eu engulo as chamas? É o que todos querem, embora a maioria não queira de fato arruinar a magia e a ilusão."

Eu a observei por mais um momento, sabendo que as perguntas sobre seu passado e o festival haviam chegado ao fim. Eu não sabia o que pensar sobre Mefistófeles. Ele não havia necessariamente salvado ninguém, mas eu também não podia afirmar que ele havia prejudicado ou enganado. Embora talvez eles não vissem a situação daquela forma, quem sabe o ressentimento tivesse começado como um pequeno corte que infeccionou com o tempo. Quem sabe alguém quisesse destruir o Festival Enluarado como vingança por ser afastado de casa.

"E então?", perguntou Anishaa. "Gostaria de saber?"

"Por favor", respondi, afastando os pensamentos sobre possíveis motivos. "Como você engole as chamas sem se queimar?"

Ela se levantou, graciosamente caminhando pelo chão como se fosse o palco. Eu me perguntava se os artistas deixavam a pose de lado em algum momento ou se toda a existência era cedida ao ofício.

"Observe esta vela." Anishaa retirou um candelabro do suporte na mesa de cabeceira, acendeu o pavio da vela e a virou quase de cabeça para baixo. A cera gotejou em direção ao chão. "Para onde a chama vai quando a seguro desta forma?"

Compreendi. "Para longe do fundo, ou", acrescentei, "se estivéssemos em uma de suas apresentações, o fogo estaria se afastando da sua boca."

"Viu só?" Anishaa abriu um sorriso afetuoso. "Você nasceu para isso." Ela colocou a mão ao redor da vela, abafando o fogo até apagá-lo, e a colocou de volta no suporte. "O mesmo princípio se aplica quando 'engulo o fogo'. Tudo que estou fazendo é removendo o calor de meu rosto, então cuidadosamente expirando à medida que introduzo o bastão na boca. A maioria das coisas vivas necessita de oxigênio para respirar, até mesmo o fogo. O que acontece se o privar disso? Ele morre como todas as outras coisas." Ela se acomodou novamente no chão, onde eu e Liza permanecíamos sentadas. "O truque verdadeiro é usar as leis da física. Como aquele cientista... Newton? Mefistófeles me ensinou tudo sobre ele. Ele estava certo, isso me ajudou a aperfeiçoar as apresentações."

Seu tom de voz se alterou um pouco quando falou sobre o mestre de cerimônias, uma admiração mesclada com desejo. Eu me perguntei se havia uma pessoa a bordo daquele navio que não tinha sucumbido aos encantos dele. Bem, com exceção de Thomas.

"Mefistófeles ajuda todos os artistas?", perguntei com os olhos fixos em minha xícara de chá. Imaginei que ele encantava rapazes e moças em cada cidade ou vilarejo por onde o festival passava. Se ela havia nutrido sentimentos não correspondidos por ele, talvez aquilo viesse a se tornar um motivo. Tal sentimento misturado com alguma mágoa poderia ser um pretexto poderoso. "Ele aparenta ter o mesmo grau de inteligência quanto de beleza."

Liza me endereçou um olhar incrédulo, mas não disse nada. Ao que parecia, eu iria receber um grande sermão assim que ficássemos a sós. Apesar do que todos em Londres pensavam de Thomas e seu comportamento peculiar, Liza gostava muito dele, e meu interesse pelo mestre de cerimônias não estava de acordo com suas leis do romance, não importava quais fossem minhas motivações.

"Mefistófeles é..." Anishaa pareceu formular a resposta com cuidado. "Ele é muito talentoso com o que faz. Muitos se beneficiam das lições que escolhe dar. Somos muito gratos a ele."

Eu me recostei, remexendo os botões nas laterais de minhas luvas. "Ele deu tais lições a Cassie?"

Liza de repente achou seu chá infinitamente intrigante, e Anishaa pareceu não saber o que dizer.

"A senhorita gostaria de vê-lo como ninguém mais o vê além de seus artistas?", perguntou ela, por fim. Esperava que Anishaa não quisesse dizer que eu o veria nu como no dia em que veio ao mundo. Assenti devagar. "Encontre-me em uma hora no convés da segunda classe. Então vai entender por que faríamos qualquer coisa por ele."

25. ENGRENAGENS E ENGENHOCAS
Cabine de Audrey Rose
RMS *Etruria*
6 *de janeiro de* 1889

"Você se importaria de me explicar o que foi tudo aquilo, prima?"

As bochechas de Liza estavam cheias de manchas cor-de-rosa, um grande indício de o quão aborrecida ela estava. A qualquer momento, vapor poderia sair de seus ouvidos. Engoli uma risada nervosa, sabendo que ela não apreciaria ouvir quão parecida com a mãe estava naquela situação.

"Não sou ninguém para julgar, mas você parece horrivelmente intrigada por Mefistófeles", continuou. "Ênfase no 'horrivelmente'. E quanto ao sr. Cresswell? Seus sentimentos por ele mudaram assim tão rápido? Suas cartas enviadas da academia pareciam indicar que havia um grande romance, mesmo que você estivesse desgostosa com ele na época." Liza me examinou com olhos afiados, uma concentração parecida com a que eu adquiria ao dissecar um espécime com meu escalpelo. "Mefistófeles ganhou seu coração com tanta facilidade? Pensei que seria capaz de ver além de suas mentiras."

Belisquei a pele entre o polegar e indicador para me concentrar.

"Qual o problema de conversar com alguém?", perguntei. "Não é como se Mefistófeles tivesse se declarado para mim. Talvez eu apenas aprecie ouvir sobre seu uso da ciência. Sempre fui interessada por engenharia. Não somos assim tão diferentes, sabe."

"Foi isso o que ele disse a você?" Liza me lançou um olhar longo e comedido. "Que ambos são similares por natureza? Que nasceram um para o outro?"

O tom de voz era crítico, mas pude ver a preocupação em seu rosto.

"E se ele tiver afirmado tais coisas?" Ergui o queixo fingindo indignação e me odiei um pouco mais por aquilo. Quantas mentiras mais seria forçada a contar antes que aquela encenação terminasse? "É verdade. Nós dois amamos a ciência. A dele é apenas um pouco mais extravagante. No entanto, há muito que posso aprender com Mefistófeles. Coisas que podem me ajudar a descobrir qual é meu lugar no mundo."

"Dissecar os mortos é muito menos extravagante", disse ela secamente. "Talvez você devesse pegar uma das máscaras dele emprestada. Ou pedir ao costureiro dele para que faça uma nova roupa de autópsia. Estou certa de que ele poderá criar algo capaz de fazer qualquer coração voltar a bater. O seu lugar é com nosso tio e Thomas, solucionando crimes para quem não consegue fazer por conta própria. Não vestindo trajes e saltitando no palco em uma cidade diferente a cada noite nos braços de um homem que sempre vai amar mais o espetáculo."

"Não seja tão amarga, prima", comentei, fazendo o possível para não interpretar demais sua última frase. "Apenas gosto de aprender como ele engenha seus truques. Ele é um tanto... As máquinas e mecanismos que constrói são incríveis. Se ele pudesse usar seu talento para criar ferramentas médicas..." Minha voz ficou mais baixa quando percebi que não estava mais dizendo meias-verdades. Se Mefistófeles usasse seu cérebro para criar máquinas utilizadas em intervenções cirúrgicas, as possibilidades médicas seriam infinitas.

Liza escrutinou meu rosto por um instante, não parecendo muito convencida. Resisti, mantendo minha expressão fiel à máscara que eu havia colocado.

"Tome cuidado ao entregar seu coração para homens como ele", aconselhou por fim, com os ombros caindo.

"O que quer dizer com 'homens como ele'?" Estiquei um braço e segurei sua mão. "Cientistas e engenheiros?"

"Mentirosos."

"Ele é um ilusionista", respondi, não deixando o veneno que ela havia injetado naquela única palavra passar despercebido. "Um taumaturgo."

"Exato." Liza afastou a mão da minha e cruzou os braços. "Um mentiroso. Em um fraque sofisticado."

Por um momento desesperador, temi que Mefistófeles tivesse agido por conta própria e contra minha vontade em relação a nosso trato, deixando uma carta anônima para Liza com informações sobre Houdini. Engoli em seco, sentindo a muralha de mentiras ruir sobre mim. Era hora de contar a verdade sobre um segredo. "Está... está tudo bem entre você e Harry?"

"É claro que sim. Por que não haveria de estar?" Ela estudou meu rosto, e seus lábios se curvaram para baixo. No entanto, havia algo em seus olhos. Algo que indicava que tudo não estava assim tão bem quanto ela gostaria que eu acreditasse. "O que houve? O que você não está me contando?"

Aquele era o momento; o instante que eu havia temido. De repente, olhando para os olhos suplicantes de minha prima, não tive coragem de partir seu coração. Ela segurou minha mão. Se Liza estava com dúvidas sobre Houdini, eu precisava dar a ela toda a informação que tinha. Nós pisaríamos em terra firme em apenas um dia. Ainda assim, eu não era capaz de dar aquele último passo.

"Por favor. O que quer que seja, eu preciso saber."

Desabei na cama, com meu coração batendo devagar o suficiente para dobrar a hora de sofrimento. Sem dizer uma palavra, estendi a mão e apanhei a carta parcialmente destruída em minha mesa de cabeceira. Eu a entreguei a Liza, mantendo meus olhos baixos quando ela afundou a meu lado.

"Aquele canalha mentiroso!" Ela amassou o papel, e sua voz tremeu quando falou: "Vou atirá-lo para fora do navio como o lixo que ele é! Onde está meu manto?".

Temendo que seu temperamento pudesse levá-la a extremismos, reuni coragem para encará-la. "Liza... não pode confrontá-lo."

"Você perdeu o juízo?", gritou. "É claro que devo confrontá-lo!"

"Ao menos espere que cheguemos ao porto. Já temos tanto com o que lidar, por favor, eu imploro. Espere. É apenas por mais um dia, e então, se ainda desejar fazê-lo, eu a ajudarei a atirá-lo no ancoradouro. Prometo."

Liza marchou em círculos pelo aposento, balançando a cabeça. "Você quer que eu aja como se tudo estivesse bem? Seria capaz de fazer o mesmo se estivesse em meu lugar?"

"Eu faria o que precisasse ser feito", respondi, sincera. "Principalmente se houvesse uma investigação como prioridade."

Liza me encarou, e não consegui discernir os sentimentos que percorreram sua expressão. "Conte-me ao menos isso: onde obteve a carta? Anishaa a deu a você?"

"Foi Mefistófeles. Eu não... Eu não queria arruinar sua viagem."

"Esta não era uma simples viagem para mim." Os lábios dela estremeceram. "Ele deveria ser meu futuro. Renunciei a tanta coisa." Ela engoliu algo que estava prestes a dizer, sua voz com a dureza de um diamante quando Liza continuou: "Nunca, nunca desista de você por alguém, Audrey Rose. A pessoa certa vai querer você exatamente como é. E se não quiser?". Ela fungou e balançou a cabeça. "Esqueça-a. Jogar tudo para o alto por alguém sempre acaba em problema. Desisti de meu lar e de minha família em troca de beijos, cartas de baralho e promessas vazias sobre o futuro. Houdini é um mentiroso, e estou contente por este ser o fim."

"Liza, eu queria contar a você, eu só..."

"Prometo que não direi nada a ele por enquanto. Agirei como se tudo estivesse bem. Que Deus nos perdoe se o Rei das Cartas for distraído antes de seu próximo número." Liza olhou para o relógio na mesa de cabeceira. "É melhor se apressar, ou vai se atrasar para seu encontro com Anishaa e Mefistófeles. Ele nunca fica sozinho por muito tempo; Harry costuma encontrá-lo depois do desjejum. O que apenas lhe dará alguns poucos minutos com ele. Aqui." Ela puxou a banqueta de minha penteadeira. "Sente-se que trançarei seu cabelo."

Encarei minha prima por mais um instante, desejando ultrapassar a barreira que ela subitamente havia construído ao redor de si, mas, em vez disso, me sentei. Liza deslizou uma escova de cabo prateado por meus cabelos, enrolando e dando forma. Fingi não perceber a lágrima que correu por sua bochecha conforme enfeitava meu cabelo com botões de rosas vermelhas, ou o modo como seus olhos evitaram encontrar os meus através do espelho. Parecia que eu não era mais a única de minha família a esconder segredos naquela viagem.

A bruma marinha orvalhava na balaustrada do navio, me obrigando a caminhar pelo convés mais perto da extremidade das cabines para evitar pegar ainda mais friagem. Com o auxílio de Liza, eu colocara um vestido de passeio mais elaborado — um modelo de mangas longas, feito de veludo vinho-escuro sobreposto por uma delicada renda preta. Eu havia acrescentado luvas de pelica, bem como um manto preto, e parecia um respingo de sangue seco. O que era bastante apropriado, considerando o que estava prestes a fazer. A imolação era um assunto complicado.

Liza, porém, não havia me visto acrescentar o cinto de couro na coxa, tampouco o escalpelo que havia prendido ali. O cinto de armas era um modelo que eu mesma havia confeccionado quando estivera na Romênia, o melhor presente de Natal de todos os tempos. Alisei a parte frontal de meu corpete, reconfortada por saber que a lâmina estaria ali, embora o plano que se formava em minha mente fosse muito menos alentador.

Era imprudente e arriscado, mas o resultado iria recompensar o perigo. Era o que eu esperava. Eu não tivera a oportunidade de conversar com Thomas, então dependia de sua habilidade de extrair a verdade de pistas sutis. Com sorte, ele não deixaria que os comentários maldosos de Mefistófeles o atrapalhassem. E, com sorte, eu não seria distraída pela náusea que sentia ao ver o desespero de Liza.

Um jovem casal passou por mim, seus olhos dardejando os arredores do convés conforme caminhavam um tanto próximos. Foram as primeiras pessoas que encontrei, e o passeio não parecia tão despreocupado quanto tentavam aparentar. Na verdade, a maior parte do navio parecia quieta demais. Os passageiros faziam mais refeições em suas cabines e se aventuravam pelo convés apenas quando era extremamente necessário. Uma bela prisão: era o que aquele navio havia se tornado.

Avancei, com os pensamentos em polvorosa.

No meio do oceano não havia gaivotas pipilando acima, cantando suas canções angustiosas. Em vez disso, havia fragmentos da conversa que se desenrolava mais adiante no convés de madeira, abafada demais para que eu conseguisse discerni-la. Mulheres e homens em ternos e vestidos mais simples que os trajados na primeira classe, mas ainda bastante elegantes, espiavam de suas cabines conforme eu seguia, indo ao encontro de Anishaa. Meu coração batia descompassado em advertência, mas era tarde demais para desistir. Eu estava ali, e o plano precisava se concretizar.

Mefistófeles estava virado de costas para mim, mas reconheci a casaca escarlate, as botas reluzentes na altura dos joelhos e o gingado de quadris estreitos. Daquele ângulo, parecia um rei pirata. Eu não me surpreenderia se descobrisse que ele havia acrescentado um número aquático ao espetáculo assim que ancorássemos em Nova York.

"Da próxima vez, gire as tochas como se fossem um relógio de bolso unido a uma corrente", dizia ele, balançando o próprio relógio em um círculo amplo. "A velocidade fará com que as chamas não se espalhem pela haste de metal e que pareçam impressionantes vistas da plateia. Mas o faça com rapidez; é metal, e vai queimar seus lábios se encostar neles por acidente."

Anishaa o observou através de seus cílios baixos, e me surpreendi ao constatar que o mestre de cerimônias não havia percebido a afeição dela. Ela parecia oscilar no limiar de cada palavra e ideia que ele apresentava.

"Uma ótima dedução científica", elogiei. Mefistófeles se virou, parecendo estupefato, porém satisfeito, com minha visita surpresa. Ele pegou o relógio e o guardou no bolso. "Metal se aquecendo com o fogo. Quem poderia imaginar? Da próxima vez, diga a ela que o gelo será frio ao toque."

"Srta. Wadsworth. É sempre um prazer recebê-la." Sua boca se repuxou quando fez uma pequena mesura. "Sei por fonte confiável que se apaixonar é como brincar com fogo. Aquece o coração, crepita com o calor da paixão..." Anishaa bufou, e o mestre de cerimônias gesticulou para que ela continuasse a treinar.

"Bem, se uma pessoa é tola o bastante para brincar com fogo, não deveria se surpreender ao ser queimada."

A expressão de Anishaa era de perplexidade enquanto ela girava as chamas, nos concedendo um pouco de privacidade, embora eu tivesse notado que sua atenção se voltava de vez em quando para seu afeto secreto.

"A senhorita gostaria de conhecer meu local de trabalho?", perguntou Mefistófeles, e todas as boas maneiras cavalheirescas foram desmentidas pelo brilho ardiloso em seus olhos. "É logo ali." Ele sorriu por detrás da máscara. Um lobo convidando a Chapeuzinho Vermelho para adentrar a floresta sombria. O que ele não sabia era que essa garota em particular carregava uma arma embaixo de seu capuz e tinha uma variedade de peles de lobo acumulada em seus aposentos. "Prometo que não haverá nenhum tipo de comportamento imoral. Apenas engrenagens e engenhocas. Talvez um pouco de graxa. Nada romântico demais."

"Você com certeza sabe como encantar uma garota", eu disse. "Da próxima vez, vai querer me mostrar sua coleção de máscaras." Eu me inclinei para contemplar sua obra de arte mais recente, feita de um cinza-pálido com contornos rodopiantes e brancos como nuvens, reparando na ligeira alteração em sua respiração quando me aproximei. "Quantas você possui? Mil?"

"Cerca de um milhão." Ele sorriu, recobrando a compostura. "Comece a praticar girando uma, então a outra, como combinamos", disse ele para Anishaa. "Na sequência, trabalharemos com o momento em que você cospe as chamas. Estou quase terminando de preparar o novo tônico."

Ela assentiu, então continuou o trabalho. O mestre de cerimônias pegou minha mão e a apoiou em seu braço, guiando-me pelo convés até seu covil. Eu estava apenas brincando sobre as máscaras, mas não ficaria surpresa se ele realmente tivesse tantas assim. Ele na certa precisava de um baú inteiro para transportá-las.

"Cuspir fogo?", eu quis saber. "Parece um pouco perigoso. E um tanto grosseiro."

"Não é como se ela fosse vomitar as chamas na plateia como tabaco mascado. O perigo pode ser encontrado em todas as coisas, mesmo naquilo que é mundano. E isso é bem enfadonho", disse. "A que devo o prazer de sua companhia tão cedo pela manhã? Não é hora de nosso treino. Teria o sr. Cresswell enviado você aqui para colocar um fim em nosso envolvimento romântico? Pensei que fosse me esganar na cabine da srta. Crenshaw. Aposto que ele detestava dividir brinquedos quando era criança."

"Antes de mais nada, não sou brinquedo de ninguém, senhor. E, segundo, se Thomas estivesse aborrecido, não acha que seria ele a pessoa que estaria aqui, desafiando você para uma disputa por minha afeição?"

Mefistófeles bufou. "Bem, ele *de fato* parece ser o tipo que perfura os inimigos com uma espada." Ele estreitou os olhos para mim. "Este é o tipo de coisa que atrai a senhorita? Quem sabe eu comece a desafiar seus outros pretendentes para duelos. Posso até retirar a máscara quando vencer. Deixar que vejam o verdadeiro rosto do vitorioso."

"Você quer dizer o rosto de um inimigo mortal?"

"Duvido que se refeririam a mim como amigo após serem apresentados à Lâmina da Noite."

"Lâmina da Noite?", perguntei, detendo-me. "Este é o nome de seu amigo imaginário?"

"Quase." Ele deu uma risadinha. "Já ouviu falar das plantas *nightshade*, certo? As sombras da noite? Fascinantes, mas mortais. Como minha espada. Lâmina da Noite."

"Que astuto." Uma inquietação deslizou dedos gélidos em minha espinha. Beladona — um tipo de *nightshade* — havia sido encontrada no organismo da srta. Crenshaw. "Todos os membros de seu festival precisam possuir uma arma para serem aceitos? Como uma sociedade mascarada secreta de manejadores de espadas?"

Ele riu novamente, mas daquela vez desejei afastar meu braço do dele.

"Improvável. Jian e eu somos os únicos que possuem espadas", disse ele. "As dele são para seus truques; a minha pertence a meu passado. Mas temos assuntos mais importantes a discutir. O tempo é uma lei que pareço não ser capaz de violar, não importa quanto eu implore, pegue emprestado ou roube, não consigo produzir mais dele. Alguma novidade sobre a pessoa que está assassinando os passageiros? O público está insatisfeito, e temo o que o futuro reserva para o festival. Nenhum outro cruzeiro vai nos contratar se pensarem que estamos abrigando um assassino."

Cogitei perguntar a ele das cartas de tarô e qual seria o motivo de ensinar sobre elas para todos os artistas, mas não quis que ele suspeitasse de meus motivos. Tampouco quis alardear o fato de que eu desconfiava que tanto o tarô quanto as cartas de baralho eram uma espécie de código — seus significados claramente detalhavam a história dos assassinatos para qualquer um capaz de decifrá-las. Se ele fosse o assassino, poderia acabar alterando seu modo de agir.

"Ainda não, mas estou investigando uma teoria." Umedeci os lábios, torcendo para não levantar suspeitas com minha curiosidade em relação a seu breve comentário. "Qual espada é maior? A sua ou a de Jian?"

Ele parou de súbito, me encarando como se eu houvesse me despido na frente dele e de todas as outras pessoas que estavam no convés. Pela expressão iluminada em seu rosto, imaginei que não iria se importar caso aquilo acontecesse. Alguns instantes se passaram até que meu cérebro compreendesse a insinuação que eu fizera por acidente.

"Q-Quero dizer", gaguejei, "qual delas é mais finamente trabalhada?"

"Hmm." Ele voltou a andar, embora um sorriso diabólico ainda curvasse seus lábios. "Sendo honesto? Eu diria que a dele. A Lâmina da Noite é uma bela espada, mas as de Jian são obras de arte."

Foi minha vez de interromper o passo diante de sua resposta nem um pouco presunçosa. "Pensei que homens como você mentissem para se entreter."

"O que torna ainda mais divertido observar enquanto você tenta discernir o que é verdade entre minhas mentiras."

Ele continuou andando, não de forma apressada ou suspeita. Na verdade, parecia à vontade, com seu andar confiante. Não éramos nada além de um jovem casal que caminhava pelo convés. Com exceção de que ele usava uma máscara ridícula, e eu escondia uma lâmina, e todo o navio vestia o medo como um novo sobretudo.

Eu o flagrei algumas vezes erguendo o rosto como se quisesse sentir a luz do sol, embora estivesse oculto por um aglomerado de nuvens. Uma tempestade se formava.

"As espadas de Jian foram forjadas durante uma de suas viagens por um ferreiro experiente do Império Otomano", contou ele, embora não tivesse perguntado. "O metal praticamente canta quando corta o ar. Você terá que comparecer a um de seus treinos. É mais fácil ouvir quando não há uma multidão."

"Ele dorme com as espadas ao lado dele? Parecem valiosas."

"Por que tanta curiosidade em relação a Jian?" Ele parou próximo a uma cabine no meio do convés. "Acredita que ele está guardando cadáveres no talim de sua espada?"

A pergunta foi feita com leveza, mas havia uma gravidade em sua expressão que fez meu coração bater mais rápido.

263

"Não posso perguntar sobre uma espada que canta sem apresentar um motivo?", questionei. "Nem tudo gira a seu redor, seu chato de galochas."

"Sim, mas..."

"Sabe de uma coisa? Acabei de ter uma ideia fabulosa! Você deve renomear o espetáculo para 'Jian, o Sultão das Espadas Cantantes'. Aposto que as pessoas adorariam ouvir essa sinfonia. Talvez você consiga encontrar um método de aprimorar a canção da espada. Já tentou usar o mecanismo de uma corneta acústica[1] para ampliar o volume?"

Mefistófeles ergueu as sobrancelhas, um gesto que me impressionava toda vez, considerando que ele nunca tirava a máscara. "Está interessada em transformar sua mente científica em lucro?" Ele levou uma das mãos ao coração. "Fui capaz de convencê-la a se juntar à indústria do entretenimento depois de apenas algumas noites? Sou melhor do que imaginava. E já me imaginava incrível em minhas habilidades de galanteio, veja bem."

"'Indústria do entretenimento'?", perguntei, aliviada por tê-lo distraído. "É disso que está chamando o festival hoje?"

"É como P.T. Barnum[2] se refere ao circo. Soa bem, não concorda?"

Fiz uma careta. "Ouvi rumores de que ele é descortês e um calhorda. Não sei se inspirar-se nele é uma boa ideia."

"Ele é um oportunista, como são quase todos os homens de negócios, e isso não requer honra."

Mefistófeles enfiou uma chave na fechadura e abriu a porta com um empurrão, revelando a cabine ocupada apenas por ferramentas e adereços. Havia um leve cheiro metálico no ar e, pela primeira vez, não vinha de sangue derramado.

Ele acendeu as luzes, revelando itens de aparência comum misturados com o improvável. Cartolas com peças de metal no interior, gaiolas de pássaros com pombos mecânicos cobertos por penas de

---

1 Dispositivo tubular ou com formato de funil, podendo ser feito de metal, madeira ou chifre de animal, que coletava as ondas sonoras e as direcionava para dentro do ouvido, aumentando a intensidade com que o som chegava ao tímpano e proporcionando uma melhor audição. As primeiras cornetas acústicas datam do século XVII, mas seu uso só se popularizou no fim do século XIX. [N. T.]

2 P.T. Barnum (1810-1891), conhecido como Príncipe da Falcatrua e Avô da Publicidade, foi um excêntrico apresentador e empresário norte-americano que fundou, em 1871, o circo Ringling Bros. e Barnum & Bailey. O espetáculo, considerado o mais antigo do mundo, encerrou suas atividades em 2017. [N. T.]

verdade que pareciam tão reais que tive que tocá-los para me certificar de que eram ornamentos. Espiei um fraque pendendo de um gancho, todo seu interior bordado com metal e engrenagens. Penas de corvo empoleiravam-se nos ombros, macias e lustrosas como óleo.

Espalhados na penteadeira havia parafusos e roscas e máscaras de médicos da Grande Peste. Estremeci ao me aproximar de uma, seu bico de couro de um tom de creme tão vívido que parecia ter sido esculpido do osso.

"Elas são..."

"Assustadoras?", sugeriu ele, pegando uma máscara e deslizando um de seus dedos enluvados pelo longo bico. Meu palpite era que sua expressão estava pensativa, mas era uma afirmação difícil de fazer. "Sabia que na Idade Média, quando os médicos usavam essas máscaras, eles colocavam ervas aromáticas na ponta do bico? Pétalas de rosas, bagas de zimbro, bálsamo de limão e hortelã. Elas ajudavam a repelir os odores de putrefação." Ele apoiou a máscara. "Eles também tinham permissão para realizar autópsias nos mortos, um ato proibido para outros cidadãos naquela época. Alguém como você teria enfrentado acusações graves."

"O que isso tem a ver com o festival?"

Em vez de me responder de imediato, se virou e retirou um sobretudo encapuzado de uma cavilha e o vestiu, colocando também um par de óculos de proteção redondos e, por fim, a máscara da peste. Ele girou sem pressa e me encarou, parado ali, sem se mover, totalmente de preto, com exceção da máscara branca como osso. Mefistófeles pegou uma pequena cartola e a colocou, completando o traje de médico da peste que chegou para examinar os enfermos à beira da morte.

Calafrios percorreram meu corpo. O silêncio do mestre de cerimônias era tão perturbador quanto seu traje, talvez até pior.

"E então?", perguntei, tentando acalmar meus nervos. "O que planeja fazer nessas vestes?"

Ele avançou alguns passos devagar, me rondando como um abutre em torno de uma carcaça fresca.

"A esta altura seu coração provavelmente está batendo depressa". Mefistófeles se aproximou. "Sua respiração está falhando um pouco. Tenho toda sua atenção, todo seu medo e empolgação. Fiz três promessas em meu número de abertura, srta. Wadsworth. Você se recorda delas?"

Recusei-me a ter medo. Ele havia dito que seu festival era repleto de magia, travessuras e caos. "Sim."

Eu não conseguia ver por detrás de sua nova máscara, mas imaginava que Mefistófeles exibia o sorriso malicioso de sempre. "Quando o ato final for um palco abarrotado por um exército de médicos da peste, acredito que o salão ficará um tanto caótico. A senhorita não concorda?"

Seria uma visão espantosamente gótica, de fato.

"Talvez, à luz do fato de que moças estão sendo assassinadas e que há pelo menos um homem desmembrado", eu disse com frieza, "você devesse repensar isso. Sei que *eu* não vou vestir tal coisa." Indiquei com a cabeça outro traje estendido sobre a cama. Sua cor oscilava entre lavanda e o tom acinzentado do luar — mais um modelo extravagante para o Festival Enluarado. Escamas prateadas adornavam os ombros como uma armadura, e o espartilho do corpete continha escamas de um tom escuro de carvão. "Para quem essa roupa foi feita?"

Mefistófeles se virou ao remover aquele terrível traje e recolocar a máscara, então apontou para a bancada de trabalho. Sobre ela se encontrava a máscara mais elaborada que já vira. Não sabia como ela havia passado despercebida enquanto eu examinava o cômodo logo ao entrar, mas o lugar estava *cercado* de objetos. Aquela máscara se parecia mais com uma gálea, embora seu visual se completasse com mandíbulas abertas que exibiam presas. Um crânio de dragão, concluí ao observá-lo mais atentamente.

"Anishaa me pediu para que redefinisse seu número e criasse algo mais memorável." Ele tocou os tecidos delicados do traje. "Ela quer se conhecida como a Rainha dos Dragões em vez de uma simples engolidora de fogo. Então atendi a seu pedido. Agora, com o auxílio de um tônico especial que venho preparando, Anishaa não vai apenas engolir as chamas: ela vai respirá-las."

"Mas isso parece..."

"Perigoso?", atalhou Mefistófeles. "Tanto quanto seguir um rapaz até seus aposentos, sozinha, rodeada por máscaras e engenhocas. Conte-me", disse, fechando a porta, "quando começou a achar que eu sou o culpado pelos assassinatos?"

26. UMA ESPIÃ BELAMENTE VESTIDA

Cabine de engenharia de Mefistófeles
RMS *Etruria*
6 *de janeiro de* 1889

inha mão pairou sobre a lâmina escondida e embainhada em minha coxa. "Quem falou em culpa?", perguntei. "A não ser que tenha deixado de me contar algo. Teria novidades para compartilhar?"

Para o mérito dele, ou meu, Mefistófeles pareceu impressionado por eu não ter me encolhido e mantido distância. Ele se apoiou na porta com os braços cruzados. "Meu problema é ver você desfilar por este navio, fingindo que está interessada em mim para meus artistas, quando, na verdade, é uma espiã belamente vestida a serviço de seu tio."

"Você é quem quis que eles acreditassem que havia algo a mais entre nós! E me ofendo, e muito, com isso." Eu me levantei. "Não sou espiã de ninguém." Que grande mentirosa. Mas ele não havia me acusado daquilo. Ainda. "Estou fazendo o que você me pediu quando fizemos nossa barganha. Se está tão descontente, talvez seja hora de mudarmos os termos do acordo."

"Não subestime minha inteligência", devolveu. "Sim, posso ter desejado que nos vissem juntos, posso ter trabalhado com mais afinco para ensinar a você os truques para o ato final, mas nunca mencionei nada sobre flertes ou olhares em minha direção quando acha que não estou vendo. Ou gostaria que eu acreditasse que entre nosso rendez-vous à meia-noite e sua dissecação auroral a senhorita se flagrou pensando na maciez de minhas madeixas, no contorno acentuado de minha mandíbula, na..."

"Arrogância de seu comportamento." Revirei os olhos. "Talvez, apesar de tudo, eu aprecie sua companhia. Se tem tanta confiança em si mesmo, por que tem tanta dificuldade em acreditar nisso?"

"Então os olhares são reais?" Mefistófeles me avaliou, seu olhar descendo para meus lábios e se demorando ali. Um instante depois, apagou as luzes e avançou em minha direção. Meu coração, a única coisa *incapaz* de acompanhar o restante de minha falsa coragem, vacilou com a crescente proximidade.

Meu tio não havia mencionado minha rebeldia de antes, mas se viesse a descobrir que eu estava ignorando suas regras mais uma vez... Permaneci firme. Mefistófeles inclinou a cabeça, inspecionando cada respiração minha, cada piscada vagarosa, à procura de uma mentira que não iria encontrar. Mantive a imagem do sorriso torto de Thomas em minha mente, projetando-a no rapaz que estava a minha frente.

Estendendo uma das mãos, o mestre de cerimônias gentilmente ajeitou uma mecha de cabelo que havia se soltado, colocando-a para trás de minha orelha.

"Tem certeza de que é nisso que você quer que eu acredite, srta. Wadsworth? Que está aqui, sozinha nesta cabine comigo, porque escolheu estar... por vontade própria... e sem motivo? Você apenas espera passar a manhã em minha companhia?"

Assenti, não confiando na firmeza de minha voz quando meus nervos estavam prontos para entrar em crise. Vi a voracidade em seu olhar, o desejo que máscara alguma conseguiria ocultar. Eu sabia que queria me beijar, embora não fosse vaidosa o suficiente para acreditar que ele não deixaria de olhar para quase qualquer outra jovem daquele mesmo jeito. Ele era um oportunista. E aquela era a oportunidade perfeita. Seus dedos se esticaram uma vez mais, seu toque leve como o ar, enquanto aguardava permissão.

A proximidade fez com que eu sentisse o aroma de sua colônia — o perfume me lembrava das ervas da máscara da peste, mas era inebriante em vez de assustador. Quem sabe ele fosse um mago de verdade — porque ali, na cabine abaixo do mundo que conhecia no andar de cima, eu não era capaz de desviar de seu encantamento.

No escuro, era fácil esquecer que ele não era o rapaz que habitava meus pensamentos. Aquele cujos lábios estavam se tornando tão familiares quanto os meus. Meu coração disparou quando ele se inclinou em minha direção, seu rosto ficando mais próximo do meu. Notei um sombreado preto em sua fronte, como se não tivesse tido tempo de fazer a barba pela manhã.

Que Deus me salvasse, mas eu quase ansiava por sentir aquela aspereza em minha pele, tão similar e, ao mesmo tempo, diferente de Thomas. Minha expressão deve ter se alterado, soltando as amarras dele. Mefistófeles deslizou as mãos para meus cabelos, delicadamente me puxando para perto. Não resisti.

Ergui o queixo, sabendo que aquela era a trapaça mais perigosa de todas: fingir que ele era outra pessoa, desejar descobrir a textura de seus lábios e quão gélido seria o filigrana de sua máscara sob as pontas de meus dedos. Sua boca pairou sobre a minha, com um sentindo a respiração do outro, mas sem nos tocarmos. Quase lá...

"Desejei fazer isso a semana inteira", sussurrou contra meus lábios. "V-Você tem certeza..."

A porta foi escancarada. "Já terminou de fazer aquelas algemas? Liza tá de mau humor e eu não tenho nada melhor pra fazer do que..."

Eu me afastei do mestre de cerimônias e senti meu rosto se avermelhar quando Houdini se calou. O artista de fuga parecia querer justamente desaparecer. Ele permaneceu ali, paralisado de indecisão.

"Ah... Desculpe interromper. Anishaa não disse nada sobre..." Houdini gesticulou para nós dois, sem nos encarar. "Voltarei depois pra buscar as algemas."

Ele saiu de fininho do cômodo antes que Mefistófeles pudesse se recompor. Fiquei grata pela intromissão, embora não estivesse surpresa. Liza *havia* mencionado que Houdini se encontrava com o mestre de cerimônias neste horário, e eu havia contado com aquilo. Meu plano fora apressadamente arquitetado no trajeto até os aposentos de Mefistófeles, mas, se eu tivesse dado sorte, havia feito minha parte de forma convincente. A fofoca era uma moeda que muitos não hesitavam em gastar.

Para o bem ou para o mal, os artistas iriam cochichar sobre meu encontro secreto com o mestre de cerimônias. Talvez até suspeitassem antes, mas agora haveria "prova" de nossos sentimentos. Uma ilusão para desviar a atenção deles para onde eu desejava.

269

Alisei minha saia e me distanciei de Mefistófeles para que ambos pudéssemos recuperar o fôlego. Se Houdini tivesse chegado alguns segundos mais tarde, talvez tivesse sido capturada por minha própria armadilha.

Mefistófeles esfregou a nuca, sem saber lidar com aquela situação. "Peço desculpas pelo atrevimento, srta. Wadsworth. Não tive intenção de agir de forma tão descabida e..."

"Não nos preocupemos com o que poderia ter acontecido." Fiz um gesto displicente, não sentindo nem metade da coragem que aparentava ter. Meus joelhos bambearam e meu coração martelou. Eu amava Thomas, mas não podia negar os encantos do mestre de cerimônias. Será que era possível fingir ser outra pessoa com tanto aferro que o risco de se entranhar naquela vida era real? "Neste momento, preciso examinar as espadas de Jian. Sei que estávamos apenas brincando, mas ele as mantém guardadas? Estão armazenadas perto das suas?"

O mestre de cerimônias pareceu relutante em afastar o rumo da conversa de nosso quase-beijo, mas cedeu. "Ao lado do compartimento de carga dos animais, mas no andar inferior. É onde mantemos os baús para o espetáculo. Tendas, cordas-bambas, praticamente todos os adereços que utilizamos estão ali, inclusive os baús com as espadas de Jian. Eles são pintados de um tom de lápis-lazúli e incrustados com cacos de mosaico. Não há como se confundir."

Não me passou despercebido o fato de que ele não havia informado o paradeiro da Lâmina da Noite. "Teria algum problema se eu desse uma olhada lá embaixo?"

Ele não respondeu de pronto, seu rosto adquirindo contornos pensativos. "O que isso tem a ver com as mulheres assassinadas?"

"Tem a ver com o membro decepado, na verdade." Eu tinha a impressão de que se me mantivesse afastada demais da verdade, ele seria capaz de desvendar cada uma de minhas mentiras. "Suspeito que os crimes estão relacionados."

"Muito bem." Ele se acomodou em um banco, à frente de sua bancada de trabalho improvisada, e começou a enfileirar garrafas cheias de líquido cristalino e pó preto. "Você tem permissão para investigar qualquer pista que tenha a ver com o festival. Embora eu deva avisá-la de que nem todos os artistas aceitarão de bom grado alguém xeretando seus pertences. Acho que seria interessante se fosse sozinha e evitasse ser pega no flagra." Ele sorriu timidamente. "Ofereceria minha companhia, mas tenho trabalho a fazer antes do espetáculo desta noite. Se conseguir escapulir por um instante, vou a seu encontro." Ao notar minha curiosidade, Mefistófeles fez um gesto na direção das garrafas. "Labaredas de dragão. Embora não sejam para a apresentação desta noite. Cuidarei disso assim que você for embora."

"Está se referindo ao novo número de Houdini que ficou de me mostrar na noite passada?" Tentei não alardear o alívio que senti por ter que fazer a busca sozinha. Eu não sabia se seríamos interrompidos novamente caso ele tentasse me beijar. "Alguma dica sobre no que anda trabalhando?"

Ele deu um sorriso largo e cheio. "Algo grandioso."

Fiz meu caminho por corredores labirínticos, cercados de metais retorcidos e parafusos foscos, reparando em como certas áreas do navio eram vazias em comparação a outras. O silêncio, porém, nunca reinava. Alguma oscilação ou movimento suave sempre podia ser ouvido e sentido, tanto por meus dedos, que deslizavam pelas paredes, como através das solas de meus sapatos acetinados. O navio estava vivo, vibrando com a moção constante, suas máquinas consumindo energia para expirar vapor ou suas velas auxiliares esticando bem os braços para domar o vento. Era como um dragão de metal que voava sobre o oceano. Afastei aqueles pensamentos e me concentrei no entorno.

Os estreitos passadiços eram usados pela tripulação; escondidos e sombrios, pareciam alojados no coração do *Etruria*. Espaçadas em intervalos regulares, as portas levavam a cabines de criados ou galpões de armazenamento, eu não sabia dizer. Minha saia farfalhava tão alto quanto o sangue pulsando em minhas veias à medida que eu fazia uma curva em mais um corredor mal-iluminado. Eu torcia para não encontrar ninguém — ainda que o capitão tivesse informado os tripulantes da investigação, não queria ser vista.

O tilintar de pratos e o som de vozes abafadas ricocheteavam pelo corredor. Avancei depressa, sem me deter para ouvir. De acordo com as instruções de Mefistófeles, estava quase alcançando o local onde as espadas eram guardadas. Passos pesados de repente surgiram na curva adiante, lentos e firmes. Era pouco provável que a pessoa que marchava em minha direção fosse um membro apressado da tripulação. O que significava que provavelmente era um artista do festival.

Olhei ao redor, sentindo meu coração quase saltar do peito enquanto avaliava opções de esconderijos, então corri até a porta mais próxima. Girei a maçaneta com nervosismo, mas estava trancada. Parti para a subsequente, me atentando para os passos que se aproximavam. Mais uma porta trancada.

"Pelo amor de Deus!", exclamei. Que maré de azar. Tentei a maçaneta de uma terceira porta e quase caí de joelhos em uma prece quando se abriu. Uma sombra despontou na curva, e logo antes de a pessoa a quem ela pertencia surgir, entrei no cômodo escuro, fechando a porta com um estalido suave.

"Cômodo" era uma expressão generosa. Não sei se eu tinha dado sorte ou muito azar de ter ido parar em um armário de vassouras apertado e abarrotado. Cabos e varões cutucavam minhas costas e machucavam meu corpo, lutando para reconquistar o espaço perdido. Permaneci bem parada, rezando para que nada caísse com estrépito no chão. O odor pungente de produtos de limpeza fazia o nariz arder, e partículas de pó juntavam-se ao caos. Um balde cheio transbordou um pouco, e o adstringente umedeceu meus sapatos.

Senti um espirro crescer dentro de mim e pedi para todos os santos dos quais já tinha ouvido falar para que neutralizassem o reflexo antes que ele me entregasse. Aquela situação faria tia Amelia me chamar de pecadora, dizendo que, se eu frequentasse mais a igreja, tais coisas não aconteceriam.

Comprimi os lábios, como se pudesse prender o espirro apenas com minha vontade. Lágrimas faziam meus olhos pinicarem. O sujeito que caminhava pelo passadiço acalmou o passo. Coloquei uma orelha contra a parede para ouvir. A pessoa estava virando as maçanetas.

Contive o impulso de bater minha cabeça contra o metal. O espirro pareceu me libertar de sua chegada iminente, e permiti que meus ombros relaxassem. O alívio durou pouco. Antes que eu pudesse contê-lo, ele escapou, em um som alto e inconfundível.

"*Gesundheit.*"

Comecei a agradecer, mas me detive. A pessoa da qual eu vinha me escondendo escancarou a porta, entrou e a fechou com agilidade. Por um momento, fiquei atordoada; o armário mal era capaz de me acomodar, e agora com...

"Cresswell? Em nome da rainha, o que você está fazendo?"

Eu não conseguia vê-lo, mas sabia que estava sorrindo. "Seguindo você para cantos escuros e abandonados, é claro. O que mais deveria estar fazendo? Seu tio está examinando o membro decepado. De novo. Fui atrás do dr. Arden, mas não obtive sucesso, então decidi visitar sua cabine, e Liza me disse que você tinha ido caminhar pelo deque da terceira classe." Ele deu de ombros. "Tentei chamar sua atenção, mas você praticamente saiu correndo pelas escadas."

Revirei os olhos. "Ir atrás de mim e entrar no armário de vassouras comigo não é a melhor ideia que já teve."

"Tem certeza?", perguntou. Antes que pudesse responder, Thomas me beijou com delicadeza. Meu desejo entrou em combustão. Estar sozinha com ele em um lugar sombrio e escondido de repente parecia muito mais interessante. Afastei o quase-beijo com o mestre de cerimônias de minha mente. Nada jamais se compararia com aquilo. Mefistófeles não passava de uma ilusão. Thomas era real. "Viu só? Foi um plano genial."

Suspirei. Ele tinha razão, mas minha ânsia para beijá-lo e a necessidade de usar nosso tempo com sabedoria eram duas coisas que precisavam permanecer separadas por enquanto. E ainda havia o assunto de meu quase-beijo com Mefistófeles que precisávamos discutir. Em algum momento. Thomas talvez não ficasse tão ávido por beijos roubados uma vez que eu lhe contasse o ocorrido.

Pousei a mão sobre seu peito, ganhando tempo antes que nos beijássemos mais. "As espadas de Jian estão armazenadas no próximo compartimento. Meu palpite é que, se elas foram usadas em qualquer um dos ataques, encontraremos evidências nelas. O braço foi desmembrado de forma desleixada; deve haver resquícios dele na arma utilizada. Se quisermos investigar, precisamos ser rápidos. Em breve os artistas vão se aprontar para o ato final."

"Você esteve ocupada esta manhã." Thomas abriu a porta e esfregou as mãos. "Como sabe quando praticam? Conseguiu encantar o festival inteiro sozinha?"

Senti uma fisgada de arrependimento. Eu queria contar a ele sobre minha incursão com o mestre de cerimônias e nossa infeliz barganha, mas revelar todo meu plano levaria tempo. E tempo era algo que lamentavelmente andava escasso para nós. Em vez de abrir novas vias de discussão, sorri com recato. "Talvez."

"Espadas, segredos e beijos roubados." Os olhos dele brilharam com deleite. "Você fala o idioma de meu complicado coração, Wadsworth. Sou um homem de muita sorte."

Esperava que ele ainda pensasse assim quando eu lhe confessasse minhas atividades daquela manhã. "Vamos, Cresswell. Temos um galpão para investigar."

27. TEIA DE ILUSÕES

Galpão de armazenamento do circo itinerante
RMS *Etruria*
6 de janeiro de 1889

Thomas e eu adentramos o armazém com muita cautela — não dissemos uma palavra sequer e nem respiramos profundamente até que tivéssemos certeza de que estávamos sozinhos. O lugar era amplo — cavernoso, eu diria — e pintado com o tom de aço de um couraçado. Lâmpadas pendiam do teto em intervalos regulares, zumbindo com a eletricidade quando Thomas as acendeu.

Era impossível negar quão arrepiante era aquele galpão. Não havia animais andando em círculos dentro de jaulas, mas tive a impressão de sentir olhos atrás de mim, me fitando conforme avançava pelos corredores de baús empilhados, de todos os formatos, cores e tamanhos. Não vi nenhuma indicação de qual baú pertencia a quem ou a qual número, e agradeci a descrição que Mefistófeles me dera. Não fosse por aquilo, passaríamos o restante da viagem abrindo um por um.

"Estamos buscando um baú lápis-lazúli revestido por cacos de mosaico", sussurrei sobre o ombro. "Vamos encontrar mais de um." Thomas ficou quieto por um momento. Eu me virei, esperando encontrá-lo distraído com alguma coisa, e me sobressaltei quando vi que não estava mais me seguindo. "O que houve?"

Ele se desvencilhou de quaisquer que fossem os pensamentos que haviam lhe ocorrido. "Olhe ao redor, Wadsworth. Há baús em cima de baús."

Fiquei preocupada com a possibilidade de a privação de sono ter deixado Thomas incoerente. "Sim. Era de se esperar, afinal, estamos em um depósito."

"Quero dizer que há inúmeros lugares para esconder evidências... e corpos." Ele deslizou a mão pelo baú mais próximo, de um preto envernizado tão brilhante que quase podia enxergar nossos reflexos nele. "E este é apenas um compartimento. Pense em quantos mais existem neste navio. Se a pessoa que cometeu os assassinatos começou a desmembrar cadáveres, então não precisa atirá-los no oceano. Os corpos podem ser guardados com segurança, para serem descartados ao longo do trajeto até seu próximo destino." Ele tamborilou os dedos na lateral do baú. "Os corpos nem mesmo precisam ser armazenados em baús grandes, do tamanho de um caixão. Em pedaços, cabem em qualquer lugar. Até onde sabemos, podemos estar pisando em um verdadeiro cemitério neste exato instante. O capitão alega ter vasculhado meticulosamente os deques superiores, mas nós ainda temos que encontrar o resto do corpo do braço decepado."

Calafrios resvalaram como unhas por minhas costas e braços. Uma lâmpada piscou, atraindo uma mariposa clandestina que se debateu repetidamente contra a luz. Cadáveres não me incomodavam; os homens que transformavam os vivos neles, sim. "Vamos nos apressar. Não temos muito tempo."

Partimos depressa para um passadiço, e para o próximo, examinando cada um dos baús. No fim de um trecho mais amplo, notei uma caixa grande, na vertical, coberta por um manto preto. Era muito mais larga do que um caixão, talvez tivesse o dobro do tamanho — algo para investigar em outra oportunidade.

"Precisamos nos separar", eu disse. "Nossa área de cobertura vai ser maior e agiremos mais rápido."

Thomas concordou e desviou para o corredor adjacente. Eu odiava estar tão no fundo do galpão — era quase impossível ouvir alguém entrar. Qualquer um poderia estar à espreita, pronto para me pegar de surpresa. Eu estava começando a percorrer o próximo corredor quando Thomas me chamou.

"Acho que encontrei", anunciou. "Venha ver."

Corri e o encontrei agachado ao lado de um longo baú. Era ainda mais bonito do que eu tinha imaginado. O azul contrastava com o mosaico que refletia como cacos de um espelho quebrado. Eu me inclinei, reparando nos cadeados em cada uma das extremidades. Fiz que ia pegar meu alfinete de chapéu, mas me detive quando Thomas abriu um dos cadeados com um estalido. Ele percebeu meu olhar e sorriu. "Mefistófeles e Houdini não são os únicos que conhecem truques. Você precisa ver o que sou capaz de fazer com meu..."

"Srta. Wadsworth", Mefistófeles disse do fim do corredor, me sobressaltando e desviando minha atenção de Thomas. "Vejo que sentiu tanto a minha falta que trouxe um dublê." Ele se voltou para Thomas, franzindo o cenho. Então, observou com atenção o baú aberto a nossos pés. "Este galpão é zona proibida para terceiros. Estava apenas me certificando de que ela havia encontrado o caminho até aqui em segurança."

"É por isso que você sabia o horário do treino dos artistas?", perguntou Thomas, em tom neutro. "Estava com ele de manhã?"

Minha voz de repente parecia ter desaparecido. Umedeci os lábios, sentindo meu coração bater mais depressa. "Sim..."

"Um cavalheiro deve sempre respeitar a escolha de uma senhorita." Mefistófeles abriu um sorriso largo. "Pode se retirar agora, sr. Cresswell. Acompanharei nossa dama até sua cabine em breve."

Thomas era o rosto vivo da contenção enquanto ignorava o mestre de cerimônias e buscava meu olhar. Eu não desejava vê-lo partir, tampouco queria que se sentisse rebaixado ao segundo plano por causa de Mefistófeles novamente. Mas, se quiséssemos solucionar aquele crime, eu precisava ser racional e torcer para que meu coração suportasse a dor.

Presa entre ambos, fiz o necessário para o bem de nossa investigação.

Embora me doesse fazer aquilo, dei um passo na direção de Mefistófeles. Pensei que Thomas fosse deduzir a verdade, mas um lampejo de mágoa percorreu seu olhar. Ele balançou a cabeça, como se concordasse. Meu coração ficou apertado.

"Muito bem. Podemos terminar nossa conversa mais tarde, Wadsworth."

Ele fitou o mestre de cerimônias por mais um instante e caminhou até a porta, com os ombros tensos e as mãos cerradas. Fiquei ali, imóvel, me perguntando se havia inadvertidamente mudado meu futuro. O destino era caprichoso.

"É uma pena", disse Mefistófeles. "Você vai partir o coração dele. Mas será divertido assistir enquanto ele se corta na lâmina de sua indecisão."

Contei até cinco em uma tentativa de recobrar a compostura. "É mesmo? Gostaria de saber o que penso de você?"

"Fale tudo." Ele assentiu. "Acho que vai ser interessante."

"Você é arrogante, traiçoeiro e tem sua perspicácia em demasiada boa conta." Fui contando cada agravo nos dedos. "Devo continuar?"

Ele pareceu intrigado. "Você se esqueceu dos atributos mais importantes: sou bonito e me visto bem. Quando foi a última vez que viu um fraque tão elegante?"

"Você é ridículo."

"Sou sincero." Mefistófeles sorriu. "Você está zangada porque *gosta* da minha companhia. Eu a levo a refletir, expando suas ideias e teorias científicas. Eu entro em sua mente, e você abomina isso."

"Sim", concordei, assentindo, "entra mesmo em minha mente. Assim como um escalpelo na carne."

"O que significa que sou preciso e afiado como uma lâmina." Mefistófeles deu de ombros. "Vamos tomar chá e conversar mais sobre minhas formosas qualidades? Ou será que partimos direto para a parte em que nos beijamos? Devo confessar que não consigo parar de pensar em nosso quase-beijo. Quando reencontrar Houdini, serei obrigado a afogá-lo. Admito o seguinte para você: Cresswell é um rapaz atraente, embora eu ainda ganhe dele neste quesito. É minha aparência sombria e misteriosa. Ele também não pode competir com a máscara."

"Quer saber a verdade? Você é a pessoa mais insuportável que já conheci."

"Mais uma honra notável." Ele fez uma mesura exagerada. "Tenho certeza de que o sr. Cresswell também ficará contrariado por essa declaração. O segundo lugar nunca é tão bom quanto o primeiro, não é? Mas é algo com que ele precisa se acostumar, especialmente convivendo cada vez mais comigo. Ele talvez precise ser um pouco paparicado para superar. Pobre sujeito. Terei que verificar se Isabella aceita o desafio. Ela já mencionou o nome dele algumas vezes para mim."

Ele me observou como um falcão encara uma possível refeição. Em silêncio, contei até dez e permaneci calada. Mefistófeles estava tentando arrancar a verdade de mim. Mas precisaria fazer mais do que aquilo. "Você está me distraindo."

"Um problema comum entre quase todas as mulheres, e alguns homens, que conheço." A jocosidade deixou seu olhar, como uma vela apagada por um sopro. "Eu lhe pedi para que evitasse ser vista neste lugar, não foi? Você tem ideia do tipo de transtorno que poderia ter causado se... *Mas que diabos*."

Olhei por cima do ombro para ver o que havia enervado Mefistófeles o suficiente para fazê-lo xingar. Andreas e Jian avançavam pelo passadiço, as cabeças baixas enquanto trocavam sussurros. Era peculiar vê-los de calças e camisas normais; seus trajes cintilantes eram designados apenas para o uso no palco.

Antes que eu pudesse absorver mais detalhes, Mefistófeles me envolveu às pressas, me puxando para perto, e me deu um beijo casto nos lábios. Ouvi o som de madeira friccionando contra metal e compreendi que o mestre de cerimônias estava lentamente colocando o baú de espadas de volta no lugar, usando nosso beijo como distração.

Fechei meus olhos e tentei não pensar em como a sensação de seus lábios contra os meus era agradável — macios e gentis, tão destoantes de sua língua afiada sempre cheia de bravata. Um momento depois, Mefistófeles recuou, sua expressão um misto de deleite malicioso com um pedido de desculpas. Eu me perguntei se eu aparentava estar tão surpresa e confusa quanto os pensamentos que corriam em minha mente.

Sem retirar as mãos de minha cintura, ele endereçou um sorriso frouxo para os dois artistas. Agradeci por aquilo; era possível que eu perdesse o equilíbrio. Ele deu um aperto delicado em aviso. "Vocês estão adiantados. Como podem ver, não esperava que ninguém fosse descer tão cedo. Ou devo dizer que *nós* não estávamos esperando ninguém. Estava mostrando o lugar para a srta. Wadsworth."

"É isso que estavam fazendo?", perguntou Jian, não se dando o trabalho de disfarçar a diversão em sua voz. "*Mostrando* os materiais? Aposto que da próxima vez farão uma excursão pelos toaletes."

Minhas bochechas coraram, mas não me atrevi a contradizê-lo. Jian deixou que seu olhar sombrio encontrasse o meu, e eu só podia imaginar o que ele via. Mais uma moça tola que havia se deixado levar pela teia de ilusões de Mefistófeles? Ou será que estava me considerando como mais uma vítima para acrescentar a sua lista? Voltei minha atenção para Andreas, cujo rosto estava tão enrubescido quanto o de Liza mais cedo. Eu não sabia dizer se estava constrangido por mim ou pelo espetáculo indecoroso que eu e o mestre de cerimônias havíamos apresentado. Talvez estivesse decepcionado por eu ter ignorado sua leitura de tarô e ainda me manter próxima do Mago.

"Mera retórica." Mefistófeles segurou minha mão, guiando-me para fora de forma dramática. "Espero ver vocês no salão às onze. O espetáculo de hoje necessita de uma ajudinha. E continuem praticando o que lhes mostrei para o ato afinal. Precisamos auxiliar as pessoas a esquecerem os assassinatos e lembrarem apenas do Festival Enluarado."

Sem dizer mais nada, deixamos os artistas para trás, para que pudessem coletar seus acessórios. Ao adentrarmos o corredor, refleti sobre ambos os rapazes, deliberando que qualquer um dos dois podia ser o assassino que procurávamos. Andreas parecia ser sossegado e tímido, mas, em um grupo repleto de taumaturgos, aquilo poderia ser ilusão.

"E então?", perguntou Mefistófeles quando já tínhamos chegado no próximo passadiço. "Descobriu alguma coisa valiosa ou foi tudo uma grande perda de tempo? Não que nosso beijo não tenha valido a pena. Eu diria que foi bem agradável. Não concorda?"

"Depende. Isto pertence a você ou não?" Thomas surgiu da próxima curva, exibindo um anel de sinete na palma estendida. A cabeça de um leão circundada por espinhos, com rubis vermelho-sangue no lugar dos olhos. Era deslumbrante. A visão do objeto atordoou o mestre de cerimônias, que ficou parado como uma estátua. Não parecia que sua reação se desse pela chegada de Thomas. "É estranho que seu espadachim tenha guardado este anel no baú dele. Mais estranho ainda você ter guiado a srta. Wadsworth diretamente até o objeto e então a seguido até lá." Mefistófeles parecia querer prensar Thomas no chão para reaver o anel, mas conseguiu se conter. "Este é o brasão de sua família, não é? Ou estamos diante de mais uma identidade roubada que você adotou?"

"Esse anel é meu", grunhiu. "E não roubei nada, sr. Cresswell."

Desvencilhei meu braço do de Mefistófeles. Não questionei como Thomas havia descoberto a quem o anel pertencia; sabia que, se ele tinha razão, eu também estava certa. "Você plantou o anel de sinete no baú para que eu pudesse encontrá-lo? Que tipo de jogo está jogando?"

"Posso fazer o papel de vilão", disse devagar, "mas isso não me torna um. Talvez vocês devam se perguntar o seguinte: se não eu, quem? Quem mais desejaria que eu me tornasse um suspeito? Quem tiraria proveito da situação se o festival fosse investigado?" Ele balançou a cabeça e a luz faiscou em sua máscara. "Formar opiniões sobre uma pessoa antes mesmo de conhecê-la pode torná-los suscetíveis ao verdadeiro mal. Não sou o vilão desta história, não importa o afinco com que tentem me classificar assim. Meu anel de sinete foi roubado no começo da semana. Não quis compartilhar a informação."

Ele estava certo, embora eu quisesse, e muito, contestá-lo. Com base em nossas emoções, e não nos fatos, havíamos nos precipitado ao acusá-lo, ao esperar o pior dele. Aquela era a primeira regra para que fôssemos cientistas e investigadores respeitáveis, e a havíamos quebrado.

"Vocês conseguem pensar em alguém que pode estar atrás de vingança?", insistiu Mefistófeles. "Eu com certeza posso. Mas não sou eu quem está desperdiçando tempo criando uma narrativa para explicar malfeitos. Sugiro que voltem esse olhar crítico para a primeira classe. Onde está o dr. Arden? Ele desaparece por quase toda a viagem e, ainda assim, tudo que fazem é bater à porta dele algumas vezes? E o pai da srta. Crenshaw? Um homem tão poderoso aceitaria com tamanha resignação o destino da filha? Um lorde não tomaria atitude alguma ao saber que sua preciosa garotinha havia escolhido um artista de circo de classe inferior e pagado um preço alto por isso? Ou será que ele destruiria aquilo que o arruinou?"

281

"Então você teve um romance secreto com ela?", quis saber, perturbada pelo incômodo que despontou dentro de mim.

"Ela era uma garota solitária em busca de um amigo, e eu, igualmente, estava farto da solidão", explicou Mefistófeles. "Ouvi enquanto ela falou sobre seus medos. Mas foi tudo que aconteceu entre nós."

O olhar do mestre de cerimônias buscou o anel de sinete, mas ele não fez movimento algum para recuperá-lo. Mais uma surpresa. Sem dizer mais nada, Mefistófeles passou por Thomas, deixando-nos para reavaliar, em silêncio, nossa lista de suspeitos. Tinha sido um discurso fervoroso. As palavras cortantes foram escolhidas com o rigor de um atirador versado, que sabia mirar e acertar o alvo. Eu só não sabia dizer se o tiro fora dado para distrair ou desarmar.

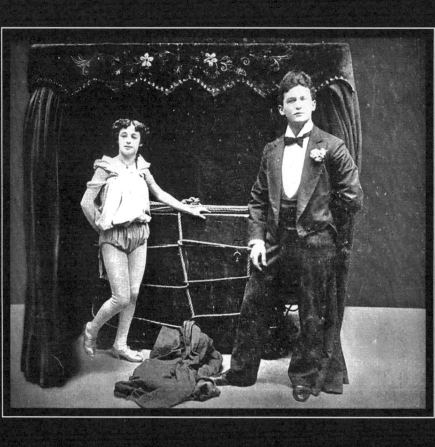

Harry Houdini com a esposa, Bess.

28. FUGA DO GALÃO DE LEITE

Salão de jantar
RMS *Etruria*
6 de janeiro de 1889

 luz dos candelabros piscou intensamente e então esmaeceu, uma pista nem um pouco sutil de que o espetáculo estava para começar. Boa parte do falatório no salão se aquietou, embora o ruído das conversas não tivesse parado de todo. Meus batimentos cardíacos triplicaram, mas eu não sabia ao certo se era por medo do que poderia acontecer. O assassino não havia ostentado sua última vítima, e bem no fundo eu tinha a sensação de que era apenas questão de tempo até que uma carnificina terrível fosse desencadeada de forma sinistra.

Um relancear pelo público notavelmente reduzido confirmava que eu não era a única passageira preocupada com o que aconteceria em seguida. Assentos vazios sobressaíam-se como dentes faltando em um sorriso forçado. Mais uma noite de terror e a plateia poderia desaparecer de vez.

"Não acredito que seu tio insistiu que espionássemos este espetáculo", sussurrou Thomas. "Não que esteja reclamando. Este prato é infinitamente mais agradável do que passar a noite com meu nariz enfiado em um membro decepado. Ou ouvindo Norwood ladrar ordens para os tripulantes."

Suspirei. Só mesmo Thomas para aliviar a tensão da noite comparando nosso jantar com um post-mortem. Ele não havia comentado sobre minhas atividades daquela manhã, e decidi deixar o assunto de lado por ora. Eu também estava grata pela ausência de meu tio, que não veria Liza em cena mais uma vez. Quando descobriu que ele não compareceria ao jantar, ela logo providenciou para que fosse a assistente do número de Harry. Apreensão se alojou entre minhas omoplatas. Torci para que ela não tivesse a intenção de criar sua própria encenação. Thomas pigarreou, e me desvencilhei daqueles pensamentos.

"Sim, bem, é um tanto difícil decidir entre codorna com ervas e carne em decomposição", respondi.

"Não se preocupe." Thomas abriu um sorriso cheio de malícia. "Haverá tempo suficiente para carne pútrida depois da sobremesa. Prometi a seu tio que o ajudaria imediatamente após o espetáculo. Você é mais do que bem-vinda a se juntar a nós, a menos que tenha planos mais nefastos a tratar."

O tom de voz de Thomas foi leve, mas vi sombras de dúvida permeando sua expressão. Tentei sorrir, mas senti como se estivesse me afogando. Tinha que praticar para o ato final e me encontrar com o mestre de cerimônias para mais uma aula. Com sorte, obteria mais informação acerca do assassinato para que tudo valesse a pena. "É claro que ajudarei esta noite."

Meu tio parecia ter me perdoado depois que me voltei contra sua única regra, pois toda sua atenção girava em torno do mistério do navio. Ele acreditava — embora outros de seu ofício desprezassem a ideia — que assassinos voltavam às cenas do crime. Como os passageiros da primeira classe eram o alvo, ele tinha dado instruções para que mantivéssemos nossas atividades sociais, tomando nota de qualquer coisa suspeita. Éramos espiões e aprendizes e detetives, tudo no mesmo pacote — desafio que ambos estávamos afoitos para aceitar.

A sra. Harvey fatiou sua codorna assada; ou ela estava propositalmente alheia a nossa conversa nem um pouco apetitosa ou perdida com satisfação nos próprios pensamentos. Tomei um gole de água, e minha concentração vagou para o palco quando as luzes enfraqueceram. Um instante depois, Mefistófeles apareceu, surgindo por uma abertura no centro do palco e cercado da costumeira nuvem de fumaça. Contra todo meu bom senso, meu coração deu uma martelada.

Pela primeira vez, percebi que ele parecia uma fênix saindo das cinzas. Embora estivesse trabalhando para desvendar o mistério dos assassinatos, não havia conseguido desenterrar qualquer pista sobre ele ou sua verdadeira identidade antes de adotar a persona do palco. Quem sabe o mestre de cerimônias tivesse ateado fogo em sua vida antiga e emergido como algo intocável.

"Sejam bem-vindos à sexta noite do maior espetáculo dos sete mares", declarou Mefistófeles. "Esta noite vocês serão testemunhas da mais magnífica fuga de todos os tempos. Ou talvez... talvez vocês assistam a vida de um jovem se esvair bem diante de seus olhos. Não posso dar garantias de que o próximo artista sobreviverá. A vitória o tornará uma lenda, mas o fracasso significa morte por afogamento."

O silêncio que sucedeu o discurso de abertura foi quase palpável. Ninguém desejava ver um homem se afogando, sobretudo depois das últimas noites. Eu sabia a importância de seguir em frente após uma perda, mas aquilo parecia um pouco grosseiro diante das circunstâncias.

Mefistófeles bateu palmas duas vezes e suas assistentes trouxeram ao palco um objeto oculto por um pano aveludado. Minha prima e Isabella se esforçaram para empurrar a enorme peça até o centro do palco. Meu corpo trepidou.

"O que está diante de vocês é um recipiente de ferro galvanizado com água até a borda." O mestre de cerimônias meneou a cabeça para Isabella e Liza. Elas arrancaram o pano, revelando o grande galão de leite. "Houdini não apenas submergirá neste galão de leite como o fará com os cadeados resistentes que colocaremos, para garantir que nem mesmo ele consiga escapar."

Murmúrios irromperam e todos no salão pareceram prender a respiração. Entrar em um galão cheio d'água já era perigoso o bastante, mas trancá-lo era um novo grau de loucura. Mefistófeles deixou que a preocupação cozinhasse em fogo brando, divertindo-se com o tormento borbulhante do público. Seus olhos pareceram cintilar um pouco mais com a aflição generalizada.

"Calma, calma", acrescentou ele, em tom tranquilizador. "Vou deixar que Houdini faça as honras de anunciar o restante." Mefistófeles abriu os braços para receber seu astro no palco. "Eis o incrível, o impossível, o escapista mais fabulosamente espantoso deste século! Senhoras e senhores, apresento-lhes o Grande Houdini!"

A plateia quase sempre ficava em silêncio quando o mestre de cerimônias subia ao palco, mas quando Houdini fez sua entrada, a quietude que tomou o salão pareceu ganhar vida. A escuridão profunda de um coração pulsante na ausência de ruído. Já tinha ouvido comentários sobre ser possível ouvir uma agulha caindo, mas a presença de Houdini era muito maior do que aquilo. Eu quase conseguia ouvir cada batida de meu coração, sentir cada molécula de oxigênio que eu respirava, e tudo retumbava com tanta intensidade dentro de mim que podia cruzar os mares e ressoar em Londres.

Mefistófeles mais uma vez estava certo: Harry Houdini estava destinado a se tornar uma lenda, nem que fosse apenas pela magnitude de sua presença. Ele era um homem de estatura mediana e poderio extraordinário. Ao menos naquela noite, depois que todos havíamos visto a morte ser transformada em um espetáculo.

"Dramático demais para meu gosto", sussurrou Thomas, se aproximando. "Quantos adjetivos uma pessoa pode usar em uma só frase? Mefisto talvez esteja precisando de um dicionário. Acho que vou dar um de presente para ele."

"Quieto", ralhou a sra. Harvey, fascinada pela visão do jovem de cabelos escuros enrolado em um roupão felpudo. Sem delongas, Houdini tirou a túnica. Senti minhas bochechas corarem; mulheres e homens arquejaram pelo salão. Eu nunca tinha visto um homem de roupas íntimas antes, e Houdini estava praticamente nu.

"Minha nossa", exclamou a sra. Harvey, tomando um grande gole de água gelada. "Faz um tempinho desde a última vez em que vi um homem só de roupas de baixo. Coitado do sr. Harvey, que Deus o tenha. Ele..."

"Por favor, imploro para que não descreva", interrompeu Thomas, endereçando-lhe um olhar de puro terror. "É melhor deixarmos certas coisas para a imaginação. E mesmo assim este talvez seja um caminho que não vamos desejar percorrer."

"Hunf." A sra. Harvey pegou o leque e começou a se abanar com firmeza. Eu sabia que o gesto tinha mais a ver com o jovem desfilando de roupas íntimas do que com seu aborrecimento. Ele parecia absorver toda a atenção.

Liza, sempre uma assistente destemida, continuou sorrindo, embora eu pudesse ver a tensão em seu rosto. Ainda não tínhamos conversado depois da revelação da carta de amor, e eu não sabia como ela estava lidando com aquilo e interagindo com Houdini. Mas eu pretendia tocar no assunto logo depois do espetáculo. Se Liza conseguisse guardar o aborrecimento para si pelo restante do número, talvez pudesse chegar a Nova York sem afogar o escapista no mar.

"O relógio, *por favor!*" A voz de Houdini estrondeou a ordem. As assistentes trouxeram um mecanismo enorme e o colocaram a alguns metros de distância do galão de leite. O olhar de Houdini desviou para Liza e rapidamente seguiu adiante. "Agora", se dirigiu ao público, "preciso de um voluntário. Quem vai inspecionar minha clausura em busca de falhas?"

Thomas esticou o braço. Eu o chutei por debaixo da mesa, mas, pelo modo como ele continuou acenando, errei a mira. O artista de fuga acabou escolhendo um homem robusto com cerca de quarenta e cinco anos de idade. O sujeito bateu com a bengala no galão, e o clangor provou que o objeto não era falso. Ele fez um trabalho minucioso, andando ao redor do galão, batendo na superfície e até mesmo erguendo a tampa para examiná-la, sabe-se lá o porquê. Satisfeito, o sujeito assentiu brevemente e voltou para a mesa.

"Como viram, não há truque algum", disse Houdini, em alto e bom tom. "Quero que todos vocês prendam a respiração e aguardem os segundos passarem." Ele fez um gesto na direção do cronômetro. "Que a contagem comece... agora!"

Mefistófeles apertou um botão na lateral do relógio, ajustando o ponteiro de segundos. Ele nunca havia permanecido no palco para ajudar, e me perguntei se estava ali naquela noite apenas para detectar alguma atividade suspeita.

Tique. Tique. Tique.

Todos respiraram fundo e prenderam o ar pelo tempo que conseguiram. A maioria das pessoas expirou depois de trinta segundos.

Tique. Tique. Tique. Mais alguns depois de quarenta. Quase todos já tinham voltado a respirar antes que um minuto tivesse se passado.

Tique. Tique. Tique. As bochechas de Thomas continuavam infladas, e ele parecia tão indiferente à falta de oxigênio quanto ao homem seminu no palco. Houdini abriu um largo sorriso quando viu que Thomas finalmente soltou o ar.

"Agora, peço pra que todos prendam a respiração mais uma vez. Mas antes..." Ele atravessou o palco sem se preocupar com a armadilha da morte atrás dele, à espreita. Sem dizer mais nada, ele entrou no galão de leite. Água transbordou das laterais, obrigando as assistentes a se afastarem para que não pisassem na poça que se formou. "Não seria justo me chamar de Rei das Algemas sem tê-las em meus pulsos, não é mesmo? Liza, providencie-as, por favor."

Suas boas maneiras trouxeram a sombra de um sorriso na expressão sempre neutra de Mefistófeles. Ele aprendia rápido, algo de suma importância em seus negócios.

Liza, ainda sorrindo, deu um passo para a frente, segurando as algemas. Tal visão fez a plateia se indignar. Alguém gritou: "Isso é loucura! Ninguém quer ver um homem se afogar. Onde está o número dos engolidores de fogo? Tragam o vidente!".

Mefistófeles, ainda parado ao lado do cronômetro gigante, tombou a cabeça para um lado. "Se teme a morte, é melhor ir embora agora. Nem eu, nem Houdini podemos garantir a sobrevivência dele. Sais aromáticos estão disponíveis para todos que os solicitarem."

"Pessoas estão mortas! Isto é inaceitável." O homem balançou a cabeça e deixou o salão. Ninguém mais protestou contra a ideia de presenciar o possível afogamento de um homem. Era enervante. Qualquer um daqueles passageiros que pareciam tão ávidos para ver a morte poderia estar envolvido com os assassinatos. Ou ser a próxima vítima.

Olhei novamente para minha prima, que ainda sorria por detrás da máscara. Por mais zangada que ela estivesse com Houdini, eu torcia para que Liza não fosse capaz de manter a calma se houvesse o menor indício do número acabar mal.

Meus pensamentos se inquietaram. Se algo desse errado, seria fácil alegar que o equipamento era defeituoso. Mas será que uma morte tão simples satisfaria um assassino que gostava de encenações? Ou o frenesi de tirar a vida de uma futura lenda seria um empate bom o bastante?

Houdini ergueu os braços, aguardando as algemas. Liza as colocou em seus pulsos em um floreio exuberante, e o som pareceu ecoar no silêncio. Ele olhou de relance para ela, mas ergueu as algemas com orgulho.

"Estas são algemas usadas pela polícia." Ele as remexeu para provar que eram de verdade. "Peço pra que todos prendam a respiração com o cronômetro quando eu submergir e minhas assistentes recolocarem a tampa."

Houdini e Mefistófeles trocaram um longo olhar, até que o mestre de cerimônias assentiu. Apesar da lógica me dizer que tudo ficaria bem, senti minhas palmas suarem quando Houdini entrou no galão. Fosse para nos acalmar ou tranquilizar a si próprio, o escapista respirou fundo antes de mergulhar. Um segundo depois, Liza e Isabella estavam ao lado do galão, colocando a tampa em seu devido lugar. No mesmo instante em que o galão foi fechado, Mefistófeles iniciou o cronômetro. Eles pareciam ter praticado bastante. Aquele era um experimento científico que não podiam errar. Não apenas para o bem de Houdini, mas para o do festival.

Tique. Tique. Tique.

Mais uma vez, inalei o ar junto da plateia, prendendo-o até me convencer de que meus olhos saltariam de meu crânio se eu não o soltasse.

Tique. Tique. Tique.

O ponteiro de segundos ecoava como badaladas, e Houdini continuava submerso.

Tique. Tique. Tique. Mais arquejos surgiram pelo salão de jantar. Quarenta e oito segundos já haviam se passado, e o artista de fuga continuava debaixo d'água. Liza e Isabella se remexeram, e vi belos sorrisos ainda plantados em ambos os rostos.

Tique. Tique. Tique. Mefistófeles gritou: "Um minuto!".

Thomas tamborilava ao ritmo do relógio; o som me deixava ainda mais agitada. Retesei o maxilar até sentir dor. Quando o cronômetro marcou um minuto e meio, Liza e Isabella casualmente levantaram a tampa abaulada. Houdini irrompeu, ascendendo, as mãos ainda algemadas, a respiração irregular. Água respingou no palco, mas o som nem se comparava com o embalo das ondas do lado de fora.

Houdini respirou fundo mais algumas vezes, com os olhos brilhando. "Agora, em vez de apenas uma demonstração, minhas assistentes também vão passar um cadeado na tampa, tornando minha fuga praticamente impossível. Ou me libertarei..."

Mefistófeles foi até ele e tocou seu ombro. "Ou atiraremos seu cadáver no mar."

Alguns passageiros se levantaram e, sem dizer uma palavra sequer, deixaram o salão. A luz do corredor lampejava sempre que a porta era aberta ou fechada, parecendo alumbrar minha tortuosa preocupação. Houdini mergulhou, e Liza e Isabella colocaram a tampa no lugar, trancando-a com cadeados em dois pontos. Enquanto faziam aquilo, o mestre de cerimônias começava a contagem do relógio — levando quase trinta segundos para o galão ser fechado. Houdini com certeza estaria exausto depois da demonstração do número. Seria loucura repeti-lo de forma tão seguida; era como ir atrás da morte.

Meu coração buscava uma maneira de escapar do peito. Tinha de haver uma explicação para o truque, mas eu não conseguia descobrir qual. Liza e Isabella cobriram o galão de leite com um biombo cortinado. O tecido era um veludo azul-escuro com milhares de estrelas prateadas bordadas.

Tique. Tique. Tique.

Tap. Tap. Tap.

Eu não sabia dizer qual era pior: o tamborilar de Thomas ou o tiquetaquear incessante. A sra. Harvey torceu o guardanapo no colo, os olhos atados à cortina estrelada.

Tique. Tique. Tique.

Tap. Tap. Tap.

Eu me remexi; havia tantas coisas mais urgentes com as quais me preocupar. O membro decepado. As mulheres assassinadas. A identidade do assassino, que poderia muito bem estar naquele salão... E, ainda assim, eu me afligia só de pensar no que poderia estar acontecendo por detrás daquela cortina.

Tique. Tique. Tique.

"Um minuto e trinta segundos", anunciou Mefistófeles. Eu não sabia dizer se tinha imaginado a tensão em seu tom de voz. Passageiros murmuravam à medida que o relógio continuava contando os segundos. O que tinha começado como uma dose de diversão se transformava em pânico. Algumas pessoas sentaram na ponta dos assentos, punhos fechados de apreensão.

Tique. Tique. Tique.

"Dois minutos." Mefistófeles batia o pé ainda mais rápido do que o cronômetro. Os braços de Liza e Isabella começaram a tremer, e a cortina oscilou com elas. "Dois minutos e trinta segundos."

"Ajude-o!", bradou um homem, e outro acrescentou: "Libertem-no!".

"Algo deve ter dado errado!", gritou outro passageiro. A plateia se inquietou. Mais súplicas surgiram, mas o mestre de cerimônias manteve sua atenção atada ao ponteiro de segundos.

"Três minutos!", exclamou, quase berrando. O suor pontilhava sua testa. Ou ele era o ator mais talentoso que o mundo já vira, ou algo muito errado havia acontecido.

Encarei minha prima, reparando em como seus olhos insistiam em desviar para o relógio. Naquele momento, toda a plateia já estava de pé, gritando e exigindo que se tomasse alguma providência. Eu estava prestes a pular no palco e abrir o maldito galão sozinha quando Mefistófeles gritou: "Olhem para ele agora!".

A cortina foi prontamente baixada, revelando Houdini, encharcado e sem algemas. Ele fez uma mesura para a plateia, que ovacionou e aplaudiu com entusiasmo.

"Não acredito", balbuciei. "Como ele conseguiu colocar os cadeados de volta no galão?"

Thomas fez que ia falar, mas a sra. Harvey o calou com uma olhadela. "Não diga uma palavra, querido. Ou juro que terminarei minha história sobre o pobre sr. Harvey e suas roupas de baixo."

Nunca vi Thomas fechar a boca tão depressa. Tive vontade de sorrir, mas quando meu olhar se encontrou com o de Houdini, julguei ser algo impossível. Havia algo no cintilar de seus olhos que me dava calafrios. Eu tinha um palpite de que ele seria a próxima vítima, e fiquei com a terrível impressão de que o escapista sabia disso.

O GRANDE HOUDINI
RASTRO de SANGUE

29. UMA DESCOBERTA PAVOROSA

Convés da terceira classe
RMS *Etruria*
7 de janeiro de 1889

 vento chicoteava meu rosto, fazendo os olhos arderem e lagrimejarem conforme eu me apressava pelo convés vazio da terceira classe. Naquela hora, o sol não passava de um talho no horizonte, tingindo a água de um carmesim sombrio enquanto se derramava pelas ondas. Reprimi as imagens de banho de sangue da mente, avançando o mais rápido que conseguia na direção do laboratório improvisado. Um criado muito pálido havia entregado um bilhete de meu tio que dizia: "Preciso de você no laboratório. Imediatamente".

Eu tinha escolhido um vestido simples de musselina e calçado os primeiros sapatos que encontrara — um par pequenino de seda que teria que bastar, embora Thomas certamente fosse erguer uma sobrancelha em questionamento, como havia feito antes. Suas provocações não importavam; minha agilidade, sim.

O ar estava permeado pela urgência, e eu não conseguia evitar respirar em grandes golfadas enquanto seguia em frente. Não precisava possuir as habilidades dedutivas de Thomas para saber que um cadáver fora encontrado. Meu tio não me convocaria tão cedo pela manhã se quisesse falar sobre o braço desmembrado. Uma dissecação cuidadosa já tinha sido realizada e, a bem da verdade, não havia muito mais que pudéssemos fazer com ele.

Aquilo era uma coisa pior. Muito pior.

Outra rajada de ar glacial passou pelo corredor, me forçando a esconder o nariz no casaco de pele. A ameaça de tempestade estava prestes a abalroar o navio. Apertei o passo, avançando pelo convés; os sarrafos estavam gelados como o ar invernal que congelava as balaustradas. Um formigamento no espaço entre minhas omoplatas me deteve, e olhei para trás, espiando o deque vazio. Ou pelo menos eu achava que não havia ninguém ali. Naquele momento antes do alvorecer, em que o céu estava tomado por tons de sangue e sombras, era difícil dizer quem poderia estar à espreita.

Encarei um pouco mais, então me virei e continuei. Quando alcancei a entrada para a escadaria, me detive mais uma vez, à busca de qualquer indício de que alguém estava em meu encalço. Ondas golpeavam o casco do navio ritmadamente. Vento uivava baixo pelo convés escuro e longo como um túnel. Vapor assobiava ao longe, lá em cima, vindo das chaminés — ou fumeiros, como diria Thomas. Não ouvi passos. Estava sozinha com os truques de minha imaginação.

Em um gesto involuntário, toquei a lâmina escondida na coxa. Eu podia estar cansada ou com tanta pressa que não tinha sido capaz de calçar sapatos apropriados, mas havia feito questão de sair com uma forma de me defender. Uma coisa era verdade: uma pessoa naquele navio estava se apropriando de vidas como se fossem pérolas apanhadas de uma ostra e encordoando-as grotescamente.

Eu não seria levada sem antes resistir.

Satisfeita por estar sozinha, adentrei a escadaria estreita parcamente iluminada, sentindo gotas de transpiração se formarem conforme eu mergulhava mais fundo no âmago aquecido do navio. Novos sons surgiram. O maquinário ruidoso da caldeira, constantemente reabastecida para que nossa jornada pelos mares continuasse. Um odor horrível e familiar também estendeu seus dedos para mim, me convidando, com um gesto, a descobrir de onde vinha quanto mais eu me aproximava. O cheiro doce de putrefação humana entranhava o ambiente, potencializado pelo calor das caldeiras. Pensei nas máscaras da peste de Mefistófeles, desejando ter ervas aromáticas para cheirar.

Qualquer coisa era melhor do que um nariz impregnado pelo odor de decomposição.

Por fim, alcancei o fim da escadaria e avancei às pressas pelo corredor, derrapando quando cheguei ao laboratório. Meu tio olhou para cima com o rosto severo. Como suspeitava, havia um cadáver coberto na mesa de exames diante dele.

"Tio", disse, cumprimentando-o. Respirei fundo para me acalmar e entrei. Thomas ainda não havia chegado, embora eu imaginasse que apareceria logo mais. Levou um tempo, mas o forte odor da morte se tornou um pano de fundo desconfortável que mal ocupava meus pensamentos.

"Prepare-se para o post-mortem. Quero examinar coração, estômago, intestinos. Ou, pelo menos, o que restou deles." Meu tio me entregou um avental. "Começaremos em breve."

"Sim, senhor."

Fui até a maleta médica dele, retirando os apetrechos necessários para o exame completo, um por um, e dispondo-os em uma fileira na bandeja. Serra de ossos, fórceps denteado, cortador de costela, escalpelo, enterótomo, escopro, só para garantir, e uma agulha de Hagedorn para suturar o corpo.

"O martelo com gancho está no bolso lateral", informou meu tio, amarrando o próprio avental e erguendo as mangas da camisa. Assenti e fui buscá-lo enquanto ele esfregou mãos e braços com sabão carbólico. Éramos criaturas de hábito, ele e eu, e encontrávamos sossego em nossos rituais post-mortem.

Passos apressados chamaram minha atenção, e Thomas entrou no laboratório improvisado quase saltando. Ele não se dera o trabalho de vestir um paletó, e sua camisa branca estava amarrotada e para fora, como se tivesse adormecido ainda vestido. Eu nunca o tinha visto tão desmazelado, nem quando estávamos investigando os túneis secretos do Castelo de Bran. Thomas mal parecia ter dormido antes de ser chamado. Eu não tinha certeza se queria saber o que o mantivera acordado.

Um músculo em seu maxilar se retesou quando seus olhos se desviaram do cadáver coberto sobre a mesa e pousaram nos meus. Sabíamos que era apenas questão de tempo até outro corpo surgir, o que não tornava a situação mais fácil. Ofereci um meneio com a cabeça para encorajá-lo, esperando que ele visse a tristeza que havia em mim também. O objeto de estudo que escolhêramos revelava o lado sombrio da vida; era difícil não ser sugado para seu vazio. O dia em que a aceitação da morte viesse com facilidade seria o dia de guardar meu escalpelo. E bastava ver a expressão no rosto de Thomas para saber que ele pensava o mesmo.

"Peço desculpas pelo atraso, professor." Ele sacou um caderno e uma caneta, ficando ao lado da mesa de exames. "Srta. Wadsworth." Ele ergueu o queixo em uma saudação formal. "O que perdi?"

"Estamos apenas começando", respondeu meu tio, aproximando-se do cadáver. "O corpo foi encontrado no compartimento de carga há aproximadamente trinta e cinco minutos. Estava enfiado em um caixote de madeira." Ele tirou os óculos e apertou a ponte do nariz. "O odor chamou a atenção de um tripulante, que alertou o superintendente. Este é um pouco diferente dos demais. Preparem-se."

Engoli a bile que subiu queimando minha garganta.

Meu tio vinha fazendo registros meticulosos por mais tempo do que eu estava viva, contribuindo para teorias e achados científicos de outros especialistas, como o dr. Rudolf Virchow, que havia desenvolvido protocolos padronizados de post-mortem. Ambos encontraram indícios de putrefação no ar dois ou três dias depois da morte. Odores intensos, como o do cadáver no laboratório, eram mais presentes por volta do quinto dia, o que significava que a srta. Crenshaw talvez não tivesse sido a primeira vítima no fim das contas.

"Vamos começar." Meu tio removeu a mortalha, revelando um cadáver lívido, uma mulher nua, exceto nos lugares onde ele a cobrira com faixas de tecido. Era uma das últimas decências que ela viria a conhecer; seu assassino com certeza não tinha sido gentil ou cuidadoso com ela.

Meu olhar percorreu o corpo velozmente, examinando-o, então parou. Cortes eram visíveis na garganta e o torso tinha sido aberto. Mais precisamente, ela fora *rasgada*. Contive um ofego diante do estado brutal da vítima. Meu tio tinha razão — aquele assassinato não era como os outros. As mortes anteriores, embora terríveis à própria maneira, foram feitas rapidamente. Seus corpos sofreram mais danos durante o post-mortem. Aquela mulher tinha sido esfaqueada e cortada enquanto ainda respirava. Quase parecia que uma pessoa totalmente diferente a tinha atacado. Mas isso não era possível.

O cômodo cálido de repente ficou quente demais para suportar. Respirei fundo algumas vezes na tentativa de acalmar os batimentos erráticos de meu coração. Jack, o Estripador, estava morto. Ainda que a similaridade dos ferimentos fosse perturbadora, era impossível ele ser o autor do crime. Parte de mim desejava atirar os apetrechos sobre a mesa e correr. Ficar longe do cadáver e dos crimes violentos que pareciam nunca ter fim.

Mas naquele navio, no meio do grande oceano Atlântico, não havia para onde fugir.

A morte não me perturbava; as memórias do caso do Estripador, por outro lado, eram outra questão. Thomas se inclinou para mim. "É uma equação, Wadsworth. Encontre as peças do quebra-cabeça e coloque-as juntas."

Senti minhas emoções se apaziguarem. Coloquei a bandeja de volta na mesa e entreguei a fita métrica para meu tio. Por fora, eu aparentava ser tão firme quanto o navio, mas por dentro minhas emoções se agitavam como as águas pelas quais navegávamos. Eu não tinha certeza se o caso do Estripador um dia me deixaria em paz.

Meu tio mediu o corpo dos pés ao topo da cabeça com eficiência, então fez Thomas tomar notas. "A vítima tem aproximadamente cento e sessenta e dois centímetros e meio de altura. Cabelo marrom na altura dos ombros. Branca. Peso estimado entre cinquenta e cinquenta e três quilos." Limpei o escalpelo e o entreguei a meu tio antes que ele pedisse, então preparei o fórceps denteado. "Descoloração esverdeada presente no centro do abdome."

Ele tocou o olho fechado com suavidade, certificando-se de que cederia, e eu tentei não franzir o cenho quando as pálpebras foram abertas. Por algum motivo, o exame dos olhos era a parte da qual eu menos gostava.

"Os olhos estão leitosos e levemente protuberantes", observou. "A temperatura no compartimento de carga é moderadamente morna, tendendo para fria. Pelo exame externo, eu diria que a morte ocorreu entre setenta e duas e noventa e seis horas atrás."

O exame externo estava finalizado. Agora era o momento de desvendar as pistas deixadas pelo assassino. Meu tio esticou a pele sobre as clavículas, fazendo pressão no escalpelo até que a pele foi repartida. Ele repetiu o movimento no lado oposto e então arrastou a lâmina até o centro, concluindo a incisão em Y. Contudo, ele não teve muito o que cortar abaixo das costelas, uma vez que o torso tinha sido dilacerado.

Assim que meu tio partiu o esterno, abri a caixa torácica sem pedir permissão. Ele soltou um grunhido de aprovação, um elogio um tanto significativo ao se levar em conta que sua atenção nunca se desviava depois do início do post-mortem. Daquela distância, o odor era tão intenso que lágrimas escorreram por meu rosto. Esfreguei as bochechas nos ombros, depois separei um frasco de amostras caso meu tio precisasse de um.

"Há ferimentos nos intestinos, de porte grande e pequeno." Ele se aproximou até seu nariz se encontrar a poucos centímetros de distância da cavidade exposta. Meu tio pegou o escalpelo, com cuidado, afastou os músculos. "As costelas exibem marcas de lâmina de faca. A vítima foi esfaqueada várias vezes antes de ser parcialmente eviscerada."

Era um indício forte de que a pessoa que havia cometido aquela barbaridade estava enraivecida. Não era um crime aleatório — havia furor e raiva em demasia.

Meu tio se afastou, enxugando o suor no cenho. "Os cortes no osso possuem aparência similar aos ferimentos encontrados no membro decepado, mas uma inspeção com o microscópio será necessária para obter resultados conclusivos. Também lembram as lesões deixadas por Jack, o Estripador. Espantosamente." Todos pausamos por um instante sem querer declarar a impossibilidade daquilo em voz alta. "Thomas, algum problema?"

"Peço desculpas, professor." A caneta de Thomas corria apressada pela caderneta, registrando cada palavra e detalhe com a mesma precisão que meu tio usava para fazer incisões nos mortos. Eu me obriguei a prestar atenção em seus movimentos rápidos e firmes.

Voltei a participar do procedimento quando meu tio cortou o estômago, revelando mais pistas e também a hora da morte. "Quase todo o conteúdo já foi digerido." Ele afastou as mãos, tingidas de um tom de ferrugem e olhou para mim por cima dos óculos. "O que isso pode significar, Audrey Rose?"

299

"Que a hora da morte deve ter ocorrido entre as refeições." Eu me aproximei da cavidade para olhar melhor. Meu tio se afastou e ficou ao lado, como o professor de medicina forense que era. "Se tivesse que adivinhar, diria que indica que ela foi assassinada tarde da noite ou nas primeiras horas da manhã, antes da primeira refeição do dia."

"Ótimo." Meu tio apalpou o estômago vazio, certificando-se de que não havíamos deixado nada passar. "Agora só precisamos descobrir quem mais foi dado como desaparecido para o capitão. As roupas dela estão ali, dobradas. Alguém deve reconhecê-las."

Acompanhei seu olhar, que pousou em uma pilha de trajes esfarrapados e rasgados. Pelos rasgos e remendos, era possível ver que não era uma passageira da primeira classe. Sua vida provavelmente fora difícil, e ela não merecia ter perecido de forma tão cruel. O horror daquilo tudo pesou em minhas costas. Dissecar um cadáver em uma placa gelada de metal era difícil, mas não impossível. Associar nomes e vidas às vítimas, em contrapartida, era impossível de *não* sentir.

"Devo dizer o que todos estamos pensando?", perguntou Thomas. "Ou este crime não parece desvinculado dos outros para vocês?"

Meu tio olhou de volta para o cadáver, o rosto arrasado. "Vamos lidar com este caso como lidamos com todos os outros, e não faremos suposições. O que mais deduziu?"

"Uma vez que se trata de uma mulher que não perdeu nenhum dos membros, temos outro problema." Thomas fechou a caderneta e parou a meu lado. "Ainda há outro corpo neste navio. Todos os baús do compartimento de carga foram vasculhados?"

Meu tio balançou a cabeça. "O capitão Norwood se sentiu desconfortável com isso."

Fiz o possível para ignorar a raiva pulsante que me acometeu. "Então nosso capitão prefere esperar até que o fedor da próxima vítima empesteie os corredores do navio? Já é terrível o bastante que se recuse a pedir para que lorde Crenshaw colabore com nossa investigação e seja tão compreensivo com a necessidade do dr. Arden de permanecer trancado em seus aposentos, mas quando pretende se preocupar com as vítimas? A não ser que não deseje que esses crimes sejam resolvidos. Talvez seja ele o homem que estamos procurando."

Thomas andou pelo pequeno espaço do cômodo, afrouxando o colarinho. Eu tinha estado tão imersa no post-mortem que tinha esquecido quão quente era ali embaixo. Ele foi para um lado, depois para o outro, em movimento constante, assim como seus pensamentos.

"A arrogância dele é uma característica negativa, mas não acredito que será enforcado por isso." Ele parou. "O mestre de cerimônias é charmoso, insolente. Muito cheio de si e gosta de tudo que é teatral."

"Esses atributos podem incomodar, mas não provam que Mefistófeles é o assassino que buscamos", disse. "Se descartarmos o capitão e o mestre de cerimônias, quem mais pode ser?"

Thomas enfiou as mãos nos bolsos. "Eu diria que Jian é uma alternativa óbvia demais, ainda que um suspeito razoável. E o Incrível Andreas é calado o bastante para ser assustador. Seu tipo é aquele que faz taxidermia com os animais e os descarta em esconderijos. Mas talvez estejamos pensando em homens quando o assassino pode ser uma assassina."

"Um Cavaleiro de Espadas, um Louco, um Hierofante, um artista de fuga, um mestre de cerimônias e agora ou uma Imperatriz ou um Ás de Paus", falei, listando os nomes artísticos de cada um do festival. Manter as expressões sérias enquanto elencávamos assassinos em potencial era um feito e tanto. "Entre esses, você acha que uma mulher é a responsável?"

Thomas puxou seu relógio de bolso. "Seja lá quem for, precisamos descobrir logo. Assim que alcançarmos a costa americana, o assassino sairá de nosso alcance. Ou os assassinos."

30. O MAIOR TRUQUE DE TODOS

Oficina de Mefistófeles
RMS Etruria
7 de janeiro de 1889

rgui a mão para bater à porta da oficina de Mefistófeles quando ela se abriu de supetão, sobressaltando tanto eu quanto Andreas, que, desavisado, deu um encontrão em mim. O vidente me olhou e ergueu as mãos, recuando. "Não desconte em mim, senhorita. Por favor. Eu lhe disse que o espelho mágico era melhor que o tarô. *Você* não me ouviu!"

"Eu... O quê?", perguntei, sem saber se deveria me ofender. "Tantas pessoas assim estapearam você depois que previu o futuro delas? Pensei que fôssemos amigos... Tenho praticado aquele truque com cartas. O da troca relâmpago. Lembra?"

Mefistófeles riu de algum lugar da cabine atrás dele, e Andreas franziu o rosto.

"Anime-se, meu amigo. Se tivesse mostrado aquele espelho infeliz, ela teria chutado você." O mestre de cerimônias apareceu na soleira da porta, tocando o ombro do vidente. "Uma olhadela na direção daquele espelho imundo faz todas as garotas ajuizadas correrem atrás de criadas e produtos de limpeza. Agora", ele se virou para o artista, "devolva o broche dela e vá embora."

"Meu..." Tateei meu manto, percebendo que o broche não estava ali. "Como?"

"Aqui." Andreas me entregou o broche e, suspirando, apanhou seu manto do gancho próximo à porta. "O espelho prevê o futuro. E não há nada de errado com ele. É uma antiguidade, a pátina lhe dá personalidade. Os espíritos gostam dele."

"Seja lá o que fizer", disse Mefistófeles, "não repita essa bobagem para Harry. Você sabe como ele se sente em relação aos que alegam falar com espíritos ou prever o futuro. E quantas vezes preciso lhe dizer para não roubar do nosso público? Prejudica os negócios."

"Harry Houdini é um tolo. E ela não é mais uma simples integrante da plateia, é?" Andreas endereçou um olhar altivo para o mestre de cerimônias antes de sair às pressas para a luz matinal.

"Ele fica um pouco melindroso quando se trata daquela relíquia da Baviera." Mefistófeles me convidou a entrar na cabine com um gesto antes de fechar a porta. Partículas de poeira se agitavam como purpurina nas grossas nesgas de sol. "Aposto que ele a roubou de alguma lojinha em uma cidade alemã desconhecida."

"É sobre isso que você prefere falar? E quanto a meu broche?" Eu me virei, inclinando a cabeça. "Andreas costuma roubar coisas?"

"Não, ele vive disso." O mestre de cerimônias avançou até a bancada de trabalho e remexeu nas peças de uma gaiola mecânica que estava construindo. "Antes que pergunte, já vasculhei os aposentos dele em busca de pistas ou facas ou outras parafernálias de assassinato. Estava uma bagunça, mas não encontrei sangue ou cadáveres."

"Bem, não confio nele."

"Uma dedução sensata de sua parte. A propósito, imagino que esteja tomada de pavor por minha presença." Pelo tom de voz dele, não achei que estivesse brincando. "Ouvi boatos de que outro corpo foi encontrado esta manhã. É por isso que está me dando o prazer desta visita?"

"Como sabe disso?", retruquei. "Fez outras barganhas à meia-noite com espiões?"

"Está com ciúmes?" Ele me olhou por cima do ombro, e um sorriso repuxou um dos lados de sua boca. "Sua prima me contou quando a encontrei mais cedo. Ela achou um bilhete que você deixou em seus aposentos."

"Ah." Era uma explicação simples, embora eu não soubesse ao certo o que pensar daquilo. "Por que precisou falar com minha prima tão cedo?"

"Presumo que você finalmente lhe entregou a carta de Harry." Ele se virou por completo na cadeira, me encarando. "Ela estava um tanto ressentida. Nem um pouco uma garota perdidamente apaixonada por seu pretendente. Pelo visto, também a aborreci batendo à porta de sua cabine como um... O que foi que ela disse? 'Um gato de rua no cio', acredito que foi a frase encantadora que usou." Ele sorriu. "Sua prima me ameaçou com castração. Imagine só."

Por algum motivo, aquele pensamento me fez corar. "Por que você estava *me* visitando tão cedo, então?"

Ele me olhou como se eu não falasse coisa com coisa. "Para convidá-la para o desjejum. Mas repensei o pedido ao descobrir onde você estava. Dissecação e chá não combinam muito, mas talvez seus gostos sejam um pouco mais doentios do que os meus." Revirei os olhos. "Diga-me", sua voz ficou séria de repente, "o que descobriu?"

Hesitei, sem saber dizer qual o limite do que eu podia compartilhar com ele. Até onde sabia estava no mesmo cômodo do homem que havia assassinado todas aquelas mulheres. "Quão bem você conhece as pessoas que fazem parte do festival?"

"Quão bem conhecemos qualquer pessoa, srta. Wadsworth?"

"Não mude de assunto." Cruzei os braços. "Se deseja ouvir minhas teorias, precisa ser solícito. Preciso saber em quem confia e em quem não. Temos que reduzir a lista de suspeitos. Qualquer informação que tiver pode ser útil."

"Não posso me dar ao luxo de confiar em alguém." Mefistófeles apontou para a máscara que usava. "Se confiasse, não ficaria escondido como um ladrão qualquer. Acredito nas pessoas que trabalham para mim? Sim. Acredito que todas são únicas e admiráveis. E extremamente incompreendidas. Também sei que todos têm um passado e, na maioria dos casos, crimes foram cometidos."

"Até mesmo Anishaa?", perguntei com ceticismo. "Mentiram para ela e a afastaram de seu lar e família. E sei através de uma fonte confiável que foi você quem fez essa barganha."

"Isso foi tudo que ela disse sobre seu passado? Interessante."

Ele me convidou a sentar no canapé, onde rolos de tecido e trajes do festival estavam empilhados. Eu o fiz com relutância.

"Gostaria de ouvir uma história, srta. Wadsworth?"

Fiz o possível para não deixar minha impaciência transparecer. Tudo era uma charada para ele. "Isso vai me ajudar no caso?"

"Em algum momento", respondeu o mestre de cerimônias. "Mas talvez demore um pouco para chegar lá."

"Muito bem, então. Conte-me."

"Meu avô me ensinou seu melhor truque", disse Mefistófeles, surpreendendo-me ao compartilhar uma história verdadeira de família. Havia uma expressão melancólica em seu olhar que o fazia parecer um jovem cavalheiro qualquer, exceto por sua misteriosa máscara. Ele balançou a cabeça. "Embora duvide que meu pai gostaria de ouvir qual é."

"O que seu avô lhe ensinou?"

Ele exibiu um sorriso triste. "A sonhar."

Franzi as sobrancelhas. Aquela era a última coisa que eu esperava ouvir, mas, quando se tratava de Mefistófeles, era algo esperado. "Sim, mas ele também era bom em engenharia? Ele mostrou a você como fabricar chapéus com truques e caixas que serram as pessoas ao meio? Isso com certeza é mais valioso em seu ramo do que um mero sonho."

"O grande truque é sonhar sem limites."

"Todos sonham, Mefistófeles", respondi. "Não há truque algum nisso."

O mestre de cerimônias se levantou e pegou um balão de ar quente do tamanho de um brinquedo. Ele fez sinal para que me aproximasse e o soltou no ar, observando-o flutuar belamente entre nós, com listras azul-claras, luas crescentes e pérolas miúdas. De perto, eu podia ver que a pequena cesta de vime tinha sido bordada com um fio prateado.

"Sonhos são curiosidades estranhas", disse ele, com os olhos ainda fixos no balão. "É claro que todos possuem a habilidade de baixar a cabeça e imaginar, mas fazer isso sem entraves ou dúvidas? É algo totalmente diferente. Sonhos são coisas ilimitadas e disformes que ganham força e forma a partir de imaginações individuais. São desejos." Ele me encarou, então estendeu a mão e removeu meu alfinete de chapéu. "Basta um fragmento de dúvida se infiltrar nesses desejos", em um gesto rápido, ele espetou o balão com o alfinete de chapéu e o ar escapou com um ruído conforme descia até o chão, "para murcharem. Se você pode sonhar sem limites, pode alçar voo para grandes alturas. Deixe a magia da imaginação libertar você."

"Seu avô aprova o festival?", quis saber, torcendo para que a pergunta não fosse impertinente. "Ou é por isso que usa máscaras? Para se esconder?"

Mefistófeles olhou para baixo, encarando o balão arruinado. "Minha família não deseja saber nada sobre o meu espetáculo. Eles agem como se tampouco ele ou eu existíssemos. Como sou o herdeiro colateral, nunca exigiram que fosse o bom ou o decente. Eu apenas precisava estar ali caso o improvável acontecesse com o filho preferido."

Não detectei nenhum indício de amargura, embora as palavras fossem brutalmente severas em sua honestidade. Parte de mim queria confortá-lo, enquanto a outra continha o ímpeto.

"Meu avô faleceu e meu pai definhou. Ele ainda está vivo", acrescentou Mefistófeles, "mas é meu irmão quem cuida da propriedade. Seria melhor, disseram eles, que eu não aborrecesse meu pai com meus sonhos inúteis enquanto ele convalescia. Minhas tolices diziam respeito a vigaristas e outros ladrões de baixo nível — pessoas com as quais eu supostamente deveria ser muito cauteloso, uma vez que minha mãe nasceu na Constantinopla. Eles se preocupavam com a sociedade me maldizendo ainda mais."

"Sinto muito." Meu coração afundou. Minha mãe, sendo parte indiana, teve de lidar com preconceitos similares de pessoas mesquinhas. "Sei como é difícil buscar a aprovação de seus pais, mesmo que essa seja a última coisa que você realmente deseja."

Mefistófeles esfregou a máscara, mas não a tirou. "Sim, bem", sua voz estava um pouco rouca, "agora entende por que aquele anel de sinete é tão importante para mim. Posso ter sido uma decepção para minha família, mas ainda não estou pronto para desistir deles. Meu avô insistiu que eu ficasse com o anel depois que se fosse. É meu último vínculo com ele."

Meus dedos encontraram o medalhão em forma de coração em meu pescoço. Eu enlouqueceria se algo acontecesse com o colar que pertencera a minha mãe. Lembrei-me do olhar aflito de Mefistófeles quando Thomas mostrou o anel de sinete. Se fosse comigo, teria estrangulado o culpado até recuperá-lo.

"Por que não disse a ninguém que seu anel de família tinha sumido?"

Ele sorriu, mas a reação era mais feroz do que doce. "Não preciso de ninguém descobrindo minha verdadeira identidade. Quem sabe que tipo de chantagem poderia ser aplicada caso meu nome fosse descoberto? Os artistas do festival são geniais, mas também práticos. Eles precisam de dinheiro e farão de tudo para conseguir."

"Então acredita que Jian ou Andreas roubaram seu anel?"

"Não sei ao certo quem o pegou. Eles todos me são muito caros, mas não sei quão fundas são algumas de suas cicatrizes."

"Isso é terrível."

"É a vida, minha querida." Ele deu de ombros. "Eles são a escória da sociedade, os preteridos, as aberrações. Quando tal coisa é imposta pelos outros, você tende a preocupar-se apenas com si mesmo e viver sob suas próprias regras. Em quem confiar quando todo o mundo se volta tão selvagemente contra você? E por quem fazer isso? Porque escolhemos viver nosso próprio código de conduta? Porque uma senhorita prefere se cobrir de tinta em vez de joias? Ou porque existe uma pessoa que gosta de engolir fogo a limpar becos no East End?" Ele fechou as mãos nas laterais do corpo. "Não posso culpá-los por cuspirem no prato em que comem, assim como não posso ignorar o fato de que a sociedade os maltratou até que eles aprenderam a revidar contra qualquer um que se atreveu a se aproximar demais. Podemos andar juntos, mas também sempre seguiremos separados. Este festival é um lar por ora, mas não será eterno para alguns. Um sonho mais grandioso sempre existe, ou uma meta maior para realizar. Este é o preço de sonhar sem limites. Este é o lado sombrio da indústria do entretenimento."

Um artista específico cruzou meus pensamentos. "Como Houdini?"

Mefistófeles pegou o balão vazio de volta e o atirou na lata de lixo. "Como ele. Como Jian. Como Anishaa. Andreas. Cassie. Até mesmo Sebastián. Estamos todos juntos, irmãos e irmãs, nesta loucura, até não estarmos mais. Não gosto de pensar neles como ladrões ou malandros ou mesmo assassinos, como você sugere, não quando tantas pessoas já o fazem. Mas não posso me dar ao luxo de excluir ninguém. Estou mais inclinado a acreditar que é alguém que não faz parte de minha trupe. Não conheço o capitão, mas ele é... Não sei ao certo. Ele parece buscar a glória. Não sei o que faria com meu anel de sinete ou por que assassinaria os próprios passageiros, mas também não posso afirmar que não teria roubado a joia ou que não poderia ser o responsável pelas mortes. Quem sabe pediu para que algum tripulante fizesse o trabalho sujo. Talvez ele sonhe em ter um navio próprio. Meu anel de sinete poderia ser vendido por um valor considerável. E se ele acabasse 'salvando a pátria' ao encontrar o 'verdadeiro' assassino, bem, então ele seria chamado de herói, não seria?"

"Pensei que sonhos fossem coisas boas", eu disse, recordando o início de nossa conversa.

"Ah, sim, mas você não pode esquecer que pesadelos muitas vezes começam como sonhos."

"Se o sonho se tornou um fardo, por que não desistir? Você pode se afastar disso tudo. Tenho certeza de que sua família o receberia de braços abertos."

Ele deu um sorriso triste, e pensei que aquela talvez fosse a coisa mais verdadeira que já tinha visto o ilusionista fazer.

"Se fosse assim tão fácil. Veja bem, você cria uma forma de fuga para outra pessoa, percebendo no último segundo que está aprisionado em uma jaula que você mesmo construiu. Mas, a essa altura, é tarde demais; o espetáculo se transformou em uma lenda, e você não tem forças para ultrapassar essas barras, de modo que se submete à própria arte e permite que o mundo o devore, sabendo o preço disso. Cada espetáculo suga mais um bocado de sua alma."

"Parece... agradável. Mas você ainda gosta disso?"

"Deseja que eu tire minha máscara para você, srta. Wadsworth? Se quiser a verdade, ela será sua." Ele se aproximou, mas não recuei. "Você ama e odeia essa fera voraz que se alimenta até você ter sido consumido e que nunca pensa em retribuir. Mas não pode culpá-la, pois entende o egoísmo; você já foi egoísta também. Então inventa desculpas, cuida, ama, a convence a virar um monstro tão enorme que ela jamais se saciará com o que você pode oferecer. Ou coloca um ponto final nisso, arriscando perder a si mesmo, ou continua até que a última cortina desça e você faça uma última mesura."

Uma lágrima escorreu na minha bochecha. "Isso é extremamente triste, Mefistófeles."

308

"É a essência do espetáculo: nunca termina de verdade, só entra em torpor até acordar e fazer tudo de novo. Os artistas que você vê lá fora?", ele gesticulou para a porta. "Eles não pertencem a nenhum outro lugar. Não têm um lar além das luzes do palco e das tendas listradas. O festival é o lar. E todos estamos muito em dívida com sua acolhida para deixá-lo para trás."

"Todos se sentem assim?"

"A engolidora de fogo? O espadachim? O cavalheiro que quase se afoga todas as noites... Acredita que seriam bem recebidos nos círculos sociais que você frequenta?" Ele balançou a cabeça. "A sociedade os desprezou, os transformou em espetáculos de aberrações e curiosidades, e agora eles só estão interessados em aplaudir por causa do glamour das cortinas de veludo. O fascínio da magia e do misticismo. Se encontrassem esses mesmos artistas na rua, não seriam tão gentis ou receptivos. Vivemos em um mundo onde as diferenças não são aceitas, essa é a triste verdade. E até que isso aconteça, srta. Wadsworth, vou oferecer um lar para os desajustados e os malquistos, mesmo que signifique perder pedaços de minha alma para aquela fera faminta e insatisfeita que o sr. Barnum chama de indústria do entretenimento."

Eu não sabia o que dizer. Havia muito mais em jogo para Mefistófeles do que tinha imaginado — e todas as pessoas envolvidas com o festival poderiam sair perdendo. Eram uma família de almas rejeitadas, perdidas até que encontraram um lar uns com os outros. Descobrir que o monstro que tão desesperadamente tentavam manter afastados de sua realidade estava entre eles iria destruí-los. Uma família escolhida que lidava com sonhos e tinha se envolvido com um pesadelo. Senti uma dor no peito. Não queria partir o coração de nenhum deles, mas não podia ignorar os crimes.

"Se o assassino for um dos artistas...", suspirei. "Seria melhor que o festival não obstruísse a investigação. E não digo que seria melhor para mim ou meu tio", acrescentei quando uma fagulha de incredulidade percorreu seu rosto. "Sei que cuida dos seus, mas se a notícia de que está abrigando um assassino se espalhar... Tudo que construiu será arruinado. Com fera ou sem fera. Este espetáculo chegará ao fim."

Mefistófeles ofegou. "Se eu disser a eles para se voltarem uns contra os outros, vai acabar mal também." Ele balançou a cabeça. "Chega disso tudo. O sr. Cresswell planeja devolver meu anel de sinete em breve ou decidiu usá-lo e sair por aí à noite, desejando ser tão bonito quanto eu?"

Pisquei diante da brusca mudança de assunto, mas não insisti. "Vou me certificar de que o anel seja devolvido."

"Sabia que tinha um motivo para gostar de você." Com isso, estendeu o braço. "Venha. Está quase na hora do desjejum. Tenho certeza de que o sr. Cresswell gostaria de desfrutar de sua companhia antes do espetáculo desta noite."

Hesitei antes de aceitar. "Estava com a ligeira impressão de que você iria querer me manter afastada de Thomas sempre que possível."

"Não pense que mudei, srta. Wadsworth. Ainda sou o mesmo patife que você conheceu alguns dias atrás." Um pouco de malícia brilhou nos olhos dele novamente. "Apenas desejo roubar você bem na frente dele."

Não me dei o trabalho de responder e deixei Mefistófeles acreditar que conseguiria realizar o maior truque de todos. Eu sabia que não havia ninguém com magia o suficiente para me desenfeitiçar de Thomas Cresswell. Ao menos, eu ainda pensava que aquilo era verdade. Mas em um mundo onde ilusões se mesclavam com a verdade, estava ficando cada vez mais difícil dizer.

31. MÉTODO DE DISTRAÇÃO

Proa
RMS *Etruria*
7 de janeiro de 1889

Jian atirava adagas incrustadas de joias pelo ar. Cabos e lâminas giravam em rápida sucessão conforme ele fazia malabarismo como se fossem tão perigosos quanto maçãs ou laranjas. Parecia cedo demais para ser leviano com aquele tipo de arma. Ele observou minha reação de soslaio, a boca formando uma linha fina. Jian tinha deixado muito claro que não gostava de mim ou de minha presença no festival, sendo que meu único crime até então tinha sido existir. Até onde ele sabia, pelo menos.

"É isso que vai me ensinar hoje?", perguntei, tentando soar tão indiferente quanto ele aparentava estar. "Ou desempenharei um papel diferente no ato final? Ninguém me disse o que vou ter que fazer ao certo."

Andreas olhou de um para o outro, mordendo o lábio. "Na verdade", ele estendeu uma faixa longa e grossa, com uma expressão acanhada, "você vai ficar de pé contra aquele alvo, usando isso. Não tenho certeza sobre o ato final. Mefistófeles ainda não disse a ninguém o que vamos fazer."

Olhei para onde ele apontava. "Não. Aprender a atirar uma faca ou empunhar uma espada é uma coisa, ficar parada, *vendada*, contra um alvo é outra bem diferente. Isso é pura loucura."

Jian ergueu uma sobrancelha. "Está com medo?"

Eu me virei de supetão para encará-lo. Era evidente que ou ele estava sob efeito da Fada Verde de novo, ou era completamente insano. "É claro que estou com medo! Qualquer pessoa com um pingo de lógica estaria. Você quer atirar facas em mim. E você não gosta de mim."

"Tenho boa mira."

Apontei para mim mesma para frisar meu argumento. "E devo apenas acreditar que não vai errar de propósito?"

Andreas se remexeu a meu lado. "Gostaria que eu fosse primeiro?"

"Vai cobrir os olhos e deixar que ele atire facas em você? Vocês são todos loucos. Completa e imprudentemente loucos."

Por mais absurda que a ideia fosse, no entanto, era difícil não lembrar da forma precisa com que a sra. Prescott tinha sido morta. O modo como a faca atingira o alvo de forma perturbadora, lacerando a coluna e perfurando os órgãos. Se Jian era tão habilidoso quanto ele e Andreas diziam, então realmente não havia nada que me convencesse a ficar ali parada e me imolar como um cordeiro.

Bufei. A lógica me dizia que era perigoso, que deveria sair correndo dali, mas eu precisava fazer aquilo. Se não por mim, pela srta. Prescott. O tempo estava se esgotando e precisava coletar o máximo de informações possível — se não descobríssemos a identidade do assassino, ele ou ela escaparia para as ruas fervilhantes de Nova York e sumiria na cacofonia para sempre. Ver as habilidades de Jian em primeira mão iria beneficiar minha pesquisa. "Está bem. Mas, se errar, Mefistófeles não vai ficar feliz."

A expressão dura de Jian não mudou, mas pude jurar que havia um brilho a mais em seu olhar. Sem dizer mais nada, girei nos calcanhares com o máximo de dignidade que consegui reunir e marchei até o alvo.

Andreas amarrou a venda nos meus ollhos e se inclinou para sussurrar: "Desculpe por furtar seu broche mais cedo... É um truque que ainda estou praticando. Juro que o teria devolvido a você".

"Certifique-se de que Jian não cometerá nenhum deslize que perdoarei você."

Ele deu alguns tapinhas em meu braço e me posicionou de perfil contra o alvo. Mal ousei respirar profundamente quando ele recuou e Jian gritou: "Prepare-se!".

Senti as palmas de minhas mãos formigarem. Podia jurar que de repente precisava usar o toalete ou espirrar ou aliviar alguma coceira fantasma no braço. Meus músculos estavam tão distendidos que comecei a pensar que talvez não estivessem rijos, e sim tremendo pelo esforço que fazia para ficar no lugar. Antes de ficar histérica, senti um deslocamento no ar na altura de meus tornozelos, seguido de um *pow* de quando a lâmina afundou na madeira.

Soltei o ar e quase caí de alívio. Ainda bem que não tive tempo de respirar fundo; em uma sucessão rápida, mais três lâminas passaram assobiando rentes a meu corpo, perfurando a madeira e soltando farpas. Uma perto do joelho, a outra um pouco abaixo dos quadris e a última na altura das costelas.

"Preparar, apontar, fogo!", gritou Jian. Torci para que estivesse atirando a última lâmina e que eu não tivesse magicamente encontrado uma maneira de entrar em combustão por medo.

Pow. Pow.

Mais duas lâminas voaram, e senti a leve brisa espantosamente perto das mangas do vestido. Feliz que a tal aula tinha acabado, fiz que ia remover a venda quando outra faca disparou pelo ar, prendendo a faixa que eu segurava. Senti algo quente escorrer da lateral de meu rosto e terminei de tirar a faixa, arregalando os olhos ao tocar uma de minhas orelhas e ver que meus dedos se mancharam de sangue.

Jian balançou a cabeça. "Eu disse para não se mexer."

Sem pedir desculpas, recolheu as facas e deixou a arena de treino enquanto Andreas fazia um escândalo sobre meu corte superficial. Conforme se apressava entre os baús, buscando um tecido para estancar o sangue, não pude deixar de me perguntar o que mais ele fazia para reparar os erros de Jian.

Cruzei os braços sobre o peito e finquei os pés no chão. "Não há nenhum motivo plausível para você se apossar do anel de sinete dele, Cresswell."

"Eu discordo. E com todo o respeito, Wadsworth." Thomas empinou o queixo, cabeça-dura como sempre. "Pode ser útil como evidência. Não podemos devolver só porque ele pediu com educação."

Rilhei os dentes. "Sabe que está sendo imaturo. Isso não tem nada a ver com o caso, mas tudo a ver com sua antipatia por Mefistófeles."

Vi um vestígio de irritação em seus olhos. "É isso que pensa de mim agora? Que reteria os pertences de alguém por *ciúmes*?"

Dei de ombros. "Você não deu um motivo melhor para ficar com o anel."

"Você está envolvida demais neste caso", comentou me esquadrinhando. "Seja lá qual for a barganha que fez, está na hora de colocar um ponto final nela. Vamos solucionar os crimes de outra forma, você não precisa estar tão enredada."

"Sinto muito, Thomas, mas preciso continuar."

Ele sacudiu a cabeça. Antes que Thomas pudesse dizer mais alguma coisa, meu tio e Liza fizeram uma curva, apressados, e apertaram ainda mais o passo quando nos viram perto da proa. Lágrimas escorriam pelas bochechas de minha prima, brilhando no sol do fim da manhã. Fiquei atordoada. Deixando minha discussão com Thomas de lado, corri até ela, segurando suas mãos. "O que aconteceu? Qual o problema?"

"É a s-sra. Harvey", ela deu um solucinho. "Ela desapareceu."

"O quê?" A voz de Thomas subiu alguns tons, e ele a controlou. "Você verificou a cabine dela? Ela está sempre cochilando."

Meu tio balançou a cabeça. "Foi o primeiro local que averiguamos. Também buscamos o salão de desjejum, a saleta das mulheres e o lado direito do convés."

Calafrios percorreram minha pele junto da brisa. "Ela tem que estar em algum lugar."

"Procuramos *em todos os lugares*." Os lábios de Liza tremeram. "Ela simplesmente desapareceu."

Sem dizer uma palavra, Thomas se apressou pelo convés, com a mão mantendo a cartola no lugar enquanto ele corria até a cabine de sua acompanhante.

Precisei me conter para não sair em disparada atrás dele. Eu não sabia ao certo como ele estava se sentindo — Thomas nunca dissera, mas a sra. Harvey era o mais próximo de uma figura materna que ele tinha, e ficaria arrasado se algo acontecesse com ela. Meu próprio coração se apertava com a possibilidade de ela ter um fim trágico. Eu adorava a sra. Harvey, sua gentileza e seu tônico para viagens.

Uma sensação obscura assentou-se em meu âmago. Se a sra. Harvey estava desaparecida... Aquilo podia significar que o assassino a escolhera especialmente para atingir meu parceiro. Se Thomas ficasse incapacitado de usar suas habilidades, o criminoso poderia sair impune. Embora eu não quisesse pensar em Mefistófeles como o culpado, era o tipo de plano ardiloso que ele elaboraria. O mestre de cerimônias já tinha organizado um ataque de leão por motivos que ainda não entendia — até onde eu sabia, ele podia muito bem ter deixado o anel de sinete no baú de espadas na esperança de Thomas apanhá-lo. Será que cada detalhe peculiar era algo extremamente ponderado, desejado, que resultaria em emaranhados emocionais e associações perdidas?

Eu me abriguei em meu manto e olhei ao redor. Quase ninguém tinha saído — ou temiam os corpos, que continuavam surgindo, ou a tempestade iminente.

"Vamos logo." Segurei a mão de Liza e segui depressa pelo convés, na esperança de ter disfarçado o pavor que sentia. Meu tio estava em nosso encalço, dois passos atrás. "Conte-me tudo desde o começo. Como descobriu que ela desapareceu?"

"Nós íamos nos encontrar para o desjejum." Liza fungou. "Prometi lhe mostrar os equipamentos de Harry e apresentar os dois depois..." Ela titubeou por um instante, e me perguntei o que minha prima estava omitindo sobre Houdini. "Ela estava tão entusiasmada que jamais perderia a chance. Por algum motivo a sra. Harvey ficou perguntando se ele iria treinar para outro número aquático."

Aquilo com certeza parecia algo que a sra. Harvey diria. Confortei Liza, afagando seu braço e evitando causar mais aflição. O gesto também me acalmou e ajudou a me concentrar. Eu precisava ter tudo sob controle caso Thomas ficasse muito abalado. "Vocês combinaram de se encontrar em nossa cabine ou na dela?"

"Íamos nos encontrar do lado de fora do salão de desjejum às oito e quinze." Liza ofegou. "Eu mesma estava um pouco atrasada, mas quando o relógio marcou quinze para as dez, decidi verificar os aposentos dela. Pensei que podia ter perdido a hora. Quando cheguei ao dormitório e bati à porta, ninguém respondeu."

"Você não estava em nossa cabine?", eu quis saber. Liza me encarou sem dizer nada.

Meu tio ainda nos seguia, em silêncio e vigilante. Era impossível discernir seus sentimentos — o que não era surpreendente, pois ele era o responsável por ensinar a mim e Thomas a importância de separar as emoções das cenas do crime e das investigações.

"Fui buscar você, mas não a encontrei, então fui atrás de nosso tio." Ela olhou por cima do ombro, para confirmar que ele ainda nos acompanhava ou na esperança de que não tivesse ouvido minha pergunta sobre onde estava. "Ele estava indo encontrar o capitão quando o encontrei, e começamos a buscar em todos os lugares."

Tentei não deixar meus temores transparecerem. Algo atípico tinha que ter acontecido para impedir a sra. Harvey de ser apresentada a Harry Houdini. "Ela provavelmente está conversando com outras senhoras. Sabe como a sra. Harvey se distrai fácil."

Eu já não sabia dizer quem conduzia a outra com mais pressa pelo convés, se era Liza ou eu. Fizemos uma curva e quase corremos até a cabine da sra. Harvey. A porta estava entreaberta, e Thomas parado no meio do dormitório, com os punhos cerrados.

"Você já..."

Ele ergueu a mão. "Mais um instante, por favor. Estou quase..." De súbito, andou até o baú da sra. Harvey e o abriu. "O manto e as luvas dela estão desaparecidos. Não há nada fora do lugar, o que significa que ela provavelmente foi interceptada no caminho para o desjejum."

"Como sabia para onde ela estava indo?", perguntei, porque ele já tinha ido embora quando Liza comentou aquilo.

"Ali. O chá na xícara sobre a mesa de cabeceira está gelado." Thomas apontou. "Debaixo do pires há um papel com a data de hoje, o que significa que ela pediu chá quando acordou. Como não há sinal de que uma refeição foi feita, é fácil presumir que estava a caminho do desjejum com sua prima. Ela é uma acompanhante, então é mais uma dedução simples. Agora", girou nos calcanhares, e seus olhos dardejaram pelo cômodo mais uma vez, "quem poderia tê-la mantido tão interessada que ela não se lembrou de avisar que se atrasaria?"

Senti o assombro de Liza preencher o dormitório. Meu tio também estava lá, mas um pouco mais tranquilo, pois já tinha presenciado as deduções de Thomas em primeira mão várias vezes. Para Liza, por outro lado, era como ver um macaco de circo falar inglês. Ou talvez observar um mágico que de fato conseguia fazer milagres. Thomas era tão impressionante quanto o mestre de cerimônias, quem sabe até mais. Mefistófeles era incrível em inventar truques, mas Thomas desenterrava a verdade com seu intelecto.

"Venha", disse Thomas, saindo abruptamente pela porta, "vamos fazer uma visitinha a Mefisto. Wadsworth? Mostre o caminho até o covil."

Passamos às pressas pelos passageiros da terceira classe que apinhavam o convés, e senti o sangue correr nas veias mais rápido do que qualquer corrida de cavalos ao nos aproximarmos da oficina.

Havia muito mais pessoas ali fora do que quando rumávamos para a cabine da sra. Harvey. Algumas pareciam abaladas, os rostos lívidos como a geada que cobria a balaustrada do navio. Meu corpo vibrou em estado de alerta — algo tinha acontecido. Algo que criava um burburinho incômodo e olhares vidrados de preocupação. Ou eu estava apenas imaginando coisas? Perdi o equilíbrio em um trecho escorregadio do corredor, e Thomas logo veio a meu resgate. Agarrei seu braço, notando que meu tio também havia feito o mesmo com Liza conforme avançávamos. Cada passo adiante me deixava ainda mais apavorada.

Quando chegamos à oficina, soltei o braço de Thomas e bati à porta de Mefistófeles, dando pancadas ainda mais frenéticas que as de meu coração. Esperei um pouco, então recomecei mais alto. A vibração reverberou em meu braço e, embora a sentisse nos ossos, não pude evitar bater de novo e mais uma vez. Precisávamos descobrir o paradeiro da sra. Harvey. Eu não conseguia imaginar...

Com delicadeza, Thomas envolveu a mão na minha, me tranquilizando. "Ele não está aqui, Audrey Rose. Está tudo bem."

Encarei a porta fechada, trincando o maxilar para impedir as lágrimas de correrem. A sra. Harvey *tinha que* estar bem. Respirei fundo, me recompondo. O ar frio ajudou a conter o pânico crescente.

"Certo", eu disse. "Vamos para o galpão de armazenamento do circo itinerante. Mefistófeles..."

"Dr. Wadsworth!" Todos viramos as cabeças de encontro ao som da voz do mestre de cerimônias. A expressão estampada em seu rosto não me reconfortou — era mais irrequieta e alvoroçada do que já tinha visto antes, mesmo que oculta sob uma máscara. "Por favor, venha depressa."

Mefistófeles derrapou, parou e deu meia-volta, sem esperar para ver se íamos segui-lo. Thomas parecia prestes a enlouquecer de preocupação, mas mantinha os pensamentos para si enquanto seguíamos o mestre de cerimônias, guiando-me pela escadaria o mais rápido que minha saia volumosa permitia. Em vez de nos embrenharmos pelo navio, fomos cada vez mais para cima, o som de nossos sapatos contra o metal ecoando para cima e para baixo.

Meu tio e Liza estavam na retaguarda, enquanto Thomas e eu praticamente nos agarrávamos à aba da casaca escarlate de Mefistófeles. Eu tinha desistido de ser surpreendida quando reemergimos no convés da primeira classe e fomos direto para o salão de música. Mefistófeles se dirigira a meu tio em vez de mim, o que não era promissor.

Ele escancarou a porta de imediato, felizmente revelando a sra. Harvey, que soluçava em um canto, agarrada a Andreas, que estava muito pálido. Jian pairava atrás deles, seu rosto tão tempestuoso quanto o mar encapelado. Se ele fosse um deus, seria a ira encarnada.

"Sra. Harvey." Thomas correu até ela, caindo de joelhos para examiná-la à procura de ferimentos ou lesões. Liza soltou nosso tio e foi ao auxílio de Thomas.

Minhas emoções se aplacaram com a visão da sra. Harvey viva, embora extremamente abalada; seu corpo tremia, e seus lábios moviam-se sem emitir som, em prece ou outro tipo de conforto.

Logo entrei no modo cientista, minha atenção recaindo sobre todos os objetos que estavam ali enquanto Thomas cuidava de sua acompanhante. As cartas de tarô que Mefistófeles tinha pintado, o *Cirque d'Eclipse*, estavam espalhadas pelo chão. O espelho mágico estava no mesmo lugar onde eu o vira antes, contra a parede, desgastado.

"Ali." Mefistófeles se dirigiu a meu tio e a mim. "No baú."

Meu tio ajustou os óculos na ponte do nariz, com uma expressão mais dura no rosto do que as tábuas polidas de madeira nas quais pisávamos. Também me fortaleci; deparar-se com um corpo em qualquer lugar que não fosse um laboratório esterilizado era sempre um desafio. Éramos cientistas e não monstros. Avancei com cautela na direção do baú, escondido atrás de uma pilha de almofadas franjadas, sedas finas e cachecóis que transbordavam pelas laterais como se tivessem sido eviscerados. Andreas fechou os olhos com firmeza, parecendo desejar poder conjurar outra realidade.

Meu tio alcançou o baú primeiro, hesitando brevemente antes de se agachar para olhar mais de perto. Meu coração batia mais depressa a cada passo que eu dava; sabia que havia um corpo, mas descobrir *sua identidade* era sempre algo terrível. Por fim, parei diante do baú e olhei para baixo, sentindo meu estômago se revirar.

"Sra. Prescott." Levei uma das mãos à boca, balançando a cabeça. A mãe que parecera tão assolada e sem rumo depois da morte da filha em nossa mesa, sempre mirando o mar infinito. Parte de mim queria cair de joelhos e buscar uma pulsação que eu sabia que tinha parado havia muito tempo. Não concebia contar ao magistrado-chefe que aquele navio tirara não só sua filha, mas também sua esposa. O convite que ele tinha recebido veio à tona em minha mente. O assassino sem dúvida queria que as mulheres da família Prescott embarcassem no navio para matá-las. Mas assassinar a sra. Prescott na surdina e deixar seu corpo em um baú parecia diferente da dramaticidade habitual. Talvez o criminoso estivesse desesperado para culpar alguém. Quem sabe dispor o corpo dela ali fizesse com que investigássemos Andreas — ele era, no fim das contas, bem versado nos significados das cartas de tarô.

Em vez de desmoronar, respirei fundo. "Precisamos notificar o marido dela o quanto antes." Mal reconheci minha voz — estava equilibrada e resoluta. Muito diferente de minhas emoções agitadas. Mefistófeles me fitou por um segundo antes de assentir. Encarei meu tio. "Vamos conferir dignidade a ela para a identificação. Você fica com os braços, e eu com as pernas. Vamos colocá-la naquele canapé ao canto."

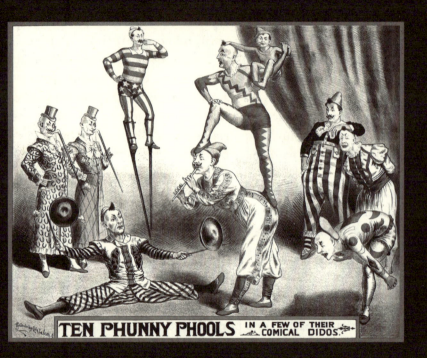

32. CINCO DE COPAS

Salão de música
RMS *Etruria*
7 de janeiro de 1889

enha. Você está precisando de um pouco de conhaque para os nervos." O capitão Norwood estendeu um dos braços na direção do chefe-magistrado. "Se houver algo mais que possamos fazer..."

O chefe-magistrado Prescott fitava a esposa, sem piscar. Eu nem imaginava o que se passava em sua cabeça.

"Com todo o respeito, capitão", disse meu tio, "tenho algumas perguntas para o chefe-magistrado Prescott primeiro."

O rosto do capitão se avermelhou. "Agora não, doutor. Não vê que ele está arrasado?"

O chefe-magistrado Prescott nem mesmo respondeu ao ser chamado. Ele com certeza estava em estado de choque, mas meu tio tinha razão. Precisávamos insistir para obter informações que poderiam ser utilizadas imediatamente. O tempo tinha um jeito estranho de distorcer os fatos.

No entanto, meu tio voltou atrás. "Muito bem. Podemos visitá-lo depois."

Uma vez que o capitão tinha guiado o homem abatido para fora do salão, voltei minha atenção para o corpo da sra. Prescott, fazendo o possível para me desvencilhar das memórias dela em vida. Nós a tínhamos deitado em um canapé e acomodado sua cabeça em uma almofada bordada, conferindo-lhe a aparência de descanso pacífico, ainda que eterno.

"Feche e tranque a porta", orientou meu tio, dirigindo-se a Thomas, então examinou Mefistófeles como se ele fosse uma nova espécie de mofo da qual precisávamos nos livrar. "Leve seu vidente e seu espadachim com você e nos deixe. Tornaremos a falar mais tarde."

Os olhos de Jian chamejaram. "O que mais podemos dizer? Andreas veio até aqui para prever o futuro da sra. Harvey usando o espelho mágico. Foi quando ele..." Jian balançou a cabeça. "Esqueça. Estarei em minha cabine. Vamos, Andreas."

O vidente deu uma olhadela para o espelho, mordendo o lábio. "Nada vai acontecer com..."

"Eu me certificarei de que nenhum de seus pertences sofra danos", afirmei. Eu sabia quão valioso o espelho era para ele, e não apenas porque supostamente tinha o poder de prever o futuro.

Aquela foi a deixa para que Jian e ele fossem embora. O mestre de cerimônias assentiu brevemente em nossa direção antes de nos deixar.

"Vou acompanhar a sra. Harvey até seus aposentos", ofereceu Liza. "Não se preocupe", acrescentou ela quando Thomas pareceu prestes a protestar, "ficarei com ela até você voltar."

Segurei as mãos de Liza. "Obrigada."

"Não há de quê."

Enquanto Liza guiava a sra. Harvey, que ainda balbuciava, o imediato adentrou a sala segurando a maleta médica de meu tio, que indicou os pés do canapé. "Ali está bom. Agora, vamos ao que interessa. Audrey Rose, venha examinar o corpo. Diga-me o que vê. Thomas, está pronto?"

Ele pegou a caderneta e a caneta do bolso interno do paletó, os lábios retorcidos pela crueldade de tudo. "Sim, professor."

"Bom. Audrey Rose? Faça como praticamos."

Engoli em seco, me obrigando a enxergar apenas aquele novo caso. Circulei o corpo, tentando localizar qualquer pista antes de pegar a fita métrica, como meu tio fizera antes. "A vítima tem um metro e cinquenta e sete centímetros de altura. Cabelo castanho-avermelhado, arrumado com capricho. Mas há uns fios grisalhos nas têmporas." Eu me enrijeci e abri suas pálpebras. "Olhos castanhos." Ofeguei. "Hemorragia petequial na esclera."

Ao ouvir aquilo, meu tio deu um passo adiante e estudou os olhos cegos. "Muito bem, minha sobrinha. É bem provável que já tenhamos descoberto a causa da morte: asfixia."

Concordei, visualizando os últimos momentos da sra. Prescott se desdobrarem em minha mente. Não havia sinal de estrangulamento na garganta, tampouco escoriações e contusões na pele; contudo, o batom estava borrado, o que me levava a crer que tinha sido sufocada por alguma coisa. Relanceei o olhar pela sala e vi muitas armas possíveis. Almofadas, sedas e tecidos — qualquer um daqueles objetos poderia ter tirado a vida dela. Eu me inclinei e ergui a mão dela, percebendo que o corpo ainda estava morno. Era uma morte recente. Ao que tudo indicava, Andreas tinha entrado na sala com a sra. Harvey, mas eu não fazia ideia de quando Jian tinha chegado. Eu precisaria investigar seu paradeiro com mais atenção.

Indiquei as almofadas e tecidos para meu tio. "Se esta for a cena do crime, e acredito que seja, pois não consigo imaginar como alguém arrastaria o corpo dela até aqui sem testemunha, aposto que vamos encontrar vestígios do batom no objeto usado para asfixiá-la."

"Sim. O que mais?"

Caminhei dos pés à cabeça, repetindo o trajeto e absorvendo cada detalhe que conseguia. "Um pedaço da saia foi cortado... ali. Está vendo? O tecido foi cortado em linha reta, com precisão demais para ter rasgado em confronto. Acredito que aconteceu depois da morte."

Thomas se levantou, erguendo a camada externa da saia para avaliar melhor a extensão do tecido faltante. Era uma linda peça — pálida como flocos de gelo que tinham acabado de cair, com bordados prateados. O contraste entre a pureza da cor e sua morte repentina era medonho. Ela parecia pronta para um casamento, não um funeral.

"A pessoa que cometeu este crime parece ser obcecada por belos tecidos. Por mais estranho que pareça", declarou, se empertigando, "acredito que isso seja ao menos parte da causa, mas provavelmente não o motivo principal."

Nós três nos encaramos, nossas mentes parecendo correr para novas direções. Havia uma pessoa em quem imediatamente eu pensava ao refletir sobre belos tecidos: o mesmo jovem mestre de cerimônias que eu insistia em defender. Meu olhar buscou o pedaço de seda que faltava. Eu já não podia mais negar que estava ficando cada vez mais difícil livrar Mefistófeles de alguma parcela de culpa. Embora também não pudesse negar que havia algo na motivação que não me descia bem. Meu tio havia nos ensinado a importância de confiar em nossos instintos, mas já não podia mais confiar nos meus. Pelo menos não quando o mestre de cerimônias estava envolvido.

Vários artistas trajados surgiram de cada canto do salão, andando em silêncio entre as mesas, ironicamente assustadores com chapéus de bufão com guizos pendentes. Suas máscaras brancas cobriam a totalidade do rosto e eram ornamentadas por diamantes pretos, escuros como alcatrão, pintados ao redor dos olhos e que escorriam até os lábios escarlates. Parecia que não importava o tipo de horror que as tardes traziam, o espetáculo não podia parar. Uma sinfonia de instrumentos da Renascença tocava uma música antiga, e os violinos e arpas soavam pesarosos; parecia que tínhamos voltado alguns séculos no tempo.

Fiz de tudo para não tremer diante da visão dos artistas, que mais pareciam marionetes. Se aqueles bobos da corte venezianos eram assustadores, eu odiaria ver as máscaras da peste ganharem vida. A imaginação de Mefistófeles era um lugar sombrio e perverso.

Rufos brancos e rígidos em seus pescoços e quadris evocavam a imagem de bailarinas que, com muito sacrifício, haviam se libertado de Hades. Triângulos pretos e dourados de tecido adornavam não só o colarinho e as saias, como também paramentavam coletes e mangas. Eu não sabia como tais diabinhos tinham sido considerados divertidos um dia — com certeza não traziam nenhum tipo de leveza enquanto dançavam e saltitavam de um pé ligeiro para o outro, em procissão silenciosa pelo salão.

Não pude deixar de imaginar seus trajes sendo confeccionados a partir da coleção de tecidos roubados das vítimas — um troféu macabro que o assassino poderia admirar secretamente todas as noites. Eu sabia que não era provável ou possível, mas aquilo não impedia meu braço de se arrepiar em alarme.

Com os lábios franzidos, Thomas os encarava como alguém incapaz de desviar o olhar de um acidente terrível. Tive vontade de rir, mas depois de passar uma tarde soturna examinando o cadáver da sra. Prescott, não consegui. Também não podia ignorar a tensão que pairava desde nossa discussão — ela foi deixada de lado por causa da questão premente, mas o desconforto continuava.

"Até entendo os malabarismos com fogo", comentou, "mas isso? Qual a finalidade? Eles são apenas estranhos. Mefisto está perdendo o jeito. Quem sabe finalmente fez uma barganha ruim, o que era de se esperar. Ninguém é tão perfeito quanto eu."

"Este festival todo é estranho", murmurou meu tio. "Vou agradecer quando tudo isso terminar. Só mais uma noite."

Liza se remexeu. Como meu tio estava ali naquela noite, ela não podia participar do espetáculo, mas não parecia muito aborrecida com o impedimento. Ela trajava um vestido de noite excepcionalmente deslumbrante, com miçangas de cristal bordadas em tecido rosado como as pétalas de uma flor. "Mas essa é a questão. A peculiaridade é o chamariz; você está tão focado neles que aposto que não reparou no que está sendo transportado para o palco."

Meus olhos buscaram o próximo número, que tinha começado enquanto todos prestavam atenção em outra coisa. Liza se recostou na cadeira, convencida. Até mesmo meu tio pareceu surpreso por um momento, antes de tornar a se concentrar na refeição.

"Vocês podem amá-lo ou desprezá-lo, mas precisam admitir que Mefistófeles é extraordinário. Ele sabe quais distrações usar." O olhar de Liza se demorou em mim, e desejei rastejar para baixo da mesa — ela com certeza não estava me ajudando. "Harry aprendeu muito em poucas semanas. Mefistófeles é um professor e tanto."

"E", disse meu tio, baixinho, "um possível assassino diabólico também."

Decidindo vestir a coragem como se fosse meu acessório mais esplêndido, olhei de relance para Thomas. Ele parecia ter engolido um sapo. Com muita discrição, tossi para disfarçar uma risada, o que o fez abrir um sorriso tímido. Fiz o mesmo — era bom saber que estávamos do mesmo lado novamente.

"Sim", acrescentou Thomas, com suavidade, "em breve vamos ouvir dizer que ele atravessou o oceano andando sobre as águas."

"Se ele tentar, tenho certeza de que uma sereia ou baleia vai engoli-lo", eu disse. O comentário animou Thomas. Eu me inclinei na direção de Liza para evitar ser ouvida pelos passageiros da mesa ao lado. "Será que Harry usaria a arte dramática para afastar nossa atenção de algo mais sério? E se... um de seus experimentos desse errado? Ele contaria a alguém, ou apenas tentaria dar um fim nos corpos? Você precisa admitir que o baú é um jeito bem característico de Houdini de descartar alguma coisa."

Ela me encarou como se eu tivesse perdido o juízo. "Um rastro de mulheres desaparecidas e assassinadas não é o melhor jeito de garantir que os artistas saiam nos jornais, prima. Harry quer ser famoso, não mal-afamado. O mesmo se aplica a Mefistófeles. Acredita mesmo que são os culpados?"

"E se o objetivo dele é convencer você a pensar assim?", argumentou Thomas. "Talvez a fama seja uma distração. Será que você sabe mesmo o que ele busca?"

Liza abriu e fechou a boca. Imaginei que estava seguindo o conselho da mãe, contando até dez antes de falar com indelicadeza. "Harry não se associaria com alguém que fosse um... O quê? Vocês dois realmente acham que Mefistófeles é um assassino?" Ela bufou, deixando as boas maneiras de lado. "Se querem acusar alguém, investiguem o capitão Norwood. Já viram o modo como ele trata a tripulação? Eu não me surpreenderia se atirasse pessoas que o contrariassem ao mar. O homem é intragável."

Ninguém discordou. Eu conseguia visualizar o capitão atirando alguém por cima da balaustrada em um acesso de fúria. Ele era uma pessoa peculiar — simpático e dócil, mas, quando provocado, feroz e desagradável. Ainda assim, eu não achava que ele tinha um pingo de violência dramática imbuído em seus trajes alinhados.

A sra. Harvey se debruçou sobre a mesa, os lábios ainda tremendo do espanto de antes. Desejei abraçá-la. Por mais abalada que estivesse, se recusou a ficar sozinha em seus aposentos. Thomas se ofereceu para ficar e jantarem juntos, mas ela não aceitou. Eu suspeitava de que a insistência da sra. Harvey em assistir ao espetáculo tinha a ver com o rumor de que Houdini apareceria novamente em roupas de baixo.

326

A maioria dos passageiros, no entanto, parecia não sentir o mesmo — o salão de jantar estava ainda mais vazio do que na noite anterior. O navio aos poucos se transformava em uma embarcação fantasma cujos lugares antes repletos de vida agora eram assombrados e silenciosos.

"O que você acha que está atrás daquela cortina?", perguntou ela. "Espero que não seja outro galão de leite. Não gostei nem um pouco daquele número. Tensão em excesso não faz bem para a pele. Não acho que aguento outro susto tão cedo."

"Prima? Que segredos pode contar?" Eu me voltei para Liza, pronta para levantar o astral com uma piada, quando as luzes piscaram e apagaram. Mergulhamos na escuridão, pontilhada apenas pelas chamas bruxuleantes das velas sobre as mesas. Meu tio murmurou algo sobre não conseguir enxergar o prato, mas decidi não responder.

"Caros convidados." A voz espectral de Mefistófeles pairou como neblina. "Esta noite pedimos que voltem sua atenção para cima, pois a Imperatriz exibirá seu número celestial. Reparem que não há rede de proteção, e caso ela caia, bem, não vamos nos preocupar com isso agora."

Um único facho de luz iluminava Cassie, sentada no trapézio e olhando para a plateia. Ela usava uma coroa com doze estrelas brilhantes nas pontas; o corpete era ornado com sementes de romã — para representar seu reinado na terra, de acordo com a aula de Mefistófeles sobre as cartas de tarô. Estava majestosa e elegante, altiva e orgulhosa. Com os cachos dourados caindo em cascata pelas costas, era possível ver como a artista incorporava a personagem angelical perfeita. Mas eu sabia o bastante para não me deixar enganar pela aparência inocente.

O número começou devagar: ela balançou de um lado do salão para o outro, pendurando-se entre os trapézios e parecendo adorar a sensação de quando as pontas de seus dedos largavam a segurança de um e agarravam o próximo. Lembrei do anseio por liberdade que senti quando fui ao circo com meu irmão, na época dos assassinatos do Estripador. Havia certa beleza no desapego.

Um segundo holofote revelou outro artista, que se juntou a ela. O rapaz girava e rodopiava, movimentando-se acima de Cassie à medida que seus truques ficavam mais elaborados.

"É Sebastián", sussurrou Liza. "Ele faz um ótimo uso do contorcionismo neste número."

Observei o contorcionista com interesse renovado. Será que ele seria capaz de matar as mulheres a bordo do navio e posicionar seus corpos de forma tão medonha? Ainda não tínhamos conversado, e eu notara que ele se afastava, tímido, sempre que me aproximava. Vê-lo voando para a frente e para trás acima de nossas cabeças, fazendo acrobacias, me fez pensar na força oculta em seu corpo flexível.

A plateia remanescente apreciou o número com educação, embora houvesse certa reverência no ar. Eu me perguntava se era medo de uma reviravolta mortal, ou exatamente a falta disso. Aqueles passageiros eram os menos afetados pelos crimes. Por outro lado, eles mesmos podiam estar encenando até aquele pesadelo acabar.

"Senhoras e senhores." A voz de Mefistófeles ecoou, mas ele tinha sumido de vista. "Preparem-se para serem encantados. Nosso palco está pronto, e este próximo número vai deslumbrá-los e aturdi-los. Por favor, contenham-se enquanto o fantástico Houdini tenta escapar da morte mais uma vez nesta nefasta câmara de tortura!"

Thomas fez que ia abrir a boca quando um terceiro foco de luz surgiu de repente, e a cortina que escondia o objeto no palco foi levantada por mãos invisíveis. Eu não deveria ter me surpreendido com os arquejos ou os gritos que se sucederam quando as pessoas começaram assimilar o que estavam olhando.

Pendurada dentro da câmara de tortura — um tanque de vidro cheio d'água —, uma mulher nos encarava com um par de olhos leitosos. Eu poderia ter acreditado que era uma sereia lendária se não fosse pela obviedade de sua existência e sua morte. O que pareciam ser cinco corações anatômicos tinham sido espetados por longas hastes em seus membros, que se encontravam lívidos pela submersão. Na parte frontal do vidro havia uma carta de baralho, pequena demais para que eu discernisse de meu assento.

Alguém vomitou perto de nós, mas não consegui desviar o olhar do tanque. Levei alguns instantes para me desvencilhar de meu terror e perceber que conhecia a vítima.

A mulher no tanque era ninguém menos que lady Crenshaw.

33. MOTIVO

Salão de jantar
RMS *Etruria*
7 de janeiro de 1889

Os bufões venezianos próximos ao palco hesitaram, seus passos desajeitados não mais parte do papel que interpretavam, mas oriundos do medo possante que permeava o salão. Eles ficaram parados, boquiabertos com a visão da mulher morta, seu silêncio ainda mais assustador do que quando saltitavam pelo salão.

Se existia alguma esperança de que aquilo não passava de um ato terrível do espetáculo, ela murchou imediatamente. Um instante depois a plateia compreendeu o que havia sobressaltado os artistas o suficiente para que a procissão sinistra fosse suspensa.

Facas tilintaram nos pratos, ofegos surgiram por toda a extensão do salão e, ao ouvir o baque de um corpo atingindo uma superfície, deduzi que pelo menos um passageiro tinha desmaiado. Eu não podia culpá-los; a visão de lady Crenshaw boiando naquele tanque, com os olhos esbranquiçados e os longos cabelos flutuando na água, tinha saído diretamente de um *penny dreadful*[1]. Uma história terrível demais para ser verdade.

---

[1] Tipo de literatura popular no Reino Unido no século XIX e de onde surgiram personagens como Sweeney Todd, Dick Turpin e Varney, o Vampiro. As histórias macabras, publicadas semanalmente por um centavo, narravam as façanhas de detetives, criminosos e entidades sobrenaturais. [N. T.]

Como se fossem astros desempenhando um papel naquele circo de horrores, meu tio e Thomas saltaram de seus assentos e correram para o tanque. Atirei o guardanapo na mesa e fiz que ia me levantar, pronta para ir atrás deles, mas não quis deixar Liza e a sra. Harvey sozinhas. Mesmo com o retumbar constante do terror em meu corpo, um fato me acalmava: não acreditava que mais alguém corria perigo imediato. Não por um tempinho, pelo menos.

Meu tio gritou para a trupe paralisada do festival: "Desçam as cortinas!".

A ordem foi obedecida de pronto, e as cortinas pretas rapidamente se fecharam, levando consigo a visão do cadáver submerso. Olhei para o cortinado de veludo com os pensamentos agitados. Se Thomas e meu tio não tivessem agido tão depressa, eu teria sido capaz de convencer a mim mesma de que tudo não tinha passado de uma invenção mórbida. Mais um corpo artificialmente disposto. Era quase inacreditável.

Eu tinha estudado no mês passado as entranhas de uma vítima por afogamento. Não importava quanto tentasse, era difícil me desembaraçar da imagem dos lábios azulados e da barriga inchada. A diferença é que aquele homem tinha morrido em um terrível acidente — e lady Crenshaw provavelmente não.

O capitão Norwood surgiu de algum lugar próximo ao palco e começou a ladrar ordens para os tripulantes como um general comandando o exército. Segundos depois de sua chegada, os passageiros saíram apressados pelas portas. Não importava quantos crimes hediondos havíamos testemunhado, a evacuação era sempre uma tarefa complicada.

Caos e discórdia percorreram o salão, e pessoas tombaram no chão, pisoteadas pela multidão em fuga. Pisquei, sem me mover, observando a cena se desenrolar como se eu fosse uma aparição espiando o que estava acontecendo no inferno. Tive certeza de que, caso existisse, seria exatamente assim. Um pequeno incêndio começou próximo aos fundos do salão — o resultado de velas caindo sobre as toalhas de linho.

"Vá." Liza segurou minhas mãos, com os olhos arregalados, mas determinados. "Nosso tio precisa de você lá em cima. Vou levar a sra. Harvey para nosso dormitório. De novo." Pisquei, afastando uma sensação de ardência nos olhos, e minha prima me envolveu em um abraço apertado. "Vai ficar tudo bem. Por volta da meia-noite de amanhã já estaremos em Nova York. Precisamos lidar com isso tudo por apenas mais um dia."

Assenti, pois foi a única coisa que consegui fazer. Quando se foram, segurei minha saia e subi as escadas o mais rápido que pude, passando por trás das cortinas de veludo. Mefistófeles estava parado, com as mãos nos quadris, olhando para a mulher morta.

"Estou dizendo, não é possível que ela tenha feito isso sozinha", disse. Seu tom de voz insinuava que não era a primeira vez que fazia aquela afirmação, mas o mestre de cerimônias tentava se manter calmo, a despeito do corpo flutuante em um dos adereços de seu espetáculo. Ele indicou a parte superior da engenhoca. "Estão vendo esses cadeados? Alguém os fechou. São necessários dois de meus homens para juntar as partes do tanque. Uma vez submersa, ela não conseguiria manobrar a tampa e trancá-la. Além disso, vocês realmente acreditam que ela teria cravado cinco corações nela mesma e colocado a carta de baralho do mesmo nome no vidro?"

"O que o Cinco de Copas significa?", perguntei, sem dar importância para que suspeitas levantaria. "Você tem conhecimentos em cartomancia, não tem?"

Mefistófeles esfregou uma das sobrancelhas. "Ciúme. Significa que as pessoas a seu redor estão rancorosas."

"Faz sentido, pensando na carta dela", refletiu Thomas.

"Carta?" Eu me aproximei e vi que ele segurava um pedaço de papel. Thomas deu uma olhadela para o lado e me entregou a carta. Meu tio rodeava o tanque, absorvendo os detalhes. Passei o olho rapidamente, sentindo meu coração palpitar conforme lia a caligrafia apressada.

Minhas atitudes provocaram a morte daquela garota. Eu deliberadamente paguei a jovem em demasia, por caridade, depois de ver que meu marido apreciara sua beleza. Então, quando ele perguntou sobre o dinheiro que faltava, afirmei que ela havia nos roubado. Queria que ela soubesse que embora fosse bonita para uma pobre coitada das ruas que talvez ganhasse mais do que elogios de homens casados, ela sobreviveu por causa de cidadãos íntegros como eu. Fiquei enciumada. E esse defeito me custou meu bem mais precioso — minha filha. Não posso viver com a culpa. Lamento muito por tudo que fiz.

Reli a carta, franzindo o cenho. "Quem é a garota?"

"É a pergunta que não quer calar, Wadsworth." Thomas deu de ombros. "Talvez esteja se referindo a algo que aconteceu fora do navio. Na verdade", ele apontou para a segunda frase, "garanto que isso aconteceu antes que qualquer um dos dois embarcasse. Acredito que seja esse o motivo do crime."

A compreensão clareou meus pensamentos. "Tudo que precisamos fazer é descobrir a quem essa carta se refere que encontraremos o assassino."

Mefistófeles parou a meu lado e bufou. "Ah, é só isso? Então será uma tarefa muito fácil."

Thomas o olhou de um jeito que me fez balançar a cabeça em advertência. "Talvez não para alguém como você", retorquiu. "Contudo, alguém um pouco mais perspicaz e inteligente é capaz de reunir as pistas. Observe." Thomas gentilmente pegou a carta de volta e pigarreou. "*Embora fosse bonita para uma pobre coitada das ruas...*'. Com base nesse trecho, uma pessoa levemente esperta pode deduzir que a 'garota' em questão ganhava a vida com uma profissão que não se equiparava ao estilo de vida de lady Crenshaw, mas não inferior o suficiente para que elas não pudessem conversar. O que indica algumas possibilidades."

"Você é insuportável", murmurou Mefistófeles.

Sorri. "Ele está apenas começando."

Thomas ignorou os comentários e começou a contar empregos possíveis nos dedos. "Venda de comida. Quinquilharias. Fitas e sedas. Considerando a posição social de lady Crenshaw, duvido que ela mesma comprasse os mantimentos da casa. Não estaria à altura dela. Essa tarefa seria um dever da equipe de cozinha. Além disso, não consigo imaginá-la comprando uma bugiganga em uma loja menos 'adequada'. *Exempli gratia*, ela não teria dado atenção a nada que não tivesse custado muito dinheiro ou da qual não pudesse se gabar para as senhoras na festa do chá da semana. Flores, fitas ou sedas podem ser o que buscamos. São coisas que evidenciam sua riqueza e habilidade de gastar dinheiro em frivolidades."

Mefistófeles balançou a cabeça. "Você se acha muito inteligente, não é?"

"Porque eu sou", devolveu Thomas. "Era para isso ter sido um insulto? Sobre o que mais você pretende comentar? Os salpicos dourados em meus olhos? O contorno acentuado de minha mandíbula?"

"O tamanho absurdo de seu ego inflado?"

Thomas abriu um sorriso endiabrado. "Não é a única coisa grande da qual posso me vangloriar."

"Quer dizer que se estivéssemos em um livro, você seria o herói, certo?"

"Não seja ridículo", respondeu Thomas, parecendo mortalmente ofendido. "Sou sombrio e misterioso. Posso beijá-lo ou matá-lo por um mero capricho. Isso parece um ato heroico para você? Nem todos os heróis são belas mentes brilhantes e atraentes. Eu, por outro lado, faço uso de meus talentos sombrios para o bem maior."

"Ah, agora compreendo." Mefistófeles retorceu os lábios. "Você é um lunático."

"Prefiro 'imprevisível'. Soa melhor."

Pigarreei. "Francamente, os dois são infantis. Por favor, podemos nos concentrar na pobre mulher dentro do tanque?"

Felizmente, Jian, Houdini e Andreas escolheram aquele momento para aparecer. Todos empalideceram com a visão do cadáver, mas conseguiram desviar o olhar e não passar mal. Reparei que Anishaa, Sebastián e Cassie se amontoavam atrás da cortina, com expressões chocadas e aterrorizadas.

Harry olhou com firmeza para Mefistófeles. "Todos estão falando sobre ficar na surdina até chegarmos em Nova York para então irem embora de vez."

O rosto do mestre de cerimônias se fechou. Ele parecia quase resignado ao ver que seus sonhos já não tinham salvação. Senti um desconforto profundo e ansiei por resolver aquela situação. Antes que Mefistófeles pudesse fazer algum comentário, dei um passo adiante.

"Falta pouco para desvendarmos os crimes", anunciei, erguendo minha voz para que eles pudessem me ouvir e tentando soar mais confiante do que eu me sentia. "Já descobrimos a profissão da garota mencionada na carta de lady Crenshaw. Não deve demorar muito para montarmos o restante desse quebra-cabeça."

Afrontei cada um dos artistas, então encarei Mefistófeles. Era difícil dizer o que se passava por detrás da máscara, mas jurava ver gratidão em seu olhar.

"O espetáculo não pode parar", eu disse. "É isso que todos vocês fazem. Deem aos passageiros um pouco de esperança, uma distração, agora mais do que nunca. Eles precisam disso tanto quanto vocês. Vamos transformar o ato final em algo que eles jamais esquecerão."

34. UM SUSPEITO ESPETACULAR

Convés da primeira classe
RMS *Etruria*
7 de janeiro de 1889

ão, não, não." Anishaa empurrou minha mão sem luva alguns centímetros para baixo. "Se segurar o bastão perto demais do fogo, vai se queimar. As saias de nossos trajes são altamente inflamáveis por causa do tule. Você precisa segurá-lo mais perto da extremidade. Ótimo. Agora movimente-o devagar; finja que está pintando o céu com as chamas."

"'Pintando o céu com as chamas'? Parece uma tela um tanto dramática."

Anishaa deixou que um sorriso tomasse seu rosto. Apenas algumas horas haviam se passado desde a descoberta do corpo de lady Crenshaw, e a tensão ainda estava no ar. "Eu pintava antes de a minha vida se tornar isto." O sorriso murchou. "Minha família encorajava minha criatividade, mas nunca aprovaram o circo."

Ficamos alguns instantes em silêncio, interrompido apenas pelo suave crepitar do fogo. Se não estivesse segurando uma tocha, eu a teria abraçado. "Bem, agora você é um pedacinho vivo da arte. E isso é um feito incrível e..."

"Eu li a carta! Você pretende negar isso como?" A voz aguda de Liza gritou. Fechei os olhos rapidamente, não pela surpresa, mas por lamentar que ela tivesse decidido fazer um escarcéu naquele momento. Estávamos quase chegando a Nova York; se ela ao menos pudesse ter esperado um pouco mais. "Está tudo acabado entre *nós*, acabou! Não quero vê-lo perto de mim, não quero mais falar com você!"

"Eu não escrevi pra ninguém!"

Liza, com as bochechas de um tom quase púrpura, entrou no salão de jantar a passos pesados, ignorando as tentativas de Houdini de interceptá-la. Anishaa e eu trocamos olhares nervosos, mas ficamos em silêncio. Eu queria estar de volta ao trapézio com Cassie e Sebastián, longe dos fogos de artifício que estouravam fora do palco. Olhei novamente para Anishaa e vi que sentia o mesmo; a engolidora de fogo encarava as cortinas com avidez, provavelmente desejando possuir as habilidades de fuga de Houdini.

"Liza, a única mulher pra quem escrevo é minha mãe! Você tem que me acreditar, eu..."

"Não, Harry, não preciso 'te acreditar' em nada!" Ela marchou pelo salão e atirou a máscara aos pés dele. "Pegue suas mentiras e ofereça-as para outra pessoa. Não tenho mais nada a dizer para você!"

"Eu juro..."

Mefistófeles entrou com Jian e Andreas no salão. Ele se deteve quando viu Anishaa e eu segurando os bastões chamejantes, e a conversa intempestiva de Liza e Harry. "Brigas de casal não são permitidas durante os treinos. Por gentileza, guardem esse drama para um espetáculo particular."

Liza lançou um olhar fulminante para o mestre de cerimônias e respondeu com altivez. "Já está resolvido: acabou. Certifique-se de que ele vai ficar bem longe de mim ou terá um espetáculo totalmente novo nas mãos."

Ela bateu a porta, e a louça que já tinha sido preparada para o jantar da noite seguinte tilintou. Harry fez menção de ir atrás dela, mas Mefistófeles o deteve, colocando a mão em seu peito. "Deixe Liza se recompor. Não é sensato pressionar uma pessoa aborrecida."

"Mas eu não fiz nada!"

"Vamos pegar uma bebida." Mefistófeles colocou um braço nos ombros do artista de fuga e o escoltou, serpeando entre as mesas até o outro lado do salão. "Temos que nos unir agora. O espetáculo precisa de você em sua melhor forma."

Olhando uma única vez por cima do ombro para mim, conduziu o consternado Houdini para longe.

Anishaa balançou a cabeça. "Vamos encerrar por hoje. Preciso descansar, e você também." Ela se inclinou e cheirou meu cabelo. "Talvez queira tomar um banho antes do amanhecer. Seu cabelo está com um leve odor de querosene. Vai ser difícil esconder isso de Thomas ou seu tio."

Concordei, distraída, e a acompanhei até um balde de água disposto para nós. O fogo de meu bastão chamejante foi extinguido com um silvo de vapor. Algo sobre a insistência de Houdini em alegar sua inocência me incomodava. Ele parecera genuíno, com o rosto contorcido de agonia. Ou era um mentiroso muito bom, ou estava contando a verdade. Ou uma versão dela.

O que significava que era muito possível que o mestre de cerimônias tivesse criado mais uma ilusão. Mais uma mentira na lista que me parecia interminável. Talvez Houdini não fosse a pessoa de quem Liza precisava fugir no fim das contas.

Algumas horas depois, saí de fininho de meus aposentos, torcendo que tempo suficiente tivesse passado para que eu pudesse encontrar quem queria. Ele não estava rondando a proa, então deduzi que havia mais dois lugares onde poderia estar naquele horário.

Olhei por cima do ombro, me assegurando de que estava sozinha, então rumei para a escadaria. Desci os degraus depressa, o metal trincando sob meus pés, lembrando-me de quão viva eu estava, e de como aquilo poderia acabar em um piscar de olhos.

Entrei de supetão no compartimento de carga dos animais. Mefistófeles teve um leve sobressalto, mas logo se recuperou. Ele me estudou com o olhar, e devolvi o gesto na mesma moeda. A máscara continuava no lugar, mas a camisa estava amarrotada e úmida. Sua aparência estava péssima, tal qual eu me sentia.

"Você mentiu para mim." Eu o observei com atenção, buscando por um ponto fraco em suas defesas. "Sobre a carta de Houdini. Ele estava escrevendo para a mãe, não é?"

Mefistófeles sequer piscou. Ele olhou para mim, depois para minha boca, e sorriu com malícia ao ver minha expressão carrancuda. "Não menti, minha querida. Eu nunca disse que ele estava escrevendo para uma amante secreta, disse?"

"Ah, não disse, é?" Bufei. "Então imagino que eu mesma tenha criado a carta parcialmente destruída e inventado uma história para ela."

Ele sustentou meu olhar, com o rosto sério. "Considere esta sua primeira aula de prestidigitação, srta. Wadsworth. Iludir com as palavras também é uma ferramenta valiosa para qualquer mágico ou apresentador. Nossas mentes são ilusionistas magníficas, e sua magia é infinita. O que eu disse e mostrei a você naquela noite foi apenas uma carta em parte arruinada. Sua mente inventou uma história e tirou suas próprias conclusões. Nunca afirmei que ele tinha uma amante secreta. Só disse que Houdini escrevia para alguém e enviava uma carta de cada cidade."

Balancei a cabeça, desejando poder chacoalhar o homem parado diante de mim. "Mas você disse que ele a amava."

Mefistófeles assentiu. "Eu disse. E imagino que ele ame muito a própria mãe."

"Você disse que Liza não sabia das cartas ou da mulher. Você me fez pensar que havia algo mais comprometedor acontecendo. Você..." Voltei à noite em que fizemos a barganha, sentindo meu estômago afundar cada vez que uma nova lembrança me acometia. Ele não tinha mentido. Só não tinha sido completamente franco.

"Eu o quê?", perguntou. "Apresentei fatos a você, srta. Wadsworth. *Você* presumiu que eu queria dizer amante. *Você* presumiu que ele não era confiável, apenas por causa de nossas profissões. Seu preconceito interferiu na habilidade de investigar mais a fundo, de fazer perguntas mais específicas, de separar os fatos da ficção que criou na cabeça. Você teve a oportunidade de esclarecer tudo. Eu não teria mentido. Foi uma escolha que *você* fez, e se eu tomei proveito disso? É claro que sim. Não vou negar que já usei esse método antes, e que com certeza o farei novamente no futuro. Se está zangada com alguém, que fique também consigo mesma. Você criou uma ilusão a partir da verdade na qual queria acreditar."

"Você é uma pessoa terrível."

"Sou terrivelmente preciso em compreender a humanidade. Mude os comportamentos humanos, srta. Wadsworth, que mudarei minha tática."

"Você me fez partir o coração de Liza sem nenhum motivo."

"É mesmo? Não consegue pensar em nada bom que tenha saído disso?" Mefistófeles inclinou a cabeça para o lado. "Realmente acha que o par ideal dela é um escapista de um circo itinerante? Ou tudo não passa de um capricho com péssimas consequências? Você fez um favor a sua prima, srta. Wadsworth. Mas, às vezes, favores não vêm embrulhados em papel de presente. Houdini teria partido o coração de Liza em algum momento, ou ela o dele. A escolha certa nem sempre é a mais fácil." Ele fez uma curta reverência. "Espero que um dia entenda isso. Boa noite."

"Ah, não mesmo", eu disse, marchando atrás dele e o virando pelos ombros para que me encarasse. "Não pode fazer isso."

"Fazer o quê?"

"Jogar querosene, atear fogo e então ir embora quando o incêndio é grande demais para seu gosto."

Ele se recostou na jaula do leão, pensativo. Torci para que o leão estivesse atrás de um petisco. Era um pensamento abominável e vil para se ter depois que o animal tinha devorado pelo menos um pedaço de uma vítima. Vítima que ainda precisávamos identificar. Estremeci. Mefistófeles retirou seu fraque e cobriu meus ombros com ele — o veludo bordado e escarlate me fazia pensar um pouco demais em sangue.

"Uso a ciência e estudo a mente humana assim como você", respondeu ele, com calma. "Não se aborreça por ter escolhido o caminho enfadonho e convencional. Sabe que ainda pode fazer uma escolha diferente. Se quer atear fogo em seu mundo, posso providenciar a caixa de fósforos."

"'Enfadonho'?", repeti. "Desculpe se não me divirto com a ideia de quase destruir a vida de alguém por um mero capricho. Talvez seja melhor você continuar fazendo trajes bonitos."

"Se quiser fazer parte de meu festival à meia-noite permanentemente e contribuir com ideias mais brilhantes, é só pedir."

"Está louco se acha que me juntaria a você ou a seu uso distorcido de 'ciência' e engenharia para sempre. Seus espetáculos são violentos e brutais. Tudo que fazem é nos mostrar quão horrendo o mundo pode ser." Gesticulei com impaciência quando ele sorriu. "O que é tão engraçado?"

"Seu fervor é adorável."

"Sua falta de compaixão é revoltante", rebati. "Você consegue levar algo a sério?"

"É claro que sim. Falo sério quando digo que sou a pessoa mais honesta que conheço", respondeu com voz frustrantemente calma. "A verdade é como uma lâmina afiada. Brutal e cortante. Ela fere. Pode até deixar cicatrizes se dita levianamente. Nossos números evidenciam isso, sem remorso. Repito, se está zangada com alguém, é com você mesma. Que verdade descobriu quando o tanque foi revelado esta noite?"

"Além do cadáver? Descobri que estão dispostos a ultrapassar qualquer limite por um festival idiota."

"Só isso?" Ele abriu um sorriso ferino. "Não gostou? Aposto que seu coração bateu mais depressa e que o medo e a expectativa fizeram suas mãos suarem. Somos todos fascinados pela morte; é a única coisa que temos em comum. Não importa nossa posição na vida, todos vamos morrer. E nunca sabemos quando a morte se aproxima. Ver alguém se afogar por si só não é assustador ou intimidante. A verdade e a constatação *do que* realmente nos estimula, por outro lado, é o que há de mais perturbador."

"Não estou entendendo onde você quer chegar."

"Não mesmo? Conte-me, srta. Wadsworth. Imagine o seguinte: quando aquela cortina é baixada ao redor do tanque e o cronômetro começa a marcar o tempo, com os segundos tiquetaqueando tão rápido que provocam arritmia, qual é o sussurro que escuta em sua cabeça, nos intervalos das batidas de seu coração? Secretamente torce para que Houdini consiga escapar? Torce, contra todas as probabilidades, para que ele vença a morte? Ou fica onde está, com os punhos cerrados sob a mesa, apavorada e ao mesmo tempo antevendo a possibilidade de que está prestes a presenciar algo que todos tememos? O que é mais empolgante? Mais assustador?"

Engoli em seco e não respondi; não havia necessidade. Mesmo que não tivéssemos tido a chance de assistir ao número que ele mencionava, Mefistófeles já sabia o que eu iria dizer.

"Essa é a verdade que oferecemos", disse ele. "Todos somos desesperados para encontrar uma maneira de derrotar nossa maior inimiga: a morte. Ao mesmo tempo, somos ávidos para vê-la devorar outra pessoa. Você pode odiar a verdade, entrar em negação ou xingar, mas, no fim das contas, é igualmente encantada por ela. Saber que o fogo é quente nem sempre impede alguém de brincar nas chamas."

O mestre de cerimônias deu de ombros quando continuei em silêncio, mas havia uma tensão em seus lábios que desmentia a indiferença. "A vida, como o espetáculo, continua, queiramos ou não. Se parássemos de viver, deixando de celebrar nossa existência perante a morte ou a tragédia, seria melhor cairmos de vez nas próprias covas."

Um pensamento me ocorreu. "De quem foi a ideia de apresentar a câmara de tortura esta noite? Sua, de Houdini ou do capitão?"

"Vamos dizer que foi um acordo mútuo." O leão rugiu, e Mefistófeles se afastou da jaula, sobressaltado. Ele endireitou o colete. "O que descobriu sobre a morte da sra. Prescott?"

Que qualquer pessoa, inclusive ele, poderia ter colocado o corpo naquele tanque. Estremeci — duas mulheres, uma enfiada em um baú, outra em um tanque. Lugares horríveis para o repouso eterno. "Faremos um post-mortem pela manhã. O marido dela pediu uma noite para se despedir."

"Mas está confiante de que vão identificar a causa da morte?", insistiu. Aquiesci, pois não estava pronta para admitir que já tínhamos deduzido que ela tinha sido sufocada. "Interessante."

"Não é assim tão interessante ou difícil quando você praticou o bastante."

"Alguns diriam que seu ofício é impossível. Pense nisso por um momento, por favor. Você pega o corpo de uma pessoa e o abre para buscar pistas deixadas para trás. Parece impossível para alguém sem treino. Decifrar os mortos? Identificar a causa da morte ao pousar os olhos no corpo, determinando qual órgão não estava funcionando corretamente?" Andou em círculos, com as mãos para trás. "Mas precisa sujar as mãos, não é? Para fazer algo que os outros julgam impossível, não importa o lugar ou circunstância, vai sujar as mãos pelo caminho."

Cambaleei para trás, quase perdendo o equilíbrio perto da jaula do tigre. Havia uma aura de confissão em suas palavras que eriçava os pelos de meus braços. Eu não sabia nada sobre o mestre de cerimônias, exceto que ele era muito bom em espalhar pistas falsas.

Meu coração palpitou. Será que Mefistófeles tinha me usado como uma de suas prestidigitações o tempo todo? Aqueles encontros à meia-noite poderiam ser uma forma de distrair Thomas. Se ele acreditasse que havia algo secreto acontecendo entre nós, poderia se desatentar de quaisquer outras atitudes sinistras que o mestre de cerimônias viesse a cometer. Thomas podia confiar em mim, mas era humano. Suas emoções podiam ser manipuladas, como Liza havia alertado.

E eu tinha sido igualmente enganada por Mefistófeles. Estava fazendo o que ele pedira porque queria ajudar minha prima a qualquer custo. E ele não havia demorado a perceber minhas intenções. Ilusionistas eram treinados para encontrar alvos fáceis na multidão, e Mefistófeles estava entre os melhores.

Ele me observava das sombras como o leão enjaulado rondava atrás dele. Havia algo obscuro e astuto em Mefistófeles — um gato com a barriga cheia que deliberava se valia a pena matar o rato logo ou se era melhor guardá-lo para outro dia em que o saborearia melhor. Era difícil dizer o que ele mais desejava e o que mais me estimulava. Talvez eu fosse tão doentia e corrompida quanto ele.

O mestre de cerimônias não se aproximou, mas conseguiu ocupar todo o espaço entre nós. Quis ter uma resposta sagaz para dar, algo que mostrasse como não tinha medo de vencer em seus jogos mentais, mas ele olhou sugestivamente para minhas mãos. "Se deseja realizar grandes feitos, às vezes deve sujar as mãos. Mas você já fez isso. É um tanto peculiar que a mesma cortesia não se aplique a mim."

Reparei no sangue em minhas mãos. Tentei limpá-las, esfregando uma na outra, mas a mancha não saiu. Era possível que eu tivesse tocado nas barras em algum momento; embora já tivesse mergulhado minhas mãos em sangue mais vezes do que era capaz de contar, fiquei exasperada por vê-las sujas.

"Graças ao mar bravio, o capitão disse que não vamos aportar por mais um dia, srta. Wadsworth." Mefistófeles se virou para partir, então se deteve, tamborilando os dedos no batente da porta. "Realmente espero que solucione esses crimes, para o bem de nós dois. Não sei se o festival vai sobreviver a mais um golpe. E há mais de um jeito de fazer um homem se afogar."

35. OITO DE ESPADAS

Aposentos de Audrey Rose
RMS *Etruria*
7 *de janeiro de* 1889

ntrei de fininho no dormitório, sentindo um alívio ao ver que não havia ninguém. Liza devia ter ficado com os outros artistas para amenizar seu aborrecimento, e a sra. Harvey provavelmente dormia. Ninguém ficaria sabendo de meu encontro à meia-noite com o Diabo.

"Tratante insuportável." Sentei na beirada da cama, distraidamente traçando com as pontas dos dedos os contornos das orquídeas bordadas em minha saia de seda. As palavras de Mefistófeles ribombavam em minha mente. Com certeza havia mais de uma maneira de matar uma pessoa — e a pessoa que aterrorizava o navio, seja lá quem fosse, sabia bem disso.

Peguei as cartas de baralho na mesa de cabeceira e as coloquei sobre os cobertores. Metade tinha sido encontrada com os corpos, e a outra metade perto das cenas do crime. Ás de Paus. Seis de Ouros. Ás de Espadas. Cinco de Copas. Ainda assim, os assassinatos tinham sido inspirados nas cartas de tarô e seus significados.

O Cinco de Copas representava o ciúme. O Ás de Paus, riqueza. Era evidente que lady Crenshaw sentia ciúmes de uma moça desconhecida. O Ás de Paus tinha sido perfurado com uma das facas que atingiu a srta. Prescott na primeira noite da viagem — talvez o pai dela tivesse sido subornado.

Massageei as têmporas. Nada daquilo fazia sentido. A menos que a pessoa que cometera aqueles crimes estivesse indicando que estava abrindo o jogo para que todos a vissem. Era um palpite arriscado, mas podia ser um bom ponto de partida.

Folheei as outras anotações e as espalhei ao lado das cartas. Meu tio acreditava que por vezes um padrão poderia surgir ou que nossos cérebros poderiam perceber algo depois de despejar as ideias no papel. Seus métodos raramente falhavam para mim. Acrescentei mais alguns comentários.

> *Carta de tarô encontrada no número de Jian — Justiça.*
> *Corpo lanhado por sete espadas. (Filha do dr. Arden, tarô Sete de Espadas)*

Fiz uma pausa, lembrando-me do que Mefistófeles dissera sobre o Sete de Espadas invertido. E ele significava... significava que... Alguma coisa sobre alguém achar que havia se safado de algo. Ou ao menos era o que ele tinha dito. Então será que aquilo queria dizer que a filha do dr. Arden teve problemas? Será que ela acreditava que tinha escapado de algum crime que cometera? Eu não fazia ideia de onde ir para obter respostas — o dr. Arden ainda se recusava a deixar seus aposentos ou atender à porta, e o capitão ficava cada vez mais impaciente à medida que nos aproximávamos da América. Acrescentei mais informações.

> *Carta da Estrela do tarô (corpo queimado no palco) —*
> *anel de esmeralda encontrado, confirmando a morte da srta.*
> *Crenshaw. Significado do tarô seria "transformação"?*
> *Seis de Ouros encontrado em sua cabine. Significado ainda desconhecido.*
> *Beladona encontrada em seu estômago — causa da morte.*
> *Braço decepado encontrado na jaula do leão — ainda não identificado, provavelmente pertencente a um homem, segundo o exame. Aliança de casamento intocada.*

A sra. Prescott foi encontrada asfixiada em um baú, sem carta de tarô. Como se associa aos outros crimes?

Lady Crenshaw foi encontrada morta em um tanque. Cinco de Copas em vez de carta de tarô. Bilhete deixado com detalhes de seus supostos crimes. Mas ela não teria conseguido entrar no tanque sozinha. Significado da carta: ciúme.

Eu me recostei na cadeira e virei o pescoço de um lado para o outro, me alongando. Sem dúvida havia uma consistência nos crimes, com exceção do braço desmembrado e do corpo encontrado no compartimento de carga. Eles não pareciam interligados aos outros assassinatos. A não ser que fossem vítimas infelizes que acabaram flagrando os crimes e ameaçaram denunciá-los. E quem sabe identificar o assassino...

"O que não estou enxergando?", perguntei em voz alta. "O que entrelaça todos vocês? Que história essas cartas e seus significados contam?"

Pensei no comportamento peculiar do dr. Arden, em como ele tinha nos privado de conversar com o magistrado-chefe Prescott, em como mentira descaradamente. Do que estaria escondendo os Prescott e ele mesmo? E por que insistia em não falar conosco mesmo depois do assassinato da própria filha?

Um magistrado-chefe e um médico. Uma fidalga com a consciência pesada. Duas possíveis testemunhas. Dois tipos diferentes de cartas, ambas com significados ocultos que precisavam ser decifrados. Mordisquei o lábio, me concentrando na ideia que se formava. Se Thomas estivesse certo, então era possível que lady Crenshaw tivesse encontrado uma jovem que vendeu algo digno de sua atenção. Mas fitas não tinham grande apelo em uma festa do chá. Se eu fosse a anfitriã de uma festa luxuosa, ou de uma que gostaria que passasse tal impressão, compraria todas as flores que pudesse bancar. Elas notabilizariam minha riqueza, ainda mais se viessem de uma estufa. Era o cenário mais plausível.

Os Crenshaw e os Prescott tinham embarcado sem custo no *Etruria* e já se conheciam antes do navio zarpar. Se lady Crenshaw tivesse aborrecido o marido o suficiente, parecia razoável que ele buscasse o amigo, o magistrado-chefe, para prestar queixa contra a garota das flores. Será que ela não teve um julgamento justo e, em vez disso, foi enviada para um abrigo, cujas condições de vida provavelmente eram ainda mais deploráveis que as da rua onde lutava para sobreviver?

Mas como o dr. Arden se encaixava naquela teoria? Peguei o baralho de tarô que Mefistófeles me dera e, com os pensamentos buliçosos, trilhei os dedos pelos contornos em filigrana da carta da Morte. Um médico seria incumbido de tratar dos pacientes, mesmo os que tinham cometido algum crime. Talvez ele fosse o médico da prisão e ministrou um tônico que matou em vez de salvar. Talvez não tivesse sido acidente. Talvez um de seus amigos ricos e poderosos tivesse pedido um favor. Será que cada um deles estava envolvido em alguma trama mais complexa para encobrir os próprios malfeitos? Isso explicaria por que o dr. Arden desejava manter todos em silêncio. Quanto menos falassem, menos se incriminariam por seus assassinatos.

Meu olhar percorreu a cabine. Já era tarde; Liza retornaria a qualquer instante, e a última coisa da qual precisava era se ver rodeada de mais traumas. Arrumei a bagunça de evidências coletadas e guardei tudo na mesa de cabeceira, deixando o baralho de tarô por último. Minha prima já tinha sofrido demais e... Quando fui fechar a gaveta, uma pequena caixa com um laço chamou minha atenção.

Meu sangue pareceu congelar quando avistei a carta Oito de Espadas do tarô bem embaixo dela. Minha primeira reação foi pegar a caixa e atirá-la para longe, gritando até alguém aparecer. Mas meu lado lógico e curioso não suportava a ideia de destruir qualquer pista. Alguém tinha deliberadamente deixado aquilo em minha mesa de cabeceira, e tudo me dizia que não era uma gentileza.

Minha pulsação latejou. Estiquei o braço, peguei a caixa e a coloquei no colo. Não era grande, mas ainda hesitei antes de abri-la. Uma sensação obscura e terrível se apossou de mim. O que quer que estivesse ali não seria agradável. Olhei para a carta de tarô, permitindo que um instante se passasse e eu me fortalecesse para aquela tarefa. Uma mulher vendada estava presa em uma jaula feita de espadas. Seu corpo todo tinha sido amarrado com sedas, indicando que não havia escapatória. Parecia uma boa metáfora para o navio em que nos encontrávamos.

347

Respirando pesado, voltei minha atenção para a caixa. Eu deveria ir até a cabine de meu tio e abri-la lá, mas era tarde e o que mais ele poderia fazer além de oferecer apoio moral? Eu não tinha dúvida de que ele ou Thomas não esperariam para abrir a caixa se a tivessem recebido. Ainda assim, me permiti mais um segundo para regular a respiração, e devagar, com muito cuidado, desfiz o laço. Antes que perdesse a coragem, tirei a tampa.

Dentro dela, sobre uma almofada de veludo amassado, havia um dedo.

Pisquei e ouvi os sons do dormitório se amplificarem. De repente conseguia ouvir cada tique-taque do relógio. Cada onda que golpeava calmamente o casco do navio. Ouvia até mesmo os rangidos que vinham do dormitório ao lado; a sra. Harvey devia ter acordado. Tudo era alto demais. Concentrei-me em respirar fundo. Queria jogar a caixa para fora da cabine, mas seria um gesto imprudente e extremo. Um dedo decepado não podia me fazer mal.

Vi um pedaço de papel cor de creme sob o dedo, dobrado e com respingos de sangue. A visão do dedo já tinha me perturbado, mas uma nova onda de tremores me atingiu. Um bilhete deixado por um assassino nunca era boa coisa.

Com as mãos tiritando, eu o tirei da caixa, atenta para não tocar na nova evidência. Desdobrei a nota e agradeci por estar sentada. Caso contrário, eu teria desabado no chão na mesma hora.

Srta. Wadsworth,

Considere este seu primeiro e último aviso.
Interrompa a investigação ou o próximo
pedaço de sua prima que vai receber será
a cabeça. Meu espetáculo está quase
terminado, e se desempenhar seu novo papel
de moça obediente, libertarei Liza quando
atracarmos, com vida. Se optar por um
caminho diferente, seu destino não será o
único comprometido.

Reli a ameaça, com os pensamentos febris.

Liza.

Liza estava em perigo.

O assassino estava com ela e eu sabia, com todas as fibras de meu ser, que estava falando sério. O criminoso já tinha mutilado sua pobre e inocente mão. Ele a mataria e faria de seu corpo mais um espetáculo. E era tudo culpa minha. Esfreguei os olhos até ver apenas coriscos brancos por detrás das pálpebras fechadas. Eu não podia apenas esperar sentada até Liza ser devolvida, ilesa. Aquilo ia contra tudo que me era caro. Mas também não podia tornar evidente que estava à procura dela.

Eu me levantei, andando em círculos pela pequena cabine, me sentindo como um pássaro preso na gaiola. Como um navio era capaz de conter tantos cantos escuros para que atos abomináveis fossem cometidos estava além de minha compreensão. Corri até o sistema interno de campainhas e solicitei os serviços da criadagem. Eu precisava convocar a única pessoa capaz de me ajudar naquela situação.

Rabisquei um bilhete com instruções de onde ele poderia me encontrar e já tinha vestido meu sobretudo e um par de luvas grossas quando a criada chegou.

"Leve isto imediatamente. Por favor, avise que é urgente."

Ela assentiu e foi embora com a mesma velocidade com que tinha chegado. Sem poder esperar mais, me lancei na noite e corri para o único lugar que ainda não me deixava com a sensação de estar presa enquanto as paredes de metal se aproximavam para me cercar.

O GRANDE HOUDINI
RASTRO de SANGUE

36. RENDEZ-VOUS À MEIA-NOITE

Convés da primeira classe
RMS *Etruria*
8 de janeiro de 1889

ontemplei a vastidão do oceano, observando enquanto seu nada crescia e se transformava em um monstro tão imenso que eu não tinha esperanças de um dia fugir. E pensar que comecei a semana acreditando que aquela viagem seria perfeita.

Agora Liza tinha sido raptada, um de seus dedos estava dentro de uma caixa forrada por veludo, e o navio inteiro estava apinhado de pessoas misteriosas com oportunidade e motivo. Eu sabia que a resposta estava ali, cintilando como um caco de vidro que refletia a luz da lua, esperando ser desvendada. Eu precisava compreendê-la antes que algo impensável acontecesse com minha prima.

Senti sua presença antes mesmo que dissesse algo e me virei para encará-lo. Na escuridão, não passava de uma silhueta que se aproximava até parar diante de mim. "V-Você já descobriu alguma coisa?", gaguejei.

Thomas envolveu meus ombros com sua casaca e mirou o mar. "O capitão Norwood ordenou que a tripulação inteira vasculhasse o navio. Estão examinando todos os cantos, e acredito que a fúria de seu tio esteja mantendo todos motivados. Se Liza..." Ele expirou com força. "Eles não vão desistir de tentar encontrá-la."

Ele me trouxe para perto, mas o gesto não foi suficiente para impedir meu corpo de tremer. Liza estava sendo torturada. Eu era a responsável. Minha afinidade medonha com o crime a tinha colocado no epicentro de um. Meu pai estava certo quando dissera, tantos meses antes, que pessoas respeitáveis não se expunham às baixezas do mundo.

Protegida nos braços de Thomas, busquei as ondas pretas ondulantes com o olhar. Ficamos assim por um tempo, embora meu corpo vibrasse com a necessidade de tomar uma atitude. Eu queria correr de cômodo em cômodo, aos gritos, até encontrar Liza. Se não conseguisse controlar minhas emoções e desanuviar a cabeça, não poderia ajudá-la. Eles provavelmente me trancariam em alguma cela, o que só complicaria tudo.

Liza. Meu coração ficou apertado. Tive vontade de me despedaçar contra o navio e afundar no oceano. Em vez disso, cerrei os dentes. "Não consigo ignorar a sensação de que existe algo para ser descoberto bem debaixo de nosso nariz. O que as cartas têm a ver com tudo?"

Thomas me olhou de esguelha. "A essa altura, não sei se isso ainda importa."

"Tudo importa e você sabe disso." Suspirei. "Jack, o Estripador, escolhia mulheres que eram obrigadas a se prostituir, e no caso do Drácula as vítimas pertenciam à Casa dos Basarab. E quanto a essas mulheres? Deve haver algo que as vincule de alguma forma na mente do assassino. Como as peças desse quebra-cabeça se encaixam? E mais importante... quem as conhecia antes de embarcarem no *Etruria*? E por que levar Liza? O que ela tem a ver com isso tudo?"

"Bem, elas pareciam se conhecer antes da viagem. Isso pelo menos é um fato em relação ao dr. Arden e aos Prescott. E quanto a sua prima", Thomas respirou fundo, "provavelmente só faz parte da barganha. Estamos chegando perto do assassino, que não está contente e decidiu revidar. Colocamos o dedo na ferida, que revidou."

Eu me encolhi na casaca de Thomas quando uma lufada particularmente gélida açoitou o convés. "Algo nas cartas me incomoda e não sei dizer o porquê."

Ele ergueu uma sobrancelha; seus olhos brilhavam. "Você teve uma ideia, não foi?"

"Venha", disse, puxando-o em direção às cabines, conseguindo canalizar minha energia. "Sei quem pode nos dar algumas respostas."

Houdini abriu a porta e nos endereçou um olhar cansado. Fiquei surpresa por encontrá-lo sozinho — não havia sinal de Jian, Andreas ou mesmo Mefistófeles.

Em uma pequena mesa perto da cama avistamos um livro com desenhos e diagramas. A maioria parecia fazer parte de engenhocas que fariam a Morte estremecer.

"Você vai continuar com o truque da câmara de tortura?", perguntei, adentrando o cômodo amplo quando ele gesticulou para nos receber. Vários baús e mesas estavam empilhados desordenadamente. Cartas e algemas e correntes vazavam deles.

"Não vou desistir do que eu faço. Não importa quantos corpos, nada vai me intimidar." Ele estreitou os olhos. "Liza pediu pra vocês virem aqui?"

Ouvir o nome dela me deu calafrios. Houdini ainda não sabia que ela era a mais nova vítima. Não tive forças para responder. Thomas tomou a dianteira.

"Não", a voz de Thomas saiu cordial o bastante para soar como um alerta, "mas a srta. Wadsworth vai atirá-lo ao mar com satisfação se continuar falando com ela desse jeito." Ao ver a expressão confusa de Houdini, acrescentou: "Ela é o músculo. Eu claramente sou o charme".

Houdini sacudiu a cabeça, tentando se livrar daquela ideia absurda, e caminhou até a cama. "Se Liza não pediu pra virem, pra que tão aqui?"

"Tenho algumas dúvidas sobre cartas de baralho." Interrompi Thomas antes que contribuísse com mais *charme*. "E já que você é o Rei das Cartas, imagino que seja a pessoa certa para me ajudar."

Seu olhar foi de cautela, mas concordou. "O que quer saber?"

Mostrei as cartas encontradas com as vítimas ou próximo a elas, e as coloquei na mesa, me sentindo só um pouco mal por tê-las guardado. Em geral, manipular evidências jamais passaria por minha cabeça. Eu não sabia dizer se a ordem em que foram encontradas importava, mas fiz o possível para enfileirá-las assim.

"Cinco de Copas, Ás de Paus, Ás de Espadas, Seis de Ouros", disse ele, olhando para mim. "Onde tá o resto?"

"É tudo que temos", respondi, mostrando a primeira carta. "Elas significam alguma coisa?"

Se Houdini notou a sutil hesitação em minha afirmação, deixou passar. Ele apanhou as cartas, examinando-as em cada lado. "Pra começar, estas cartas são do baralho pessoal de Mefistófeles."

Thomas ficou completamente imóvel. "Como sabe?"

Houdini apontou para um detalhe na carta com o indicador. "Tão vendo aqui?" Eu me inclinei para olhar melhor os espinhos que margeavam cada carta. "E isto?" Houdini mostrou uma inscrição em letra cursiva que formava círculos no verso. "*Vincere Vel Mori.*"

"'Conquistar ou morrer'?", traduzi, agradecendo ao diretor Moldoveanu por ter nos forçado a requalificar nosso latim.

"Se você diz." Houdini deu de ombros. "O significado não importa pra mim."

"Por que isso faz você dizer que o baralho pertence a Mefistófeles?"

"Boa parte das coisas dele tem espinhos e latim. Você deve ter visto nas arenas de treino." Ele sorriu. "Também tavam gravadas nas fontes na noite em que dançou com a Fada Verde. Talvez não lembre, no entanto, já que tava mais para lá do que pra cá."

Senti o olhar de Thomas pousar em mim, e percebi que ele estava assimilando o que a frase de Houdini queria dizer. Era evidente que eu estava escondendo coisas dele, e não parecia satisfeito. Por outro lado, se o conhecia bem, provavelmente estava mais aborrecido por não ter feito aquelas deduções antes.

"O que mais pode nos contar dessas cartas?", insisti. "De que modo elas poderiam ser relevantes?"

Houdini as encarou outra vez, concentrado. "Seis de Ouros é uma carta conhecida por indicar problemas amorosos, discussões e brigas de casal, de acordo com sua prima."

"Liza lhe contou isso?", perguntei, franzindo o cenho. Eu sabia que minha prima se interessava por sessões espíritas e evocações de espíritos, mas não fazia ideia de que conhecia os significados das cartas de baralho. Eu poderia ter buscado a orientação dela em cartomancia muito antes.

"Eu disse pra ela que era uma grande bobagem. Ela respondeu: 'Assim como flertar com outras garotas', e saiu em disparada." Ele pegou o Ás de Espadas, virando-o de um lado para o outro. "Esta significa azar. Pode indicar também um fim difícil." Ele movimentou o Ás de Paus e o Cinco de Copas. "Não tenho certeza dessas. Talvez Sebastián, Andreas ou até mesmo Anishaa possam ajudar, se Liza não puder. Mas não alimentem muita esperança. Isto não significa nada. São só cartas."

"Anishaa também tem conhecimentos em cartomancia?", eu quis saber. "Pensei que soubesse apenas ler tarô."

Houdini me lançou um olhar de estranheza. "Foi ela quem sugeriu pra Mefistófeles que todos precisavam aprender. Disse que ter mais videntes expandiria nosso negócio. Andreas só previa o futuro com o espelho mágico da Baviera antes de Anishaa chegar. E sendo bem sincero? Ele não era muito bom."

Meus pensamentos se agitaram com aquelas novas possibilidades. Se Anishaa era tão talentosa com os dois tipos de cartas, então podia ser a pessoa que procurávamos. Talvez os sentimentos dela por Mefistófeles não fossem como eu tinha imaginado. Era possível que ele tivesse algum trato com as famílias que viraram alvo e ela não aprovara.

Houdini pareceu confuso, na certa se perguntando o que minha expressão entusiasmada significava.

"Obrigada", eu disse, "você nos ajudou bastante."

Com um gesto, Thomas me convidou a deixar a cabine, mas se deteve, tamborilando os dedos no batente da porta enquanto olhava para Houdini com atenção. "Por que você estava discutindo com Liza?"

Houdini me encarou, e torci para que ele não dissesse que eu saberia explicar. Seria complicado esclarecer que eu tinha visto a briga em um de meus treinos secretos. Eu já estava aflita com a explicação sobre a Fada Verde que estava para acontecer. O momento passou e ele deu de ombros.

"Uma mulher aparece morta e boiando em meu tanque e ela só quer saber quem é mulher nos Estados Unidos pra quem eu escrevi." Ele suspirou dramaticamente. "Eu disse pra ela que não é nada, que não tenho pretendente em lugar nenhum. A única mulher que amo e pra quem escrevo na América é minha mãe. Liza não acreditou em mim."

Thomas ficou em silêncio por um instante, analisando o dormitório. Só Deus sabia o que ele tinha conseguido deduzir sobre o jovem escapista com um único olhar. "É, imagino que não. Boa noite."

Precisei de muita força de vontade para me impedir de fazer montes de perguntas enquanto percorremos corredores vazios e então subimos as escadas. Quando alcançamos o segundo andar, parei. Estávamos escondidos na escadaria, e com sorte ninguém nos ouviria.

"E então?", perguntei. "Acredita nele?"

"Sim. Mas se acredito em cada palavra que sai da boca dele é outra história." Thomas respirou fundo. "Sei que não quer enxergar a verdade por trás das ilusões de Mefistófeles, Wadsworth. Mas, neste momento, ele é perigoso. Ele é dissimulado, e as cartas do baralho dele foram encontradas ao lado de quase todas as vítimas."

"O que parece muito conveniente com relação a evidências se acumulando", argumentei. "Temos que reconhecer que parece que alguém está fazendo de tudo para incriminá-lo. E quanto a Anishaa? É uma suspeita que ainda não investigamos a fundo, mas que com certeza é uma opção."

"Sem dúvida", respondeu Thomas com a voz grave. Ele olhou para baixo, remexendo em um dos botões da manga, e meu estômago se revirou. "Precisamos conversar."

Eu sabia que uma conversa séria estava a caminho, mas parte de mim queria sair correndo e se esconder. Havia certas coisas que não queria enfrentar. "Tudo bem."

Thomas cruzou os braços sobre o peito e me olhou com atenção. "Você tem se encontrado com Mefistófeles à noite?" Não era bem uma pergunta, embora ele tivesse sido gentil o bastante para disfarçar. Engoli em seco e assenti. Eu era uma covarde. "Você bebeu absinto e dançou... com ele?"

Fechei os olhos e respirei fundo. "Sim."

Thomas não respondeu de imediato, e consegui juntar forças para encará-lo. Eu esperava ver raiva e traição, mas o que encontrei foi muito pior. Antes que sua expressão se fechasse, vi um lampejo do menino que nunca foi capaz de acreditar que poderia ser amado. O menino a quem eu tinha prometido nunca magoar; uma promessa que tinha acabado de quebrar, assim como tinha feito com seu tenro coração. Seus olhos estavam inexpressivos quando me fitou.

"Falei sério quando disse que não queria cercear sua liberdade", disse ele, a voz quase um sussurro. "Se você estiver... Se achar que seu coração..." Thomas piscou depressa, e qualquer indício de que seus olhos estavam marejados se dissipou antes que eu pudesse ter certeza. Ele pigarreou. "Jamais vou lhe dizer quem escolher ou qual caminho tomar. Mas peço que me diga apenas uma coisa. Você sente algo por ele?"

"Eu..." Meu coração martelava contra minhas costelas. Eu queria gritar que aquela pergunta era absurda, mas por algum motivo as palavras falharam em escapar de meus lábios. Thomas conseguia detectar uma mentira com a facilidade que alguém identificaria o sol no horizonte. E eu não tinha intenção alguma de mentir para ele. A verdade era complicada e confusa, mas ele merecia saber de cada dúvida que rondava minhas entranhas. "E-Eu não tenho certeza do que sinto."

Thomas esfregou o rosto. Eu me aproximei, odiando a mim mesma por sentir aquele conflito interno, e segurei suas mãos em uma tentativa de confortá-lo, de subjugar seus medos, mas qualquer coisa que dissesse naquele instante pareceria uma mentira.

A verdade que eu não queria enfrentar era simples. De algum modo — jamais chamaria de amor, era cedo demais —, mas de algum modo eu tinha percebido que meu coração era capaz de *se interessar* por outra pessoa. Eu podia negar, fingir o contrário, mas estava começando a sentir alguma coisa por Mefistófeles. Era como um botão de flor, pequeno e frágil. Se recebesse cuidado e atenção por tempo suficiente, poderia desabrochar e se tornar algo belo. Eu não sabia o impacto daquilo em Thomas e em mim. Ele merecia alguém que o amasse por inteiro, sem ressalvas.

Nenhum de nós já tinha formalmente cortejado alguém. O que sabíamos sobre nós mesmos ou relacionamentos, quanto mais sobre casamento? Eu não podia, em sã consciência, libertá-lo de suas dúvidas quando as minhas não sumiriam com bons argumentos. Talvez tudo não passasse de um lapso em meu discernimento — uma reação com base no medo, ou que indicasse que ainda não estava pronta para um grande compromisso. Ao menos não até que eu extinguisse minhas dúvidas.

"Thomas... Eu..."

"Por favor. Não diga nada." Ele ergueu a mão. "Eu nunca..." Thomas balançou a cabeça. "De que adiantaram minhas bravatas e minha habilidade de interpretar situações sendo que nunca entendi o que você viu em mim?"

"Thomas, não pense que... Eu amo você, é só que..."

"Se deseja ir, jamais vou obrigá-la a ficar. Nem sempre digo ou faço o que é mais apropriado, mas sei que amo você o suficiente para deixá-la ir."

Eu estava prestes a dizer que não queria ser livre, mas teria sido uma mentira. Ansiei por liberdade minha vida toda — liberdade para escolher cada detalhe de minha vida. Fazer decisões boas e péssimas. Decisões que partiriam meu coração e outras que colariam seus pedaços. Eu só não fazia ideia de que decidir era tão difícil, ou que me magoaria tanto. Uma lágrima escorreu por meu rosto.

"Eu amo você, Wadsworth. Não importa o que você escolher, ou quem, sempre a amarei." Ele se inclinou e beijou minha bochecha. "Se me der licença, preciso tentar decifrar o mistério das cartas de baralho."

Thomas se virou e caminhou rapidamente pelo corredor. A rajada cortante de vento que me atingiu quando ele abriu a porta me despertou do entorpecimento. Toda a força que tinha se esvaiu, e meus joelhos cederam. Apoiei a cabeça nos braços e chorei até soluçar, sem me importar em disfarçar o rumor de meu desespero. Minha vida estava em frangalhos. Liza enfrentava um perigo mortal. Thomas estava com o coração partido. Um assassino transformara o navio em um parque de diversões letal. E eu estava transida de turbulência, muito mais do que o oceano pelo qual viajávamos.

Chorei mais um pouco, permitindo que as lágrimas escorressem livremente pelo rosto e pingassem no chão. Eu sentia como se algo no peito tivesse se rachado para sempre. Cerrei os punhos até que a dor tomasse todos meus pensamentos. Então me levantei, tirei a poeira do corpete do vestido e respirei fundo para me acalmar. Liza tinha desaparecida. Um assassino estava me ameaçando. Era uma escolha dolorida, mas não podia pensar em Thomas e em nossa relação naquele momento.

Sem querer desperdiçar mais um segundo que fosse paralisada por minhas emoções, saí para o deque da primeira classe e atravessei depressa as sombras do convés, no lado estibordo do navio.

O vento uivava; o som me fazia pensar em alguém que havia perdido tudo no jogo de cartas. Segurei meu chapéu com firmeza, mantendo o rosto virado contra o vento. O inverno nos lembrava de que, naquele navio, tínhamos coisas mais assustadoras do que homens traçando planos e garotas com corações partidos com as quais nos preocupar.

Desisti de andar rapidamente e corri, concentrada no ritmo constante de meus pés, nas batidas de meu coração e no medo que esticava suas garras e me dava calafrios. Eu precisava me apressar — e vasculhar o navio até encontrar minha prima...

Uma movimentação próxima à proa chamou minha atenção e me detive do lado de fora de minha cabine, apurando os ouvidos para sinais de confronto. Visões de corpos sendo atirados no oceano faminto me ocorreram. Mirei as sombras, esperando que a escuridão piscasse para mim, transformando todos meus temores em realidade. O som das velas estalando ao vento me fez erguer o olhar, e cambaleei para trás. Um homem estava de pé na balaustrada fria, com seu fraque fustigando atrás dele. Bastava um escorregão para ser engolido pelas águas implacáveis.

A luz da lua permeou as nuvens, e pude vislumbrar quem era o rapaz. Seu olhar estava fixo no precipício do oceano e, sem pensar, corri até ele.

Eu não sabia dizer se meu objetivo era salvá-lo ou fazê-lo responder pelo crime de ter confundido meu coração. Apenas corri até que meus braços estavam ao redor dele. Nós despencamos no convés, e o ar sibilou quando eu o lancei de encontro ao chão.

37. DESMASCARADO

Convés da primeira classe
RMS *Etruria*
8 de janeiro de 1889

efistófeles rolou para se afastar de mim, apertando a barriga e gemendo. "Acho que você quebrou uma de minhas costelas. Isso era mesmo necessário? Da próxima vez que decidir se jogar em cima de mim, que seja em um de nossos dormitórios."

Eu me levantei, arrastando o mestre de cerimônias comigo. Agarrei o colarinho de sua camisa, e ele se engasgou, as mãos tentando afrouxar o aperto de meus dedos. Eu não me importava de estrangulá-lo. "Perdeu o juízo? Você quase caiu no mar!"

"Não." Ele caiu de joelhos, ofegando, mas manteve os olhos fixos no deque, recusando-se a me encarar. "Estou muito são. E estava apenas verificando uma coisa."

"Pretende me dizer o quê?"

"Não pretendo." Ele se levantou e estreitou os olhos. "Você chorou?"

Dei um passo para trás. "Liza foi..." Minha voz falhou e quase me descontrolei novamente.

"Liza foi... buscar algo para beber? Tricotar meias infantis? Estrangular Houdini com as correntes dele, ou melhor, as algemas?" Ele esfregou meus braços, e sua voz suavizou. "Conte-me. Liza foi..."

Enxuguei as lágrimas que tinham escapado. "Levada."

"O que quer dizer com 'levada'? Houdini fez alguma coisa com ela?" Ele olhou o convés e aprumou os ombros como se fosse para a batalha naquele mesmo instante.

Estremeci, sem saber se ainda era por causa do ar glacial. O próprio Houdini era talentoso com as cartas. Ele podia muito bem ter levado Liza e a torturado por causa da briga que tiveram. Talvez ele estivesse fingindo na cabine dele; eu não acreditava em ninguém naquela embarcação amaldiçoada. "Alguém enviou um dedo dela para meus aposentos."

Mefistófeles me encarou por um momento, então soltou uma porção de palavrões, nem todos em inglês. Se não estivesse tão abalada, teria me impressionado. Ele friccionou as mãos nos olhos, depois baixou os braços. "Muito bem. Vamos começar do início. Como sabe que é o dedo de Liza?"

"E isso vai me ajudar como?" Joguei as mãos para cima. "Não interessa se o dedo pertence a ela *de verdade* ou não, isso não vem ao caso. O problema é que alguém que matou várias pessoas a bordo deste navio a raptou."

O mestre de cerimônias me envolveu em seus braços. Fiquei tão perplexa que não protestei. "Aconteceu mais alguma coisa, não foi? Por que mais estava chorando?"

Descansei a cabeça em seu peito, escutando as batidas rápidas de seu coração antes de recuar. "Eu nem sei quem você realmente é, e mesmo assim você deseja ver meus pensamentos mais íntimos expostos."

"Está bem. Quer conhecer meu verdadeiro eu?" Mefistófeles deu um suspiro, esticou a mão e — rápido o bastante para evitar mudar de ideia — tirou a máscara. Fiquei imobilizada, praticamente boquiaberta ao refrear um arquejo. Depois de tanto tempo e de tanta insistência em preservar seu anonimato, ele havia jogado tudo para o alto. Seus olhos escuros eram contornados por cílios ainda mais escuros, com as sobrancelhas generosas e destemidas como ele. Mechas de cabelo preto formavam ondas na testa e ao redor das orelhas.

Examinei seu rosto, buscando alguma centelha de reconhecimento. Eu teria jurado que nos conhecíamos de outra vida. Mas era só um rapaz comum e encantador com covinhas nas bochechas. Seria aquela sua verdadeira face, ou era apenas outra máscara que usava a seu favor? As palavras que tinha dito antes, sobre não se dar ao luxo de confiar em pessoas, voltaram para me assombrar como espectros.

"Você é o assassino dessas garotas, não é?"

"Não era bem a reação que eu esperava, srta. Wadsworth." Mefistófeles recuou, balançando a cabeça. "Mas acredito que isso é o que deixa as coisas interessantes." Ele correu os dedos pelos cabelos, desgrenhando ainda mais os cachos indomáveis. "Mas não. Se está atrás de uma confissão, sinto informar que não vai ouvir uma de mim. Não matei nada nem ninguém. Só alguns mosquitos. E não me arrependo muito disso, sobretudo depois de irem embora empanturrados de sangue, deixando para trás uma coceira horrorosa."

"Francamente..." As palavras sumiram, e notei que estávamos próximos um do outro mais uma vez. Minha atenção foi para seus lábios voltados para cima, e o anseio em seu olhar me desarmou por inteiro. "Eu..."

Ele se inclinou e gentilmente me beijou, o toque de seus lábios contra os meus uma surpresa, mas não desagradável. Por um instante, não pensei em todas as coisas horrendas que tinham acontecido na última hora, me concentrando apenas em seus lábios, que se abriam devagar. Mefistófeles me puxou para perto, e suas mãos seguraram o tecido de meu vestido como se ele tentasse se convencer de que eu não era uma ilusão. Pensei em passar os dedos por seus cachos, tão adoráveis, mas então... um vislumbre do rosto de Thomas me fez recobrar os sentidos, e me afastei. "Você prometeu que não ia me beijar!"

"Você está parcialmente certa", respondeu ele, com a respiração pesada e mostrando as palmas das mãos em rendição. "Eu disse que não o faria desde que você não aparentasse desejar o contrário. Mas, às vezes, o jeito como olha para mim... Eu não devia ter feito isso, srta. Wadsworth. Avisei desde o início que não sou um homem honrado ou bom."

"Mentiroso. Tratante. Ladrão." Encarei meus sapatos. "Quem você é de verdade, Mefistófeles?" Ele abriu a boca, e eu o silenciei com um gesto. "Nada de jogos. Diga-me quem você é e por que eu deveria acreditar em mais uma palavra que sai de sua boca."

Ele se curvou um pouco, mantendo as mãos estendidas para que eu pudesse vê-las, e suspirou. "Meu nome é Ayden Samir Baxter Thorne. Meu pai é um conde, e minha mãe, um anjo da Constantinopla. Como dá para ver com base em minha aparência fabulosa."

Quando não sorri de volta, ele baixou as mãos.

"Sou o segundo filho, o herdeiro colateral. Ou ficava na Inglaterra e gastava dinheiro levianamente, ou desistia de tudo e ia atrás de meus sonhos. Por mais licenciosos e abaixo de minha posição social que fossem. Não preciso dizer qual caminho escolhi. Coloquei em prática minhas habilidades em engenharia e o fervor pela arte dramática, e assim nasceu o Festival Enluarado. Um porto seguro, um santuário, para outros malquistos. Pessoas que passaram por bocados muito piores do que os meus."

Alguma coisa em seu nome chamou minha atenção... até que me recordei das cartas nos aposentos de Houdini. *"Vincere Vel Mori."*

"'Conquistar ou morrer.' O lema de nossa família há gerações. Meu trisavô, ou tetravô, não sei ao certo, mas um de meus ancestrais recebeu o título de cavaleiro pelo rei Ricardo Coração de Leão. É de onde vêm o brasão e o lema, embora hoje em dia não conquistemos nada além de corações e vitórias em jogos de cartas." Os olhos de Mefistófeles ficaram saudosos, mas se recompôs. "Parece que você é melhor na arte da investigação do que pensei."

Calafrios irromperam em minha pele como mortos-vivos saindo dos túmulos. Mostrei a carta que Houdini me dera, observando a expressão do mestre de cerimônias. "Seus cartões de visita, creio eu. Um método um tanto grosseiro, mas sem dúvida espalhafatoso, de deixar sua assinatura nas cenas do crime."

Mefistófeles pareceu mais confuso do que culpado. "Essas cartas, minha querida, podem ter sido deixadas nas cenas do crime. Mas não fiz nada. Elas foram roubadas na época em que meu anel de sinete desapareceu." Ele ergueu as sobrancelhas. "Por falar em relíquias de família inestimáveis, onde está meu anel? Ainda com Cresswell?"

"Está em um lugar seguro até eu distinguir a verdade das mentiras." Virei a carta, ignorando a pontada de culpa que senti. "Existe algo de especial nessas cartas? Alguma coisa que possa conter uma pista ou significado oculto? Não importa quão vago seja, qualquer coisa pode ajudar."

"Vamos ver." Ele pegou a carta. "Está vendo isso?" Aquiesci. Os pequenos floreios eram graciosos, mas pelo modo como os lábios do mestre de cerimônias se retorciam, tinham também um significado. "É um símbolo do infinito."

363

"O que um duplo infinito significa?"

"Ah, alguma bobagem romântica sobre dois destinos estarem para sempre atados." Ele deu de ombros. Contudo, ao ver minha expressão, a leveza deixou sua voz. "O que houve?"

"Acho que... Acho que isso pode ter algum significado para o assassino. Como tudo se encaixa?" Apanhei a carta de volta e a girei, de novo e de novo, enquanto pensamentos fragmentados lentamente se costuraram. "Nobreza. Um médico. Um juiz de paz. O que há em comum? Dois destinos para sempre atados. Cada carta de baralho possui um símbolo do infinito, e cada carta de tarô um significado mais profundo." Andei em círculos perto da balaustrada, ignorando os golpes das ondas contra o casco. "Ás de Espadas. O Ás de Espadas e o Sete de Espadas invertido. O que eles têm em comum, dois destinos, duas histórias, se tornando uma só?"

"Acho que precisa se sentar um pouco", sugeriu Mefistófeles, sem o tom zombeteiro de sempre. "Toda essa conversa sobre romance foi demais." Ele colocou a mão na testa, o rosto sério. "Eu sinto o mesmo."

"Na cartomancia, o que o Ás de Espadas significa?"

Mefistófeles me olhou, pensativo, parecendo acreditar que eu era tão desequilibrada quanto o assassino. "Pelo que me lembro de cabeça, significa azar ou um fim difícil. Tem certeza de que está se sentindo bem?"

Houdini tinha dito a mesma coisa. Afastei sua preocupação com um gesto, sabendo que estava no caminho certo. Ainda assim, a descoberta parecia ligeiramente fora de alcance.

"Lady Crenshaw foi o agente catalisador. Ela desencadeou tudo." Dei um tapinha na carta. "Seis de Ouros. Houdini disse que representa discussões. Lorde e lady Crenshaw brigaram sobre algo, uma moça bonita. As cartas deixadas estão nos contando exatamente qual o pecado cometido pela vítima. O tarô revela o destino ao qual estavam fadadas por suas ações."

Mefistófeles esfregou o rosto. "Isso parece um exagero. E se estou dizendo isso, pode ter certeza de que está indo longe demais. Se tiveram alguma briga de casal, por que a carta foi deixada com a filha deles?"

"Não é sobre o romance em si", respondi, com súbita certeza. "Sempre foi sobre vingança." Virei a carta e tracei o contorno duplo do símbolo do infinito. "Dois caminhos. Dois tipos diferentes de cartas. Dois destinos. Uma volta infinita e duradoura na busca por justiça."

"E quem seria o assassino, então?"

Pensei em Jian e em seu temperamento difícil — Andreas mencionara que toda a família dele havia sido morta. Eu não tinha conseguido arrancar os detalhes do crime de nenhum dos dois. Havia também Cassie e Sebastián, e as pessoas para as quais eles deviam dinheiro. Será que os Arden, os Crenshaw e os Prescott eram essas pessoas? Teriam eles encontrado uma maneira de extorquir os artistas, que se viram prestes a perder tudo? Eu também não podia cortar Anishaa e Andreas da lista de suspeitos — ambos tinham razões para buscar vingança e sabiam os significados das cartas. Mas, com base nas informações que eu coletara, quase todos os artistas tinham conhecimento básico em tarô. Eu mesma fora instruída a aprender e praticar com as cartas de tarô e de baralho. Harry Houdini não parecia um criminoso, mas, por outro lado, os assassinos que eu conhecera até então também não.

E havia o mestre de cerimônias, aquele que criara um festival inteiro que se escondia atrás de máscaras novas toda noite. O rapaz que tinha me ensinado tudo sobre truques e ilusões — e que jamais seria digno de confiança para revelar as cartas que estavam em sua manga.

Olhei para a lua prateada, que mais parecia uma foice prestes a nos ceifar do que qualquer outra coisa, e tudo que vi foi o presságio de tragédias que viriam a acontecer.

"Esta é a última noite", eu disse, por fim, voltando a encarar o mestre de cerimônias. Ele podia estar sem a máscara, mas aquilo, assim como a calmaria repentina do oceano, não iria durar. Pensei no dedo de Liza dentro da caixa de veludo. Fechei os olhos com força, depois os abri. Nuvens se alinhavam no céu. Uma tempestade rebentaria pela manhã, mas eu esperava ter minha prima de volta até lá. "Mais um espetáculo."

Como eu gostaria que tivéssemos apenas um suspeito antes do ato final.

Hanging from his ankles from the cornice of a building, the escape king strips off a straitjacket while crowds below cheer him on. From HOUDINI by William L. Gresham. Holt. (This picture is from file of Brown Brothers for use with reviews only.)

Harry Houdini.

38. ATO FINAL

Aposentos do capitão
RMS *Etruria*
8 de janeiro de 1889

 capitão Norwood se remexeu em sua poltrona de couro estofada, fitando teimosamente um copo apoiado na escrivaninha de mogno, cheio até a metade de um líquido âmbar. O sol já despontava, mas a barba por fazer indicava que ele ainda não havia se deitado.

"O magistrado-chefe Prescott não tem notícias do dr. Arden há dias. Ele mencionou algo sobre ambos terem discutido a respeito de apresentar certas... informações que receberam, então disse ao imediato que entrasse nos aposentos do doutor." Norwood tomou um gole e estremeceu. "Não havia sangue, mas o dormitório estava uma bagunça. Não acho que a história dele vai acabar bem. Ainda mais depois daquele bilhete."

Ao ver minha expressão confusa, meu tio avançou até onde eu estava e me entregou um papel amassado. Reconheci a letra; era a mesma do bilhete que eu tinha recebido sobre Liza. Meu coração palpitou.

Caro dr. Arden,

Tenho uma charada que não consigo resolver.
Talvez você saiba fazer contas melhor do que eu.

Um lorde desprezível, um magistrado-chefe
corrupto e um médico covarde...

O resultado é uma vida inocente roubada.
Qual dos três carrega a maior parcela
de culpa?

Para cada noite que este bilhete for ignorado,
mais uma vida será perdida. Escolha o altruísmo
e eu terei a piedade que você não merece. Escolha
o egoísmo e verá minha ira.

P.S.: Se mostrar este bilhete a alguém,
alimentarei os leões com seus membros.

Engoli o nó que surgiu em minha garganta e entreguei o bilhete a Thomas em um gesto contido, sentindo meu estômago se revirar. O carimbo de expedição datava do dia 1º de janeiro, quando havíamos zarpado. Se o dr. Arden tivesse mostrado o bilhete ao capitão, talvez pudesse ter garantido a segurança dos passageiros antes que vidas fossem perdidas.

Suspirei. "Se" e "talvez" não iriam ajudar em nada. No entanto, se o sr. Prescott e o dr. Arden estavam discutindo sobre o bilhete no dia seguinte à morte da srta. Prescott, provavelmente estavam assustados demais para dizer mais alguma coisa, com medo de que o assassino cumprisse promessa. O que acabou acontecendo mesmo.

"É bem possível, pela ameaça no bilhete, que o braço decepado seja dele." Meu tio foi até a escotilha e observou os veios espessos de água que escorriam freneticamente pelo vidro. A tempestade havia caído antes do raiar do sol, e o que restava de nossa jornada não seria fácil. "É um braço masculino, com uma aliança de casamento. Mas, sem um corpo, tudo é conjectura. Ele pode muito bem estar enfurnado em outra cabine. Já entrou em contato com a esposa dele?"

Norwood mexeu o copo de bebida. "Ele era viúvo."

Recostados na parede, Thomas e eu trocamos olhares, deixando nossos problemas da noite anterior de lado em nome do trabalho. Nosso dever era estar ali, mas meu tio queria que ficássemos em silêncio enquanto sondávamos o capitão. Todos eram suspeitos àquela altura.

Uma pancada forte à porta finalmente fez o capitão levantar o olhar. "Sim?"

Um homem magro, de uniforme, entrou no cômodo e prontamente tirou o chapéu, assentindo para nós antes de se dirigir ao capitão. "Verificamos todos os artistas e seus baús e não encontramos nada fora do normal, capitão. Parece que está tudo pronto para o espetáculo."

A boca de Thomas formou uma linha fina. Ele não precisava dizer em voz alta, mas era impossível que a tripulação soubesse o que poderia ou não ser uma arma do crime. Os artistas tinham espadas e adagas e cordas e algemas e incontáveis outras excentricidades que poderiam ser usadas.

Meu tio olhou para mim e Thomas, então voltou a atenção para o capitão, torcendo as pontas do bigode de um jeito que deixou meus nervos à flor da pele. "Com todo o respeito, o senhor deve cancelar o ato final. Não há dúvida de que algo terrível acontecerá."

Norwood esvaziou o copo. A chuva golpeava a lateral do navio, parecendo granizo. "Sinto dizer que não dá para ficar pior do que isso, dr. Wadsworth."

Senti um formigamento na espinha. Eu sabia que nem todos os argumentos do mundo seriam capazes de fazer o capitão mudar de ideia. Desejava poder concordar com ele, mas sabia que o ato final seria o espetáculo pelo qual o assassino tinha esperado tanto, seu encerramento triunfal de vingança.

Naquela noite, o palco refletia o sentimento generalizado do navio — as cortinas escuras sobrepostas por um cendal cinza e esfarrapado, que me faziam pensar em sepulturas apodrecidas. As rosas, pintadas de preto, pareciam um mau agouro e no limiar da decomposição.

Os passageiros estavam sentados tão silenciosamente nas mesas que poderiam muito bem ser cadáveres em um túmulo. Ninguém tocou na comida, apesar de ela parecer uma obra de arte comestível: as garras de lagosta se esticavam para alcançar os céus, e os filés tinham sido fatiados com perfeição.

Empurrei as ervilhas pelo prato, também sem apetite. Era a última noite de nossa viagem desastrosa, e todos pareciam sentados em alfinetes, aguardando a celebração derradeira ou um funeral. De certa forma, seria outro tipo de morte, uma que determinaria o destino do Festival Enluarado. Mefistófeles estava determinado a torná-lo inesquecível, mas eu não conseguia me livrar da sensação de que o assassino tinha o mesmo plano. Aquele era o momento que estivera esperando — a grande revelação. Ele tinha planejado sua vingança cuidadosamente, e eu temia que nada iria impedi-lo de executá-la. Rezei para que Liza estivesse bem, para que não fosse a estrela do espetáculo.

Senti o olhar de Thomas recair sobre mim, calculista e metódico. Ele não fizera tentativas de continuar a conversa da noite anterior, o que tanto me aliviava quanto me preocupava.

"Você está bem, Wadsworth?"

"É claro." Eu me virei para ele, então voltei a encarar as portas. Os médicos da peste entrariam a qualquer momento. Logo depois, seria minha vez de subir ao palco. Uma voluntária de sorte, escolhida para enfrentar o espelho mágico de Andreas e as adagas de Jian. Parecia que meus treinos sem sentido seriam úteis, no fim das contas.

"Você não está planejando fazer nada escandaloso sem mim, não é?", ele quis saber, falando com a voz baixa o suficiente para que a sra. Harvey não o ouvisse. Meu tio tinha se retirado para conduzir a busca por Liza, e eu me esforçara muito para não abandonar o ato final e ir atrás dele. "Seria injusto, sabe. Sou muito bom com improvisos, ainda mais depois de um pouco de vinho."

Ele ergueu a taça de vinho branco, e um sorriso torto brotou em seu rosto. A suspeita, contudo, permanecia em seu olhar; ele não iria acreditar na próxima mentira que eu dissesse, por melhor que a contasse. A tensão de nossa conversa à meia-noite ainda nos rondava, e provavelmente continuaria assim até que conseguíssemos conversar. Mas eu não estava convencida de que alguma coisa iria mudar — talvez não fosse feita para a vida de casada. Talvez sempre fosse buscar a liberdade de qualquer gaiola aparente, real ou imaginária, mesmo que Thomas me garantisse o contrário. Ele merecia alguém capaz de banir quaisquer dúvidas. Talvez eu e ele estivéssemos destinados a ser apenas companheiros de trabalho.

Suspirei. "Vou participar do ato final, e *não*", sussurrei quando seu rosto começou a se iluminar, "você não pode ser meu assistente. Não interferi quando você se voluntariou para ser serrado ao meio."

Ele recuou como se tivesse sido estapeado. "É isso que tem feito à noite com Mefistófeles?"

"Thomas", alertei. Ele pareceu tão esperançoso, mas a memória fugaz do beijo com o mestre de cerimônias me lembrou de quão cansada eu estava de contar mentiras. Eu não tinha dado o primeiro passo, e o beijo durara apenas um instante, mas tinha acontecido. Eu não diria a ele que treinar para o ato final era tudo que estávamos fazendo quando a verdade não era bem aquela.

Thomas engoliu em seco e olhou para o prato. Pelo visto, ele também tinha perdido o apetite.

Um quarteto de cordas adentrou o salão, com violinos e violas tocando uma música suave e ameaçadora. Dois violoncelistas, sentados com seus instrumentos na beirada do palco, foram subitamente iluminados por holofotes. Suas máscaras cintilaram na luz azulada que se derramava sobre eles.

"Ah. O Sexteto de Cordas nº 1 em Si Bemol Maior de Brahms." Thomas fechou os olhos, embriagando-se da música belamente tocada pelos instrumentos de corda. "O Opus 18 é um de meus favoritos. E uma excelente escolha para o ato final. Começa devagar, então, escute só... A melodia anda mais depressa, fica mais frenética, seguindo em um crescendo, e então", ele se recostou na cadeira, "e então volta a ser uma advertência suave. O perigo se avizinha."

"Sim, bem", comecei a dizer, mas me detive quando as portas foram abertas em um rompante e figuras macabras e bizarras entraram no salão de jantar. Passageiros ofegaram de todos os cantos quando a procissão silenciosa de médicos da peste avançou. As máscaras brancas, que pareciam bicos de pássaros, tornavam-se ainda mais perturbadoras com a música de fundo dos violoncelos e violinos.

Em um movimento ensaiado com primor, todos pararam no espaço entre as mesas, rodopiaram e começaram a valsar, segurando capas pretas e lustrosas com um dos braços. Pareciam pássaros cujas asas tinham sido quebradas. O perfume das ervas aromáticas dentro dos bicos pairou pelo salão. Mefistófeles prezara pela autenticidade, e nenhum detalhe tinha ficado de fora. Torci para que não precisássemos das ervas para disfarçar o odor da morte.

A música ficou mais sinistra, com notas mais melancólicas e graves. Senti os pelos de meu braço se eriçarem.

"Sexteto de Cordas nº 2", murmurou Thomas, franzindo o cenho. "Mais uma escolha apropriada. Embora pareça..."

Mefistófeles quase subiu ao palco em uma explosão. Ele surgiu por detrás de uma parede de onde saíram fogos de artifício, com o fulgor branco que emanava deles indo até o teto e pairando lá por vários instantes. Fumaça flutuava acima dele, enrodilhando-se antes de desaparecer. O salão passou a feder a enxofre.

"Senhoras. Senhores." Ele abriu os braços, e em vez de apenas imitar asas, seu manto de fato tinha penas pretas costuradas nele, tão escuras e sombrias que pareciam quase iridescentes. "Sejam bem-vindos ao ato final. Prometo-lhes magia, travessuras e caos. E esta..." Ele deu uma volta ampla, e as luzes piscaram e iluminaram diferentes apresentações já montadas no palco. "Esta noite é dedicada ao caos. Preparem-se para serem levados ao espaço que transita entre sonhos e pesadelos. Sejam bem-vindos à última noite do Festival Enluarado."

Resplandecente em seu traje de dragão, Anishaa pisou em um dos círculos de luz no palco. As escamas peroladas, do tom de lavanda, quase fulguraram quando ela cuspiu grandes labaredas de fogo. O público mais à frente gritou, arrastando as cadeiras para trás em uma tentativa de evitar queimaduras.

Mais um facho de luz se acendeu, radiante, atraindo a atenção da plateia para cima. Cassie atravessou o salão como uma estrela cadente, oscilando de um trapézio para o outro. Palhaços fazendo malabarismos com bolas coloridas saltavam para lá e para cá, fazendo caretas. Uma mulher cheia de tatuagens, segurando uma cobra imensa, pavoneou-se pelo local; o réptil sibilava para qualquer um que olhasse por tempo demais. Assim que todos se instalassem em seus devidos lugares, seria minha vez. Segurei meu guardanapo com força sob a mesa, controlando minha respiração.

Por fim, Andreas e Jian surgiram, carregando Houdini de cabeça para baixo em um cadafalso de madeira. Ele vestia uma camisa de força, e seu corpo estava envolvido por correntes. Eu não tinha visto Houdini praticar aquele truque e imaginava que era mais um segredo que o mestre de cerimônias tinha guardado consigo.

Assim que Houdini foi pendurado como um peixe que se estrebuchava depois de ser fisgado, Mefistófeles bateu o pé três vezes, e os artistas no palco foram iluminados por anéis de fogo. Era a hora. Mordi o lábio, observando cada artista à procura de pistas de quem poderia estar planejando um assassinato ali mesmo. Todos pareciam suspeitos. E praticamente todos tinham um motivo. Minha pulsação disparou. A qualquer momento...

"Precisaremos de um voluntário da plateia esta noite." Mefistófeles percorreu o palco, de uma extremidade à outra, protegendo os olhos com uma de suas mãos enluvadas contra as chamas e as luzes ofuscantes. "Quem se arrisca a enfrentar as facas impetuosas de nosso cavaleiro? Quem terá coragem de olhar no espelho mágico da Baviera e desvendar o próprio futuro?"

O salão inteiro pareceu prender a respiração; ninguém se moveu, com receio de ser convocado para subir no palco. A compreensão me acometeu. Ali estava outro motivo para Mefistófeles ter me convidado a participar do ato final — ele temia que aquilo acontecesse. Depois do primeiro assassinato, tinha adquirido um pequeno seguro para seu festival. O espetáculo não podia parar, e ele teria a participação da plateia mesmo que não passasse de ilusão.

Eu me levantei devagar, e meu vestido de noite com listras vermelhas e pretas subitamente pareceu dois números menor.

"Espere, Audrey Rose", a voz de Thomas saiu baixa e urgente. "Não vá. Tem algo de errado... Onde está o contorcionista?"

Apontei para o teto; Cassie se pendurava de um trapézio para o outro, e Sebastián esperava a deixa para se juntar a ela pelos ares.

"Você!" Mefistófeles saltou do palco, e as asas de seu manto se abriram de forma intimidadora. Os passageiros na mesa mais próxima se levantaram em um pulo e correram para as portas, desviando dos médicos da peste que continuavam a valsar as mesmas duas canções tocadas repetidamente. Pelo visto, os trajes eram assustadores demais, e o movimento brusco do mestre de cerimônias não ajudava a acalmar os ânimos. "Venha, bela dama", ele me ofereceu um braço, "vejamos o que o destino reserva para você nesta noite."

Apertei o ombro de Thomas com suavidade e aceitei o convite do mestre de cerimônias. Quando subimos ao palco, aguardando o alvo de madeira ser levado até lá, compreendi a gravidade da noite. Alguém estava prestes a morrer, ou um cadáver estava para ser revelado. Eu tinha quase certeza disso. Nenhum daqueles cenários era bem-vindo, principalmente se minha prima fosse ferida.

Ou se esse "alguém" acabasse sendo eu.

Enxuguei as mãos na parte frontal de meu corpete. As luzes do palco eram mais quentes do que eu imaginara. Ou talvez estar diante da plateia — que estava em um número bem mais reduzido do que no começo da semana — fosse mais aflitivo do que eu tinha pensado.

Olhei de relance para as facas de Jian — que cintilavam toda vez que ele as girava —, então para Anishaa, que cuspia fogo, e para Houdini, já quase liberto das correntes. Ele iria escapar das novas amarras e criar mais uma história lendária sobre ele. Andreas, com o traje de médico da peste, estava em frente ao espelho como se protegesse o futuro. Tudo que eu precisava fazer para o verdadeiro ato final começar era marchar até o alvo. Eu só torcia para que a marcha não fosse fúnebre.

"Senhoras e senhores", anunciou Mefistófeles, "que o caos... *comece!*"

Fogos de artifício estouraram nos cantos do salão como fontes de água gaseificada. Não foi a melhor das ideias já que todos estavam por demais assustadiços. Uma mulher desabou sobre a mesa, esmagando a lagosta e o molho em seu busto. Um homem recuou com tanto ímpeto que caiu. Os médicos da peste mais próximos os auxiliaram, o que provavelmente foi ainda mais assustador do que o estrondo.

Mesmo em meio ao público inquieto, Thomas chamava minha atenção, como sempre conseguia fazer. Suas sobrancelhas estavam franzidas, e seu olhar atento, cravado em algo atrás de mim. Eu me virei um pouco para observar, mas só vi o espelho. Ninguém estava à espreita atrás. Nenhum corpo pendurado, ou em chamas, ou submerso. Tudo estava no lugar, só parecia que o mestre de cerimônias tinha convencido Andreas a limpá-lo um pouco.

"Srta. Wadsworth?", sussurrou Mefistófeles. "Está na hora."

Respirei fundo e contornei os círculos de fogo até parar bem diante do alvo de Jian. A silhueta de uma mulher fora pintada nele, permitindo que o público tivesse uma pista do que estava por vir. Procurei a venda de olhos, mas Jian balançou a cabeça. "Hoje não. Aqui." Ele me entregou uma maçã, e seu sorriso irônico se transformou quase em respeito quando a peguei sem hesitar. "Coloque-a sobre a cabeça. E não. Se. Mova."

Engoli em seco, os olhos dardejando pelo salão em busca de apoio. Um aceno de encorajamento. Eu precisava de meu melhor amigo. Só que não via Thomas em lugar algum. "Eu..."

"Srta. Wadsworth", disse Mefistófeles, segurando minha mão e dando um aperto de incentivo, "seja valente."

Em um transe, andei lentamente até o alvo. Meus pensamentos corriam mais depressa que os artistas em pernas de pau prateadas que tinham acabado de adentrar o salão, girando xícaras de chá sobre varetas. Se Thomas tinha saído...

Fui até o alvo e coloquei a maçã vermelha da cor de sangue no topo da cabeça, sem pensar muito em minha segurança. Liza. Ele tinha que ter feito alguma descoberta sobre ela. Ou estava tão aborrecido que não conseguia ficar ali sentado e me ver no palco? Talvez achasse que Mefistófeles e eu tínhamos ensaiado um ato só nosso, e o pensamento o desgostou.

Jian ladrava ordens para a plateia, mas eu só sentia a quentura das luzes, ouvia o crepitar das chamas abafando as notas do Sexteto, que partia para a próxima melodia, e a cacofonia que zumbia em meus ouvidos e meu peito. Uma gota de suor escorreu entre minhas omoplatas. Havia algo errado.

Encarei vagamente o colete de Jian — uma escolha um tanto incomum para o Festival Enluarado. Uma floresta encantada, típica de um conto de fadas, com trepadeiras, árvores e constelações, fora bordada no tecido. Eu já tinha visto aquele recamado antes...

Uma faca cortou o ar, aterrissando perto de minha orelha. Outra veio na sequência, veloz, afundando na madeira do lado oposto. Meus batimentos cardíacos estavam ferozes. Algo tinha passado despercebido para mim. Algo que tinha chamado a atenção de Thomas. Minha maquiagem parecia derreter com as luzes ardentes. Mais uma faca perfurou o alvo, perto de meu crânio. Thomas estivera observando o espelho, mas Andreas não poderia ser a pessoa que havia raptado minha prima e decepado seu dedo. Ele estava bem ali, fazendo truques de cartas com Houdini, que já tinha se libertado.

Polpa de maçã espirrou em mim, e o suco pegajoso e doce grudou em meu rosto e pescoço. O público se levantou em um arroubo e aplaudiu. O cavaleiro tinha impressionado a todos com suas adagas mais uma vez. Eu, contudo, não conseguia me concentrar no presente. Andreas tirou a máscara de médico da peste e bebeu um gole rápido de água. Jian fez uma mesura cautelosa, os olhos cravados nos meus. Cassie sorriu lá do alto, e sua máscara reluziu como uma lâmina. Senti a boca seca quando olhei para Anishaa, que balançava cordas de fogo, atirando-as perigosamente perto de onde eu estava. Todos eles eram belos e mortais. E talvez todos fossem culpados.

Atravessei o palco, cambaleante e com as pistas rodopiando em minha cabeça como corvos rodeavam uma carcaça, quando um braço envolveu meus ombros e me puxou para perto.

"Está tudo bem, srta. Wadsworth?", perguntou Mefistófeles. "Se não sorrir e fizer uma pequena mesura, vai assustar o público."

Fui concordar quando, por fim, entendi tudo. "O tecido roubado..."

"Agora não", disse Mefistófeles. "Por favor, faça uma reverência e retorne a seu assento."

"Não", sussurrei. "Jian é o assassino. Temos que tirá-lo do palco. Agora."

"O quê?"

"Jian é o assassino!", quase gritei.

Do outro lado do palco, Jian virou a cabeça, girando uma faca em uma das mãos, como alguém faria com uma pistola. "O que você disse?"

Uma fileira de dançarinas de cancã surgiu atrás dele, lançando as pernas para o alto, as saias em tons de vermelho, verde-limão e azul cobalto. Eram os únicos pontos coloridos em uma paleta enluarada. E estavam dificultando a aproximação de Jian. Ele foi cortando caminho entre as dançarinas, fugindo de seus chutes, sem desviar o olhar ao se assomar sobre mim.

"Você tem como provar essa acusação?", ele exigiu saber.

De algum modo, Mefistófeles conseguiu nos esconder atrás das dançarinas e de suas saias volumosas, quase como se tivesse previsto que aquilo iria acontecer e precisasse impedir que a plateia testemunhasse a cena.

"Esse tecido que está vestindo foi roubado há dias", eu disse, indicando o colete com a cabeça. "Acreditamos que o assassino seja o culpado por isso. E aqui está você, exibindo-o para o público. Seu grande ato final vai ser hoje, não é?"

Jian olhou para o colete, piscando como se tivesse acabado de notar sua existência. "Foi um presente."

"Um presente de quem?", perguntei, nem um pouco convencida, embora fosse difícil não ver o lampejo de dor em seus olhos.

Ele deu uma olhadela para Mefistófeles enquanto as dançarinas se retiraram para trás da cortina. "De..."

"Senhoras e senhores", uma voz com um sotaque acentuado reverberou pelo salão de jantar. "Por favor, contemplem nossa mais grandiosa apresentação! Apresento-lhes... o Enforcado!"

Mefistófeles, Jian e eu nos entreolhamos, os rostos contorcidos em máscaras idênticas de horror quando todas as luzes se apagaram de uma só vez.

39. UM ESPETÁCULO ESPETACULAR

Salão de jantar
RMS *Etruria*
8 *de janeiro de* 1889

m holofote iluminou uma curva sombria perto da beirada do palco com um branco-azulado fantasmagórico. Perto do espelho antigo e inconfundível, o dr. Arden balançava lentamente de uma forca. Seus olhos estavam esbugalhados, e a língua, que estava preta, escapava por entre os lábios entreabertos. Metade do braço esquerdo estava faltando. O salão ficou em silêncio, até mesmo os violinos pararam de repente. Eu, por outro lado, só consegui me concentrar em algo ainda pior, e meu sangue gelou com a impossibilidade diante de mim.

Thomas estava vendado, sentado de frente para o espelho e com um garrote no pescoço. Suas mãos estavam atadas atrás dele. O vidente provavelmente o atraíra para o palco — algo que não teria sido difícil, uma vez que Thomas queria muito participar do ato final junto comigo.

"Se alguém se mexer", alertou Andreas, com calma, sua voz ribombando de algum dispositivo mecânico, "este rapaz vai morrer."

Mefistófeles se remexeu a meu lado, mas ergueu uma das mãos, impedindo os outros artistas de fazerem movimentos bruscos. Tornei a olhar para Jian e para as facas que ele ainda segurava. Seu maxilar estava trincado, e ele não desviava os olhos do amigo. Eu não sabia dizer se estava envolvido, mas pela expressão de traição em seu rosto, tive a impressão de que Andreas o tinha presenteado com o colete.

"Você", vociferou Andreas para Anishaa, "apague as chamas devagar." Com os olhos arregalados, a engolidora de fogo buscou a confirmação de Mefistófeles. "Ele não manda mais aqui. Faça o que digo, ou vou matá-lo agora."

Anishaa não hesitou mais e, cambaleando para a frente, apagou o fogo em baldes cheios d'água; o silvo das chamas sendo extintas era o único som que podia ser ouvido no salão. Além dos meus batimentos cardíacos.

"As facas. Largue-as, pelas lâminas, fora do palco. Agora."

Jian obedeceu sem dizer nada, e Andreas, com uma expressão vigilante, foi para trás de Thomas apertar o garrote em seu pescoço. Quis dar um passo na direção deles, mas me obriguei a obedecer ao comando. Eu precisava ficar calma e raciocinar. Daria um jeito de tirar Thomas daquela situação, ou morreria tentando. Não havia outra alternativa.

"Andreas...", eu disse devagar, "por favor, solte o Thomas. Ele não fez nada de errado."

"Srta. Wadsworth, nós estamos prestes a começar a prever o futuro do sr. Cresswell. O destino é quem escolhe o próximo alvo", respondeu o artista. "Algumas pessoas acreditam no espelho mágico. Ele vai mostrar a futura noiva de Thomas, que acredita na beleza do amor verdadeiro e predestinado. Como eu também um dia acreditei."

Tentei manter a voz estável e a situação sob controle. De soslaio, vi a plateia se remexendo de nervosismo em seus assentos. Torci para que o movimento não enfurecesse Andreas. Os nós de seus dedos, enrijecidos, estavam ficando esbranquiçados. "O futuro de Thomas será melhor sem o espelho. Se deixá-lo ir, podemos ajudar você. Tenho certeza de que tem uma boa explicação para tudo. Só precisa libertar Thomas, e então poderemos conversar."

Ele balançou a cabeça uma só vez, um gesto firme e rápido. "Não posso fazer isso, srta. Wadsworth. Thomas quer saber o que o destino lhe reserva, e vou mostrar a ele."

Thomas emitiu um som esganado, e seus dedos buscaram inutilmente as amarras nos pulsos.

"Eu já sei o destino dele", quase supliquei. "Nós vamos viver muito felizes no interior. Ele terá o laboratório dele, e eu o meu. Nós...", pisquei para afastar as lágrimas, furiosa comigo mesma por ter deixado as emoções me consumirem. "Andreas... pare, por favor. E-Eu o amo."

"Não." Ele ergueu uma das mãos. "Você não o merece, estando às voltas com o mestre de cerimônias, renegando o amor dele. O espelho vai mostrar a Thomas um destino diferente, um destino sem mágoas. Insisto que você se sente e assista ao espetáculo."

"Basta disso, Andreas." Mefistófeles parou a meu lado. Vi o pânico em seu rosto, embora sua voz tivesse aquele tom familiar de autoridade. "Baixe o garrote. O capitão e sua trupe estão a caminho. O salão de jantar foi trancado. Não há escapatória. A tripulação está montando guarda do lado de fora. Estavam posicionados ali como precaução."

"Escapatória?", bufou Andreas, apertando ainda mais as amarras de Thomas. Se ele continuasse, Thomas iria morrer. Fechei os punhos. "Nunca cogitei escapar disso, mestre de cerimônias."

Thomas, com os lábios começando a adquirir um tom azulado, fez uma tentativa súbita de se levantar, mas Andreas, com os olhos brilhando como se pudesse enfrentar todos nós de uma só vez e vencer, o empurrou para baixo. Tentei ir até eles, mas Mefistófeles agarrou a parte de trás de minha saia, me forçando a ficar no lugar e na certa salvando a vida de Thomas.

"Vocês têm duas opções", disse Andreas. "Ou lidam com isso de forma civilizada e digna, ou vou ter que tornar tudo muito mais difícil e doloroso."

"Onde está Liza?", perguntei, tentando distraí-lo. "Ela ainda está viva?"

Ele me fitou com olhos insondavelmente frios. "Por enquanto."

Aquilo não era nem um pouco reconfortante, mas era melhor do que descobrir que ela estava morta. Andreas se voltou para o garrote outra vez, apertando-o mais um pouco. Thomas respirou ruidosamente e eu quase enlouqueci.

"Sei por que você matou todas essas mulheres", gritei, ignorando o ofego da plateia. Eu tinha quase me esquecido deles. "Vingança. Certo? Você disse que Liesel vendia rosas. Lorde Crenshaw fez elogios a ela, e lady Crenshaw, apenas por ciúme, a acusou injustamente de roubo." Uma história simples de um amor desfeito que se tornou letal. "Os Crenshaw. Os Prescott. Todos eles conspiraram para colocar Liesel atrás das grades, não foi?"

Fechei os olhos. Uma imagem surgiu de repente em minha cabeça. Eu me senti como se fosse Thomas Cresswell, mais uma vez entrando na mente de um assassino. Vi uma jovem com um sorriso doce e olhos gentis. Uma jovem que não tinha muito, mas que fez o melhor com a vida simples que levava. Uma jovem que havia conquistado o coração do rapaz diante de nós.

"Lorde Crenshaw prendeu sua pretendente, não foi?", perguntei, ousando dar mais um passo. Andreas não respondeu. "O sr. Prescott é o magistrado-chefe que a condenou sem um julgamento justo. As condições nas prisões são precárias. Ela adoeceu. E poderia ter recebido um tratamento, mas o dr. Arden se recusou a atendê-la."

"Tudo começou com aquela mulher abominável." Andreas rilhou os dentes com tanta força que só conseguiu grunhir as palavras. "Ela confessou um pouco antes de ingerir o veneno que preparei. Disse que não suportava o que tinha acontecido com a filha. Ela pagou a mais pelas flores, mesmo que Liesel tenha tentado recusar." Seu semblante ficou mais gélido que o mar invernal que investia contra o navio. "O marido dela a confrontou sobre o dinheiro que faltava, e ela disse que devia ter sido obra daquela ladra que vendia flores. A que tinha o sotaque estranho. Lady Crenshaw sabia que o marido reagiria; aparentemente, ele tinha um histórico de mandar as pessoas para a cadeia."

Andreas volveu os olhos furiosos em minha direção, afrouxando o aperto. "Eles a mataram. Todos eles." Um músculo em sua mandíbula se contraiu. "Eles me separaram da pessoa que eu mais amava, então fiz o mesmo com eles. Olho por olho. Não vou parar até que mergulhem no poço de desespero no qual venho me afogando nos últimos meses."

Uma família nobre. Um médico. Um magistrado-chefe. Seis de Ouros. Ás de Espadas. Cinco de Copas. Ás de Paus. Seus papéis tinham sido revelados. Sete de Espadas, a Estrela — punições que dialogavam com seus crimes. Uma história de ciúme, amor, perda, traição e vingança.

Ele apertou ainda mais o garrote no pescoço de Thomas, e pude jurar que senti minha própria respiração falhando. Meu mundo inteiro parecia prestes a ser aniquilado.

"Todos eles a assassinaram. As mãos de todos estão sujas de sangue. Todos precisam sujar as mãos neste ramo, não é, chefe? Você me ensinou isso. E até mesmo você me traiu. Você me mandou buscar as flores naquele dia. Se não tivesse interferido, eu jamais teria conhecido Liesel e ela ainda estaria viva na Baviera. Este festival amaldiçoado precisa acabar. E depois desta viagem? Depois dela, acho que nem *você* vai conseguir se recuperar, Mefistófeles. Embora eu seja grato pelo dinheiro; sem ele, nada disso teria sido possível."

"Dinheiro", perguntei, olhando de um para o outro. "Que dinheiro?"

Andreas estreitou os olhos e me fitou. "Providenciei passagens da primeira classe para todos eles. Nosso glorioso mestre de cerimônias se sentiu tão mal por causa de Liesel que concordou em me dar uma quantia considerável para cobrir os custos da lápide. E já que ela estava morta, achei que não fosse se importar se eu usasse o dinheiro para vingá-la. Está vendo?", disse ele, largando o garrote por um instante. "Minhas mãos estão sujas agora, chefe."

"Ah, Andreas." Mefistófeles balançou a cabeça devagar. "Nunca quis dizer... Não se tratava disso. Eu estava me referindo a levar uma vida boa como vingança. E quanto a sujar as mãos, era só modo de dizer. Não era para ser literal. Minhas mãos estão sempre sujas de graxa por engendrar novos mecanismos. Não do sangue de pessoas inocentes."

"'Inocentes'? Não estava prestando atenção? *Nenhum* deles é inocente! Como viver neste mundo depois que mataram minha amada? A única coisa que me mantém vivo é a sede de vingança, a vontade de fazer com que paguem pelo que fizeram. Minhas mãos estão tão sujas quanto as das pessoas supostamente benquistas na sociedade. Quantos outros eles mataram? E ainda assim ficam impunes. Quantas vidas foram destruídas por causa de seus caprichos?"

Murmúrios percorreram o salão. Com Thomas ofegando, eu tinha me esquecido novamente da plateia que assistia a cada instante daquilo. Só conseguia me concentrar em duas coisas: nas batidas estáveis de meu coração, que mais parecia um tambor de guerra, e na conclusão de que eu lutaria em mil batalhas e morreria mil vezes antes de permitir que algum mal acontecesse a *meu* amado. Andreas revelaria seu espetáculo espetacular em breve, ainda mais após seu plano ter sido exposto.

"Mas... você não matou esses homens", eu disse, chegando ainda mais perto. "Você assassinou as filhas deles e a sra. Prescott."

Andreas mal olhou em minha direção. "Eu os feri onde doeria mais. Quando cada um deles perder tudo que um dia foi importante, as coisas serão acertadas. Deixar Prescott e lorde Crenshaw vivos é a melhor forma de torturá-los. Que eles vivam o restante de seus dias em sofrimento. Assim como fizeram comigo."

"Não pode fazer justiça com as próprias mãos", comentou Mefistófeles. "Você deveria ter informado aos inspetores de polícia."

Andreas bufou. "Se acredita que eles investigariam a morte de uma vendedora de flores pobre e doente, que veio de um bairro precário, e prenderiam os homens ricos que a mataram, então é tão ruim quanto eles. A justiça só beneficia aqueles em posições de poder, e isso não é bem justiça, é?"

Thomas começou a revirar os olhos, incapaz de sustentar o próprio corpo. A plateia arquejou, e dei um passo involuntário para a frente. Ao ser repreendida por Andreas, me detive, sentindo a angústia e a frustração transbordarem.

Gritei quando ele soltou o garrote, mas meu alívio durou pouco: logo ele brandiu uma faca, que reluziu sob os holofotes. Alguém gritou atrás de nós, mas me desvencilhei de todas as distrações e me concentrei apenas na lâmina. Ele tinha retirado a arma de dentro da bota em um gesto rápido, sem tirar os olhos de Thomas, que ainda lutava para respirar. Ele iria matá-lo, então faria o mesmo comigo e com Mefistófeles em seu ato final.

Um assobio baixo, vindo das vigas, chamou minha atenção. Olhei para além de onde o corpo do dr. Arden se encontrava, ainda girando na corda, e vi Cassie e Sebastián perto dos trapézios. Explicando o plano, eles apontaram para Andreas e para um saco enorme que seguravam. Mefistófeles e eu não estaríamos sozinhos em nosso ataque. Era provável que interceptássemos Andreas antes de corrermos algum risco real, ou Cassie e Sebastián derrubariam o saco, nocauteando-o. Mas Thomas...

O choro dos passageiros foi engolido por um som palpitante — as batidas de meu coração, a única cadência que me incitava a continuar. Andreas iria matar Thomas bem diante de mim. Ele o via como mais um elitista abastado, mais um problema em um sistema corrompido.

Eu jamais permitiria que Cresswell se tornasse o número final daquele desfecho doentio.

Por um momento, todos ficamos imóveis em um quadro horripilante. Então Andreas chutou Thomas até metade do palco. Eu sabia que ele estava abrindo espaço para exibir suas habilidades com a faca. Meu corpo inteiro parecia ter sido mergulhado em gelo e depois ateado fogo. Ver Thomas cambalear e cair de joelhos me fez entender com espantosa lucidez o que Andreas tinha sentido ao ver Liesel morrer sem motivo.

Um mundo sem Thomas Cresswell era um mundo onde eu não queria viver. Eu lutaria por ele contra todas as impossibilidades, até dar meu último suspiro trêmulo. Mesmo depois da morte, eu nunca iria deixar de revidar contra aqueles que ameaçavam minha família. Porque Thomas tinha se tornado minha família. Ele era meu — nós tínhamos escolhido um ao outro, e eu faria de tudo para defendê-lo. Nossa amizade tinha se incendiado e ardia como algo poderoso e indomável. Algo de que eu, como a tola que era, colocara em dúvida.

"Não!" Gritos e berros irromperam ao meu redor, e tive a impressão de ouvir os artistas se lançando contra Andreas. Um saco de resina errou o alvo e se espatifou no palco, e o pó se espalhou como a fumaça que espiralava nos números de abertura de Mefistófeles. Ignorei tudo, minha atenção aguçada como uma serra de ossos.

Andreas ergueu a faca, e eu soube que ele iria afundá-la no peito de Thomas. Ele tinha praticado com Jian a semana toda, e sua mira se tornara assustadoramente boa.

Não raciocinei. Não foi necessário. Só precisava agir. Tinha praticado o ilusionismo a semana toda sem perceber que eu iria usar as táticas em um momento como aquele. Não pensei duas vezes; meu corpo já estava em movimento.

Apanhei o escalpelo que escondia debaixo da saia e o atirei com o máximo de força e velocidade que consegui. Não me importei com mira, não adiantaria. Eu não era uma atiradora e tampouco possuía as habilidades de Jian. Não iria acertar um alvo em movimento. De qualquer forma, estilhaçar o espelho precioso de Andreas seria o maior golpe de todos. Assim como assassinar as esposas e filhas de seus inimigos tinha infligido mais dor.

O som do vidro se fragmentando provocou a distração que eu esperava, e usei o momento a meu favor, como faria qualquer ilusionista de respeito.

Andreas soltou um grito gutural e descontrolado. Eu tinha eliminado o último vestígio de Liesel da face da terra. Mefistófeles gritou meu nome, talvez como um alerta, mas eu já estava ciente do perigo quando o vi correr até o vidente para interceptá-lo. Não gritei ao colidir com Thomas, envolvendo-o com os braços e nos derrubando no chão, nem emiti som algum quando a faca de Andreas perfurou minha pele.

Ela me acertou bem onde achei que fosse. Naquele momento, me senti obscuramente vitoriosa. Tinha enfrentado o monstro e protegido a pessoa que eu amava. Minhas dúvidas tinham sido banidas. A princípio não houve dor, e pensei, como a tola que era, que ele não tinha acertado nenhum órgão vital. Que eu e Thomas escaparíamos ilesos daquele pesadelo. Que iríamos viver o restante de nossos dias no interior, como eu dissera. Que eu levaria o tempo que fosse para acertar as coisas entre nós, para reaver seu amor e provar o meu.

Mas aquele vazio feliz não durou. Um instante depois uma pontada lancinante me atravessou, arrancando um grito de minhas entranhas. O som era mais animalesco do que humano; eu não fazia ideia que era capaz de emitir um barulho tão terrível e feroz. Lágrimas escorreram por meu rosto e gotejaram, mornas e salgadas, em minha boca.

"Thomas!" Tudo estava quente e grudento, apesar de tremores percorrerem meu corpo. Dedos viscosos de sangue seguraram os meus. "Thomas", repeti, ameigando a voz.

"Wadsworth", a voz de Thomas estava aflita, "fique aqui. Fique aqui comigo."

"Não vou... a lugar... algum." Não havia canto nenhum do mundo em que eu preferisse estar. Contudo, a parte de mim que não era consumida pela quentura abrasadora em minha perna se preocupava com a possível mentira que tinha acabado de contar — que, desejando ou não, ainda havia uma chance de eu deixar Thomas Cresswell. Eu queria chorar ou rir, mas a dor era avassaladora. Felizmente, pontos pretos surgiram em minha visão, embotando um pouco da agonia.

Minhas deduções médicas vieram devagar, mas entre o vaivém da escuridão, percebi que estava morrendo. A sensação morna em minha meia-calça era sangue. E havia muito. Sangue demais para uma pessoa perder.

"Thomas..." Minha voz não passou de um sussurro, mas ele me ouviu. Apertou minha mão um pouco mais e se curvou para mim. "Não me deixe."

"Nunca." Um pingo caiu em meu rosto, mas eu estava cansada demais para abrir os olhos. Sentia como se tivesse bebido champanhe rápido demais; pequenas estrelas brancas acumulavam-se nas beiradas de meu campo de visão. Quanto mais eu me agarrava ao calor, mais frio meu corpo ficava.

Parecia até justiça divina que uma lâmina seria meu fim.

"Wadsworth..." Thomas soava como se alguém segurasse uma faca em sua garganta, mas já não estávamos mais em perigo. Aquele pensamento me reconfortou, e adormeci. Senti alguém dar um tapinha em meu rosto, devagar a princípio, depois com mais afinco. Era para ter doído, mas eu estava muito longe. Um belo sonho começava a ganhar vida: eu e Thomas estávamos valsando em um salão de baile que me fazia pensar em estrelas. Tudo era branco e puro, e cheirava a peônias e magia.

"Audrey Rose! Olhe para mim." O rosto de Thomas pairou sobre o meu. Ele xingava como o Diabo, mas naquele instante poderia ser um anjo enviado para me levar a algum lugar. Seus lábios, não mais azulados, se mexiam, mas os sons foram abafados quando ondas brancas e pretas tomaram minha visão. Encarei seus olhos arregalados. Ele estava vivo. Ileso. A morte não tinha vencido. Esse pensamento me fez embrenhar ainda mais em um vazio sossegado.

As palavras derretiam umas sobre as outras, e eu já não era mais capaz de ouvir Thomas, assim como não conseguia impedir meu ferimento de sangrar. Minha pulsação não passava de um refrão calmo cujo ritmo diminuía. O calor fluía livremente por meu corpo, me arrastando cada vez mais para a promessa de um descanso bem-aventurado. Eu tinha duas pulsações, cada uma guerreando contra a outra. Uma na perna, outra no peito, e ambas pareciam esmorecer quanto mais lutavam. Eu não me importava; queria adormecer e sucumbir à escuridão. Era muito mais agradável do que a dor impiedosa que sentia. Queria voltar para o sonho maravilhoso em que eu e Thomas podíamos dançar nas estrelas.

Tum. Tum. Tum.

Em um momento havia uma calma otimista, um aceitamento da libertação; no seguinte, uma pressão em minha perna, firme e desconfortável. Ela me arrancou daquela serenidade. Quis gritar outra vez, acabar com meu sofrimento, mas estava cansada demais. Tentei me desvencilhar da dor, piscando para a pessoa que estava me torturando, mas minhas pálpebras ficaram mais pesadas, mais relutantes a obedecer, mesmo que a fera da agonia continuasse rasgando meu corpo.

A pressão aumentou e, por fim, consegui gritar, e o fiz até sentir o gosto de sangue no fundo da garganta. Parte de mim sabia que eu precisava lutar com aquela mesma intensidade, tentar sobreviver, nem que fosse para afugentar a pessoa que estava provocando dor na minha perna. Direcionei minha concentração e estreitei os olhos para além das sombras iminentes. Thomas tentava estancar o sangue em minha coxa exposta com as mãos, e lágrimas escorriam por seu rosto, caindo no meu. Tive a impressão de vê-lo gritar ordens para alguém próximo, mas não consegui ouvir para ter certeza. Estava focada demais em suas lágrimas. Na minha cabeça, estiquei o braço para enxugá-las, mas devia ser só mais um sonho.

Eu amo você, pensei, combatendo a escuridão. Mais do que todas as estrelas no universo. Nesta vida e para sempre. *Eu amo você.*

Tum. Tum. Tum.

Tum.

Fiz tudo que estava ao meu alcance para obter um último vislumbre de meu querido Thomas Cresswell. A escuridão, no entanto, veio como um exército vingativo que me arrebatou de vez.

40. DESPEDIDAS

Enfermaria
RMS *Etruria*
9 *de janeiro de* 1889

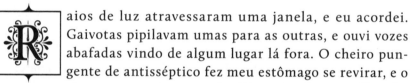

aios de luz atravessaram uma janela, e eu acordei. Gaivotas pipilavam umas para as outras, e ouvi vozes abafadas vindo de algum lugar lá fora. O cheiro pungente de antisséptico fez meu estômago se revirar, e o que restava de meu sossego se esvaiu. Pisquei até meus olhos focarem. Camas e mesinhas entraram em meu campo de visão — eu estava em uma enfermaria.

Arquejei quando Thomas se curvou para mim, sua cadeira rangendo com o peso. Não o tinha visto sentado ali, e, ao fixar os olhos nele, notei como estava em um estado deplorável. Círculos escuros sombreavam a pele sob os olhos, e o rosto estava mais pálido do que nunca. Pairava nele uma aura de vacuidade que me deu calafrios.

Eu me perguntei se ele tinha visto um fantasma.

Com os olhos vermelhos, ele se esticou para mim, segurando minhas mãos. "Pensei que..." O aperto ficou mais forte. "Pensei que tivesse perdido você de vez, Wadsworth. Onde estava com a cabeça?"

Fragmentos e memórias vieram à tona, mas tudo parecia enevoado demais para ser real. "O que aconteceu?"

Thomas respirou fundo. "Além de você ter corrido para me salvar da morte certa? E levado uma facada perigosamente perto da artéria femoral?" Ele balançou a cabeça, e não vi leveza alguma em seu rosto. "A lâmina foi tão fundo que atingiu o osso, Audrey Rose. Seu tio conseguiu removê-la enquanto Mefistófeles e eu segurávamos você, mas não temos certeza de quanto do osso se fraturou. Até o momento, não parece ter sido estilhaçado."

Estremeci, como se a história tivesse permitido que meu ferimento voltasse a latejar. "Parece que mantive vocês bem ocupados. Que dia é hoje?"

"Você ficou inconsciente por apenas uma noite. Já aportamos em Nova York." Thomas desenhou círculos invisíveis no dorso de minha mão, sua voz quase um sussurro. "Andreas confessou tudo."

"Até mesmo o corpo que encontramos no caixote?", perguntei. "Ele explicou por que aquela vítima era diferente das outras?" Thomas remexeu no punho de meu vestido, incapaz de fingir que não me ouviu. "Thomas? Estou bem. Não precisa me tratar como se eu fosse uma boneca de porcelana."

"Não é isso." Ele suspirou. "Quando perguntamos a Andreas sobre esse crime, ele disse não saber do que estávamos falando. Ele vai ficar preso até que os inspetores de polícia venham buscá-lo. Eles ainda não sabem onde ele irá a julgamento, uma vez que Andreas cometeu a maior parte dos delitos em alto-mar. Talvez precisemos retornar à Inglaterra."

"Mas por que ele não iria confessar que..."

"Seu tio e eu acreditamos na possibilidade de que um segundo assassino estava a bordo", revelou Thomas. "O desembarque já começou, e se Andreas não cometeu esse crime, então..."

"Então nós acabamos de trazer um assassino como o Estripador para a América."

Ficamos em silêncio, permitindo que a magnitude daquela possibilidade assentasse.

"Por ora", disse Thomas, enfim, "vamos torcer para que tudo não passe de um engano e que Andreas apenas não estivesse com vontade de cooperar."

Nossos olhares se encontraram e concordei. Parecia que iríamos nos permitir mais uma meia-verdade no fim de nossa jornada.

"Foi ele quem roubou o tecido?", eu quis saber, me lembrando do colete de Jian. "Ou foi um crime não relacionado?"

"Sim, ele confessou. Parece que Andreas é um ladrãozinho quando não está cometendo assassinatos vingativos. É um velho hábito que trouxe da Baviera. Ele costumava afanar roupas das pessoas para quem previa o futuro. Uma mulher reconheceu uma peça desaparecida e o reportou às autoridades. Por isso que ele foi embora e se juntou ao festival."

"Por falar nisso, o que aconteceu com o Festival Enluarado? Como estão Mefistófeles e Houdini?"

"Ambos já se despediram", disse Thomas, e pude ver que ele me observava com atenção. "Mefistófeles pediu desculpas e nos presenteou com dois ingressos para o próximo espetáculo. Ele e Houdini garantiram que não vamos querer perder o que eles estão preparando, disseram que será..."

"Espetacular?"

Thomas bufou. "Para o bem deles, espero que sim. Eles vão precisar de algo para desviar a atenção dos homicídios em massa cometidos pelo famoso vidente do festival. Mas, se conheço bem Mefisto, ele vai encontrar um jeito de usar isso a favor dele. A infâmia atrai a maioria. Somos todos fascinados pelo macabro. Devem ser nossas almas humanas sombrias e doentias."

"Estou feliz que tudo acabou", eu disse. "Espero que as famílias estejam em paz."

Mesmo com a mente ainda confusa, algo importante me ocorreu.

"Liza!" Tentei me levantar e caí para trás. A dor atravessou meu corpo, e me lembrei de quão ferida estava. "Onde ela está? Ela está bem? Por favor, por favor, me diga que está viva. Não vou aguentar o pior."

Thomas afofou meus travesseiros e gentilmente me forçou a ficar no lugar. "Ela está bem. Andreas a drogou e acorrentou nos aposentos dele. Mas ela está se recuperando. Muito mais rápido do que você."

Soltei o ar. "Não estou preocupada comigo."

"Mas eu estou. Há mais uma coisa que você precisa saber... sobre seu ferimento", disse ele, se remexendo no assento e olhando para baixo. "Você vai conseguir andar, mas é possível que fique permanentemente manca. Não há como prever o andamento da cicatrização."

Minha perna ardeu com o lembrete do ferimento. Manca. Algumas pessoas teriam ficado desoladas com aquela notícia, mas eu não. Eu me via em um pequeno laboratório no futuro, não me movimentando em um salão de baile. E cadáveres não se importavam com a graciosidade do meu andar.

Para meu próprio bem, eu precisava me animar. As coisas estavam sombrias demais, e por mais ferida que estivesse, era necessário me agarrar a algo positivo. Eu estava viva. Todos os outros detalhes seriam resolvidos. Sorri para mim mesma; estava começando a soar como Mefistófeles.

"Paga-se um preço alto pelo amor", provoquei. "Mas o custo vale a pena."

Thomas levantou abruptamente, e minhas mãos sentiram falta da calidez de seu toque. Analisei a piada, me perguntando qual parte do que eu dissera o tinha ofendido.

"Você precisa descansar agora", disse ele, evitando me encarar. "Seu tio vai passar aqui em breve para discutir os preparativos da viagem. E sei que Liza tem rondado sua porta também."

"Thomas... O quê..."

"Descanse, Wadsworth. Retornarei em breve."

Apertei os lábios, pois não achei que conseguiria esconder a mágoa em minha voz. Observei Thomas pegar a cartola e o sobretudo e sair às pressas, como se de repente olhar para mim o perturbasse. Tentei não levar para o lado pessoal, mas algumas lágrimas escaparam da barragem que eu tinha erguido. Parecia que Thomas Cresswell estava desaparecendo de minha vida junto com o festival.

Uma segunda presença no quarto me despertou. Esfreguei os olhos, mas não me dei o trabalho de tentar sentar. "Thomas?"

"Não, minha querida. Sou o rapaz muito mais bonito. Culpo a quantidade de sangue que você perdeu por esse deslize."

Apesar da dor que eu sentia, sorri. "Thomas disse que você já tinha ido embora com Houdini."

"É, bem, eu já estava na metade do caminho para as docas quando me ocorreu que você morreria de saudades." Mefistófeles hesitou, mas tomou minhas mãos nas suas. Havia certa aspereza e alguns calos, prova da frequência com que trabalhava com elas. Ele passou o polegar pelos nós de meus dedos em um gesto para me acalmar. "Eu não queria que você sentisse tanto minha falta a ponto de prejudicar sua recuperação."

"Sempre encantador." Tentei me inclinar para um dos lados da cama e estremeci. "Abra aquela gaveta, por favor."

"Não tem uma cobra ali dentro pronta para enfiar as presas em mim, não é?"

Revirei os olhos. "Tudo bem. Posso ficar com seu anel de sinete. Os rubis vão render uma quantia razoável de dinheiro."

Eu nunca tinha visto Mefistófeles se mexer tão depressa, nem mesmo quando estava executando um de seus truques espalhafatosos. Ele segurou o anel, piscando para impedir os olhos de marejarem. "Obrigado."

"De que outra forma as pessoas poderiam chantageá-lo? Seria impensável deixar você ir embora sem ele."

"É verdade." Ele sorriu. "Tenho sua palavra de que sentirá minha falta só um pouquinho?"

"É possível que eu pense em você daqui a muitos, muitos anos, em um inverno frio e lúgubre."

"E?", insistiu ele, esperançoso.

"E me pergunte se você toma banho de máscara."

A risada dele saiu profunda e cheia de segredos. "Não precisa se perguntar, minha querida. Estou mais do que disposto a mostrar para você em primeira mão. Devemos ir para seus aposentos ou para os meus?" Ele mirou meus curativos. "Acho que vamos ter que adiar nossa escapadela. Não quero ver meu terno todo manchado de sangue. Prejudica os negócios."

"Vou sentir sua falta", eu disse, porque era verdade. E fazia muito tempo que eu não estava familiarizada com a verdade. Aprender prestidigitação tinha sido interessante, mas eu não queria continuar com a prática a longo prazo. Eu só teria franqueza a oferecer no futuro. As ilusões não tinham só me confundido, mas quase feriram os sentimentos de Thomas irremediavelmente.

"Eu sei. Ser tão irresistível é um fardo que preciso carregar." A diversão deixou seus olhos, dando lugar a um brilho de incerteza. "Digame... Cheguei a ter uma chance de ganhar seu coração? Ou tudo que se passou entre nós foi uma mentira? As danças, as risadas... Não pode ter sido só fingimento."

Encarei seus olhos escuros, sentindo meu coração bater mais depressa ao imaginar um futuro diferente. Um que ainda incluiria a ciência e minha liberdade. Paixão e encenação. Eu poderia ser feliz naquele futuro, mais que feliz. Usaríamos a ciência para construir mecanismos impossíveis e mágicos, deleitando multidões e ganhando reconhecimento. Eu poderia viajar pelo mundo e nunca me encaixar em um padrão que a sociedade considerava apropriado. Mefistófeles seria um marido maravilhoso — nunca me prenderia em correntes, só se fosse para algum número no palco. Eu poderia ser muito contente naquele futuro. Seria mais livre do que os acrobatas que voavam de um trapézio para o outro.

Mas meu coração e alma pertenceriam para sempre, e de maneira mais completa, a outra pessoa. Thomas e eu éramos parceiros de todas as formas. E mesmo que imaginar uma vida sem a magia e os sorrisos frouxos de Mefistófeles me entristecesse um pouco, pensar em um mundo sem Thomas Cresswell era insuportável. Eu não podia deixá-lo, assim como não podia abandonar meu coração e continuar a viver.

Eu me inclinei e depositei um beijo em uma das bochechas de Mefistófeles. "Em outro mundo, em outra vida, acho que nossos feitos seriam incríveis. Você vai fazer alguém muito feliz um dia. Mas essa pessoa não sou eu. Sinto muito."

"Sinto também." Reparei que ele estava prendendo o choro e apertei sua mão com toda a força que consegui. Ele me segurou por mais um instante, então se levantou. "Vou trabalhar em uma criação genial de engenharia e nomeá-la em sua homenagem, minha amada perdida."

Não consegui prender o riso, que veio alto e farto. "Adeus, Mefistófeles."

"Pode me chamar de Ayden." Ele foi até a porta e se deteve. "Até nosso próximo encontro."

Thomas estava parado a meu lado, com uma postura rígida. Suas mãos enluvadas seguravam a balaustrada gélida enquanto observávamos o desembarque dos passageiros. Eles sem dúvida teriam histórias para contar sobre o navio desafortunado. Nem mesmo Houdini escaparia do escândalo, mas eu tinha certeza de que tudo terminaria bem para ele. Um grupo de policiais atravessou a multidão para buscar o criminoso que os jornais tinham apelidado de Estripador da Baviera. Não demoraria muito. Minha respiração ficou entrecortada, e pousei as mãos em meu peito para me acalmar. Eu não queria me despedir. De jeito nenhum.

"Estaremos juntos novamente em breve, Wadsworth. Você nem vai notar minha ausência."

Olhei para seu perfil, sentindo meu coração bater descompassado. Ele não olhava em meus olhos desde quando eu tinha sido esfaqueada. Eu sabia que meu ilusionismo com as palavras tinha funcionado até bem demais, e também sabia que merecia sua raiva, mas aquela atitude era fria demais para ser suportada. "É isso? É só o que tem a me dizer?"

"Precisam de mim aqui, em Nova York, como representante do seu tio." Ele respirou fundo, os olhos fixos nas pessoas que ainda desembarcavam do navio. Quis agarrar seu sobretudo e sacudir Thomas até que ele me encarasse. Mas mantive as mãos no lugar, uma na lateral do corpo e a outra segurando com firmeza a bengala emprestada. Ele sempre havia me garantido a liberdade de escolha. Eu não o privaria do mesmo direito. Se Thomas queria ficar, eu não iria implorar de forma egoísta. "Vou me juntar a você assim que possível."

Ignorei a lágrima que escorreu em minha bochecha. Eu não queria me separar dele daquela maneira — com ele tão frio e distante como as praias da Inglaterra. Tínhamos passado por muita coisa juntos. Mas talvez não fosse meu comportamento — talvez ele não conseguisse mais me olhar depois que fui ferida.

Quem sabe minha perna quebrada o lembrasse de quão perto estivéramos da morte. Eu podia ter entendido do que estava disposta a abrir mão, mas não significava que ele tinha chegado à mesma conclusão.

Eu me recompus, orgulhosa de como estava conseguindo controlar minhas emoções. "Você não deveria dizer algo como 'Sentirei muito sua falta, Wadsworth. Tenho certeza de que as próximas semanas serão uma tortura lenta' ou algum de seus gracejos?"

Thomas se virou para mim, e notei que seus olhos não tinham a fagulha de malícia de sempre. "É claro que vou sentir saudades. Vai parecer que meu coração foi cirurgicamente removido do peito." Ele respirou fundo. "Eu preferia ser atravessado por todas as adagas do arsenal de Jian. Mas é o melhor para o caso."

꒰ 395 ꒱

Ele tinha razão. É claro que tinha. O caso vinha em primeiro lugar, mas eu não precisava gostar daquilo. Segurei a bengala com mais força. Tinha passado a vida toda desejando que as barras da gaiola em que eu estava desaparecessem — tudo que sempre quis foi ser livre. Poder escolher meu caminho. Primeiro meu pai me mandara embora, e parecia que Thomas estava fazendo o mesmo.

A liberdade era deliciosa e assustadora. Agora que estava a meu alcance, queria devolvê-la. Não tinha a menor ideia do que fazer com ela, ou comigo mesma.

"Então desejo-lhe boa sorte, sr. Cresswell", eu disse, ignorando a estranheza que senti com minha formalidade. "Você está certo. É tolice ficar desgostosa. Nós nos veremos em breve."

Esperei que Thomas abandonasse a postura fria e abraçasse a calidez de seu afeto por mim, mas ele continuou inabalado. Um detetive pigarreou atrás de nós, interrompendo um de nossos últimos momentos juntos. Eu não sabia se deveria desatar a chorar ou rir. Nós estivéramos nos braços um do outro naquele mesmo convés apenas oito noites antes, nos beijando sob as estrelas.

"Sr. Cresswell? Estamos levando os corpos para terra firme agora. Sua presença é solicitada no trajeto até o hospital."

Thomas assentiu secamente. "É claro. Estou a seu dispor."

O detetive se virou para mim e tocou a ponta do chapéu antes de desaparecer pelo navio. Meu coração esmurrava o peito, e minha perna doía. Era isso. O momento que eu mais temia desde o caso do Estripador. Eu finalmente estava me despedindo do sr. Thomas Cresswell. Senti como se não houvesse oxigênio suficiente na terra para me manter. Respirar era difícil, e amaldiçoei meu espartilho por seguir as tendências tão à risca e estar tão apertado. Eu estava bem. Tudo ficaria bem.

Eu continuava sendo uma bela mentirosa. Não havia nada de bom naquela situação.

Thomas olhou para a porta que o guiaria a um caminho diferente do meu. Pela primeira vez em meses, não embarcaríamos em uma nova aventura juntos. Eu já sentia saudades, como se parte de mim tivesse sido amputada e meu corpo ainda desse falta do membro perdido. Eu me completava. Não precisava de outra pessoa para me preencher, mas tudo naquela partida me causava mal-estar. Não estava certo, mas eu não sabia como consertar as coisas. Talvez aquela fosse a grande lição ao se desapegar — aceitar o que fugia de nosso controle. Eu só podia fazer o que estava ao meu alcance; cabia a Thomas me encontrar ou não na metade do caminho.

Ele se virou para mim, com o maxilar retesado. "Até logo, srta. Wadsworth. Tem sido um prazer estar a seu lado. Até nosso próximo encontro."

Ignorei as semelhanças de nossa despedida com o adeus de Mefistófeles. Quando ele foi embora, não senti como se o mundo não mais girasse em seu eixo. Thomas tocou sua cartola e se foi.

Em minha cabeça, eu corria atrás dele, agarrava seu sobretudo e implorava para que ficasse. Para que me levasse com ele. Para que não obedecesse às ordens de meu tio sobre ficar ali e acompanhar o caso em Nova York. Para que se casasse comigo na capela naquele mesmo instante. Minha avó morava ali perto — embora não tivesse respondido nenhuma das cartas que enviei e talvez estivesse viajando — e poderia ser uma testemunha, nem que fosse só para aborrecer meu pai.

Na verdade, apertei os lábios e apenas assenti, observando-o se afastar pelo tempo que fosse. Talvez algumas semanas. Ou quem sabe para sempre. Qualquer que fosse a escolha dele, eu aceitaria. Não importava o quanto fosse ser difícil, eu encontraria um jeito. Ele se deteve, de costas para mim, e seus dedos tamborilaram no batente. Esperei, prendendo a respiração, por alguma piada ou para vê-lo correr até mim e me envolver em seus braços, mas depois de um instante, ele deu um passo adiante e desapareceu pelo navio.

Um soluço escapou de meu peito antes que eu pudesse evitar. Fiquei ali parada, ouvindo meu coração pulsar. Não sabia explicar por que a despedida tinha parecido permanente. Mas de algum modo eu sabia, com todo meu ser, que se eu não o impedisse, o sr. Thomas Cresswell desembarcaria do navio e deixaria minha vida para sempre. Segurei a balaustrada com a mão livre, permitindo que a superfície gelada aliviasse meus pensamentos. Eu precisaria buscar uma fonte de calor logo — a dor em minha perna estava insuportável.

Decidi me concentrar na dor física em vez da agonia palpitante e exacerbada em meu peito.

397

Eu e Thomas tínhamos entrado em combustão como uma estrela cadente e nos desintegrado com a mesma rapidez.

Tínhamos apanhado o Estripador da Baviera. Inocentado o restante do Festival Enluarado de qualquer injustiça. Thomas iria apenas oferecer auxílio forense ali enquanto eu e meu tio viajaríamos para nossa próxima parada, onde ele iria, com certeza, em algum momento se juntar a nós. Tudo ficaria bem em breve — eu estava só fazendo tempestade em copo d'água. Depois de tantos embates com a morte, não era difícil encontrar uma explicação lógica para minha relutância em me despedir de alguém que eu amava. Eu me lembrei de meus sentimentos de antes: *A ciência era um altar diante do qual eu já havia me ajoelhado antes, e ela me abençoava com seu consolo.*

Entoei as palavras aos sussurros, contemplando o mar por muito tempo depois que Thomas partiu.

EPÍLOGO

iza caminhou pelo convés, encapuzada até as sobrancelhas para impedir que as rajadas de vento que sopravam sobre o rio Hudson desalinhassem seu penteado sofisticado. Ela parou a meu lado e olhou para os baús do circo itinerante que eram descarregados. Admirei as luas pintadas neles — círculos pretos com crescentes prateadas nas bordas.

O Festival Enluarado partia para entreter uma nova plateia em uma nova cidade. Não tinha dúvidas de que Mefistófeles conquistaria os corações e mentes de todos que viesse a conhecer. Houdini também tinha um futuro brilhante. Ele iria se tornar uma lenda. Eu tinha a impressão de que não seria a última vez que ouviríamos falar deles.

Eu só não sabia dizer se aquilo era uma coisa boa.

"Depois de tudo que fez, achei que fosse ter coragem de dizer a verdade a ele", disse ela, com os olhos fixos nos baús lá embaixo.

"Quem?", perguntei. "Mefistófeles?"

"Não diga tolices", ela deu um tapinha em meu braço.

Andreas tinha dado uma tintura para deixá-la inconsciente. Ao que parecia, algumas horas depois de meu ato heroico, ela cambaleara de volta para nossos aposentos, ilesa. Ele tinha se afeiçoado a Liza; sua aura passional o fazia se lembrar de sua amada Liesel, e por isso tinha sido poupada de torturas ou morte. Franzi o cenho, e Liza suspirou.

"Posso ser bem franca? Você abre cadáveres para desvendar a verdade sobre a morte deles. Você ama dissecar coisas para solucionar mistérios. E, mesmo assim, é um caso perdido, querida prima, quando se trata de ser verdadeira. Sobretudo com você mesma." Ela me encarou, com as mãos nos quadris. "Você disse ao sr. Cresswell que o ama? Que mal pode esperar para vê-lo outra vez? Que teme que ele culpe a si mesmo toda vez que olhar sua lesão?" Seus olhos me escrutinaram. "Não, não disse. Sufocou tudo e fingiu que estava tudo bem. Mas isso não é verdade, é? Você está preocupada."

"Eu... É... É tudo muito complicado."

Liza bufou. "Na verdade, não é nem um pouco complicado, prima. Thomas, embora muito astuto, acredita em cada meia-verdade que você diz para ele *e* para si mesma. Ele não consegue enxergar através de sua máscara. Provavelmente é o único mistério que ele não é capaz de desvendar, e eu apostaria que é porque gosta muito de você. Garanto que ele acredita que a coisa mais cavalheiresca que pode fazer é ir embora, dando espaço para que você decida se quer partir com Mefistófeles ou não, mesmo que isso o despedace. Reparou em como os olhos dele estão vermelhos? Ele não dorme desde que você se feriu. Nosso tio pediu para que ele deixasse seus aposentos e o sr. Cresswell virou uma fera com a ideia de sair de seu lado. Ambos são tão inteligentes com os assuntos da mente, mas do coração? São como criaturas de outras galáxias tentando entender o que são batatas fritas."

"Ele... O quê?" Eu não conseguia assimilar aquela informação absurda. "Por que ele pensaria que eu escolheria outra pessoa? Pulei na frente de uma faca para protegê-lo. Acredito que isso deixa minha escolha muito clara. Ele ir embora não tem nada a ver com isso."

"Tem certeza?" Liza me lançou um olhar exasperado. "Como foi a despedida de vocês? Preciso visualizar a cena com meu olhar afiado... Ah, desculpe." Ela se encolheu, apontando para minha perna. "Acho que vai ser melhor evitar usar essa palavra por um tempo."

Contive uma risada. "Só você para me fazer rir, Liza."

Ela me envolveu com um dos braços, me puxando para perto. "E também vou fazer você ouvir meus conselhos amorosos. Bem, imagino que Thomas tenha se despedido com muita formalidade. E frieza. Sem um flerte que fosse. Aposto que ele até tocou a cartola em vez de beijar sua mão." Ela sorriu ao ver minha expressão carrancuda. "Deixe sua máscara cair, Audrey Rose. Conte seus receios a ele. Garanto que ele não se importa com sua bengala ou perna quebrada. Ele se apaixonou por sua alma. Thomas se afastou para que você pudesse decidir seu destino, mas, acredite em mim, ele ama muito você."

Eu me virei, sem querer que Liza visse as lágrimas que começaram a cair. "E você e Houdini?", perguntei, mudando de assunto. "Sabe que ele não mentiu para você, não sabe?"

Ela voltou a olhar os baús do circo. "Sei que não. Nós só... Embora eu o adore, quero um futuro diferente para mim. O festival foi empolgante, mas, por incrível que pareça, sinto falta de minha mãe." Foi minha vez de bufar, e ela me deu um cutucão. "Harry vai conhecer uma mulher que o fará feliz, e eu também vou encontrar alguém. Agora, pare de tentar se esconder de sua verdade. Diga a Thomas que o ama, ou vai passar o resto da vida se arrependendo de ter ficado em silêncio."

"Mas e se ele estiver indo embora por causa do acidente? E se..."

"Desculpe." Liza pigarreou e meneou com a cabeça para o lado oposto do convés. "Acho que estou vendo a sra. Harvey acenando para nós. Preciso ir ao encontro dela."

"Você está falando sério?" Enxuguei a umidade em meus olhos e me virei, irritada com a partida súbita de minha prima. O sermão morreu em minha garganta quando meu olhar encontrou o de Thomas. Ele tinha se esgueirado até ficar perto de mim, um mágico de respeito. Balancei a cabeça quando Liza deu uma piscadela sobre o ombro e apertou o passo. As lágrimas corriam por meu rosto de novo enquanto ele me observava. Com raiva, as limpei, odiando conseguir controlar minhas emoções durante uma investigação, mas não ser capaz de contê-las fora do laboratório.

"Cresswell", eu disse, levantando o queixo. "Achei que tivesse negócios para resolver."

"Eu tinha", respondeu ele. "Veja bem, depois que seu tio e eu conduzimos a última entrevista, decidi perguntar para o lorde Crenshaw onde ele tinha mandado fazer aquela bengala tão elegante. E tal não foi minha surpresa quando ele disse que tinha comprado aqui mesmo, em Nova York. Há uma loja no próximo quarteirão, na verdade." Ele se aproximou, apontando para a direção em que a loja devia ficar. "Acredito que esta rosa supera a que Mefistófeles tentou dar a você."

"Eu... O quê?"

Thomas jogou uma bengala para o alto com uma das mãos, pegou com a outra e, ajoelhando-se, a entregou para mim. Era um lindo cajado de ébano, com uma rosa entalhada no castão. O cabo parecia a haste da flor, adornado por espinhos. Fiquei encarando, estupefata e incapaz de formular uma frase. Era deslumbrante — uma obra de arte.

"Thomas, é..."

"Quase tão bonita quanto eu?"

Eu ri, mas lágrimas traiçoeiras também escaparam. "É verdade."

Uma sombra de seriedade perpassou seus olhos e fez meu coração palpitar. "O trabalho sempre será importante para nós dois. Mas meu coração pertence a você, Wadsworth. Não importa o que aconteça. E isso só se extinguirá quando eu morrer. E mesmo assim vou lutar com todas as fibras de meu ser para ter seu amor. Agora e por toda a eternidade."

Os mesmos pensamentos me ocorreram quando tudo estava prestes a ruir no palco. Corri os dedos pelos cabelos dele, torcendo uma mecha ao fitar os olhos de Thomas. Estavam cheios de adoração, genuína e verdadeira. O que sentíamos um pelo outro não era ilusão, mas era mágico. Baixei a mão e segurei minha nova bengala, sentindo seu peso. "Sabe de uma coisa? Acho que esta é a rosa mais preciosa que já ganhei."

Ele abriu um sorriso preguiçoso e brincalhão. "Meu truque de mágica foi um tanto impressionante também. Acha que Mefistófeles me aceitaria no festival? Eu poderia praticar. Na verdade", disse Thomas, enroscando meu braço no dele e ajustando o ritmo de seus passos conforme eu avançava, cambaleante, a seu lado, "precisamos fazer um número juntos. O que acha de 'Os Incríveis Cressworth'? Soa bem, não é?"

"Cressworth? Não acredito que você combinou nossos nomes. E por que seu nome vai primeiro?" Olhei de soslaio para ele, com os cantos de minha boca teimosamente virados para cima. "Acho que a melhor parte de nosso número seria a façanha de não fazer o público adormecer com sua astúcia."

"Mulher diabólica", provocou ele. "Que nome você sugere?"

"Hmm." Eu me apoiei na bengala, fingindo pensar com muito afinco. "Acho que teremos tempo de sobra para pensar sobre isso."

"Humm. Por falar nisso", continuou ele, "estive pensando."

"O que é sempre um problema."

"Sem dúvida." Thomas deslizou as mãos para minha cintura. "Nós já nos esgueiramos pelos becos de Londres, exploramos os labirintos cheios de aranhas de um castelo, sobrevivemos a um festival mortífero..." Ele aproximou os lábios dos meus e eu ergui a cabeça, sentindo meu coração bater mais depressa quando ele, muito suavemente, roçou a boca na minha. Os beijos dele eram uma feitiçaria inebriante. "Talvez agora possamos seguir com uma de minhas recomendações. Posso sugerir..."

"Apenas me beije, Cresswell."

Seu sorriso enviesado fez com que fogos de artifício estourassem dentro de mim, e sem dizer mais uma palavra sequer, ele obedeceu.

NOTAS DA AUTORA

O RMS *Etruria* tinha muitos cômodos luxuosos para os passageiros da primeira classe, mas o salão de jantar deste livro é fruto da minha imaginação. Usei elementos reais e acrescentei várias invenções próprias — para criar o cenário para um circo itinerante, um palco e um piso com azulejos em preto e branco. (O navio tinha refrigeração e eletricidade.)

Os bolinhos, ou *funnel cakes*: a receita mais antiga que encontrei está em um livro de culinária alemão de 1879. A descrição de Thomas sobre a crosta dourada e o sabor amanteigado foram retiradas de lá, embora não sejam mencionados pelo nome.

Em 1889, Harry Houdini teria 15 anos de idade, tornando-o jovem demais para a história, de modo que tomei a liberdade artística de escrevê-lo com 17 anos. Houdini começou a fazer apresentações para o público em 1891, e não 1889, mas já atuava como trapezista aos 9 anos. Ele conheceu sua esposa, Bess, em 1893, e eles viveram uma linda história de amor.

Espero que os historiadores e admiradores de Houdini não se importem por eu ter utilizado seus famosos números de fuga, já que muitos deles foram apresentados em um estágio mais avançado de sua carreira. A câmara de tortura recebeu o nome de Câmara de Tortura Chinesa, e foi apresentada pela primeira vez em 1912.

A Fuga do Galão de Leite foi realizada em 1901. Quando Mefistófeles diz que "o fracasso significa morte por afogamento" no número de abertura, esta é a frase original do cartaz promocional de Houdini. O truque da Metamorfose foi executado por outros artistas, mas o número de Houdini chamou a atenção do público em 1894 porque ele o apresentou no palco com a esposa. (Outras apresentações eram realizadas apenas com homens.) Houdini tinha um talento extraordinário para promover tanto a si mesmo como seus truques, e tentei dar um vislumbre disso na cena em que Liza conversa com Audrey Rose na cabine e diz que "ele afirma que há poder no modo como você vende alguma coisa".

Em sua carreira, Houdini passou por *dime museums*[1], vaudevilles[2] e participações em espetáculos secundários de um circo itinerante. Depois de fazer modificações em seus números para atrair mais público e aumentar o interesse geral, ele se tornou o Rei das Cartas, o Rei das Algemas, o artista de fuga e o grande ilusionista que admiramos hoje. Há rumores de que ele conheceu alguém que o ajudou a melhorar sua gramática, e imaginei essa pessoa misteriosa como Mefistófeles. Mais tarde na vida, Harry ficou conhecido por desmascarar fraudes quando o espiritismo ficou popular. Foi um detalhe divertido que acrescentei quando Liza comenta que sonha em poder conversar com os mortos e ele grita do palco: "O espiritualismo é uma fraude".

Para mais informações sobre a vida de Houdini, eu recomendo a leitura de ESCAPE! *The Story of the Great Houdini,* de Sid Freischman.

Andreas Bichel, também conhecido como o Estripador da Baviera, foi a inspiração para o assassino. Eu o recriei usando seus "talentos" de vidência como atração de um circo itinerante, e fiz com que seus crimes seguissem as imagens das cartas de tarô. O verdadeiro Bichel já tinha sido executado quando a história deste livro se desenrola. Seu método era: ele atraía jovens mulheres para sua casa, prometendo prever seus futuros com o espelho mágico, então amarrava

---

1   Muito populares entre a classe trabalhadora do século XIX, os *dime museums* eram uma coleção de curiosidades, aberrações e monstruosidades sensacionalistas em exposição com ingressos a baixo custo. [N. T.]

2   Forma de entretenimento que misturava diversos tipos de atrações, como números de dança, esquetes cômicas e mímica. [N. T.]

as mãos delas nas costas, colocava vendas e as assassinava. Assim como Andreas nesta história, ele roubou tecidos das vítimas, e foi por isso que foi pego. A irmã de uma mulher desaparecida foi para o centro da cidade, perguntando aos lojistas se eles tinham visto a irmã dela, quando viu o alfaiate fazendo um colete com a anágua da irmã. Ele informou o nome do homem que tinha lhe vendido o material e feito o pedido, e ela chamou a polícia. Eles descobriram que os corpos das mulheres desaparecidas tinham sido enterrados no galpão de madeira de Bichel.

Um dos amigos do meu pai foi um agente de narcóticos em Nova York, e ele costumava nos contar sobre os riscos de se aprofundar demais no personagem ao trabalhar infiltrado em operações. Enquanto elaborava a trama de Audrey Rose, decidi fazer com que ela agisse de uma maneira que parecesse estranha não só para ela, mas que fizesse com que ela sucumbisse àquele mesmo perigo. Audrey Rose trabalhou com tanto afinco para criar uma ilusão que ela quase se tornou real. Muito obrigada ao amigo do meu pai pela inspiração por detrás da operação infiltrada.

Qualquer outra imprecisão histórica ou liberdade criativa não mencionada foi feita para (assim espero) enriquecer a experiência de leitura a bordo deste transatlântico luxuoso e extravagante, ainda que malfadado em termos ficcionais.

AGRADECIMENTOS

Pode soar estranho, mas publicar um livro não é muito diferente de estar em um circo. Há muitos artistas, todos lidando com diferentes aspectos do processo, trabalhando em conjunto para transformar um simples arquivo em algo extraordinário e espetacular.

Muito obrigada a Barbara Poelle, que me mantém boquiaberta com sua habilidade de alternar entre agente destemida e amiga gentil com a mesma agilidade que Andreas realiza o truque de cartas para Audrey Rose. Para a equipe da Irene Goodman Agency, Heather Baror-Shapiro na Baror International Inc., e Sean Berard na APA, por continuarem fazendo sua mágica. Eu não preciso de um espelho para ver quão brilhante o futuro será para Audrey Rose e Thomas.

Jenny Bak, suas edições incríveis pegam um primeiro rascunho enfadonho e o fazem brilhar mais do que o fraque mais vistoso de Mefistófeles. Você é minha parceira em tudo que é sangrento e espalhafatoso; obrigada por sempre se entregar a meu lado obscuro. Sasha Henriques, você continua adicionando camadas de coisas maravilhosas com suas anotações — muito obrigada, de coração! Para toda a trupe de artistas fantásticos na JIMMY Patterson Books e Little, Brown, e ao talentoso mestre de cerimônias que uniu todos: James Patterson, Sabrina Benun, Julie Guacci, Erinn McGrath, Tracy Shaw, Stephanie Yang, Aubrey Poole, Shawn Sarles, Ned Rust, Elizabeth Blue Guess, Linda Arends e minha editora Susan Betz. Do marketing à publicidade, a uma incrível equipe de vendas e produção, aos responsáveis pela arte do miolo e a mágica com a capa, sou eternamente grata por seu apoio e trabalho árduo com esta série.

Mãe e pai, vocês sempre acreditaram no poder dos sonhos, e eu estaria perdida sem o seu amor e apoio. (E sem vocês para irem comigo a todas as consultas médicas, principalmente quando eles precisam tirar sangue. Quero morrer.) Kelli, continue realizando seus sonhos da maneira mais espetacular de todas, e com estilo! (Fiz um trocadilho com a Dogwood Lane Boutique!) Como sempre, obrigada por ser minha estilista pessoal e por me deixar, e também a minha casa, na moda. Acho que vou manter você como irmã. Ben, Carol Ann, Brock, Vanna, tio Rich e tia Marian, Laura, George, Rich, Rod, Jen, Olivia, Gage, Bella, Oliver e todos os bebês peludos da família, muito amor a todos vocês.

Irina, Phantom Rin, criadora de arte de outro mundo. Mais uma vez você tirou as imagens da minha imaginação para melhorá-las e transformá-las em peças deslumbrantes. Muito obrigada pela ideia de incluir luas e estrelas nas luvas de Mefistófeles, e por dar vida aos personagens do Festival Enluarado com seus baralhos de carta e tarô personalizados.

Traci Chee, pela companhia nas viagens para eventos literários, por dividir quartos de hotel (e comidas), por estar sempre presente em todas as coisas boas e também nas coisas difíceis da medicina, não consigo dizer o quanto sua amizade significa para mim, tanto no mundo editorial quanto fora dele.

Stephanie Garber, não sei que tipo de poderes sobrenaturais você possui, já que você sempre liga BEM na hora certa, mas serei eternamente grata por você! Todas as nossas conversas sobre o enredo e os personagens, sobre recomendações de livros e a vida, são muito inesquecíveis. :)

Sarah Nicole Lemon, Renee Ahdieh, Alexandra Villasante, Nicole Castroman, Gloria Chao, Samira Ahmed, Kelly Zekas, Sandhya Menon, Riley Redgate, Lyndsay Ely, Hafsah (e Asma!) Faizal — eu adoro poder ver vocês nos eventos.

Bibliotecários, professores, livreiros, blogueiros de livros, booktubers e bookstagrammers — obrigada por contarem aos seus alunos, amigos e toda a internet sobre o amor de vocês por esta série. Uma lembrança especial para Sasha Alsberg, Katie Stutz, Rec-It Rachel, Kristen em *My Friends Are Fiction*, Stacee, também conhecida como *Book Junkee*, Bridget em *Dark Faerie Tales*, Melissa em *The Reader* e o Chef em seu lugar. Brittany em *Brittany's Book Rambles*, Brittany em *Novelly Yours*, e todo o grupo de cabras.

E para você, que chegou até o fim, obrigada por ler, sonhar e embarcar em outra aventura assassina comigo.